e a psicologia entrou no

HOSPITAL

Valdemar Augusto Angerami (Org.)

Amana Assumpção
Antonio Pedro de Oliveira
Érica Lourenço Moraes
Érika Nazaré Sasdelli
Esdras Guerreiro Vasconcellos
Eunice Moreira Fernandes Miranda
Fátima Ferreira Bortoletti
Fernanda Tabita Zeidan de Souza
Juliana Raquel Betoschi
Kércia Paulino de Oliveira
Ligia Adriana Rodrigues
Maria Lúcia Hares Fongaro
Paula Machado Ferreira Lima
Quetie Mariano Monteiro
Railda Sabino Fernandes Alves
Ricardo Werner Sebastiani
Silvana Carneiro Maciel

e a psicologia entrou no HOSPITAL

NOVA EDIÇÃO ATUALIZADA E AMPLIADA

Artesã

E a psicologia entrou no hospital
Nova edição atualizada e ampliada

1ª edição - 2ª Reimpressão 2021

DIREÇÃO
Alcebino Santana

COORDENAÇÃO EDITORIAL
Karol Oliveira

DIREÇÃO DE ARTE
Tiago Rabello

REVISÃO
Maggy de Matos

CAPA
Karol Oliveira

IMAGEM DE CAPA
Evandro Angerami

PROJETO GRÁFICO E DIAGRAMAÇÃO
Conrado Esteves

A587 Angerami, Valdemar Augusto, 1950-.
E a psicologia entrou no hospital / Valdemar Augusto Angerami . – Belo Horizonte : Ed. Artesã, 2017.
408 p. ; 24 cm.

ISBN: 978-85-88009-74-5

1. Psicologia clínica da saúde. 2. Hospitais. 3. Pacientes hospitalizados - Psicologia. I. Título.

CDU 159.9:615.85

Catalogação: Aline M. Sima CRB-6/2645

IMPRESSO NO BRASIL
Printed in Brazil

(31)2511-2040 (31)99403-2227
www.artesaeditora.com.br
Rua Rio Pomba 455, Carlos Prates - Cep: 30720-290 I Belo Horizonte - MG
/artesaeditora

Para Mathilde Neder

Mestra e aprendiz nos mistérios da vida...

Referência maior em nossos caminhos de Psicologia Hospitalar...

Nossa gratidão...

Sumário

APRESENTAÇÃO
9 **Vinte anos depois...**
Valdemar Augusto Angerami

CAPÍTULO 1
11 **Roteiro de avaliação psicológica aplicada ao hospital geral**
Ricardo Werner Sebastiani, Maria Lúcia Hares Fongaro

CAPÍTULO 2
111 **A assistência psicológica aos casos de tentativas de suicídio no hospital geral**
Kércia Paulino de Oliveira

CAPÍTULO 3
137 **O imaginário e o adoecer. Um esboço de pequenas grandes dúvidas**
Valdemar Augusto Angerami

POESIA
169 **Parêmia da ilusão**
Valdemar Augusto Angerami

CAPÍTULO 4
171 **Práticas integrativas e complementares: um cuidado milenar nos dias de hoje**
Amana Assumpção

CAPÍTULO 5
207 **A arte de cuidar: contribuições do psicólogo na equipe multiprofissional de cuidados paliativos**
Silvana Carneiro Maciel, Railda Sabino Fernandes Alves

CAPÍTULO 6
235 **Sexualidade no contexto hospitalar: relato de uma experiência de atendimento psicológico às mulheres climatéricas**
Paula Machado Ferreira Lima, Quetie Mariano Monteiro

POESIA
254 **Parêmia do suicídio e da morte...**
Valdemar Augusto Angerami

CAPÍTULO 7
257 **Ser: o sentido da dor na urgência e na emergência**
Erika Nazaré Sasdelli, Eunice Moreira Fernandes Miranda

CAPÍTULO 8
279 **Síndrome de Burnout: quando o cuidador adoece. Uma abordagem psiconeuroendocrinoimunológica**
Fátima Ferreira Bortoletti, Esdras Guerreiro Vasconcellos, Ricardo Werner Sebastiani

CAPÍTULO 9
309 **O médico oncologista diante da dor e sofrimento de seus pacientes: o impacto do câncer e da proximidade da morte em sua subjetividade e relacionamentos pessoais**
Erica Lourenço Moraes, Juliana Raquel Betoschi, Ligia Adriana Rodrigues

POESIA
335 **Parêmia da morte e da dor**
Valdemar Augusto Angerami

CAPÍTULO 10
337 **Atenção psicológica interdisciplinar ao portador de doença crônica e sua família: impactos das transições epidemiológica e demográfica**
Ricardo Werner Sebastiani, Antonio Pedro de Oliveira

CAPÍTULO 11
379 **Depressão e ansiedade no paciente renal crônico em tratamento conservador**
Fernanda Tabita Zeidan de Souza

POESIA
398 **Ali na pediatria**
Jefferson Feitosa

401 **Os autores**

APRESENTAÇÃO

Vinte anos depois...

Valdemar Augusto Angerami

Vinte anos nos separam da primeira edição dessa obra. E, nesse período, ela se tornou uma das principais referências bibliográficas da área, e igualmente presente em concursos e certames, envolvendo a psicologia hospitalar. Uma de nossas principais preocupações, ao longo desse período, se tornou realidade: o temor de que nos tornássemos referências de um caminho que nós mesmos não tínhamos como real e verdadeiro. Somos citados como sumidades, em áreas que apenas tartamudeamos as primeiras palavras em busca de conhecimentos. Um sem número de homenagens acadêmicas a atestar que nossa incredulidade se materializa em algo disforme, pois ao mesmo tempo em que não nos reconhecemos nessa glorificação, temos um número cada vez maior de seguidores.

Vinte anos em que nossas cãs sinalizam que estamos passando pelo tempo e pela vida. E quando pareamos os novos companheiros desta nova edição, autores jovens, que eram apenas adolescentes, quando da primeira versão, inclusive tendo estudado essa obra em suas graduações, temos a sensação de que a multiplicação de nossos sonhos se perdeu totalmente dos nossos controles. Tudo é muito difícil para se configurar como real, pois verdadeiramente, somos pessoas que ainda mantêm os mesmos documentos de identificação, mas que passaram por tantas transformações que, dificilmente, podem ser definidas como os mesmos autores da primeira edição.

Vintes anos para que a obra fosse atualizada, ampliada e revisada. Ela tomou tamanha proporção em sua imersão no universo da saúde, que praticamente se tornou impossível atualizá-la no ritmo alucinante de propagação que adquiriu. Mas ela precisava ser atualizada, e isso agora se efetivou. Temos um novo livro, que manteve alguns capítulos da edição original, devidamente atualizados e revisados. E que também apresenta outros trabalhos brilhantes, que foram inseridos nessa nova roupagem. Seguramente, teremos sua continuidade como uma das principais referências bibliográficas na área da saúde.

Vinte anos em que assistimos incontáveis vezes as inúmeras reimpressões dessa obra sem nos darmos conta de que ela alçava voos sequer imagináveis, quando se sua concepção. Somos artífices de algo que não poderíamos dimensionar o alcance, e nem mesmo sua prospecção. Uma obra que nos faz uma das principais referências da área da saúde, mesmo que a vida nos leve para outros rumos.

Vinte anos em que nos distanciamos dos nossos primeiros trabalhos em que éramos chamas apenas de sonhadores. Como tal, configurávamos nossos sonhos e ideais, ou ainda refletíamos sobre como transformaríamos os próprios sonhos em realizações. É fato que muito caminhamos e realizamos, ao longo desses anos, principalmente no tocante à transmissão da crença numa condição humana mais digna. E numa sociedade mais justa e fraterna.

Vinte anos em que enfrentamos críticos severos do nosso modelo de sistematização de atividades psicológicas, no contexto hospitalar. E também pelo fato de descrevermos a realidade brasileira em nossos livros em total distanciamento da maioria dos artigos e pesquisas acadêmicas, que apenas circulam em torno de citações e referências bibliográficas, mas não tocam, sequer tangencialmente, a nossa realidade social.

Vinte anos em que não deixamos esmorecer nossas crenças e ideias. E se já foi escrito, anteriormente, que não envelhecemos com o passar dos anos, e sim quando deixamos morrer nossos ideais, continuamos a ser os mesmos jovens sonhadores, que acreditaram, fizeram crer, e ainda acreditam, que um dia verão a psicologia se tornar verdadeiramente humana.

Serra da Cantareira, numa manhã azul de Outono.

CAPÍTULO 1

Roteiro de avaliação psicológica aplicada ao hospital geral

Ricardo Werner Sebastiani
Maria Lúcia Hares Fongaro

Introdução

O presente capítulo foi elaborado em função de dois aspectos. O primeiro, pautado no nome do presente livro "E a Psicologia Entrou no Hospital", onde propomos, para os colegas que atuam em hospitais gerais, um roteiro de exame e avaliação psicológica do paciente internado, que seja mais adequado à realidade da Psicologia Hospitalar e que possa facilitar o dia a dia corrido das enfermarias. O segundo aspecto vem de solicitações de inúmeros colegas que ministram cursos ou supervisionam estágios na área de Psicologia Hospitalar, onde, após o contato com o material que apresentaremos adiante, nos pediram que transformássemos os módulos que ministramos em cursos de especialização sobre o tema, em uma publicação. Assim, iniciamos o trabalho procurando abordar o primeiro de uma série de roteiros de avaliação.

20 anos depois... Com estas palavras abríamos, em 1996, o capítulo de mesmo nome em um tempo em que a Psicologia Hospitalar sequer era reconhecida como especialidade no campo da Psicologia...

Os anos se passaram, o livro se transformou numa espécie de "Best Seller" da área, tendo sua edição original 16 reedições (!) Passado esse tempo, é para nós autores, uma enorme satisfação em poder retornar ao texto original e, revisitando-o, constatar tantas novas sementes que ele pode gerar!

Conforme intencionávamos na edição original, o *roteiro* se apresentava como uma proposta de organização dos registros e de auxílio ao desenvolvimento do Raciocínio Clínico para os trabalhos de Avaliação e Intervenção do Psicólogo no contexto hospitalar e, com o avanço da especialidade, subáreas foram sendo desenvolvidas e aprofundadas, contextos específicos de atuação do Psicólogo dentro do Hospital Geral se transformaram em novas especialidades: Psico-oncologia, Intensivismo, Cuidados Paliativos, Urgências e Emergências, Geronto-psicologia... Cursos de Especialização e linhas de programas de Mestrado e Doutorado começaram a ser desenvolvidos. Muito se produziu e se produz no macro campo da especialidade "Psicologia Hospitalar", ou como já absorvemos: "Psicologia da Saúde", pois nossas práticas que se iniciaram originariamente nas enfermarias dos hospitais transcenderam a estes em atividades de Home Care, Programas de Saúde da Família, Ambulatórios Especializados, Programas Comunitários principalmente no campo da Educação, Promoção e Prevenção da Saúde e assim seguimos, pois as demandas sócio-sanitárias de nossa população não param e, mais do que isso, se transformam.

Retomar o Roteiro de Avaliação Original e poder incrementar novas contribuições é o objetivo desse capítulo. Aos colegas que o visitam pela primeira vez, esperamos que continue sendo útil, aos que já o conhecem, esperamos poder aprofundar e trazer algumas novas "luzes" à proposta original do material.

E por falar em roteiro...

O material que apresentamos é fruto do trabalho de inúmeros Psicólogos Hospitalares e da Saúde que, a partir de um primeiro roteiro proposto, vêm ao longo de mais de vinte anos, auxiliando-nos no aprimoramento deste, contribuindo com sugestões, experimentando o roteiro na rotina diária dos Hospitais, Ambulatórios e Unidades de Atenção à Saúde das mais diversas, contribuindo assim para que nosso instrumental de trabalho seja cada vez mais adequado e específico para a realidade da especialidade da Psicologia Hospitalar/Saúde.

Durante muito tempo a Psicologia Hospitalar utilizou-se, e ainda utiliza recursos técnicos e metodológicos "emprestados" das mais diversas áreas do saber psicológico, fato esse que de certa forma a enquadra numa prática que não pertence só ao ramo da clínica, mas também da organizacional, da social, da educacional, enfim uma prática que não obstante a seu viés aparentemente clínico dado a sua realidade acontecer nos hospitais, tem-se mostrado voltada às questões ligadas a qualidade de vida e dignidade de vida, onde o *momentum* em que esses temas são abordados é o do aparecimento da doença e da intervenção do psicólogo, seja no ambulatório, nas policlínicas, nos programas comunitários de saúde e mesmo na internação hospitalar.

Resgatando a definição de Matarazzo, um dos criadores da Health Psychology Division da American Society of Psychology (APA):

> A psicologia no contexto da saúde constitui-se como estratégia de atuação da Psicologia: que agrega o conhecimento educacional, científico e profissional da disciplina Psicologia para utilizá-lo na promoção e manutenção da saúde, na prevenção e no tratamento da doença, na identificação da etiologia e no diagnóstico relacionado à saúde, à doença e às disfunções, e no aperfeiçoamento do sistema político de saúde. (Matarazzo 1986)

Esse fato, no entanto, não deve nos distanciar da preocupação de desenvolvermos materiais que possam adequar mais e melhor nosso trabalho a dinâmica da atuação do psicólogo no contexto de Atenção Interdisciplinar à Saúde, e é nesse sentido que desenvolvemos e agora ampliamos em seus referenciais técnicos e teóricos o Roteiro de Avaliação Psicológica de maneira a que esse traga dados do paciente de forma objetiva ao psicólogo e a equipe de saúde, auxiliando na compreensão da relação deste paciente com o binômio saúde-enfermidade.

As principais funções do Roteiro de Avaliação Psicológica que ora apresentamos são as seguintes:

1. **Função Diagnóstica**: Possibilita o levantamento de Hipótese Diagnóstica e Definição de Diagnóstico Diferencial, quando necessário, auxiliando assim a determinação das causas e a dinâmica das alterações e/ou distúrbios da estrutura psicológica do paciente avaliado, facilitando inclusive a detecção de quadros reativos ou patológicos que, como sabemos, dependendo de sua gênese vão determinar condutas totalmente diferentes por parte da equipe.

É sempre importante salientar que quando falamos em "Diagnóstico Psicológico no Contexto Hospitalar" raramente estamos nos referindo a Transtornos Clássicos classificados no campo da psicopatologia, na verdade, menos de 5% dos pacientes internados em hospitais gerais ou de especialidades portam estes Transtornos, falamos de reações emocionais e/ou psíquicas determinadas pelo trinômio doença-internação-tratamento. Portanto quadros predominantemente reativos a uma situação inesperada, não desejada, eventualmente extrema que irá desencadear uma série de manifestações nessa pessoa.

2. **Função de Orientador de Foco**: Favorece a eleição do(s) foco(s) a ser(em) trabalhado(s) junto ao paciente. Gostaríamos de salientar, sobre esse aspecto, que nosso trabalho junto a pessoa que atendemos deve considerar que o momento vivido por esse quase sempre é permeado por uma situação de crise, o que nos obriga, somando-se o fato de que o período de internação ou que as condições de atenção ao paciente em regimes ambulatoriais via de regra é curto, a utilizarmos uma abordagem breve(1) com prioridade para os focos mais importantes do momento histórico da pessoa.

3. Fornecimento de dados sobre a estrutura psicodinâmica da personalidade da pessoa.

Considerando, sobretudo, as perspectivas prognosticas da relação do indivíduo com seu processo de adoecer e de tratamento. (tendências biofilias ou necrófilas, que serão abordadas mais adiante).

4. Instrumento de avaliação continuada do processo evolutivo da relação do paciente com sua doença e tratamento.

Considerando que ao longo da experiência de internação a pessoa pode passar por momentos absolutamente distintos que influenciam e mudam seu estado emocional e a própria relação criada pela pessoa com todo o processo a que está submetida. Tanto para melhor quanto para pior, o que impõe ao psicólogo a necessidade de observações evolutivas considerando, por exemplo, mudanças de foco, intercorrências internas e externas que levem a pessoa a resignificar sua doença etc. Alem, é claro, de processos intrínsecos ao próprio tratamento como por exemplo, pré, peri e pós-operatório ou respostas neuropsíquicas a fármacos ou procedimentos terapêuticos.

5. História da pessoa.

Dentro de uma perspectiva que foi retomada de forma brilhante por Danilo Perestrello (2), devemos lembrar sempre que de nada vale termos diagnósticos e dados objetivos sobre a patologia, seu prognóstico e técnicas de intervenção se não considerarmos que não tratamos de doenças, mas sim de pessoas doentes e, nesse sentido, desconhecer-se a história da pessoa equivale a negligenciar o próprio sentido de nosso trabalho. Dentro desse item de avaliação uma importante coleta de informações pode nos dar as perspectivas das relações *ser-em-si e ser-no-mundo (Heidegger).* Da mesma forma que em processos outros de entrevista e coleta de informações sobre a pessoa a perspectiva de nossa escuta possibilita a compreensão dos conteúdos latentes e manifestos das queixas do paciente. Falamos aqui, por tanto, da consolidação da visão bio psico social do indivíduo.

6. Possibilitar Diagnóstico Diferencial quanto a quadros psicológicos/ psiquiátricos específicos.

Ressalte-se nesse item o fato de que no Hospital Geral a presença de transtornos psiquiátricos é exceção, fato que nos habituamos a ver quando desenvolvemos nosso trabalho em unidades psiquiátricas ou em serviços de Saúde Mental. Posto esse fato, destacamos que uns bons números de intercorrências psicológicas e psiquiátricas no H.G. estão associadas a quadros exógenos (psicoses) e a distúrbios adaptativos do tipo Síndrome Geral de Adaptação e

Doenças de Adaptação, sem contar com quadros mais tradicionais como os episódios dissociativos, tão comuns nas rotinas de Pronto Socorro. É igualmente importante lembrar, que o tratamento muitas vezes pode desencadear episódios confusionais como, por exemplo, o tropismo de alguns pacientes a certo tipo de medicação, ou o procedimento terapêutico que se utiliza de recursos externos, que podem gerar situações de sofrimento metabólico, que, por consequência, desencadeiam quadros confusionais (ex. hemodiálise, circulação extracorpórea entre outros).

7. Estabelecimento das condições de relação da pessoa com seu prognóstico *(limites X possibilidades).*

Considerando questões fundamentais para o trabalho voltado a qualidade de vida que remonta ao Ser ou Estar doente (Reportaremos aqui, o leitor, à introdução do capítulo sobre Acompanhamento Psicológico ao Paciente Crônico, nesta mesma obra).

As funções gerais do presente roteiro têm, portanto, o objetivo de facilitar a leitura da condição de relação da pessoa com sua doença e internação,fator que julgamos fundamental para nortear o trabalho do psicólogo não somente junto a esta, mas também de favorecer a este o fornecimento de informações à equipe de saúde, e de poder orientar adequadamente aos familiares que acompanham o paciente.

O leitor poderá observar também, ao longo da leitura dos diversos tópicos, que a utilização desse roteiro terá **função terapêutica** em muitos momentos, na medida em que, essa possibilita ao paciente a verbalização, manifestação, reflexão e confrontamento com diversas questões que lhe são pertinentes ao processo de vida, doença internação e tratamento, podendo favorecer assim uma melhor elaboração e consequente adaptação à condição de Ser ou Estar doente.

Gostaríamos, antes de adentrar nas especificações do roteiro, de lembrar que o trabalho do psicólogo hospitalar, no momento de avaliação psicológica do paciente, difere do que normalmente desenvolvemos num psicodiagnóstico tradicional. Estamos avaliando um momento específico da vida da pessoa, especial e muitas vezes ímpar. Nas palavras do grande mestre *A. Eakstermann* "O doente é uma frase da história do sofrimento humano que, como tal, se dissociou do texto completo...". Nesse sentido salientamos que não estamos atrás de um Diagnóstico no sentido formal e acadêmico do termo, mas sim, de buscarmos da melhor forma possível uma visão ampla de quem é e como está aquela pessoa frente a seu processo de doença, internação hospitalar e tratamento. O principal pressuposto da atividade do psicólogo no H.G. é o de resgatar a visão do indivíduo como um todo, um ser biopsicossocioespiritual (fazemos questão de grafar como uma única palavra), que tem como princípio básico da própria existência o direito inalienável à Dignidade e ao Respeito.

Optamos em fazer a apresentação do roteiro tópico por tópico e o leitor terá a oportunidade de visualizar o modelo utilizado no hospital (tal como o fazemos) no fim do presente capítulo.

O roteiro além dos dados de identificação contém 13 itens de avaliação, a saber:

1. ESTADO EMOCIONAL GERAL
2. SEQUELAS EMOCIONAIS DO PACIENTE
3. TEMPERAMENTO EMOCIONAL OBSERVADO
4. POSTURA FRENTE Á DOENÇA E A VIDA
5. ESTADO ATUAL FRENTE À DOENÇA/ HOSPITALIZAÇÃO E A VIDA.
6. QUESTIONÁRIO ESPECÍFICO (HISTÓRIA DA PESSOA)
7. AVALIAÇÃO PSICOSSOCIAL (HISTÓRIA DA PESSOA)
8. EXAME PSÍQUICO
9. MANIFESTAÇÕES PSÍQUICAS E COMPORTAMENTAIS
10. DIAGNÓSTICO PSICOLÓGICO
11. FOCOS PRINCIPAIS
12. CONDUTA
13. SÍNTESE

Passaremos a discorrer sobre cada item, o porque de sua inclusão no Roteiro e as descrições técnicas de diversos termos, sinais, sintomas e conceitos utilizados na confecção deste.

IDENTIFICAÇÃO: contém os seguintes dados: Nome do paciente, número de registro de prontuário (SAME) e/ou codificação do prontuário digital, Idade, Sexo, Estado Civil, Data de internação, Religião* (julgamos particularmente importante, sobretudo no que diz respeito àquelas pessoas que passam por doenças graves ou situação de morte iminente, onde as questões ligadas à religiosidade tendem a aflorar de forma bastante exuberante), Psicólogo responsável, Médico responsável, Serviço/depto. do hospital ao qual o paciente está subordinado, Diagnóstico médico e Data do atendimento.

Obviamente devemos considerar que esses dados podem ser ampliados, principalmente respeitando-se eventuais exigências institucionais ou outros fatores específicos da unidade de atendimento que a equipe julgue pertinente constar na identificação.

1. Estado emocional geral

Esse item de avaliação nos possibilita uma visão geral das condições emocionais do paciente, a partir da situação de doença e internação, as alterações que o contexto provocou na pessoa etc.

Nesse tópico avaliamos oito subitens, que serão quantificados numa escala com os dados (BOM), (REGULAR), (RUIM), (SEM DADOS). E dois itens com identificação específica.

Os subitens são:

AUTOCONCEITO: aqui avaliamos o estado de autoconceituação do paciente, a partir das implicações que a doença e hospitalização lhe impuseram. Consideramos se houve mudanças em relação a seu autoconceito anterior à doença (coletado nos itens que abordam história da pessoa). A principal característica desse subitem é a de avaliar a leitura que a pessoa faz de suas capacidades (ser capaz de...).

AUTOESTIMA: aqui avaliamos a relação afetiva do indivíduo consigo mesmo. Da mesma forma que o item anterior podemos fazer um paralelo entre os dados descritos pelo paciente em sua relação com o processo de adoecer, e a forma anterior que possuía de ver a si mesmo.

De forma didática poderemos dizer que a diferença entre Autoconceito e Autoestima é que o primeiro "está para o ser-no-mundo" enquanto o segundo "está para o ser-em-si"

ANSIEDADE: a questão da ansiedade será avaliada em diversos momentos do Roteiro, esses diferentes enfoques nos possibilitarão qualificar a ansiedade em sua manifestação, se reativa ou patológica, e de podermos avaliar o grau de comprometimento que a presença desta acarreta ao indivíduo e sua relação com o processo de internação, tratamento e doença propriamente dita.

DEPRESSÃO: da mesma forma que no caso da ansiedade as manifestações depressivas vão ser avaliadas em diferentes momentos da aplicação do roteiro de modo a podermos classificar se esta é reativa ou patológica, seus diferentes graus (sub formas) e, principalmente o grau de comprometimento desta sobre o estado geral da pessoa. No item onde apresentamos informações sobre a Utilização do CID 10 em Psicologia Hospitalar, também discorremos sobre subformas de manifestações depressivas ou depressiviformes que podem aparecer como sintomas de um quadro de base orgânico e/ou por efeito colateral de protocolo medicamentoso.

INFORMAÇÃO SOBRE A DOENÇA: o grau de informação que o paciente tem sobre sua doença tem se mostrado de suma importância à medida que, toda e qualquer elaboração sobre a questão de ser ou estar doente, o nível de aderência ao tratamento, as fantasias e mesmo a utilização de mecanismos de defesa dependem sobremaneira da interpretação que a pessoa faz de sua doença e seu processo de adoecer. Podemos afirmar que sob o ponto de vista psicológico mais do que a gravidade real da enfermidade a interpretação que a pessoa faz de sua doença é que pode estabelecer fortes conflitos e dificuldades na estruturação de sua relação adaptativa com todo o processo de internação, tratamento e até mesmo prognóstico.

INFORMAÇÃO SOBRE O TRATAMENTO: de forma complementar ao exposto acima sobre o grau de informação sobre a doença, o grau de informação sobre o tratamento mostra-se importante para a facilitação da aderência do paciente a este, e contribui decisivamente para a debelação de fantasias mórbidas ou da utilização de mecanismos de defesa de forma negativa e prejudicial à pessoa (vide item abaixo).

RELAÇÃO COM A DOENÇA: de forma mais objetiva esse subitem nos possibilita uma detecção específica da relação entre Ser e Estar doente que a pessoa estabelece com seu momento de internação (vide capítulo Aspectos Psicológicos do Paciente Crônico). A construção dessa relação tem íntima relação com as informações que o paciente tem sobre a enfermidade e o tratamento e é um importante ponto de partida para a aderência ao tratamento e para o desenvolvimento de mecanismos positivos de enfrentamento e adaptação.

DEFESAS PREDOMINANTES: como todos sabemos a principal função dos mecanismos de defesa é a de preservar o ego de situações que ameacem sua integridade. Não obstante a essa característica, temos muitas vezes identificada a presença de defesas que se mostram perniciosas ao indivíduo, não raro comprometendo sua relação com o tratamento e até mesmo agravando seu estado clínico. Exemplificaríamos o conceito descrevendo a utilização do mecanismo de Negação utilizado por pessoas que receberam o diagnóstico de HIV +, e que lançando mão do recurso da *negação*, não só não assumem o tratamento de manutenção (no caso dos assintomáticos) como prosseguem em sua vida normalmente, muitas vezes contaminando parceiros sexuais, disseminando ainda mais a AIDS, e pondo-se em risco dada a sua fragilidade imunológica.

Por outro lado, a utilização de determinados mecanismos pode mostrar-se positiva, à medida em que ajuda o indivíduo a reorganizar-se frente à doença e internação ou mesmo a enfrentar episódios específicos do processo de tratamento. Nesses sentidos é que apresentamos no roteiro a identificação das Defesas Predominantes como *positivas* ou *negativas*.

Cabe fazer um grifo especial à importância do momento de intervenção psicológica no contexto de internação hospitalar, pois esse não tem as características de um processo psicoterápico no sentido tradicional, sendo assim, a utilização de determinados mecanismos de defesa podem ser uma manobra protetiva que o paciente lança mão e não deve ser desmobilizada.

RUPTURA PSICÓTICA: nesse item apenas identificamos se há ou não a presença de ruptura psicótica, e em caso positivo o Item **EXAME PSÍQUICO** irá detalhar as características do processo tanto no que se refere aos sintomas primários quanto aos secundários (produtivos). Mais uma vez salientamos que o conjunto de sinais e sintomas, somado a narrativa dinâmica objetiva e subjetiva (latente e manifesta) do paciente é que nos dará os dados necessários para o diagnóstico diferencial se for o caso.

ESTRUTURA EMOCIONAL BÁSICA: avaliamos aqui a condição emocional geral que detectamos no paciente no que tange a sua capacidade de lidar com a crise da doença e internação. Esse subitem é o resultado da somatória de dados que coletamos ao longo do item **ESTADO EMOCIONAL GERAL**, que foram descritos acima.

Após a marcação de todos os dados solicitados o Roteiro tem um espaço para as observações que o psicólogo responsável julgar pertinentes a essa fase da avaliação.

2. Sequelas emocionais do paciente

Esse item avalia algumas das sequelas emocionais que por ventura o paciente possa ter em relação a questões específicas que podem influenciar o seu processo de internação, tratamento e relação com a doença.

Possui duas colunas de quantificação; PRESENTE ou AUSENTE, sendo que a coluna PRESENTE se subdivide em Forte ou Leve.

Quanto aos subitens que serão avaliados temos:

COM INTERNAÇÃO ANTERIOR: aqui avaliamos se houve na história do paciente experiências anteriores de internação hospitalar, (ligadas ou não a atual), e quais as impressões emocionais que ficaram dessa (s) vivências. Obviamente, toda e qualquer experiência anterior correlata a que se vive no momento é evocada como forma de se buscar mecanismos adaptativos a situação nova de crise que se enfrenta. Experiências traumáticas e ou negativas (vividas diretamente ou indiretamente pelo paciente podem ser forte fator de influencia na sua relação com a internação atual).

COM TRATAMENTO ANTERIOR: da mesma maneira que o subitem anterior, toda qualquer experiência do paciente com tratamentos anteriores podem ter influência na forma como esse irá lidar com o atual (igualmente incluímos aqui experiências que ele vivenciou como "terceiro" por ex: tratamento de um parente).

COM CIRURGIA ANTERIOR: quando existiu uma cirurgia anterior também é significativo o levantamento das impressões que esta deixou no paciente.

COM SEPARAÇÕES: nesse subitem tratamos de avaliar dados da **História da Pessoa**, que poderão ser complementados com outros mais à frente, sobre sua relação e reação a separações. Esse item tem especial importância à medida que a situação de internação implica, na maioria das vezes, em separações não desejadas, não só de pessoas como também de situações de vida importantes para o paciente.

COM PERDAS E ÓBITOS: com os mesmos princípios que nortearam o subitem anterior, esse subitem avalia a capacidade do indivíduo em lidar com situações específicas que a internação hospitalar lhe impõe, ou pode vir a impor.

A coleta desses dados nos auxilia também a ter um conhecimento um pouco maior de reações emocionais do paciente. Reações estas que ele está sujeito a reproduzir frente às diversas intercorrências que podem acontecer durante sua internação, fato que nos possibilita agir preventivamente.

Da mesma forma que o item anterior, esse também possui ao seu final espaço para observações que o psicólogo responsável julgar pertinentes.

3. Temperamento emocional observado

Nesse item avaliamos o temperamento que o indivíduo apresenta, descritos aqui como Introvertido ou Extrovertido, que são quantificados na forma de Acentuado ou Compensado.

Procuramos nesse item avaliar a postura interacional da pessoa. Se Introvertida ou Extrovertida, e seu grau de adequação para as circunstâncias. Esse item tem especial importância na indicação de sinais e sintomas para diagnóstico diferencial de estados maníacos, hipomaníacos ou depressivos.

Sempre devemos considerar o momento da avaliação e compará-lo as respostas normais do indivíduo fora do contexto de doença e internação. Quando as características de comportamento são nitidamente ligadas à relação com a doença, tratamento e hospitalização, é importante procurar detectar-se quais as causas que geraram tal fato, e providenciar intervenção adequada, buscando-se assim reverter ou minimizar os efeitos nocivos deste por sobre o indivíduo e sua relação com o meio.

4. Postura frente à doença e à vida

Nesse item é que avaliaremos as tendências do indivíduo em relação à valorização da própria vida. A princípio observamos as características pulsionais deste em relação ao grau de solicitude que tem para com a própria existência. Poderíamos considerar assim que do ponto de vista pulsional falamos de energias eróticas e tanáticas. Não obstante, optamos por adotar a terminologia utilizada por *Erich Fromm*, quais sejam: **Tendência Biófila** e **Tendência Necrófila**, posto que avaliamos circunstâncias vivenciais que se sobrepõe às pulsões. Obviamente a pulsão original do indivíduo por pertencer ao universo inconsciente tem força determinante, mas nossas observações clínicas demostraram que frente a Angústia de Morte, a angústia primeva e, portanto, mais essencial que a pessoa pode experimentar, essas pulsões passam por processo de conscientização e questionamento.

Por outro lado, também observamos que um indivíduo com pulsões eróticas bem definidas pode ver sucumbir suas energias dado ao alto grau de sofrimento e desesperança que a evolução da doença lhe impõe, podendo levá-lo a um estado de abandono ou desapego (referiremos esses aspectos mais adiante), que se manifestarão por sobre o desejo de vida.

A ideia, portanto, de se identificar **Tendência Biófila** ou **Necrófila**, frente à doença e a vida (que podem ser inclusive distintas) passa a ser de fundamental importância para o psicólogo à medida que favorece a compreensão do estado anímico do paciente na sua relação específica com o processo de adoecer, e consequentemente nos dá parâmetros de perspectivas prognósticas da relação dessa pessoa com todo o tratamento e com as eventuais intercorrências que possam vir a acontecer.

Embora não seja o objetivo desse capítulo, acreditamos ser interessante ressaltar que vários estudos, dão conta de que os fatores que influenciam o aparecimento das doenças são múltiplos, e que a consolidação do paradigma Biopsicossocial em saúde trouxe novas luzes à compreensão dos determinantes que geram a instalação das doenças:

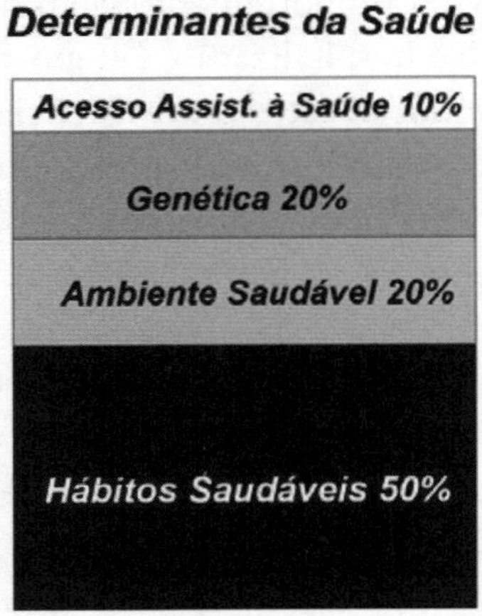

Fonte: IFTF; Centers for Disease Control and Prevention

5. Estado atual frente à doença/hospitalização e à vida

A classificação que apresentaremos a seguir revela a forma de administração dos recursos psicológicos na elaboração do adoecer organicamente, ou seja, como está na atualidade o Humor do paciente em relação ao adoecimento, a hospitalização e a vida; diante da evidência de não mais existir, quer este fato esteja próximo ou não no tempo físico. Neste aspecto a ansiedade apresentada nesta crise é do tipo descrito por *Rollo May* "... a experiência da ameaça de iminência de não-ser..."; e permeará o seu *modus vivendi* a partir de então.

Observa-se com o passar dos anos um maior interesse por parte de colegas da área de saúde na investigação e compreensão dos aspectos psicodinâmicos do adoecer, sendo que esse interesse tornou mais familiar a estes as reações emocionais do paciente e suas relações com o processo de adoecer, e ao mesmo tempo instrumentalizou-os em sua relação com o indivíduo doente a fim de melhorar a qualidade de vida na hospitalização e tratamento, tornando a equipe de saúde sensível à diminuição da cisão entre corpo e mente, a comunicação que se estabelece com o paciente, e ao trabalho interdisciplinar.

Esse Item foi organizado de acordo com as seguintes fases ou estados: NEGAÇÃO, BARGANHA, REVOLTA, DEPRESSÃO, ACEITAÇÃO e GANHO SECUNDÁRIO encontrada em obras desenvolvidas junto a pacientes terminais, tais como as *Kubler-Ross*, *Stedford* e *Ziegler* entre outras. Entretanto, esta avaliação psicológica pode ser utilizada com pacientes clínicos (agudos e crônicos), cirúrgicos, ortopédicos, entre outros, posto que o processo de elaboração de perdas e o luto advindo destas, ligadas ao processo de doença (perda da saúde), hospitalização (perda da condição de pessoa – despessoalização) e tratamento (sentimentos de invasão e agressão com a respectiva sensação de impotência) são gerais a maioria das pessoas internadas e cada processo individual acarretará outras perdas (que poderíamos classificar como mortes simbólicas), levando o indivíduo a passar pelas fases abaixo descritas.

Ressaltamos que os estados psicológicos abaixo descritos são dinâmicos e estão sujeitos as intercorrências, que a evolução da doença, o tratamento e a vida do indivíduo apresentarem no decorrer do acompanhamento psicológico. Assim, não há uma linearidade absoluta na evolução da elaboração da doença, podendo ocorrer retorno ou coexistência das "fases" apresentadas.

NEGAÇÃO: estado psicológico presente após diagnóstico da doença, em casos de recidiva ou insucesso de tratamento, e ainda em situações de perda familiar abrupta. Geralmente acompanhado de incredulidade no diagnóstico. Encontramos a ansiedade frente à notícia com potencial desestruturante, de desintegração e perigo iminente ao ego do paciente.

Como citado no item 1, devemos observar se o mecanismo de defesa está colaborando para manter a integridade do ego, e no caso da negação, se está permitindo um mínimo de contato com a realidade da doença, com o tratamento; deve ser observado e respeitado como forma do paciente suportar a ansiedade subjacente e auxiliar a elaboração gradual e concreta que o tratamento aponta ao paciente.

Devemos estar atentos para a falência do mesmo e possibilidade da ocorrência de ansiedade a nível psicótico que pode ser resultado da não absorção dos passos do tratamento (salvo predisposição psicogênica ou fatores exógenos identificados no **EXAME PSÍQUICO**), daí a utilidade do levantamento do **Grau de Informação Sobre a Doença e Tratamento** no item 1 referente à avaliação da noção da gravidade da doença para o indivíduo.

Outro aspecto desse estado é a aparente estabilidade que a evitação proporcionada pela negação ocasiona a equipe e a família, que poderá colaborar para a exacerbação do mecanismo de defesa, com a cristalização de uma ideia e modo de agir na relação podendo resultar em uma atitude de não abordar o tema do adoecer, originando o *Pacto do Silêncio (Chiattone e Sebastiani).*

BARGANHA: este estado psicológico tem por característica a negociação, onde o paciente busca a solução para o sofrimento gerado pelo adoecer.

Nesse caso há o reconhecimento da possibilidade de não mais existir como fato concreto e o desejo de dar continuidade a projetos futuros, indicando a utilização de mais funções do ego para enfrentamento da crise e o início de uma postura ativa em relação a esta. Há frequentemente a manifestação do aspecto religioso, com a ocorrência de esperança que pode fortalecer o paciente, porém a barganha pode ser realizada, também, com a equipe e com a família para obtenção de satisfação como, por exemplo: burlar a dieta, no caso dos diabéticos, renais crônicos, hepatopatas, etc., onde se observa formas de sedução às quais equipe, paciente e família passam a manifestar.

Assim, cabe ao psicólogo avaliar a dimensão da negociação, o que é desejado, os termos de troca e a habilidade de concretização. No caso das promessas religiosas, estas tranquilizam o paciente? No caso da barganha com a equipe: existe possibilidade de viabilizá-la? Nesta última, favorece muito, a aproximação e contato interdisciplinar para estabelecimento de condutas uniformes intraequipe e diálogo franco – dos limites e possibilidades impostos pela doença e tratamento – com o paciente, sua família e a própria equipe de saúde.

REVOLTA: neste estado observa-se maior predominância da pulsão agressiva de modo manifesto, e pode surgir em seus mais variados matizes, tais como: raiva, sadismo, inconformismo, ressentimento, entre outros. Manifestações psíquicas que estarão em jogo na relação de tratamento e hospitalização.

O indivíduo interage com o ambiente de forma ativa, para readquirir o controle, muitas vezes de forma desorganizada, onde o outro é considerado como o causador do sofrimento psíquico ou físico. Observa-se, que é um modo de preservar a individualidade, sendo a exteriorização de sua potência frente ao mundo, neste momento atacado pela perda da saúde, da autonomia, da liberdade. Como toda pulsão, ocorre o investimento no ego e no ambiente, e o paciente fará uso de suas funções intactas (pensamento, linguagem, motivação e volição, etc. – vide **EXAME PSÍQUICO**) para manter o contato com o ambiente.

É possível encontrarmos atitude de contra-agressão por parte das pessoas que estão em contato direto com o paciente (equipe e família), por exemplo:

O paciente "chato" que solicita a equipe constantemente a seu leito, solicitando a atenção e cuidados diferenciados, com acusações de maus tratos, desleixo e incompetência, e a equipe passa a "demorar" em atendê-lo. Nestes casos há um exercício mútuo de sadismo – paciente e equipe – inconsciente ou consciente, que desgasta ambos, dificultando a relação, a administração de procedimentos e a aderência ao tratamento, podendo ocasionar desistência de forma impulsiva e imediatista, acompanhada de ansiedade generalizada, ou mesmo pânico.

Tal forma de relacionamento pode se dar com os familiares, sendo presente um desassossego, mágoa, irritação, abandono, acusações mútuas, distanciamento, em uma intensidade que se estende além do padrão de relação usual, acompanhada da dificuldade em encarar algo (a doença, as agressões e invasões ao corpo do paciente, as rotinas hospitalares, a morte, entre outras), que foge do controle de ambos. Numa forma de evitar o contato com as frustrações geradas por esta crise que fragiliza e estão, parcial ou totalmente, fora do controle de ambos, denunciando limites novos a serem estabelecidos.

Pode-se observar e direcionar positivamente a agressividade, seu aspecto construtivo, em prol do paciente, acolhendo-a, valorizando-a, dimensionando sua magnitude, como movimento ativo de investimento em si mesmo, possibilitando a introjeção e não somente a projeção. Colaborando na organização, ou seja, na percepção dos limites e utilidade de tal forma de se relacionar com o meio. Orientar equipe, visando otimizar a relação, e a família na elaboração da crise que se instalou a partir do adoecimento de um de seus membros.

DEPRESSÃO: este estado psicológico de elaboração da hospitalização, doença e a vida, apresenta como característica o contato com a perda da saúde e a tristeza gerada por tal condição sendo acompanhado pelos sinais e sintomas de quadros depressivos e identificados nos itens **1**, **8** e **9**, importantes para a distinção entre uma depressão de natureza elaborativa e de característica involutiva.

A depressão de cunho elaborativo é necessária e benéfica ao indivíduo doente para restruturação frente à crise do adoecer e tratamento, visto que ocorrem introspecção e Angústia Existencial, onde há o questionamento de valores, sem a perda da perspectiva existencial, a partir da crise que se instalou em sua vida a parir do adoecer. Assim, o processo diagnóstico, a notícia diagnóstica, a hospitalização, podem tornar a Angústia Existencial mais evidente, visto que o *continuum* de vida foi alterado, seu corpo – instrumento de relação consigo mesmo e com o mundo – obriga-o a reavaliar seu modo de relação com a vida.

A perda da saúde implica na perda concreta de órgãos (cirurgias mutilatórias) ou hábitos e estilo de vida (doenças crônicas), sendo necessário à constatação desse luto, para que possa ocorrer o reforço da autoestima e autoconceito de modo efetivo. Como todo objeto com representação psíquica, a ausência deste ocasiona o entristecimento, o questionamento pela perda, a sensação de esvaziamento, e a necessidade de contato com a mesma para reorganização frente à identidade e a vida.

A doença orgânica suscita, também, o aparecimento da Angústia de Morte (vide item **8**), a sensação de aniquilamento, de não-existir concretamente, sendo importante o conhecimento do tipo de doença apresentado – aguda, crônica, terminal – que matizará o estado psicológico do paciente, podendo desencadear atitude de desapego ou abandono. Na atitude de desapego, vemos uma eleição de vínculos, tarefas, projetos, significativos para o paciente, que reforçam sua autoestima, com estabelecimento de prioridades e metas passíveis de serem atingidas que estão ao seu alcance e lhe trazem satisfação. Na atitude de abandono, observa-se a desistência frente ao mundo e vínculos significativos, onde o negativismo, próprio da depressão patológica, suscita a não elaboração do processo de desligamento, e embotamento de recursos egoicos para tal (vide Capítulo Acompanhamento Psicológico a Pessoa Portadora de Doença Crônica deste livro).

A depressão é um estado que mobiliza tanto a equipe como os familiares, visto o ensimesmamento que a acompanha e desperta no outro a lembrança de sua própria finitude, denunciando os limites da atuação profissional – a impotência – podendo ocasionar postura onipotente por parte da equipe com o estabelecimento de condutas heroicas (mas altamente iatrogênicas), levando o profissional a oscilar entre o binômio *quantidade – qualidade de vida.* No que se refere à família do paciente, observa-se a Angústia de Separação, que necessita de elaboração, pois, pode resultar em comportamentos semelhantes ao da equipe e os do paciente, em caso de doenças terminais ou insucesso no tratamento, sendo importante à distinção do movimento dos familiares, se é de desapego – com a elaboração e preparo para a morte do paciente, ou de abandono com distanciamento e desistência do vínculo de forma abrupta, que pode gerar um luto patológico posterior.

ACEITAÇÃO: estado psicológico onde há a compreensão real dos limites e possibilidades, impostas pela doença, hospitalização, tratamento e a vida, com a ocorrência de flexibilidade e fluência para lidar com a crise que se instalou. Nesse caso, a ansiedade se encontra em nível suportável para o paciente, família e equipe de saúde.

Stedeford nos lembra que "A aceitação não é o mesmo que a resignação. É uma avaliação realística da situação clínica, conforme esta muda, com a determinação de se ajustar da maneira mais adequada possível".

Neste estado, encontramos o paciente no *status* de agente de seu tratamento, não há delegações involuntárias ou inconscientes, ele organiza e opina a respeito do que será feito, questiona, se informa e está fortalecido o suficiente para o confronto com o médico, equipe e família. Apropriando-se de sua vida no sentido estrito.

O mesmo pode se dar com a equipe e família ao aceitarem os limites e possibilidades de atuação com o paciente. Havendo a eleição de metas passíveis de serem atingidas; e, não raro surge espaço para discussão e participação efetiva com e pelo paciente de forma criativa e flexível, minimizando a tensão existente na relação paciente - equipe - família.

GANHO SECUNDÁRIO: este estado ocorre frequentemente associado a doenças crônicas, onde o indivíduo passa a se relacionar com o mundo *via* doença, sendo parte estruturante de sua identidade (vide Capítulo Acompanhamento Psicológico à Pessoa Portadora de Doença Crônica desse livro). Entretanto, não é exclusivo desse tipo de doença, pois a prática demonstra que, o adoecimento provoca regressão a nível libidinal, e busca de satisfação de forma primitiva. Poderíamos definir o conceito de Ganho Secundário como sendo: "O conjunto de benefícios, conscientes ou inconscientes que o paciente aufere em suas relações consigo mesmo e/ou com o mundo que, não obstante ao sofrimento que a doença lhe impõe, esse "julga" a relação custo benefício do ser/estar doente compensada ou atenuada pelos ganhos adquiridos".

Como mencionamos acima o fato desse mecanismo ser frequentemente encontrado na relação do paciente com a doença crônica está associado a uma tentativa adaptativa deste para poder conviver com os limites e perdas que essa lhe impõe.

Nesse item o psicólogo assistente encontrará coluna com os subitens para assinalar e ao final espaço para a colocação de observações que julgar pertinente.

6. Questionário específico

Esta parte da avaliação psicológica refere-se à História da Pessoa no que concerne a instalação da crise na vida da pessoa doente. Pode ser realizada com o paciente e/ ou familiar deste.

É útil para centralização da pesquisa diagnóstica, quais modificações houve no paciente e no ambiente, no período anterior e posterior à doença e apresenta os seguintes objetivos:

1. Compreender como se instalou a crise – doença – na vida do paciente e família, do ponto de vista estrutural e dinâmico; e estabelecer o(s) foco(s) do acompanhamento psicológico com ambos.

2. Agir terapeuticamente sobre a temporalidade, pois as questões são subjetivas e objetivas. Interessando poder proporcionar ao entrevistado a organização do passado, para esteio do futuro e enfrentamento da crise.

Visando ilustrar a influência da temporalidade na situação de crise e a importância da percepção no enfrentamento da crise, *Moffat* afirma: "A vida é como uma viagem nas nuvens: só vemos o "aqui e nada mais": e para poder avançar devemos alucinar um caminho. E a estes caminhos inventamos com partes do caminho percorrido supondo que tem curvas e graus que se repetem. De qualquer maneira, este futuro (o projeto) é sempre uma plataforma que avança nesse vazio de informação que temos sempre adiante..."

Nesse sentido, o exercício de resgate da historicidade do paciente e familiares, proporciona o preparo para enfrentamento do futuro que no momento de crise é totalmente incerto e imprevisível.

É composta por seis subitens relacionados abaixo:

1. Como era o paciente antes de adoecer?

Esta questão refere-se à percepção que o entrevistado tem a respeito do estado psicológico do paciente anterior a doença. Sua finalidade, em termos de diagnóstico, é a identificação do humor pregresso à doença.

2. Relate um dia na vida do paciente antes dela adoecer.

Objetiva-se a descrição dos hábitos, rotina diária de vida, trazendo a tona de forma concreta às informações num contraponto com a pergunta anterior, bem como o levantamento de atividades do repertório do mesmo que podem ou não ser incluídas na internação e tratamento.

3. Como foi descoberto o diagnóstico?

Esta pergunta fornece ao psicólogo, se a descoberta foi gradual ou abrupta, de que maneira foi fornecida a informação, trazendo o vínculo estabelecido com o médico e familiares no momento diagnóstico, além da reação psíquica ao mesmo e mecanismo(s) adaptativo(s) utilizado(s).

Caso ainda não haja um diagnóstico firmado e o paciente se encontre em processo diagnóstico, é adequado investigar a fantasia frente ao mesmo, e como a família vem se estruturando para tal. O paciente é agente de seu processo de tratamento? Outras formas adaptativas de enfrentamento da crise estão sendo utilizadas?

4. O paciente sabe de seu diagnóstico? Se não sabe, Por que?

Esta questão complementa a anterior, visto que trás de forma manifesta qual forma adaptativa vem sendo utilizada para administração da ansiedade subjacente ao diagnóstico médico. Ocorre *Pacto do Silêncio?* Ou as expectativas, fantasias são compartilhadas? Existe mobilização para aumento de informação sobre a doença e tratamento a ser efetuado? Podendo ser relacionado com o item 5.

5. Houve algum fato marcante na vida da família ou na vida do paciente, antes ou depois do aparecimento da doença? Em qual data?

Esta pergunta tem como objetivo a identificação de eventos psicossociais que desencadeiam respostas adaptativas frente ao stress relacionado a perdas de modo amplo dentro da rotina de vida do paciente bem como da família deste. Tem o intuito de ampliar a compreensão da crise do adoecer, no que ocorreu no universo vivencial, antes e/ou depois de instalada e que se somam a própria doença e tratamento.

O leitor encontrará em anexo um rol de situações potencialmente desencadeadoras de stress a nível psicossocial a ser pesquisado com o entrevistado.

6. Houve mudança no comportamento do paciente ou na dinâmica familiar após o aparecimento da doença?

Esta questão objetiva o levantamento da percepção do entrevistado a respeito da desestruturação gerada pela doença no âmbito familiar e pessoal proporcionando a reflexão por parte deste e indicando ao psicólogo o que é passível de intervenção e reorganização atual.

7. Avaliação psicossocial

Esta avaliação pertence ao levantamento de dados da História da Pessoa (*Perestrello*), tendo por objetivo a coleta de dados de desenvolvimento psicológico do indivíduo, em seu aspecto estrutural quanto aos vínculos estabelecidos durante sua vida até a instalação da doença. Sendo útil para o acesso a aspectos psicossociais: grupos (família nuclear, ampliada, instituições, comunidades, entre outros) em que esteve inserido desde sua infância até o momento da avaliação. A inserção nos grupos e as experiências afetivas das quais fez parte e a forma como lida com presenças e ausências no decorrer da vida e que matizarão a Afetividade (subitem do item 8).

A seguir destacamos a forma como estão agrupadas as fases de desenvolvimento psicológico do indivíduo de acordo como são observadas e utilizadas na entrevista clínica de anamnese, porém com a tônica psicossocial e temporal, com destaque para os aspectos a serem colhidos de forma global.

1. INFÂNCIA: Composição Familiar, Relação com os Pais, Vivências, Acontecimentos Relevantes.

2. ADOLESCÊNCIA: Hábitos, Sexualidade, Grupo, Vivências, Acontecimentos Relevantes.

3. VIDA ADULTA: Rotina Diária, Situação Conjugal, Relações com Parceiros, Contatos com Filhos, Vivências, Organização do Lar, Expectativa de Vida.

4. CONTATOS SOCIAIS: Empregos, Amigos, Participação na Comunidade, Lazer, Atividades.

Recomendamos aos leitores familiarização com a CIF – Classificação Internacional de Funcionalidade e Saúde da OMS, 2003, originada da revisão da CIDID -Classificação Internacional de Deficiências, Incapacidades e Desvantagens Classificação e passou a integrar a Família de Classificações da OMS e sua contribuição é a mudança de paradigma frente à visão de Saúde, pois:

> ... O modelo da CIF substitui o enfoque negativo da deficiência e da incapacidade por uma perspectiva positiva, considerando as atividades que um indivíduo que apresenta alterações de função e/ou da estrutura do corpo pode desempenhar, assim como sua participação social. A funcionalidade e a incapacidade dos indivíduos são determinadas pelo contexto ambiental onde as pessoas vivem. (FARIAS E BUCHALLA, 2005)

> ... conceitua a funcionalidade como uma "interação dinâmica" entre a condição de saúde de uma pessoa, os fatores ambientais e os fatores pessoais/.../ Funcionalidade e incapacidade são entendidas como termos abrangentes que denotam os aspectos positivos e negativos da funcionalidade sob uma perspectiva biológica, individual e social. /.../ A CIF cobre todo o ciclo de vida (OMS, 2013).

Este olhar para o fenômeno Saúde descreve as dimensões de funcionalidade associadas em múltiplas perspectivas nos níveis corporal, pessoal e social e não a doenças específicas (2013).

A forma como a CIF é organizada proporciona a aproximação entre os profissionais de saúde dada a característica eminentemente interdisciplinar, complementa a *CID – Classificação Estatística Internacional de Doenças e Problemas Relacionados à Saúde*, 10a Revisão, cujo modelo fornece a entidade nosológica, anatomia e causas externas das lesões. (FARIAS E BUCHALLA, 2005)

Considerando o contexto clínico a CIF possibilita a visão dinâmica da condição de saúde a longo prazo, sendo um recurso interessante para classificar os fenômenos da funcionalidade em doenças crônicas, em seu uso no contexto clínico ambulatorial. A forma como foi organizada para classificação da Funcionalidade e Incapacidade em relação à condição de saúde, em termos das Funções e Estruturas do Corpo que aos Fatores Contextuais, composto pelos Fatores Ambientais e Fatores Pessoais, possibilitou tornar alguns dos eventos psicossociais codificáveis de modo universal proporciona ampliar a compreensão do caso e auxilia na manutenção de condutas uniformes no contexto clínico.

Toda Classificação da OMS passa por acompanhamento em revisões constantes, há 16 anos da publicação da CIF, o desenvolvimento de estratégias e instrumentos para aperfeiçoá-la é constante desde sua divulgação.

No decorrer dos anos a CIF vem se tornando mais acessível aos profissionais e usuários sendo interessante a reflexão de seu uso no contexto clínico e de pesquisa.

A Classificação é ampla, de caráter interdisciplinar, requer familiaridade e treinamento, porém fica aqui o convite para o leitor adentrar nessa senda de conhecimento.

Gostaríamos de salientar que visão da OMS de integrar suas Classificações, aparentemente tornou-se mais ágil devido ao avanço da tecnologia e informática e globalização que otimiza a comunicação e divulgação de dados epidemiológicos. No momento da revisão deste capítulo estamos aguardando a divulgação da CID 11 – OMS e sua consequente "afinação" com as demais classificações publicadas no século XXI. O Brasil faz parte dos países membros que se empenham nessa tarefa.

8. Exame psíquico

Esse item do Roteiro de Avaliação Psicológica Aplicada ao Hospital Geral tem especial importância principalmente para a viabilização de Diagnóstico Diferencial. Ele pode também ser utilizado em separado ao Roteiro como um todo, dadas às características específicas de avaliação a que ele se propõe.

Esse roteiro, como o leitor poderá observar, não difere muito dos tradicionais roteiros de exame psíquico já nossos conhecidos, que normalmente são utilizados em hospitais Psiquiátricos ou Unidades de Saúde Mental. As principais diferenças vão ser encontradas em alguns subitens específicos e em dados de subitens que irão dar relevância a aspectos mais pertinentes a realidade do Hospital Geral e/ou de um Serviço Interdisciplinar Ambulatorial.

Foram suplantados alguns elementos de avaliação, normalmente constantes nos exames tradicionais, e adicionados outros com ênfase diferenciada, justamente para que possamos orientar o foco de nossas avaliações nos aspectos mentais mais comumente afetados nas circunstâncias de doença (física) e hospitalização.

O item que passamos a descrever possui nove subitens de avaliação mais a repetição dos dados de identificação que vimos na abertura do Roteiro. A repetição dos dados de identificação se deve ao fato de, como mencionamos acima, esse Exame poder ser utilizado em separado. Os subitens que compõe o exame são:

1. **Consciência (clínica ou quantitativa)**
2. **Senso Percepção**
3. **Pensamento**
4. **Linguagem**
5. **Memória**
6. **Inteligência/Cognição**
7. **Consciência do Eu (qualitativa)**
8. **Afetividade**
9. **Motivação e Volição**

1. Consciência

Procuramos diferenciar o que chamamos de "Consciência clínica ou quantitativa" da "Consciência do Eu" (que veremos mais adiante) dado ao fato de termos na rotina hospitalar o critério médico de avaliação de Consciência que se executa dentro de parâmetros quantitativos no que tange às capacidades responsivas manifestas pelo paciente examinado. Nesse sentido o que determina o critério de comprometimento é a avaliação baseada no diagrama S - R (estímulo - resposta). Temos então, incluindo o Estado Normal, de consciência oito níveis: **Normal, Torpor, Turvação, Obnubilação, Coma I ou Coma Vigil, Coma II, Coma III e Coma IV** que equivale ao critério de morte cerebral.

No estado de <u>Torpor</u> as principais características observadas no paciente são: A lentificação do pensamento, leve latência na capacidade de resposta (verbal ou motora), pequenas dificuldades na coordenação de motricidade fina. A pessoa não apresenta comprometimento intelectual, nem dificuldades de compreensão ou resposta, apenas está lentificada, em relação ao seu estado normal. Podemos observar esse estado em condições de vida normal quando a pessoa apresenta um grau leve de alcoolização, ou quando encontramo-nos em estado de fadiga (comumente identificamos e associamos a sintomas de stress).

No estado de **Turvação** o paciente começa a manifestar comprometimentos mais importantes. A latência observada no estado anterior é bem maior, sendo que a pessoa começa a apresentar certa dificuldade de entender os estímulos (sobretudo os que exigem ação interpretativa intelectual), há um comprometimento mais intenso da motricidade fina e a motricidade ampla começa a alterar-se também, passa a ser necessária uma quantidade maior de vezes a se estimular o paciente para obter- se respostas comportamentais.

Podemos observar esse estado (p/ ex.) em pessoas com um grau mais intenso de intoxicação pelo álcool, ou quando a pessoa está sob efeito de drogas psicoativas ansiolíticas (hipnóticas ou diazepínicas).

No estado de **Obnubilação** o paciente praticamente perde a capacidade de verbalizar, suas respostas verbais são monossilábicas, tem grande dificuldade de demonstrar compreensão aos estímulos que se lhe impõe. A motricidade fina está totalmente comprometida e a ampla severamente complicada. Não é capaz de articular frases e de responder a solicitações mais sofisticadas, sobretudo as que exigem ação intelectual. Sua atenção voluntária começa a apresentar fortes sinais de dispersividade e a atenção involuntária mostra-se rebaixada. Podemos observar esse estado por ex. em situações de choque, no estado crepuscular epiléptico ou em casos graves de intoxicação pelo álcool.

Coma I ou Coma Vigil, muitas vezes chamado de "coma de olhos abertos", nesse estado a capacidade de interação do indivíduo com o meio está quase que absolutamente ausente, podemos observar flutuações na atenção voluntária, que ora se manifesta com o paciente acompanhando com os olhos movimentos e pessoas a sua volta, ora seu olhar é vago e aparentemente indiferente ao que passa a sua volta, a atenção involuntária está ausente. Não é capaz de verbalizar, e apenas eventualmente consegue responder perguntas simples com "sim" ou "não" manifesto através de um tênue gesto de dedos ou piscar de olhos, se houver por parte do entrevistador muita persistência. Obviamente a ausência de atividade motora é notória.

Até essa fase descrita acima todas as capacidades de respostas autonômicas estão preservadas, ou seja, os Reflexos Superficiais e Profundos não apresentaram sinais de comprometimento. Destacaríamos entre os diversos reflexos os seguintes:

Reflexo Palpebral: que consiste em contrair mais intensamente as pálpebras quando, este de olhos fechados, tem seus cílios tocados por alguém ou quando (de olhos abertos um objeto se aproxima dos olhos)

Reação à dor: se impomos ao paciente um estimulo doloroso, como por ex. picá-lo com uma agulha, este procurará retirar a área que foi estimulada de perto da agulha.

Estes dois reflexos descritos acima compõem os chamados Reflexos Superficiais.

Reflexos Ósteo-tendinosos: são os reflexos que manifestamos quando se impõe uma ação mecânica específica sobre tendões de articulações (joelho e cotovelo), é o famoso" reflexo do martelinho" que todos conhecem.

Reflexo Pupilar: consiste na resposta automática que a Íris manifesta frente à presença ou ausência de luz, contraindo-se ou dilatando-se, o que equivale na observação a um aumento (midríase) ou diminuição (miose) das pupilas.

Reflexo Oto-ocular: Uma resposta que durante muito tempo foi identificadora (quando ausente) de morte cerebral. Atualmente recursos mais sofisticados podem dar uma melhor margem de avaliação para o médico, mas de qualquer forma, a ausência deste reflexo é indicativo de grave lesão cerebral (descerebração). O estímulo consiste em colocar-se no vestíbulo auditivo do paciente água gelada ou quente, o choque térmico irá provocar como resposta um reflexo de rotação dos olhos para o lado oposto ao do ouvido que recebeu o estímulo.

Os três reflexos descritos acima compõem o grupo dos Reflexos profundos.

A partir do estado de Coma II, vamos começar a identificar níveis de comprometimento desses reflexos. No Coma II especificamente, a maioria das respostas está integra, podendo haver leve comprometimento (lentificação) nos chamados Reflexos Superficiais (Palpebral e Dor), sendo que os demais – se mantém íntegros.

No Coma III, os reflexos superficiais desaparecem e começamos a notar algum comprometimento nos reflexos profundos, que em muitos casos são inclusive indicativos de dano cerebral.

No Coma IV, temos a completa ausência de capacidade responsiva por parte do paciente. Essa ausência é um dos principais critérios de indicação de Morte Cerebral, que atualmente é o critério utilizado para a indicação da Morte Clínica do paciente.

Como pudemos observar na descrição dos diferentes graus de comprometimento da consciência, o que temos é um processo de afunilamento desta, que se agrava a cada novo estado na escala. Esse agravamento é mensurado pela capacidade de respostas observáveis que o paciente emite. Em obras anteriores (Psicologia Hospitalar Teoria e Prática - 2006 e Desafios Atuais das Práticas em Hospitais e nas Instituições de Saúde 2016) tivemos a oportunidade de comentar as discrepâncias nos critério de conceituação de Consciência Clínica e Consciência do Eu, observando inclusive, quando comentamos sobre o paciente em coma na U.T.I. que muitas vezes um paciente classificado como inconsciente clinicamente, não tem necessariamente a inconsciência psicológica ocorrendo concomitantemente. Não é objetivo deste capítulo discorrer sobre esses aspectos, fica o convite aos interessados em buscar complementação de informações na obra supracitada, sendo que ao fim do referido capítulo colocamos um roteiro de estudos com diversas obras que podem auxiliar o leitor interessado em aprofundar-se no tema.

Sob o ponto de vista prático recomendamos aos colegas que se iniciam no contato com o paciente em coma que observem o paciente que retorna do coma anestésico. Vocês poderão observar o caminho da Consciência Clínica sendo percorrido ao contrário do descrito, sendo que o paciente parte de um estado de inconsciência similar ao que descrevemos no Coma II e, à medida que esse estado vai superficializando-se, podemos identificar o retorno gradativo das capacidades responsivas até a total recuperação de seu estado normal de consciência.

Muitos hospitais e particularmente C.T.Is. utilizam-se de uma outra escala de avaliação da consciência chamada GLASGOW. Do ponto de vista de nossas (psicólogo) avaliações esta escala não se mostra tão eficiente, posto que a quantificação de respostas é agrupada e são atribuídas notas a estas, que irão pôr fim estabelecer um escore (índice Glasgow), que indicará o grau de comprometimento da consciência. Sob a ótica de quantificação das capacidades de resposta, pelo fato da escala mesclar vários tipos e depois associá-los para a obtenção do escore, a avaliação a nosso ver torna-se mais pobre.

No entanto julgamos ser importante mostrarmos o funcionamento da escala Glasgow, e sob o ponto de vista dos dados importantes para o psicólogo hospitalar, salientar que será necessário obter junto ao médico assistente os dados dos diferentes itens avaliados para a obtenção de informações mais precisas sobre a Consciência Clínica do paciente.

Acreditamos que, após um certo tempo de prática, o psicólogo também será capaz de estabelecer essa avaliação. Frisamos que nesse caso não é objetivo do psicólogo diagnosticar o estado neurológico do paciente (função do médico intensivista), mas sim de ter melhores subsídios para avaliar as capacidades responsivas do paciente e, a partir daí, estabelecer por ex. programas específicos da estimulação, principalmente quando outros dados mais subjetivos de avaliação possam estar indicando a presença de vida psíquica ativa.

A **Escala Glasgow** compreende três itens de avaliação:

	Abertura dos Olhos (A O)		**Melhor Resposta Verbal (M R V)**		**Melhor Resposta Motora (M R M)**
				6	Obedece ordens verbais
		5	Orientado Tempo Espaço	5	Localiza Estímulos Dolorosos
4	Abre Espontaneamente	4	Não Orientado	4	Flexão Normal MMSS e MMII
3	Abre sob estímulo Auditivo	3	Palavras Impróprias	3	Flexão de MMSS (descorticação)
2	Abre sob Estímulo Doloroso	2	Sons Incompreensíveis	2	Flexão de MMII (decerebração)
1	Não Abre	1	Não Responde	1	Não reage a dor

Como observamos na tabela acima, numa escala de um mínimo de 3 e um máximo de 15 pontos, podemos classificar o estado neurológico e/ou de consciência do paciente (sob a ótica quantitativa). Verificamos que, a exemplo do outro tipo de classificação, o grau de comprometimento da consciência é fornecido pelo número e sofisticação das respostas que o paciente é capaz de emitir.

Ainda sobre o tema Consciência Clínica X Consciência do Eu consideramos que o conceito psicológico de consciência envolve a definição apresentada por *Jaspers* "Consciência é todo o momento da Vida Psíquica...", e nesse sentido a presença de atividade mental superior (associada a áreas neocorticais, sobretudo) tais como; memória, capacidade associativa, percepção + pensamento interpretativo, inteligência, etc, mesmo não podendo ser mensuradas pelas respostas aparentes do paciente, podem estar presentes na pessoa considerada clinicamente inconsciente, a prática clínica tem inúmeros casos ilustrando tal fenômeno, sendo assim, a proposta de distinguir no presente Roteiro essas duas conceituações foi considerada de fundamental importância para a prática da Psicologia Hospitalar.

No Roteiro que apresentamos o leitor irá identificar no Item Consciência uma escala dos diversos graus de comprometimento com espaço para assinalar o que foi avaliado, e ao final espaço específico para o escore da Escala Glasgow.

2. Senso Percepção

Quando avaliamos Senso-Percepção, estamos observando as capacidades sensoriais da pessoa, ou seja, como os órgãos do sentido estão captando as impressões que o meio ou que a internalidade desta emitem a ela mesma (exterocepção e propriocepção).

Chamamos ao fenômeno desencadeador do evento perceptivo de Significante. Em condições normais de funcionamento dos órgãos do sentido o que será captado por estes é a I.P.R. **(Imagem Perceptiva Real)**, por exemplo, alguém me mostra um quadrado azul e o que eu percebo e reconheço é um quadrado azul, alguém me espeta com uma agulha e eu sinto dor e assim, sucessivamente. Existe, portanto, coerência entre o estímulo dado e a percepção deste (Equivalência entre o Significante e a interpretação sensorial deste com a respectiva identificação do Significado), a imagem (e aqui o significado de "imagem" não se restringe à visão, mas a qualquer percepção) é identificada com a realidade do que foi exposto ao indivíduo. Obviamente o evento perceptivo assim como todos os demais itens que avaliamos no Exame Psíquico não são estruturas estanques e dissociadas umas das outras, para que houvesse a identificação do Significante atribuindo-lhe um Significado houve também a interferência do Pensamento, da Memória da Inteligência e assim por diante (Atividades Mentais Superiores). O fenômeno perceptivo levado ao pé da letra é apenas o evento de apercepção do Significante, nossos sentidos captaram-no e registram em algum ponto do cérebro. As regiões cerebrais primordialmente responsáveis pelo evento perceptivo são compostas pelo Arqui e Paleocortex (filogeneticamente estruturas mais antigas e primitivas Fig 1), que compõe as chamadas Atividades Mentais Básicas, mais à frente trataremos de descrever o evento perceptivo de forma esquemática.

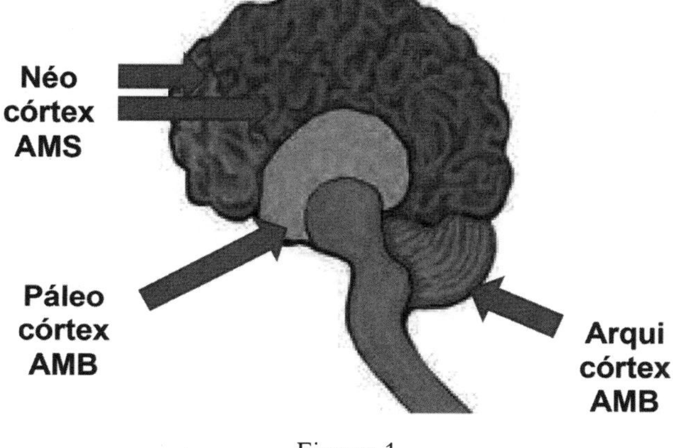

Figura 1

Nota: sobre as questões polêmicas ligadas a existência ou não de atividade psíquica no paciente em coma sugerimos a leitura do tópico "O Paciente em Coma no C.T.I.", no capítulo "Atendimento Psicológico no Centro de Terapia Intensiva" publicado no livro "Psicologia Hospitalar: Teoria e Prática", Ed. Thonsom Learning 2002, cap. II, pp. 67-71 e "Os desafios e possibilidades da atuação do psicólogo em Unidade de Terapia Intensiva Adulto" pp. 329-349, no livro; "Desafios Atuais das Práticas em Hospitais e nas Instituições de Saúde", Ed Escuta, SP, 2016.

Um dos componentes da senso-percepção é a Atenção, que se divide em duas subformas; Atenção Voluntária e Atenção Involuntária.

Na Atenção Voluntária avaliamos a capacidade que o indivíduo tem de deliberadamente canalizar sua atenção para alguém ou algo, está associada à capacidade de concentração e a intencionalidade.

A Atenção Involuntária funciona inconscientemente. É aquele estado que nos permite perceber ou até mesmo nos assustar como, por exemplo, uma explosão de escapamento de um carro que passa ao nosso lado quando estamos conversando com um amigo na calçada.

Ela permanece sempre ativa, ou melhor dizendo, em estado de alerta, e toda vez que algum fenômeno intercepta a nossa ação perceptiva (que está mobilizada pela Atenção Voluntária) esta entra em ação. Como observamos nas descrições dos diferentes graus de comprometimento da consciência, os níveis de atenção são as primeiras instâncias senso-perceptivas a manifestar comprometimento.

Quanto as diferentes patologias da senso-percepção, destacaríamos especificamente as Ilusões e as Alucinações.

Nas Ilusões, o indivíduo apresenta um claro distúrbio perceptivo (Alteração da I.P.R.), onde este descreve um evento perceptivo que não corresponde à realidade, no entanto, quando essa pessoa vai interagir com a distorção perceptiva, dá-se conta da inexistência desta. Talvez o exemplo mais clássico desse fenômeno seja o da "Miragem", onde a pessoa julga estar vendo algo (um lago no meio do deserto por ex.) e quando se atira no suposto lago percebe que este não existe.

Já nas Alucinações a distorção da I.P.R. apresenta- se de forma mais grave e a pessoa não só identifica algo que efetivamente não existe como cria interações com a percepção distorcida. É interessante salientar que todos os eventos alucinatórios estão classificados de acordo com o órgão do sentido que manifestou o comprometimento, ou seja: Alucinação Tátil (presente por ex.

no **Delirium Tremens**), Alucinação Visual (presente por ex. nas intoxicações por drogas psicoanalépticas), Alucinação Auditiva (presente por ex. nos surtos Esquizofrênicos de subforma Paranóico Alucinatória), Alucinação Olfativa, Alucinação Gustativa e Alucinação Cenestopática (ligada a propriocepção, presente em muitos episódios psicóticos graves).

Os distúrbios senso-perceptivos podem aparecer também como sintomas de diversos quadros centrais, associado a tumores, anóxia cerebral, Acidentes Vasculares Cerebrais, Neurocisticercose, etc. A constatação isolada de um distúrbio senso-perceptivo não é indicativa de nenhum quadro clínico em particular, sempre a somatória de sinais e sintomas, mais a história clínica da pessoa é que possibilitarão a equipe à determinação de diagnóstico.

No Roteiro o psicólogo encontrará espaços específicos para assinalar as observações sobre as condições senso perceptivas do paciente, se normal, se há a ocorrência de Ilusão ou Alucinações e qual subforma alucinatória o paciente apresenta.

3. Pensamento

O pensamento é uma das atividades mentais mais sofisticadas que possuímos, quando o avaliamos estamos, do ponto de vista neuropsicológico, identificando o funcionamento de uma Atividade Mental Superior que sob o ponto de vista filogenético ocorre em regiões cerebrais formadas mais recentemente, mais especificamente em regiões Neocorticais **(Fig 1).**

O componente principal que nos dá a possibilidade de identificar um distúrbio do pensamento é o Juízo de Realidade (J.R.), que é a capacidade que o indivíduo possui de avaliar adequada e coerentemente os eventos que vivencia. Mais uma vez, é fundamental lembrarmos que um componente do Aparelho Psíquico não funciona isoladamente, para que haja a adequada atuação do pensamento esse interage com a memória, a inteligência, a senso-percepção, a linguagem etc.

Didaticamente, o Pensamento é avaliado através de três componentes: *Curso, Forma e Conteúdo.*

Curso: quando avaliamos o Curso do Pensamento estamos identificando a velocidade que o pensamento ocorre, se normal, acelerado (taquipsiquia) ou lentificado (bradipsiquia). Tanto em condições normais de vida quanto em situações de real comprometimento do pensamento podemos notar alterações em seu curso. Por exemplo; quando o indivíduo está sob ação de um estado ansioso (normal ou neurótico), ou em estado maníaco, podemos identificar na maioria das vezes uma situação de aceleração do pensamento, não raro acompanhada de "Verborragia" (fala ininterrupta e com prolixidade), já nos estados depressivos ou em condições de fadiga esse pode apresentar seu curso lentificado.

Forma: ao avaliarmos a Forma do Pensamento vamos identificar a sua estrutura propriamente dita, ou seja, se ele possui ordenação: *começo, meio e fim*. Em diversos distúrbios do pensamento o comprometimento da Forma é indicativo de processo de alteração mental mais grave como, por exemplo, na "Fuga de Ideias", muito frequente em alguns surtos esquizofrênicos. Podemos ter também o fenômeno denominado "Salada de Palavras", que ocorre em diversos episódios psicóticos, onde o discurso do paciente é ininteligível, em ambos os casos os indicativos de alteração estão apontando para problemas mais graves na estrutura mental do paciente.

Conteúdo: nesse componente avaliamos a substância do pensamento, sua coerência, seu grau de concordância com a realidade. As alterações nessa instância são extremamente indicativas de grave comprometimento do Juízo de Realidade. Temos como principais alterações a Confusão Mental, própria da ruptura psicótica, e de acordo com *Sá Jr.*: é "...característico das doenças mentais exógenas sintomáticas e tóxicas (sobretudo nas intoxicações agudas) e nas doenças orgânico-cerebrais" e os Delírios.

No que tange aos Delírios, existem inúmeras classificações de "Tipos de Delírio" de acordo com seu conteúdo específico. Destacamos os quatro principais que são mais frequentemente observados no Hospital Geral:

- Delírio Religioso: cujo conteúdo é nitidamente ligado a questões da religiosidade do indivíduo. (Possessões demoníacas, imaginar-se um "Enviado de Deus", etc)

- Delírio Persecutório: talvez a subforma delirante mais conhecida. O discurso do paciente é notoriamente voltado a ideias de perseguição, o conteúdo pode variar desde relatos aparentemente verossímeis, mas que não tem sustentação se avaliada a realidade objetiva de vida do paciente, até ideias fantásticas do tipo "extraterrestres querendo sequestrá-lo", etc..

- Delírio de Interpretação: o evento delirante manifesta-se a partir das distorções que a pessoa cria quando interpreta fatos, relatos e eventos que ocorrem em sua vida.

- Delírio de Referência: predomina no paciente a ideia de vergonha, de que existe uma crítica permanente a atos que cometeu e que "Todos Comentam", tende a interpretar que todas as pessoas se referem a ele e que essas referências são sempre de escárnio ou desvalorização.

- Delírio Hipocondríaco: o tema delirante versa sobre a ameaça à saúde, havendo a convicção que está doente, não existindo prova concreta de alteração orgânica e, muitas vezes, com a eleição de doenças especiais tais como câncer, AIDS, tumor cerebral, etc. Como forma delirante e estruturada, pode gerar a busca de tratamento com o convencimento da equipe e eleição de conduta clínica ou cirúrgica (17).

Em determinados tipos de doenças psicossomáticas o histórico pregresso do paciente aponta para situações delirantes e/ou fóbicas ligadas a patologias específicas, com especial ênfase para o câncer e as doenças cardíacas, antes do surgimento do fenômeno de somatização.

As alterações do Pensamento, particularmente a Confusão Mental, Fuga de Ideias e a Salada de Palavras, são consideradas Sintomas Primários de Psicose, que juntamente com distúrbios da Afetividade e da Consciência do Eu vão possibilitar o diagnóstico de um quadro psicótico. (Comentaremos a cada item supracitado os sinais específicos que se considera de ordem primária).

É fundamental que se saliente que Delírios e Alucinações (sintomas produtivos) são classificados como *Sintomas Secundários de Psicose*, ou seja, podem não aparecer necessariamente, mas a não ocorrência destes não significa igualmente a não ocorrência do episódio psicótico. Esse fenômeno é muitas vezes desconsiderado pelo psicólogo, o que pode levá-lo a só fazer um diagnóstico de psicose quando da existência de sintomatologia exuberante, que é o caso dos Delírios e Alucinações, e induzi-lo a um erro diagnóstico na medida em que, como salientamos, os fatores determinantes de psicose, segundo a classificação de *Schneider e Sheldon* (uma das mais tradicionais) considera os sintomas primários (supra citados) como os predominantes para o diagnóstico e a ocorrência dos sintomas secundários é relativa podendo ou não ocorrer.

No Roteiro de Avaliação temos uma grade de classificação dos distúrbios de pensamento já especificado se o distúrbio é de Curso, Forma ou Conteúdo e que tipo de alteração foi identificada.

4. Linguagem / Comunicação

Quando avaliamos linguagem, dedicamo-nos a observação do processo de comunicação verbal e não verbal manifesto pelo paciente.

A coerência ou não das manifestações verbais e não verbais (faciais, posturais, gestuais) irá nos dar a medida dos eventuais conflitos que o paciente pode estar vivendo. Para o psicólogo hospitalar, desenvolver uma escuta que atente igualmente para a linguagem corporal e o discurso objetivo do paciente, no contexto de doença e internação, é extremamente importante. Nesse sentido salientamos dois aspectos; o paciente que se comunica verbalmente e demonstra discrepância entre o discurso e a postura corporal, e o paciente que, por razões clínicas está impossibilitado de falar.

Todo o trabalho do psicólogo depende, em grande parte, daquilo que o paciente nos informa. Essa informação, diferentemente daquela que os demais colegas da equipe de saúde coletam, é a informação da relação da pessoa com o momento vivido, suas dúvidas, angústias, ansiedades, medos, fantasias, etc. Avaliamos, portanto, o discurso da pessoa doente e não o da doença. Essa escuta particular irá se somar à escuta que os demais colegas realizam de forma a proporcionar para a equipe uma leitura da pessoa como um todo.

Avaliar Linguagem é avaliar não só o discurso ou a estrutura da fala do paciente, mas sim, auscultar os diferentes significados do adoecer manifestos por aquela pessoa em especial. Gestos, forma de olhar, expressões faciais, postura corporal demonstração de preocupação com a aparência, pudor, também representam formas de comunicação.

Há alguns anos atrás ouvimos de uma colega psicóloga hospitalar uma definição poética de nosso trabalho, e que gostaríamos de transcrever nesse item, pois acreditamos que este, talvez, sintetize muito das ideias que se propõe a definir o "Fazer" do Psicólogo Hospitalar.

> O Psicólogo Hospitalar é aquele membro da equipe de saúde que possui um 'estetoscópio' para auscultar o silêncio do Sofrer... (Selma, Psicóloga Hospitalar do H.S.P.M.-S.P. 1983).

No Roteiro que apresentamos no subitem Linguagem destinamos inicialmente um espaço para as observações que o psicólogo assistente julgue importante fazer acerca do processo de comunicação do paciente, em seguida segue uma coluna para a indicação de algum distúrbio específico da fala, que também devem ser avaliados, e podem ser indicativos de vários tipos de desordens psíquicas ou neurológicas.

5. Memória

"A Memória é a Guardiã do Eu"...

A Memória e seus eventuais distúrbios serão avaliados nesse subitem, considerando particularmente as duas principais instâncias ou tipos de ação mnemônica: a **Memória de Evocação e a Memória de Fixação.**

A **Memória de Evocação** é aquela que utilizamos toda vez que necessitamos buscar informações em nosso "arquivo", podemos chamá-la de Memória de Fatos Passados.

A **Memória de Fixação** é a que utilizamos toda vez que assimilamos algo novo (aprendizados, vivências, informações etc.). Fica claro entender que uma depende da outra, e que essas duas por assim dizer, subformas, de memória têm papel fundamental na vida do indivíduo.

Optamos por utilizar essa classificação, pois uma boa parte dos distúrbios que observamos no hospital geral, naquilo que tange aos aspectos mnemônicos do Aparelho Psíquico, manifestam alterações de uma ou outra subforma. Assim, temos no Roteiro listadas as seguintes alterações:

Alteração da Memória de Fixação: A mais severa é a Amnésia Anterógrada, caracterizada pela perda da capacidade de assimilar fatos novos. A pessoa apresenta uma espécie de paralisação mnemônica no tempo, ou seja, do período em que se instalou a lesão que provocou o distúrbio para frente esta irá apresentar grandes dificuldades ou até mesmo absoluta incapacidade de registrar e consequentemente evocar fatos de sua história. Um dos quadros clínicos onde podemos observar tal fenômeno é o do Estado de Psicose Alcóolica que gera a Síndrome de Kossakov. Igualmente, nos estágios iniciais do Mal de Alzheimer a memória de Fixação aparece como um dos primeiros sintomas da doença. Indicamos ao leitor que queira se inteirar das características mais específicas desse quadro a excelente narrativa de um desses casos apresentada na obra de *Oliver Sacks* "O Homem que Confundiu Sua Mulher com um Chapéu", particularmente o capítulo intitulado "O Marinheiro Perdido".

Ainda referente aos distúrbios da Memória de Fixação, temos quadros mais frequente na realidade hospitalar onde o paciente apresenta dificuldades de Fixação. Esse quadro está associado a diversas causas neuropsicológicas, incluindo (para efeito do presente roteiro) alterações da atenção voluntária e distúrbios da Consciência Clínica (a partir do estado de turvação), bem como associado a estados de Stress e Fadiga, que não são prerrogativa única de pessoas portadoras de algum tipo de patologia, mas de qualquer indivíduo sadio.

Alteração na Memória de Evocação: Normalmente quando falamos em Amnésia, a primeira ideia que vem à cabeça é a da pessoa que "Perdeu a Memória", essa imagem bastante conhecida de todos, e muitas vezes explorada em filmes e novelas é o que chamamos de *Amnésia Retrograda*, ou seja, um distúrbio na capacidade de buscar-se no "arquivo" informações, fatos, vivências etc.

As *Amnésias Retrogradas* podem ser de vários tipos. Destacamos a Amnésia Retrograda Total, onde a história pregressa do indivíduo simplesmente desaparece de sua memória, e às *Amnésias Retrogradas Parciais*, onde temos a chamada *Amnésia Lacunar*, onde uma parte da história do indivíduo é "apagada", podendo as causas serem de etiologia física ou psíquica. No Campo da *Amnésia Lacunar*, destacamos no Roteiro um caso específico que é o da *Amnésia Pós-Traumática*, devido ao fato desta ocorrer com certa frequência nos hospitais, sobretudo àqueles que tem unidade de traumatologia. Essa amnésia ocorre como resultado de uma situação traumática aguda e intensa, um acidente automobilístico por ex., e na narrativa do paciente o acidente é apagado de sua memória, às vezes, todo ou parcialmente, e em alguns casos horas ou até mesmo todo o dia que antecedeu ao acidente desaparecem dos registros mnemônicos evocáveis do indivíduo. Os atuais estudos na área das neurociências apontam tanto para fatores intrapsíquicos (mecanismos de defesa) quanto para fatores bioquímicos (ação de neurotransmissores e catecolaminas produzidos ou lançados no S.N.C. quando do evento traumático), como sendo os causadores do fenômeno. Sob a ótica psicológica, eventos desse porte são amplamente apresentados em estudos de caso sendo que um dos mais conhecidos é o caso Ana O. descrito por Freud em suas obras.

Além das Amnésias podemos ter distúrbios do que chamaremos de *"Velocidade da Memória de Evocação"*, nesse caso temos a Hipomnésia, um quadro de lentificação da capacidade evocativa, e a Hipermnésia a aceleração da capacidade evocativa, esse segundo caso é narrado por muitas pessoas que viveram uma situação pessoal de morte iminente onde estas descrevem "Ter visto sua vida passando de traz para frente como se fosse um filme em alta velocidade". Em alguns casos de intoxicação por drogas psicoanalépticas e psicodislépticas tanto um como outro fenômeno também são observados.

No Roteiro todos estes distúrbios estão listados em colunas já associadas à memória de base (se de evocação ou fixação).

6. Inteligência /Cognição

Esse subitem avalia a capacidade intelectual do paciente, e as eventuais alterações que esta possa apresentar. Nesse caso utilizamos os mesmos recursos tradicionalmente adotados pela psicologia na avaliação de inteligência e cognição.

Quando avaliamos a(s) inteligência(s), nos debruçamos sobre a observação das competências do indivíduo nos quesitos:

ANÁLISE/DEDUÇÃO/CORRELAÇÃO/SÍNTESE/ASSOCIAÇÃO

São alvos de avaliação a inteligência verbal e a não verbal e há um item relativo a distúrbios específicos da cognição que podem ocorrer em função de comprometimentos centrais (por exemplo, alterações de prosodia por tumores no hemisfério direito, etc.).

Dado importante: não se deve confundir Inteligência com Erudição, podemos estar frente a uma pessoa iletrada com uma competência intelectual fantástica, da mesma maneira que podemos ter uma pessoa com vários anos de estudo com importantes limitações intelectuais.

7. Consciência do "EU"

"Consciência é todo momento da Vida Psíquica" (Jaspers)

Nesse subitem avaliamos o que poderíamos identificar como a Consciência Qualitativa, ele tem importante função complementar ao subitem 1. Como mencionamos anteriormente, os critérios médico e psicológico da avaliação da consciência diferem e é nesse item que o psicólogo encontrará condições de avaliar a "Vida Psíquica" existente no paciente.

Acreditamos ser de fundamental importância para a avaliação desse aspecto do psiquismo a retomada de alguns conceitos:

A estruturação da Consciência do Eu se dá a partir de um sofisticado processo de interações da criança recém-nascida com o mundo, onde as experiências de frustração das necessidades básicas manifestas pela criança através do princípio do prazer vão possibilitar-lhe o início das capacidades de diferenciação dela e do mundo.

A busca de satisfações elementares como a saciação da fome, do sono a necessidade de carinho e aconchego, o conforto físico são sentidas e manifestas pela criança já a partir do nascimento. Ela, em poucos dias, descobre que através do choro possui um poderoso instrumento de resolução de suas necessidades. Estamos aqui em frente a um ser que ainda não é capaz de diferenciar-se dos outros. Para a criança recém-nascida ela e o mundo são uma coisa só. As experiências de frustração, acima mencionadas, somadas as experiências sensoriais e motoras que a criança vai vivendo possibilitam a ela gradativamente a descoberta de um mundo a sua volta (de objetos dela e para ela) que vai aos poucos sendo identificado, e vão sendo criadas as primeiras relações objetais.

Nesse sentido, as experiências de frustração darão o tom dissonante à criança que, percebendo-se tolhida da satisfação de uma necessidade (prazer), inquieta-se e reage.

Esse rol de experiências tem como ponto de partida principal as vivências corporais da criança, o que equivale dizer, que são as primeiras experiências acerca de si mesma, pautadas, portanto, num Eu mais primitivo que denominamos "EU FÍSICO".

É a partir da organização senso-perceptiva e experiencial que a criança descobre seus limites e dimensões, primeiramente corporais e motores que iniciam um processo contínuo de desenvolvimento. O desenvolvimento neuro-psico-motor, cognitivo e afetivo vão então ocorrer de forma complementar. É interessante ressaltar que as experiências vividas pela criança nesse período irão influenciar todos os potenciais que ela manifesta, advindos de sua carga hereditária e que esses processos formarão a base tanto da Consciência do Eu quanto da Estrutura Afetiva que esse indivíduo terá para o resto de sua vida.

Temos então esquematicamente o seguinte processo:

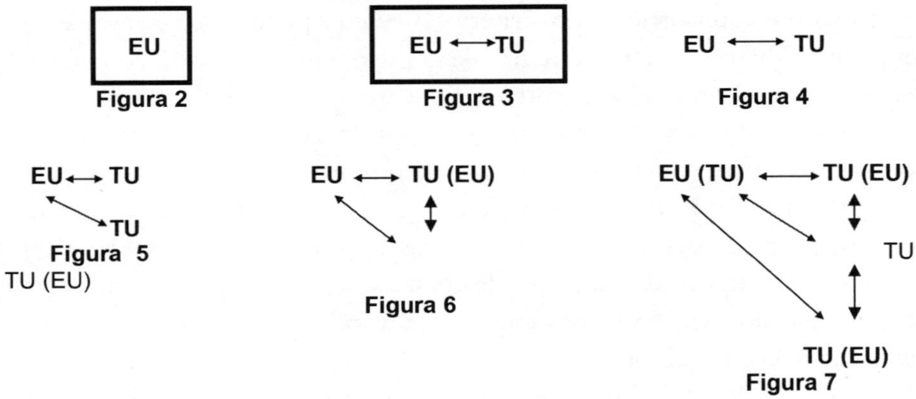

Figura 2
Figura 3
Figura 4
Figura 5
Figura 6
Figura 7

Na figura 2 temos a representação da criança recém-nascida onde para ela, ela e o mundo são uma única coisa.

A partir das interações com a figura materna, aos poucos, a criança vai se apercebendo da existência de um mundo de objetos a sua volta, sendo que o primeiro que começa a identificar e reconhecer é a mãe (fig.3).

Num terceiro momento, a criança já é capaz de identificar a mãe como um objeto fora dela (mas dela e para ela), (fig. 4).

Aos poucos, a criança vai incorporando outros objetos (Tus) a suas relações (pai, avó, etc), (fig.5).

Seu desenvolvimento e capacidades perceptivas e cognitivas se aprimoram e a criança passa a ser capaz de identificar que seus "objetos" relacionam-se entre eles, "à revelia dela". Nesse momento a criança passa a identificar a mãe não só como um objeto, mas também como sujeito (não só a que dá, mas a que também recebe), (fig.6).

Essa triangulação de relações persiste e aos poucos os outros objetos (pai, avó etc.) vão também sendo "promovidos" à condição de sujeitos (Eus), (fig 7). É nesse momento de seu desenvolvimento, que ela passa a ser capaz de, por comparação, identificar que os outros são "outros" para ela na medida em que lhe dão coisas – carinho, alimentação, etc), mas a medida em que esses mesmos "outros" recebem (uns dos outros) eles passam a ser sujeitos na relação, e que ela que sempre foi sujeito representa para os outros um "outro", ou seja :

A criança se dá conta de que ela é um Eu somente para si mesma e que cada pessoa é para si mesma um Eu, sendo que os outros para todos (não só para ela) são Tu, inclusive ela para esses outros é também um Tu. Nasce por tanto a **Consciência do Eu**, que podemos identificar na criança no momento em que ela deixa de referir-se a si mesma na terceira pessoa (- o neném, - a Marina - o Julinho) e passa a usar a palavra **Eu**, e seus derivativos – Meu, Minha, etc. Estruturou-se a base do **EU PSÍQUICO**, que irá complementar a estrutura do **EU FÍSICO** já mais bem formada, compondo então o **EU (SELF)** no sentido mesmo do termo.

Esse processo ocorre ao longo dos dois primeiros anos de vida. De forma lenta e gradativa a criança vai adquirindo consciência de si mesma e organizando o núcleo mais importante de sua identidade.

Existem aspectos a serem avaliados quando da verificação da higidez da estrutura do Eu, que estão intimamente associados ao processo constitucional deste. Os mais importantes dizem respeito á estruturação dos conceitos de Tempo e Espaço, que serão subdivididos em Tempo Físico e Tempo Psicológico e Espaço Físico e Espaço Psicológico.

Didaticamente associamos os conceitos e noções de Tempo e Espaço Físicos ao Eu Físico e os de Tempo e Espaço Psicológicos ao Eu Psíquico. Obviamente a organização do Eu cria uma interface de relação entre essas duas instâncias inalienável onde uma depende e interfere por sobre a outra e vice-versa.

O desenvolvimento neuro-psico-motor da criança funciona como base de estruturação de sua corporeidade, o esquema corporal e posteriormente sua autoimagem organizam-se através das bases neuropsicológicas inatas da criança que passarão por um processo de desenvolvimento e estimulação que irá resultar na percepção organizada do Espaço, não só de seu corpo (suas dimensões, limites e formas de utilização) como também na interação desse corpo com o espaço externo. O **Eu Físico** estrutura-se então a partir das experiências objetivas e subjetivas que a percepção que a criança tem de seu corpo proporciona a ela, como esse corpo (percebido e dimensionado) existe num espaço físico que é seu meio de interação. A consciência corporal e espacial, passa a ser então incorporada pela criança e essa vai, gradativamente, sofisticando essas capacidades e estabelecendo relações cada vez mais complexas que estarão sempre ligadas ao grau de estímulo e aprendizado a que é submetida.

Num determinado ponto desse processo, as interpretações perceptivas, as vivências aprendidas e memorizadas, os conceitos morais, culturais e as interações afetivas (primordiais) da criança passam a dar forma também a noção de **Espaço Psicológico**, onde, essa vai adquirindo a capacidade de perceber e simbolizar seu lugar no mundo, nas diversas relações e sistemas que está inserida, e na própria relação consigo mesma.

Pari passu, a esse processo descrito acima, a noção de **Tempo** (mais subjetiva e sofisticada) começa igualmente a ter lugar. Primeiro a influência dos ciclos circadianos (de base neurológica) auxiliam a criança a estabelecer uma relação com o **Tempo Físico,** de uma forma mais concreta (dia e noite, por ex.), aos poucos, noções simbolizadas por nossa cultura, em relação ao tempo, são passadas para a criança (manhã, tarde, noite, horas, dias, meses, anos, etc). Por serem conceitos mais subjetivos, eles ocorrem numa velocidade menor que a da organização espacial. A criança, gradativamente incorpora esses conhecimentos, e passa a ser capaz de simbolizar o **Tempo Físico**.

Entre os seis e sete anos, aproximadamente, é que nos tornamos capazes de simbolizar o **Tempo Psicológico**. Adquirimos uma noção clara de nossa finitude, a consciência da inexorabilidade e irreversibilidade da morte tem papel primordial nesse contexto. Tornamo-nos capazes de ver a vida sobre uma ótica de historicidade (passado, presente, futuro), tendo no passado a representação mesma de nossa história (a bagagem de experiências e vivências que carregamos e utilizamos p. exemplo). Identificamos nosso lugar na relação consigo mesmo (ser-em-si) e com o mundo (ser-no-mundo) – **Espaço Psicológico** – e percebemos que é no presente (agora) que sou capaz de intervir e realizar a minha história. Projeto-me para o futuro com as perspectivas e desejos de vir-a-ser e com a angústia de saber que também virei-a-não-ser-mais. Estrutura-se, portanto, a Consciência de **Tempo Psicológico**.

Como o leitor pode observar, a base de nossa identidade, da integridade de nossa personalidade está alicerçada nessas estruturas. Não temos a pretensão, e nem é proposta desse capítulo aprofundar e esgotar questões tão complexas quanto às da formação da Consciência do Eu, nossa intenção é a de relembrar elementos fundamentais desse processo para justificar a presença de determinados aspectos de avaliação no Roteiro e de dar o devido destaque a esse componente tão fundamental do aparelho psíquico.

Retomando o Roteiro, teremos no item **Consciência do Eu** uma lista para assinalarmos as alterações observadas, a saber:

Normal, Alteração no "Eu Físico", Alteração no "Eu Psíquico", Ruptura Psicótica, Estranheza de Si Mesmo, Despersonalização, Estranheza do outro, Alterações na orientação Auto Psíquica (Tempo e Espaço Psicológicos) e Alteração na Orientação Alo Psíquica (Tempo e Espaço Físicos).

Sublinhamos que no caso da pessoa hospitalizada, a identificação de Alteração no **Eu Físico** é quase sempre presente, o grau desse comprometimento e suas implicações sobre a estrutura da Consciência do Eu deverá ser avaliado pelo psicólogo assistente, considerando os itens que indicamos.

Um exemplo relativamente simples, mas que, pode nos dar a dimensão subjetiva dos impactos que a situação de internação hospitalar pode provocar no **Eu Físico.**

8. Afetividade

"Afeto é a maneira de o Indivíduo lidar com Presenças e Ausências na Vida".

A afetividade compõe o terceiro item que irá propiciar ao psicólogo assistente a possibilidade de realização de diagnóstico diferencial de psicose, como foi salientado acima.

Ao avaliarmos afetividade deparamo-nos com algumas dificuldades técnicas que muitas vezes a psicologia encontra, pois, vários termos técnicos que utilizamos são igualmente usados pela população em geral, mas com outro sentido. É o caso em questão, normalmente as pessoas definem afetividade como: amor, carinho, etc. Do ponto de vista constitucional do Aparelho Psíquico podemos definir Afeto como sendo: "A forma do indivíduo lidar com presenças e ausências na vida".

Passemos então a uma breve discussão acerca dessa definição:

Vimos acima que a estruturação da **Consciência do Eu** passa por um intrincado processo de relações da criança com o mundo (mãe, pai, avós, etc) e que aos poucos as experiências de troca (dar, receber, negar-se a dar, esperar receber e frustrar-se por não ter correspondência e assim por diante) é que irão propiciar a criança à dimensão do si-mesmo e do outro, essas experiências são o cerne da estruturação afetiva. Se nos reportarmos à definição acima descrita podemos associar a lide do indivíduo com as presenças e ausências ao dar e receber, ao ganhar e perder, ao prazer e a frustração, ao ser e ao não ser, a vida e morte, enfim ao confronto dessas vivências emocionalmente opostas, que em suas manifestações irão dar a criança, e mais tarde ao adulto a dimensão pessoal que ele terá dos vínculos afetivos, de sua relação com o mundo de seu autoconceito e de sua autoestima.

Para podermos entender de forma mais filosófica esse conceito, vamos desenvolver uma ilustração disso:

Nota: O leitor encontrará no final do presente capítulo um roteiro bibliográfico para estudos, que traz diversas obras para consulta e aprofundamento sobre as questões teóricas e os diversos conceitos que abordamos ao longo deste.

Tomemos na mão um copo descartável vazio. Se eu amassar esse copo de forma a transformá-lo numa bolinha de papel eu tenho o copo?

Responderíamos a essa pergunta dizendo que não, pelo menos não para que ele possa prestar-se ao seu fim.

Pois bem, se hipoteticamente eu pudesse tirar o vazio de dentro do copo, deixando-o encima da mesa e desprezando a casca de papel eu teria o copo?

Nesse caso também responderíamos que não, como iríamos colocar água no vazio, sem ter paredes para contê-la?

O que é o copo então? O vazio de dentro dele? Ou a casca de papel que envolve esse vazio?

Ora o copo é a casca mais o vazio! Alegoricamente podemos dizer que a casca de papel é o "ser" do copo e o vazio dentro desta é o "não ser do copo", mas o copo só tem entidade se o entendermos como a união harmônica do seu "ser", com o seu "não ser".

É o mesmo raciocínio que desenvolvemos acima quando descrevemos a estruturação da Consciência do Eu: *Para que Eu saiba que Eu sou Eu, eu necessito de um Não Eu (Tu) que eu possa identificar como não sendo Eu para assim ter a noção exata de que Eu sou Eu!*

Bem, jogo de palavras à parte, o fato é que sem a constatação da existência do outro como referencial para mim mesmo, eu não seria capaz de me diferenciar do mundo. Portanto necessitamos dos opostos para que o confronto entre eles possa nos possibilitar as noções de existência e entidade. O que equivale dizer que presença e ausência não são (nesse sentido) opostas, mas sim complementares.

A Afetividade forma-se, portanto, par e passo a estruturação da Consciência do Eu, a experiência afetiva é que dará o tom e a dimensão para a estruturação do Eu e essa possibilitará a organização do *"locus"* da experiência afetiva.

Quanto às alterações que a Afetividade pode experimentar destacamos no Roteiro: Depressão, Mania, Labilidade Afetiva, Ambivalência Afetiva, Amorfismo Afetivo, Angústia (no caso subdividida em Angústia de Morte e Angústia Existencial) e Ansiedade (também subdividida em Ansiedade Neurótica e Ansiedade Reativa).

Depressão:

Atualmente referimo-nos a Depressões, à medida que existem várias subformas de manifestação desta. Destacaríamos as chamadas Depressões Patológicas (Depressão Maior e Distimias DSM-V) e as Depressões Reativas (Luto sem Complicação DSM-V).

No primeiro caso temos quadros psicopatológicos definidos da seguinte forma (no que tange a sinais e sintomas):

- Ambivalência afetiva (caracterizada, sobretudo, pela querelância e refratariedade que o paciente apresenta)
- Amorfismo Afetivo (caracterizado pela incapacidade de modular as emoções e qualificá-las)
- Culpa Exacerbada
- Isolamento
- Ideias autodestrutivas
- Insônia (predominantemente) ou Hipersonia
- Prostração
- Agitação Psicomotora (predominando inquietação)
- Perturbações do apetite (com predominância de inapetência, podendo evoluir para quadros anoréxicos)
- Não percepção dos motivos que geram esse estado (com eleição de "bodes expiatórios" que se alternam rapidamente)
- Profundo estreitamento das perspectivas existenciais
- Persistência dos sintomas acima descritos por mais de duas semanas

No segundo caso observamos situações mais atenuadas onde se destacam:

- Entristecimento, todavia com permanência de perspectivas existenciais.
- Situação de perda (luto) claramente localizada no tempo e espaço histórico do indivíduo e por ele percebida.
- Empobrecimento do afeto, mas sem perda da capacidade de modulação qualitativa.
- Sentimento de angústia ligada ao contexto de perda

No contexto hospitalar, a maioria dos quadros depressivos encontrados pertence ao segundo grupo, mas é importante frisar que a persistência, intensidade e, principalmente, a forma como o indivíduo elabora a situação de perda podem levar ao desdobramento do quadro depressivo reativo para um quadro depressivo patológico.

Destacamos a seguir as principais subformas depressivas mais frequentemente encontradas no hospital:

- **Depressão de pós-operatório**
- **Depressão reativa de pós-parto** *"Blue"* (não confundir com a depressão puerperal) a primeira está associada ao segundo grupo de sinais e sintomas acima descritos, já a segunda pertence ao primeiro grupo (depressão patológica) e é mais rara sua ocorrência.
- **Depressão frente a situações críticas de morte iminente** (Segundo os conceitos desenvolvidos por Kubler-Ross(9), Stedeford(10)).
- **Depressão como sintoma de processo de Angústia de Morte** (descrita abaixo)
- **Depressão frente à perda definitiva de objetos** (Amputações, Diagnóstico de Doenças Crônicas etc.)
- **Depressão por Stress Hospitalar** (Ligada à fase de Exaustão dentro dos critérios de Síndrome Geral de Adaptação de *Selye* e/ou ao quadro de Hospitalismo de *Spitz*.

Mania

Quadro clássico caracterizado por um estado intenso de elação do humor, pensamento acelerado, rebaixamento da autocrítica e da culpa, podendo inclusive apresentar-se associado a delírios (predominantemente de grandeza)

Labilidade Afetiva

Caracteriza-se pela profunda fragilidade da capacidade de reação a eventos que mobilizem o indivíduo (tanto positivos quanto negativos) via de regra, o que se observa é uma exacerbação da reação, como choro fácil, ou explosões de riso, desencadeadas por circunstâncias que não justificam a intensidade da reação, embora justifiquem a reação.

Ambivalência Afetiva

As reações do indivíduo frente a eventos e vínculos são absolutamente dúbias, chegando muitas vezes a ponto da bizarria, onde (por exemplo) comportamentos literalmente opostos são manifestos ao mesmo tempo. (Rir e chorar simultaneamente, ou como presenciamos certa vez a paciente em surto intitulava-se "Uma Santa-Prostituta")

Angústia

Destacamos no roteiro duas subformas de angústia, a **Existencial e a de Morte**.

A primeira se enquadra no rol de todos os processos de angustia que o indivíduo pode enfrentar ao longo da vida. No contexto hospitalar as perdas, os sentimentos de impotência, de abandono etc., são os mais frequentes desencadeadores desse processo. Já a **Angústia de Morte** está associada à vivência específica da experiência de morte iminente. Julgamos importante ressaltar que esse processo remonta a mais primeva e aterradora ameaça que o homem pode enfrentar; a de sua aniquilação (a mais profunda, absoluta e irreversível perda em sua existência). É óbvio que pelas circunstâncias que muitas pessoas são levadas a internação hospitalar esse fator está presente, mas em alguns casos a experiência de morte se dá através do outro (colega de enfermaria, por ex.), e que em sua condição fragilizada identifica-se projetivamente com a pessoa que morreu independentemente de seu quadro clínico representar alto risco de vida.

A **Angústia de Morte** se instala a partir da vivência intensa de ameaça a vida, e diferentemente dos processos de angústia que nos habituamos a acompanhar em consultório, que evoluem gradativamente através do processo terapêutico onde, as defesas e resistências vão sendo paulatinamente eliminadas, na **Angústia de Morte** a pessoa vê-se repentinamente nesse estado, o que gera uma condição emocional ainda mais fragilizada do que aquela que se apresenta num processo de **Angústia Existencial**. É de fundamental importância a presença do psicólogo nesse momento, pois propiciar ao paciente um espaço estruturado para a manifestação e elaboração dessa angústia pode ser inclusive fator determinante entre a opção pela vida ou pela morte (no caso de uma angústia desencadeada pela vivência de morte iminente, mas sem necessariamente persistir o risco de vida no paciente), e nos casos onde a inexorabilidade da morte está ligada ao próprio prognóstico da doença, a possibilidade de enfrentamento dessa angústia para uma elaboração mais consistente do desapego pode atenuar em muito o sofrimento emocional da pessoa.

Ansiedade

Destacamos duas subformas a Reativa e a Neurótica para que possamos diferenciar aquela ansiedade que se manifesta pelas expectativas, medos, fantasias, que podem ocorrer à pessoa hospitalizada advindas da situação vivencial concreta de doença, tratamento e internação (Reativa), daquela infundada (objetivamente) própria dos processos neuróticos onde a sensação de ameaça iminente, de "algo de errado", mas sem fatores exógenos desencadeantes é manifesta pelo paciente.

O roteiro nesse subitem apresenta relação dos sintomas afetivos acima descritos, com os respectivos espaços para que o psicólogo assistente possa assinalar suas observações.

9. Motivação e Volição

Este subitem aborda a relação entre intenção e ação na realização dos desejos.

Avaliamos as atitudes do paciente em relação àquilo que manifesta como algo que tem a intenção de realizar, ou seja, se existe coerência entre o desejo interno e a capacidade de operacionalizá-lo. Estipulamos três instâncias de avaliação:

- Deseja e Operacionaliza (normal)

- Deseja e Não Operacionaliza. Sobre esse aspecto identificamos as dificuldades que a pessoa apresenta para por em prática (e buscar) a realização de seus desejos e até mesmo necessidades. No contexto hospitalar as próprias limitações impostas pelas condições de doença, internação e/ou tratamento, via de regra, impõe dificuldades à pessoa, gerando esse estado.

- Não Deseja. Esse padrão de comportamento normalmente aparece associado a estados mais profundos de depressão, que são também frequentes nas condições de doença e internação.

A avaliação deste subitem dá ao psicólogo assistente a possibilidade de avaliar o grau de comprometimento que o paciente pode apresentar em relação à aceitação da internação e tratamento (grau de aderência), e é importante fonte de fornecimento de dados sobre o estágio de elaboração do Ser/Estar Doente.

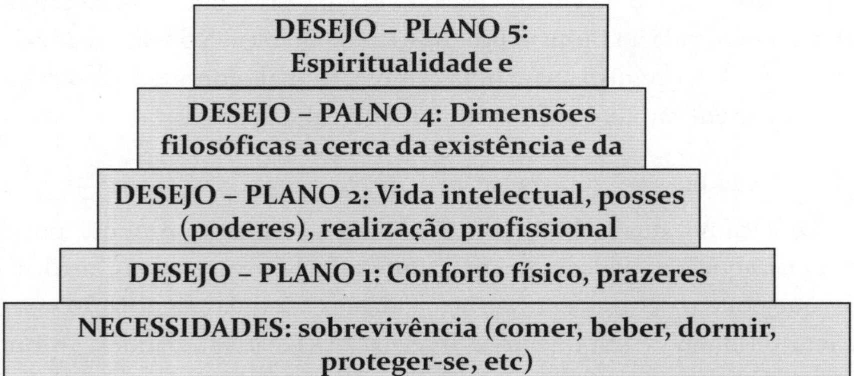

Figura 8

Na figura acima, utilizamos os conceitos de *Maslow*, para identificar as distintas dimensões da manifestação da Motivação e Volição onde Necessidade e Desejo(s) seguem uma espécie de hierarquia no plano da evolução existencial. Se o degrau de baixo não está satisfeito, não temos como ascender ao próximo.

Como salientamos no início da descrição do item **Exame Psíquico**, esse pode ser utilizado como integrante do Roteiro de Avaliação ou ser usado em separado para avaliação específica do estado psicológico do paciente hospitalizado. Procurou-se salientar os aspectos mais relevantes que se pode encontrar nas condições de hospitalização e dar-se ao leitor um breve esboço sobre os conceitos e definições dos diversos itens que são avaliados nesse Exame.

Como dissemos, não é nossa intenção aprofundar nesse capítulo os aspectos psicodinâmicos e psicopatológicos que se aborda no Roteiro, mas sim dar ao leitor parâmetros de compreensão dos diversos sinais, sintomas e outras manifestações psicológicas, e fornecer (ao fim deste), um roteiro de estudos para quem se interessar em aprofundar os estudos na área.

9. Manifestações psíquicas e comportamentais

Este item encontra-se a seguir do **EXAME PSÍQUICO**, para colaborar na elaboração do Diagnóstico Diferencial trazendo a característica de graduação: SEM DADOS, MODERADA e ACENTUADA, das Manifestações Psíquicas e Comportamentais mais frequentemente encontradas no Hospital Geral. Assim, seu objetivo é auxiliar na elaboração do perfil psicológico estrutural, psicodinâmico e circunstancial decorrente da relação que o paciente estabelece com a doença, tratamento e hospitalização.

CULPA: Observa-se a ocorrência desta manifestação psíquica nas depressões reativas e na Depressão Maior, sendo importante à distinção do objeto (interno ou externo) envolvido no fenômeno de culpabilização, o tempo que esta faz parte do repertório psíquico do indivíduo e se é de natureza mórbida ou reparadora. Frequentemente, vê-se associada á manifestação de autorreferência no processo de elaboração da doença, tratamento e hospitalização.

NEGAÇÃO: mecanismo de defesa cuja característica é a não inclusão de afetos ameaçadores a estrutura egoica do indivíduo diante de uma situação atual. Faz-se necessária á avaliação da magnitude e utilidade do mesmo frente ao enfrentamento da crise do adoecer, podendo dar indício da fragilidade egoica quer seja de ordem estrutural ou circunstancial. (esse mecanismo foi anteriormente descrito em detalhes, vide item 5) .

RAIVA: manifestação da pulsão agressiva direcionada de modo a proteger o indivíduo diante de situação tida como ameaçadora, frente à sensação de invasão imposta pela hospitalização e tratamento. Onde as relações estabelecidas são permeadas por este matiz, estabelecendo contato com o outro de forma ativa, porém, muitas vezes, desorganizada (essa manifestação foi discutida em detalhe no item 5).

HOSTILIDADE: esta manifestação comportamental dá indício de resposta impulsiva frente ao meio ambiente, direcionada as pessoas que tem contato mais próximo ao paciente. Denotando, forma primitiva de estabelecimento de contato, onde outro passa a ser solicitado ao contato de maneira agressiva. Pode dar indício de descontrole sobre a impulsividade, bem como a noção que a presença do outro é tida como invasiva ao paciente e a aparente força proporcionada pela hostilidade pode indicar fragilidade, sendo uma forma de reação reativa frente à situação ameaçadora.

FANTASIAS: demonstram a capacidade criativa do indivíduo no mundo interno e externo, indicando uma das formas de trabalho mental, podendo ser estruturadas com dados de realidade ou não, serem absolutamente fantásticas, apontando para o comprometimento do Juízo de Realidade. Na situação de hospitalização podem surgir relacionadas à expectativa diante de algum evento desconhecido do repertório do indivíduo, tais como exames e procedimentos técnicos, os quais o paciente procura fazer uma prospecção do futuro próximo e estabelecer formas de reação frente ao mesmo, organizando-se, e administrando a ansiedade.

FANTASIAS MÓRBIDAS: É a fantasia de conteúdo mórbido revela temores relacionados à crise do adoecer, tratamento e hospitalização, conserva as mesmas características descritas acima, e indica formas cognitivas de intervenção a nível psicológico. A perniciosidade desse mecanismo repousa no fato das elaborações fantásticas estarem associadas ao processo de doença, internação e tratamento e/ou a equipe de saúde, sempre com conteúdos de características destrutivas ou ameaçadoras.

FRUSTRAÇÃO: Reação normal do indivíduo diante de perdas ou privação de prazer, no caso do doente hospitalizado observa-se este sentimento em situações de recidiva de doenças crônicas, ou insucesso de condutas de tratamento, e projetos de vida comprometidos pela perda da saúde. Ressaltamos que apesar de ser frequentemente associada a estados depressivos, pode também, estar relacionada á fase de Revolta, nesse caso, ao contrário da característica passiva associada à depressão, a manifestação é ativa, mobilizada pela energia subjacente a raiva.

IMPOTÊNCIA: Condição encontrada frente á impossibilidade de reação à situação vivenciada na atualidade pela pessoa. Encontra-se acompanhada por autoestima rebaixada, sentimento de menos-valia. Note-se que é uma manifestação psíquica sujeita também ao confronto com dados de realidade, ou seja, pode haver discrepância entre a impotência apresentada e a magnitude do evento externo.

INSEGURANÇA: sensação de perda de referências familiares, como a impotência indica a fragilidade egoica, podendo estar presente em estados ansiosos onde é possível identificar aspectos relacionados com a situação de doença e hospitalização, ou em casos onde a característica da ansiedade é própria de processos neuróticos, onde tal manifestação não encontra algo objetivo que gere insegurança, surge de modo infundado e faz parte do humor basal do indivíduo.

FRACASSO: como a frustração, o fracasso aponta a insatisfação, porém, esta é direcionada a si próprio, com rebaixamento da autoestima, e sentimento claro de menos-valia, podendo indicar estado depressivo ou Depressão Maior, de acordo com a intensidade do mesmo.

REGRESSÃO: considera-se seu aspecto comportamental de retorno a uma forma de se relacionar com o meio ambiente, do ponto de vista de maturidade emocional. Sendo importante observar o uso e constância de tal forma de funcionamento, se é circunstancial a algum evento ou procedimento de tratamento ou se é pertinente a comprometimento das funções avaliadas no Exame Psíquico indicando quadros psicopatológicos mórbidos tais como Demências, Psicoses Endógenas ou Exógenas.

DEPENDÊNCIA: esta manifestação psíquica indica a busca de fortalecimento egoico através da identificação projetiva estabelecida com um outro considerado potente. Onde o indivíduo faz uso de tal relação para enfrentamento da situação ameaçadora, passando a delegar a esse outro (equipe de saúde, família) a resolução dos passos de tratamento ou da própria vida, assumindo a postura passiva sem a reflexão a respeito das implicações dos eventos que ocorrem a sua volta. Destacamos que a Drogadicção deve ser assinalada no Exame Psíquico, item **8** desta avaliação, e, portanto, distinta da descrição realizada acima. É importante salientar que as condições despessoalizantes impostas pela hospitalização são fator desencadeante de sentimentos regressivos, dada à imposição de dependência e a atitude infantilizadora que muitas vezes é imposta ao paciente, criando uma situação onde a capacidade de ser determinante de sua história é substituída por uma vivência real de ser determinado.

CONFORMISMO: comportamento preenchido pela passividade falta de questionamento, resignação frente ao evento da doença, tratamento e hospitalização. Podendo acompanhar o estado depressivo e aparentar Aceitação da crise que se instalou, porém, tem por característica a falsa adaptação à situação atual, que muitas vezes encobre dúvidas, medos, fantasias mórbidas entre outras coisas, gerando desconforto psíquico intenso.

PROJEÇÃO: mecanismo de defesa, onde ocorre a projeção de conteúdos do mundo interno do indivíduo, os quais não consegue integrar na consciência e reconhecer como seus e, portanto, pertencentes a seu self. Revela fragilidade da estrutura egoica podendo estar relacionado com comprometimento da personalidade ao nível de ruptura psicótica, quando acentuada, ou ser circunstancial e moderada frente a um evento estressor e passível de reorganização e percepção do mesmo. Pode-se observar ainda o recurso que tal mecanismo oferece no uso de objetos intermediários para elaboração tais como técnicas gráficas, colagem, entre outros.

ISOLAMENTO: esta manifestação é aqui considerada como uma forma de retirada, de retraimento do indivíduo quanto ao convívio social. Consideramos então, sob esse prisma, que a hospitalização pode gerar tal condição, por condutas de tratamento (ex. Unidade de Isolamento, UTI, etc.), bem como as sequelas geradas ao nível de Esquema Corporal (Alopécia, Mutilações, Ostomias, etc.) que ocasionam a "morte social", onde a pessoa passa a ser excluída do convívio social e a assumir a condição de paciente, ou daquele que está próximo da morte, ocasionando o distanciamento entre a pessoa doente e o meio social e consequente troca afetiva.

DESAMPARO: consideramos esta manifestação em relação a seu espectro institucional gerado pela hospitalização. Esta implica na perda de referenciais significativos na vida do indivíduo, desde sua rotina de vida, seus hábitos, costumes, perda da autonomia, do controle sobre seu destino, passando a ter que incorporar em seu repertório novas regras de organização. Desprovido de seus referenciais, pode-se ver que a adaptação exigida na hospitalização, com o distanciamento de vínculos significativos, horários rígidos de visita de familiares podem suscitar a ocorrência da falta de esteio a nível psicológico, colaborando para instalação de depressão reativa de natureza ambiental significativa, sendo também foco de intervenção para minimização do estado de desamparo.

PÂNICO: estado psicológico onde há prevalência da resposta impulsiva frente à situação ameaçadora, muitas vezes com a utilização de mecanismos de defesa insatisfatórios para administração da angústia que a acompanha. Podendo chegar à resposta comportamental de fuga hospitalar, frente ao descontrole sobre a situação de hospitalização e tratamento. É necessária a avaliação dos recursos passíveis de serem administrados (medicamentosos ou não) para diminuição do limiar da ansiedade que neste estado assume a intensidade alta.

DESCONFIANÇA: manifestação psíquica relacionada à tentativa de manter o controle ativo frente à situação percebida como ameaçadora. Esta pode ser relacionada à situação nova, desconhecida e nunca experienciada pela pessoa, muito comum nas internações hospitalares. Devemos ressaltar que a desconfiança pode surgir como manifestação de quadros psicopatológicos de ordem endógena ou exógena onde ocorre alteração à nível de Juízo de Realidade (particularmente nos casos de delírio persecutório), e desta forma a crítica em relação à percepção encontra-se comprometida.

DESPESSOALIZAÇÃO: manifestação decorrente da hospitalização, a qual implica na perda das referenciais a nível existencial. Ou seja, o indivíduo que é internado é destituído de sua condição de pessoa com suas particularidades e singularidades, deixa de ser o "Sr. Fulano", é destituído de seus objetos pessoais, seus hábitos (sono, alimentação, higiene pessoal, lazer, trabalho, estudo, laços afetivos, etc) serão excluídos parcialmente durante a internação. Passando a adquirir as regras e costumes do ambiente que agora vivenciará. A intensidade desta manifestação pode variar de acordo com a idade da pessoa, o tempo de internação e a flexibilidade da instituição e profissionais que a compõe. Podendo levar a rebaixamento da autoestima, adaptação exagerada ao ambiente, ansiedade, insegurança, etc. Sendo importante a avaliação e intervenção no ambiente para melhora da qualidade de vida durante a hospitalização.

ESPERANÇA: manifestação psíquica que demonstra a permanência de projeto de vida e expectativas frente a esta. Deve-se observar a relação que há entre a esperança e a viabilidade de concretização do projeto e a reação frente á possibilidade de não realização do desejo, e estar atento para os projetos ligados ao próprio tratamento e como a equipe e a família estão lidando com esse aspecto identificado no paciente, se a esperança é par e passo acompanhada por dados de realidade ou se há uma suplantação destes em favor do alívio que esta causa a ambos e pode gerar frustração dada a impossibilidade de realizar o projeto.

AMBIGUIDADE: manifestação psíquica caracterizada pelo *duplo sentido* ou pelo conflito de opção, onde a interpretação dada ao ocorrido apresenta duplo significado, havendo a presença da dúvida, da incerteza, da angústia. A comunicação que se estabelece na internação, frequentemente apresenta tal característica, bem como a própria situação de tratamento pode também se apresentar ambígua. Exemplificando, podemos citar uma situação onde a paciente é posta frente a um dilema de opção entre a mastectomia ou a evolução do câncer para a morte. Nos dois casos as perdas subjacentes á opção são profundamente graves e angustiantes, podendo gerar então o sentimento de ambiguidade.

HOSPITALISMO + (positivo): Consideramos esta manifestação comportamental como positiva, quando ocorre a adaptação à internação e à rotina hospitalar, de forma a substituir aspectos carentes do indivíduo, de maneira a reforçar sua autoestima nos vínculos afetivos estabelecido com a equipe de saúde, em detrimento dos vínculos familiares e grupos sociais nos quais está inserido. Pode-se observar que de acordo com as condições socioeconômicas de nosso país, no que se refere à moradia e condições básicas de sobrevivência de nossa população, o hospital pode representar um "serviço de hotelaria", oferecendo: alimentação, local para dormir, em condições melhores do que muitos pacientes estão acostumados a ter, atenção e cuidados, etc, criando condições de vida que levam o paciente a preferir ficar hospitalizado a voltar a enfrentar as penúrias sociais a que está submetido.

HOSPITALISMO - (Negativo): esta manifestação comportamental é aqui considerada nos termos descritos por *Spitz*, que tem em seu bojo a questão do desamparo, atingindo de forma aguda a estrutura de personalidade podendo colaborar com a manutenção de estados depressivos. Gostaríamos de ressaltar que a permanência prolongada, ou as internações subsequentes fazem agravar o estado de hospitalismo no adulto, que apesar de ter mecanismos de defesa estruturados, está sujeito à falência dos mesmos e a desenvolver atitude de rejeição a instituição hospitalar.

Nota: Os termos; *positivo* e *negativo* são utilizados, nesses casos, para identificar a interpretação exacerbada que o paciente tem em relação a sua hospitalização, sendo que nos dois casos os sentimentos em questão são perniciosos ao mesmo.

STRESS PSICORGÂNICO: Stress identificado comumente após exigência física ou psicológica com alteração em ambas as esferas do indivíduo. Podendo ser observado em pós-operatório, pós-quimioterapia, diálise, etc.; bem como em situações de alteração do ciclo circadiano, traumas psicológicos como nas perdas abruptas, vivências traumáticas, internação em U.T.I., etc. Reportamos o leitor aos trabalhos sobre Síndrome Geral de Adaptação de *Selye*.

AGITAÇÃO PSICOMOTORA: Comportamento observado onde há ocorrência de movimentos que fogem ao controle voluntário do indivíduo, podendo ser resultante de alterações orgânicas ou psicológicas, dando indício de alteração psicopatológica ou neurológica no mesmo.

AGRESSIVIDADE AUTO DIRIGIDA: manifestação da pulsão agressiva direcionada ao próprio indivíduo, podendo ser comportamental como a automutilação ou verbal com autorreferência e autodepreciação.

AGRESSIVIDADE ALO DIRIGIDA: manifestação da pulsão agressiva direcionada ao meio ambiente, podendo estar presente a agressão física ou verbal.

MEDO REAL: emoção ligada a um evento do mundo interno, que afete a autoestima, ou ao mundo externo sendo o mesmo sujeito ao Juízo de Realidade. A vivência da possibilidade de morrer é um exemplo do contato com o medo, presente na hospitalização, sendo importante à identificação dos mecanismos adaptativos utilizados pelo paciente, se há paralisação ou desencadeia o movimento de autopreservação.

MEDO FANTASMÁTICO: emoção ligada a evento do mundo interno ou externo que não está sujeito ao Juízo de Realidade, não há identificação clara do objeto ameaçador, este é indiferenciado, desencadeando mecanismos primitivos de enfrentamento, sendo presente à ansiedade de característica psicótica, intensa e confusional.

COMPORTAMENTO FÓBICO: Atitude de evitação ou franca fuga de situação, objeto ou ser, que desencadeia ansiedade incontrolável e temor intenso. De acordo com *Helmchen* o temor é reconhecido intelectualmente como "...impróprio, exagerado, não fundamentado e se acompanha de experiência subjetiva de resistência interna, que se lhe opõe. A consciência (insight) do caráter mórbido pode ser total, parcial ou temporária. As fobias induzem a determinados atos, as chamadas condutas de fuga".

SENSAÇÃO DE PUNIÇÃO: na vigência do tratamento pode ser observada a sensação de punição ou castigo relacionada à doença onde há uma prevalência de sentimento de auto referência, que poderá ser susceptível de elaboração caso seja um estado depressivo reativo ou, caso seja uma depressão Maior, estará relacionada a uma forma específica de auto referência não susceptível a intelectualização e a dados de realidade.

SENSAÇÃO DE ABANDONO: característica do desamparo, podendo ser real, por distanciamento de familiares ou da própria equipe de saúde, denotando dificuldade de comunicação e troca afetiva com o paciente, afetando a autoestima de forma significativa, bem como a aderência ao tratamento.

LIMITAÇÃO DE ATIVIDADES: pode ser ocasionada pela própria doença ou tratamento, com déficit temporário ou definitivo de locomoção, postural, de comunicação. Proporcionando campo para a passividade frente à hospitalização e a vida.

CONFLITOS QUANTO A PRIVACIDADE: alteração na condição de intimidade, podendo ser devido à despessoalização gerada pela internação, como relacionada á história da pessoa, com a perda da sensação de particularidade e acompanhada de sensação de invasão.

PRIVAÇÃO DA LIBERDADE: manifestação pertinente à internação com a imersão em regras e rotinas as quais o indivíduo não pode transpor sem estar sujeito a sanções da instituição.

PERDA DA AUTONOMIA: a doença, hospitalização e tratamento ocasionam a perda do controle sobre o destino da pessoa, que pode ser percebida como total ou parcial, variando para compreensão do fenômeno a interrelação entre os limites e possibilidades reais impostos pela crise do adoecer e a forma de elaboração da doença e a flexibilidade existente na equipe de saúde e família, ou seja, se é incentivado ou não o exercício da autonomia e condição de agente sobre sua própria vida no que concerne ao paciente assistido por esta.

ESQUEMA CORPORAL MODIFICADO: alteração concreta no corpo do indivíduo, em que está implicada a consciência corporal e a representação psíquica do mesmo. Presente nas cirurgias mutilatórias, ostomias, CAPD, Cateteres, etc. Importante observar e intervir na elaboração da perda ou alteração ocasionada pela doença e tratamento, visando auxiliar na reconstrução do corpo modificado e seu significado na autoestima e retorno à vida diária.

CONFLITOS NA ÁREA DA SEXUALIDADE: conflitos pregressos ou posteriores à situação de hospitalização doença e tratamento, apontam para a questão da identidade sexual e sexuada e para a condição de ser e estar no mundo, à busca de prazer e vínculos significativos com parceiro afetivo-sexual e amoroso. Importante observar a intensidade de conflitos que a doença pode estar impondo neste item e vice-versa.

INDÍCIOS DE SITUAÇÃO DE VIOLÊNCIA E/OU ABUSO: profissionais das áreas de Saúde e Educação estão obrigados a avisar às secretarias municipais e estaduais sobre qualquer caso de violência sexual identificado. A notificação compulsória consta da *Portaria 104 do Ministério da Saúde, publicada no dia 26 de janeiro/2011.*

Com a inclusão dos casos de agressão doméstica e sexual, o texto agora é composto por uma lista de 45 itens, no qual constam doenças, agravos e eventos selecionados de acordo com critérios de magnitude, potencial de disseminação, transcendência, vulnerabilidade, disponibilidade de medidas de controle e compromissos internacionais com programas de erradicação, entre outros fatores. Cabe buscar protocolo específico para preenchimento e notificação. (Dados na bibliografia: Ministério Público) - *FICHA DE NOTIFICAÇÃO*

COMPULSÓRIA DE CASOS SUSPEITOS OU CONFIRMADOS DE MAUS-TRATOS OU ABUSO SEXUAL CONTRA CRIANÇAS E ADOLESCENTES

10. Diagnóstico psicológico

Como salientamos no início desse capítulo, o diagnóstico psicológico a que esse item se refere é o da condição psíquica circunstancial do paciente, pois a ocorrência de distúrbios de ordem psicopatológica no Hospital Geral é exceção, sendo que na maioria dos casos vamos encontrar situações conflitivas oriundas do processo de doença, tratamento e hospitalização.

11. Focos principais

Esse espaço destina-se a colocação dos principais focos de conflito a serem trabalhados pelo psicólogo assistente. O conceito de foco aqui utilizado é o que *Fiorinni* e *Small* abordam em suas obras.

12. Conduta

Este espaço destina-se a colocação das condutas psicológicas que serão adotadas em relação ao caso. Por exemplo:

- Psicoterapia breve focal
- Orientação em relação à cirurgia
- Avaliação familiar, etc.

De uma avaliação para outra as condutas, assim como os focos podem sofrer mudanças devidas à própria dinâmica do processo de doença, tratamento e internação, sendo necessário, então, o estabelecimento de novas estratégias de acompanhamento.

13. Síntese

Esse espaço destina-se a confecção da síntese da avaliação aplicada, cujo objetivo é fornecer a equipe de saúde uma visão geral do estado psicológico do paciente e nortear o psicólogo assistente em relação à evolução do caso.

A partir da síntese de diversas avaliações é possível desenvolver relatórios de encaminhamento, pareceres, etc.

UTILIZAÇÃO DA CID – 10 EM PSICOLOGIA HOSPITALAR

I. Introdução

A classificação das Doenças Mentais, ou na terminologia que mais recentemente se utiliza - Transtornos Mentais vem sendo alvo de inúmeras discussões internacionais com o objetivo de se criar parâmetros universais de classificação e codificação, que possam enquadrar em critérios estatísticos e de diagnóstico a maioria desses transtornos, de forma a dar uma conotação mais objetiva a quadros que têm no aspecto subjetivo sua grande identidade.

Em 1992, coordenado por um grupo de notáveis designados pela Organização Mundial de Saúde, foi publicado a CID (Código Internacional de Doenças) em diversas versões para as diferentes especialidades médicas entre estes a CID – 10 (Classificação de Transtornos Mentais e de Comportamento), cujo intuito era o de possibilitar a universalização dos critérios diagnósticos dos Transtornos Mentais, a exemplo do que já se vinha fazendo com outros tipos de patologia.

A publicação e posterior adoção da CID 10, assim como dos outros codificadores de doenças, tornou-se realidade e referência nas normas estabelecidas em diferentes países pelos órgãos diretores das políticas administrativas de saúde, para que se pudesse equacionar um importante problema que se iniciava na questão relativa a administração e dotação de recursos para diagnóstico e tratamento das pessoas, até o ponto de se uniformizar critérios para emissão de diagnósticos pelas equipes de saúde.

Assim obras como a CID – 10 e o DSM (Manual Diagnóstico e Estatístico de Transtornos Mentais) passaram a ser utilizadas, cada vez mais, nas práticas diárias de hospitais, ambulatórios e clínicas, sendo que, não só o médico, mas diversos outros profissionais de saúde têm gradativamente adotado esse material como referência de codificação diagnóstica.

O Conselho Federal de Psicologia em sua RESOLUÇÃO CFP N.º 07/2003, estabelece critérios para a emissão de documentos emitidos pelo psicólogo (atestados, laudos, pareceres, etc) e orienta a adoção de critérios codificadores, dando destaque para a utilização do CID – 10. Da mesma forma o Ministério da Saúde estabelece, a partir de portaria, a obrigatoriedade do uso da CID – 10 para emissão de diagnóstico pelos profissionais de saúde que trabalham na rede pública, sendo essa determinação aplicada em toda a cadeia de serviços de assistência – de Postos de Saúde e Ambulatórios a Hospitais de Especialidade vinculados à Rede SUS.

No entanto, alguns fatores ainda contribuem para uma série de dificuldades na utilização desse manual (CID – 10). De um lado ressalte-se que, não obstante aos esforços que são sistematicamente feitos, para um adequado enquadramento e definição de sinais e sintomas para a classificação e codificação dos Transtornos Mentais, a subjetividade e, não raro similaridade destes, ainda é alvo de confusões e conflitos no campo acadêmico de definição, e mesmo devido ao desconhecimento, por parte de um grupo significativo dos profissionais de saúde, da nosografia, psicodinâmica, multifatoriedade e multicausalidade desses quadros. Por outro lado, há uma incipiente formação, em inúmeros cursos, em que se incluem vários de Psicologia, na adequada capacitação do estudante, para entender identificar, diagnosticar e intervir por sobre estes transtornos. A somatória desses fatores acaba por criar algumas dificuldades no que se refere a um adequado uso da CID – 10.

Em se tratando da Psicologia Hospitalar, há de se considerar que a, ainda nascedoura, estruturação de teorias e métodos dessa especialidade em Psicologia apresenta carências de referenciais teóricos, e muitas vezes, vemos severas confusões conceituais ocorrendo, uma vez que é bastante comum se tentar fazer uma transposição direta de modelos aplicados a Hospitais Psiquiátricos ou da Clínica tradicional para uma prática que tem importantes especificidades e diferenças se comparada àquelas, das quais busca "emprestado" os ditos referenciais.

No entanto, todos esses obstáculos, não podem ser vistos como pontos intransponíveis, ao contrário, podemos considerar que é exatamente a carência de metodologias mais específicas que pode, em muitos sentidos, facilitar a utilização de referenciais de classificação e estatística como os que são apresentados em manuais como a CID – 10, uma vez que há uma clara afinidade na tentativa que a aplicação desses materiais propõe, e as necessidades que o dia-a-dia do Psicólogo Hospitalar apresenta.

O Hospital Geral é uma instituição que recebe fortes influências do modelo biomédico cartesiano, dentro de uma visão nomotética das Ciências da Saúde, e como tal está fortemente alicerçado em normas, métodos, códigos, que buscam orientar as condutas e procedimentos que são executados nesse tipo de instituição. Não se trata aqui de se apregoar o abandono da visão singular da Pessoa Enferma, tão pouco o de desvalorizar os aspectos subjetivos e íntimos que cada paciente constrói a partir de sua história com o processo doença-internação-tratamento, mas sim, o de aproximar ambos modelos (nomotético e idiográfico) tornando-os complementares e não antagônicos. Sob esse aspecto acreditamos que a prática diária de atenção singularizada a pessoa enferma pode e deve ser adequada ao uso de codificações de suas manifestações psíquicas e comportamentais, de forma a podermos construir uma importante ponte que marque de forma indelével a transição (construção) que parte do referencial biomédico para o biopsicossocial.

II. Considerações técnicas

Um primeiro ponto que se gostaria de abordar no presente texto, falando especificamente ao Psicólogo Hospitalar, é o de que, embora seja muito importante, o desenvolvimento da habilidade técnica de diagnosticar com precisão o transtorno que acomete a pessoa que se está atendendo, não representa um fim em si da prática da Psicologia Hospitalar, ao contrário, esse é o ponto de partida do real trabalho que o Psicólogo Hospitalar tem pela frente na relação de cuidado para com aquela pessoa. A adequada identificação (classificação) do transtorno, somada a compreensão mais profunda do significado daquela vivência especial no momento do enfrentamento da enfermidade/internação/tratamento, é que constituem o campo no qual irá, de fato, acontecer à atuação desse profissional.

Uma das características diferenciadoras da prática da Psicologia Hospitalar em relação às práticas clínicas tradicionais em Psicologia é a de que lidamos com uma pessoa que enfrenta a sobreposição de sofrimentos orgânicos e psíquicos de forma intensa e, via de regra, aguda, não raro vivenciando experiências extremas de vida e morte. Essa característica acaba por definir, parte significativa dos Transtornos Mentais/Psicológicos que acometem os pacientes hospitalizados, uma vez que fatores desencadeados pela patologia de base (fisiológicos, bioquímicos etc), somados ao tipo de estratégia terapêutica adotada para o paciente (fármacos, procedimentos intra e extracorpóreos, etc), e os aspectos subjetivos das vivências e interações com o meio, terão fortes influências sobre o estado psíquico do paciente, somando-se a estes as capacidades (maiores ou menores) de recursos de adaptação e enfrentamento que a pessoa traz consigo, e que foram desenvolvidos ao longo de sua história de vida.

Essa somatória de fatores determina uma parcela significativa dos transtornos observados no Hospital Geral, e deverá ser um dos principais alvos de atenção do Psicólogo Hospitalar quando do momento de avaliação da pessoa enferma.

A seguir faremos uma série de considerações sobre os diferentes critérios de classificação, sempre ressaltando que a avaliação do paciente, por parte do

Psicólogo pode ter por base as regras estatísticas de incidência e prevalência de sinais e sintomas preconizados pela CID – 10, mas que, a leitura qualiquantitativa das manifestações do paciente (discurso, postura, histórico de vida, etc.), são nossa principal ferramenta de compreensão da pessoa em seu momento particular de sofrimento.

A CID – 10 define uma série de categorias de transtornos mentais, divididos em subgrupos, os de maior incidência no Hospital Geral estão abaixo listados e na sequência do presente texto tratar-se-á de discuti-los estabelecendo-se relação teórica entre a classificação nosográfica e os fundamentos das teorias psicológicas.

Recomenda-se ao leitor que acompanhe a leitura tendo em mãos a CID – 10, de maneira a poder estabelecer as relações discutidas.

III. Aplicação da CID – 10 em Psicologia Hospitalar

F 00 a F 09 – Transtornos Mentais Orgânicos, incluindo sintomáticos.

Os quadros que abarcam os grupos **F 00, F 01, F 02 (Demência na Doença de Alzheimer, Demência Vascular e Demência em outras doenças classificadas em outros locais)** classificam os transtornos demenciais associados a causas orgânicas, sendo que uma parcela importante desses está associada às *Psicoses Exógenas* (vide texto de apoio em anexo C e D), sobretudo no subgrupo organocerebral, e um conjunto importante de transtornos que aparecem com frequência significativa em Clínica Geriátrica.

O grupo **F 03** classifica todos os **processos demenciais não especificados.** É importante ressaltar-se que essa classificação, na maioria das vezes, é utilizada como diagnóstico provisório, devendo-se partir para um trabalho interdisciplinar de avaliação global do paciente para que se chegue a um Diagnóstico Diferencial.

Em **F 04 – Síndrome Amnéstica Orgânica, não induzida por álcool e outras substâncias psicoativas** deve-se considerar os quadros de Amnésia Lacunar, sobretudo na sua forma pós-traumática, e os quadros de transtornos de memória determinados por TCE, TU, Quadros Endócrinos, e outras alterações que afetam o S.N.C., incluindo-se aqui hipóxia e anóxia. Note-se que o quadro mnemônico pode estar ocorrendo associado a uma série de outros transtornos, devendo-se proceder à codificação sempre hierarquizando o quadro principal e após esses os demais. É o caso, por exemplo, da Doença de Alzheimer, que tem suas manifestações iniciais fortemente marcadas por comprometimentos em Memória de Fixação, evoluindo para importantíssima deterioração da

Memória Global (Fixação e Evocação), até desembocar (em evolução mais ou menos rápida) no Transtorno Demencial codificado em **F 00**.

O Codificador **F 05 – Delirium, não induzido por álcool e outras substâncias psicoativas**, deve ser considerado em diversas situações associadas a comprometimentos de SNC, tais como Encefalopatia Hepática, Endocardite Bacteriana e alguns tipos de Câncer, considera-se que os transtornos classificados como Psicoses Exógenas Sintomáticas e algumas subformas de Psicoses Exógenas Tóxicas fazem parte desse grupo de codificação (vide texto de apoio em anexo C e D). Observe-se, como especifica nota abaixo, que a codificação de Delirium, deve receber atenção especial, uma vez que esse quadro aparece associado a outros com perspectivas de classificação mais objetivas.

O grupo codificado sob **F 06 (de .0 a .9) – Transtornos mentais decorrentes de lesão e disfunção cerebrais e de doença física**, compõe um importante grupo de transtornos com incidência relativamente alta em Hospitais Gerais, a associação a quadros centrais, distúrbios endócrinos como hipertireoidismo e Cushing, má formação vascular, Lupus, TCE, neoplasias cerebrais ou de influência remota no SNC, distúrbios associados a AVC – I e H, doenças tropicais parasitárias, efeitos de drogas não psicotrópicas (corticóides, anti-hipertensivos, entre outras). Essa classificação abarca todos os quadros de Psicoses Exógenas Sintomáticas e Tóxicas a exceção, nesta última, dos quadros determinados por drogas despersonalizantes–psicodislépticas- (vide texto de apoio em anexo C e D). Observe-se então, que pode existir no quadro apresentado pelo paciente a ocorrência de **F 05 e F 06** em alguma de suas subformas simultaneamente:

Nota: Existe uma correlação bastante significativa entre os transtornos identificados nos quadros de **Delirium (F 05 .0, .1, .8 e .9)** e os codificados no grupo **F 06**, um primeiro critério para o diagnóstico diferencial consiste na identificação clara de quadro orgânico associado (e desencadeante) do Transtorno, sendo que nesses casos deve-se priorizar os eixos **F 06**, considerando-se o Delirium como patoplástico ao quadro de base. Observe-se também que as subformas de classificação do Delirium **(código F 05.1)** podem aparecer associados a estados demenciais ou **(em f 05.8)** classificado como de ordem mista.

A se considerar as possibilidades de incidência de quadros de Delirium num grupo grande de Transtornos, sugere-se a utilização dessa codificação predominantemente naqueles casos onde não se tenha condição de levantamento de informes complementares que permitam o Diagnóstico Diferencial (nesse caso como H.D.), e mais raramente como diagnóstico principal.

F 30 – F 39 Transtornos do Humor (afetivos)

Uma primeira consideração a se fazer nesse bloco de codificações, é a de se ater, principalmente no Hospital Geral, à perspectiva de incidência em grau relativamente elevado de **Transtornos Afetivos do Humor (orgânico) – F 06.3** os quadros infecciosos particularmente, podem desencadear alterações do humor (sobretudo depressivas) ocorrência relativamente frequente em UTI, Unidades de MI, Isolamento (sobretudo nos pacientes imunodeprimidos – em uso de drogas antirrejeição e portadores sintomáticos do HIV). Para essas situações a pesquisa de histórico pregresso, a avaliação do grau de crítica do paciente em relação a seu estado mórbido (específico e global), e a ausência de correlação com processo de Angústia de Morte, devem ser consideradas para a classificação nesse eixo. É de extrema importância, particularmente para o trabalho do Psicólogo Hospitalar, considerar a inexistência ou pouca efetividade de fatores emocionais graves desencadeando o processo depressivo, para se utilizar a classificação **F 06.3.** Em todos aqueles casos em que a gravidade das variáveis psicossociais as quais o paciente enfrenta estiverem presentes, deve-se pensar primeiro num transtorno do grupo **F 30 – F 39**, para posteriormente se considerar o fator orgânico como principal desencadeante do fenômeno afetivo. (Vide texto de apoio B).

Outra consideração importante se deve ao fato de que nas situações específicas de Avaliação Psicológica do paciente hospitalizado em Hospital Geral, termos uma incidência muito grande de transtornos associados, principalmente devido a circunstâncias vivenciais que afetam a esfera afetiva da pessoa, dado ao alto grau de sofrimento determinado pelo processo doença-internação- tratamento. Sendo assim, a utilização dos codificadores de Transtornos Afetivos do Humor, deve ser acompanhada sempre, por parte do Psicólogo Hospitalar, de avaliação qualitativa, principalmente se for considerado o fato de que aqueles transtornos classicamente classificados nos grupos das chamadas "Doenças Mentais", são de incidência muito baixa no Hospital Geral, e, ainda mais, se comparados às demandas de Hospitais Psiquiátricos e Unidades de Saúde Mental.

Os transtornos classificados em **F 30 (de .0 a .9)** apresentam maior incidência nos subgrupos **F 30.0 (Hipomania), F30.1 (Mania sem sintomas Psicóticos**). Os quadros hipomaníacos normalmente aparecem associados a alterações determinadas por interação medicamentosa e/ou compondo quadro mais amplo com agitação psicomotora e intensa ansiedade. Tanto nesse, como em outros casos onde a sintomatologia for mista, é importante avaliar-se qual o quadro de base, e o mais importante dentro da avaliação global do paciente e, a partir daí considerar-se os demais sinais e sintomas como patopláticos ou complementares. Note-se que nem sempre o sintoma mais exuberante é necessariamente o principal.

Os transtornos do grupo **F 32 – Episódio Depressivo**, tem importante incidência no Hospital Geral, sendo anteriormente classificado no grupo das chamadas Depressões Reativas (ou menores, ou ainda no DSM V – Luto sem complicação). Note-se que de **F 32.0 a F 32.9** temos uma gama importante de sub formas nas quais podem ser incluídos os quadros de Depressão de Pós Operatório, Depressão Reativa Puerperal (não confundir com o Transtorno Depressivo Puerperal) *, os Estados Depressivos associados a Luto por perdas (objetivas e simbólicas), nos quais incluem-se os quadros de amputações, diagnóstico de enfermidade crônica e/ou grave, perdas funcionais, e na classificação do Roteiro de Avaliação Psicológica *(Sebastiani e Fongaro)* o quadro de Hospitalismo Negativo como visto neste capítulo, além obviamente da fase Depressiva associada ao processo de enfrentamento da morte originariamente preconizada por *Kubler Ross*. Esses episódios podem evoluir na dependência dos fatores vivenciais, de estresse intermitente e da sobreposição de intercorrências e/ou agravamento do estado clínico de base do paciente, para aqueles classificados nos subgrupos **F 33 (Transtorno Depressivo Recorrente)** e **F 34 (Transtornos Persistentes do Humor)**. Observe sempre a avaliação diferencial para o descarte de fatores exógenos (orgânicos, farmacológicos) que possam concorrer para a instalação do Episódio Depressivo. (Vide texto de apoio B)

* Em relação a quadros associados ao puerpério, é importante remeter-se ao **Grupo F 53 – Transtornos Mentais e de comportamento Associados ao Puerpério, não classificados em outros locais**, que busca a codificação específica de transtornos mentais puerperais. Recomenda-se nesses casos, que, quando claramente associado o transtorno ao puerpério, e identificadas sintomatologias que possam ser enquadradas em outros codificadores que se utilize o critério múltiplo de codificação, colocando-se como primeiro referencial diagnóstico os do grupo **F 53**, e posteriormente os demais para qualificação mais específica do transtorno.

F 40 – F 48 Transtornos neuróticos, relacionados ao estresse e somatoformes. (Vide texto de apoio A).

Contempla um número significativo de transtornos mentais e de comportamento mais comumente observados no Hospital Geral, destacando-se unidades de Clínica Médica e Cirúrgica, UTI e Pronto Socorro. Ressaltem-se os codificadores **F 40, F 41 (Transtornos fóbicos – ansiosos e Outros Transtornos ansiosos)** e, principalmente os codificados em **F 43 (Reação a estresse grave e transtornos de ajustamento)** e **F 45 (Transtornos somatoformes)**. No caso do grupo **F 43.2 (de 0 a 9 – Transtornos de Ajustamento),** torna-se mais uma vez imprescindível à avaliação qualitativa do quadro geral, para a busca da mais adequada classificação, uma vez que pode haver enquadres mais específicos em outros grupos (como p. ex: **F 30 – F 39**). Cabe ressaltar que nas unidades Pediátricas, dado muitas vezes à precariedade de condições de coleta de informações, o subgrupo **F 43.2** é muito utilizado.

Os Transtornos listados no grupo **F 43** como por Ex. **F 43.1 (Transtorno de Estresse Pós-traumático)** podem ser encaixados em diversas situações em Pronto Socorro, UTI, Unidades Cirúrgicas, Unidades de Ortopedia e Traumatologia entre outras, no entanto deve-se sempre considerar que essa codificação tende a uma generalização do quadro do paciente, carregando uma importante falha, no que tange a qualificação mais arguta do fenômeno psicológico que o paciente apresenta, esse mesmo raciocínio se aplica a codificação **F 43.2 (Transtorno de Ajustamento)**, que, no caso do Hospital Geral pode aparecer com intensa frequência. Há que se considerar o fato de: Isolamento, a perda da Autonomia, o desconhecido, as intercorrências próprias da evolução de um processo patológico, sejam impostas pela patologia propriamente dita, u por outras variáveis que cercam a essa (reação medicamentosa, sentimentos de invasão e agressão pela manipulação determinada pelos procedimentos e/ ou aparelhos intra e extra corpóreo) dentre outras, constituem-se em estímulos estressantes intermitentes que podem levar gradativamente o paciente à Falência Adaptativa, criando assim todas as condições para a instalação de **F 43.2 (0, 1, 2, 3, 4, 5, 8)** além de **F 43.8** e **F 43.9**. Todas as alterações (transtornos) determinados a partir de Síndrome Geral de Adaptação, sobretudo àquelas derivadas da Fase de Esgotamento (*Selye, Sebastiani 2*) vão encontrar critérios de codificação predominantemente nesses subgrupos, incluindo-se aqui os estudos mais recentes de Burnout.

Como já foi abordado acima, muitas vezes (na utilização da CID – 10) deve-se utilizar mais de um codificador para se buscar uma descrição diagnóstica mais precisa. Nesses casos, o critério de Eixos utilizado pelo DSM V mostra-se mais eficiente, no entanto a adoção desse manual de codificação no Brasil é menor, principalmente na rede hospitalar pública. Recomenda-se, por tanto, que quando houver possibilidade de desenvolvimento de normas de utilização de critério diagnóstico baseado na CID – 10, onde se possa utilizar codificadores complementares, que assim se proceda, sempre estabelecendo como quadro principal (ou o mais importante no momento da avaliação) o primeiro código a ser apresentado.

Exemplo: F 32.2 e F 43.21 **(Episódio depressivo grave sem sintomas psicóticos**, associados à **Reação a estresse grave e transtornos de ajustamento com reação depressiva prolongada**). Nesse exemplo classifica-se o quadro de base (**F 32.2** – Episódio depressivo grave...) e identifica-se no diagnóstico complementar os vetores que desencadearam o quadro de base (**F 43.21** determinado por Reação a Estresse Grave e transtornos...)

Nota: É importante relembrar, sempre, que mesmo utilizando-se um critério codificador que procura ser mais objetivo, como o caso da CID – 10, o adequado levantamento de dados do paciente e a pesquisa, sempre que possível, da História da Pessoa, devem ser contemplados.

É exatamente na busca de aprofundar estas informações que foi desenvolvida a CIF, como mencionado anteriormente, fator que reforça a importância das leituras qualiquantitativas na pesquisa diagnóstica.

No grupo dos Transtornos codificados por **F 40 (Transtornos Fóbico--ansiosos),** merecem destaque; **F 40.2 Fobias específicas**, que podem aparecer decorrentes de Sequelas Psicológicas ou Psico-orgânicas associadas a vivências traumáticas anteriores (intensas e predominantemente intermitentes por largo período) como por ex., em pacientes submetidos a Q.T. e pacientes transplantados em fase de readaptação à vida pós transplante (ênfase nos quadros de IRC, onde comportamentos novos têm de ser readquiridos, sendo estes antagônicos aos que anteriormente se apresentavam, e que quando emitidos provocavam intenso sofrimento ao paciente). Já o subgrupo **F 40.8 e F 40.9 (Outros transtornos Fóbico-ansiosos e, Transtorno fóbico-ansioso, não especificado)** devem ser considerados com atenção, pois só se classifica nessa codificação quadros fóbicos (dentro do contexto hospitalar) quando da ausência de qualquer outro dado mais específico de classificação das manifestações o paciente. Sempre é válido relembrar que a intensa ansiedade (que, via de regra, acompanha como pródromo, os quadros fóbicos) tem múltiplos e permanentes fatores de desencadeamento presentes nas situações de Doença-Internação-Tratamento.

Especificamente em Pronto Socorro deve-se levar em conta ocorrência de quadros de Transtorno de Pânico, atendidos em episódio agudo (queixas pré-cordiais, lipotímias, sensação de sufocamento, sudorese intensa, mas com achados clínicos pouco significativos pra justificar o quadro do ponto de vista orgânico), a pesquisa de história pregressa, a avaliação de comportamento, somado às baixas evidências clínicas, geralmente são suficientes para um Diagnóstico Breve, e o consequente atendimento emergencial do paciente e orientação para tratamento mais específico (psico e farmacoterápico), recomenda-se nesses casos a codificação **F 41.0** ou **F 40 (.01, .2 ou .9)** dependendo das características patoplásticas que complementam o quadro geral e das condições de uma pesquisa mais específica do paciente.

O subgrupo **F 41 (.1 a .9),** somente deve ser utilizado em dois casos:

Na ausência de maiores dados que permitam uma qualificação mais adequada das manifestações psíquicas do paciente ou;

Como codificador complementar a um quadro de base, se a exuberância do transtorno ansioso assim o exigir.

Em **F 44**, temos subgrupos de classificação de **Transtornos Dissociativos (conversivos)** que remontam às classificações clássicas de Quadro de Neurose Conversiva Histérica, em suas diferentes subformas. Note-se que nesses casos estar-se-á trabalhando por sobre um diagnóstico clássico de transtorno neurótico, que apresenta incidência significativa em Hospitais Gerais, sobretudo em unidades de Pronto-Socorro. (Vide texto de apoio A)

A utilização do termo "dissociativo" nesses casos **(F 44.0, F 44.1, F 44.2, F 44.4, F 44.6, F 44.7, F 44.8 e F 44.9)** está associada às manifestações neurovegetativas dos sintomas classificados, com pouca ou nenhuma influência da intencionalidade do paciente (inconscientes), mas não se associa o termo a processo despersonalizante, ou de desrealização. Há, portanto, considerável higidez nas funções mentais de pensamento (Juízo de Realidade), Consciência do Eu, e Afetividade, havendo obviamente comprometimentos nessas esferas, mas com sintomatologia mais branda, excluindo-se assim a identificação de quadro psicotiforme.

A própria CID – 10 atribui a esses fenômenos origem predominantemente psicogênica, e de média gravidade. (vide texto de apoio A).

Em **F 45 – Transtornos Somatoformes**, encontram-se classificados os grandes quadros anteriormente denominados de "psicossomáticos". A CID – 10 carrega, sob esse aspecto um importante mérito, que é exatamente o de distinguir e classificar em subgrupos distintos (não obstante pertencentes ao mesmo Grupo) os quadros Conversivos (acima comentados) e os Somatoformes, ou Psicossomáticos. Sob estes temas, reportamos os leitores a texto de apoio A, que discute mais amiúde os critérios para diagnóstico diferencial de ambos transtornos, com a utilização de critérios qualiquantitativos pautados em leitura psicodinâmica e não estatística como se propõe a CID –10.

Nota: Cabe ressaltar, aqui, que a nômina a ser utilizada doravante, substitui os termos anteriormente utilizados – *Quadros Conversivos* ou *Neurose Conversiva Histérica* alterada para *Transtornos Dissociativos* e, *Transtornos Somatoformes* para o que se classificava anteriormente como Transtornos e Doenças Psicossomáticas. Essa observação deve ser seguida sempre que a equipe ou profissional que emite os diagnósticos e pareceres pautar-se na CID –10 como referência para estes. Nos casos em que a avaliação diagnóstica prescinde codificação universal, pode-se manter nômina e classificações clássicas.

F 50 – F 59 Síndromes Comportamentais associadas a perturbações fisiológicas e fatores físicos.

O grupo **F 50 – Transtornos alimentares** vêm merecendo especial destaque dado ao crescente volume de incidência desse tipo de problema em nossa sociedade, e a evolução dos serviços hospitalares (incluindo-se os hospitais públicos) que prestam serviços especializados às pessoas portadoras desses transtornos. Unidades de Psiquiatria e/ou Saúde Mental, Gastroenterologia, Endocrinologia e, mais recentemente programas interdisciplinares de atendimento ao portador de Transtornos Alimentares, são as instâncias de serviço hospitalar que mais se utilizarão desse grupo de classificação. Na grande maioria desses serviços a presença do Psicólogo é considerada como peça imprescindível para o êxito dos tratamentos.

Grupo **F 51 – Transtornos não-orgânicos do sono**; os transtornos do sono constituem-se atualmente em uma subespecialidade da neurologia, que vem crescendo na medida dos avanços das pesquisas sobre neurotransmissores, funções cerebrais e da própria neuropsicologia, nesse sentido, existem diversas classificações contempladas pela CID, sob código inicial **G 47**. É fundamental que se ressalte aqui, que a incidência de transtornos não orgânicos do sono podem estar associados a quadros depressivos graves, sendo a queixa de alteração dos mecanismos de sono-vigília, muitas vezes, o sinal prodrômico que leva o paciente em busca de ajuda médica. Outros fatores ligados a mecanismos psicológicos (predominantemente) podem contribuir para alterações do sono, sendo estes relativamente frequentes no Hospital Geral, sobretudo aqueles associados à ansiedade intensa, sentimento de perda de controle, medo, isolamento, angústia de morte dentre outros. Mais uma vez se ressalta a importância de codificação múltipla (sempre que possível) quando da utilização desse grupo diagnóstico.

O **Grupo F 53 – Transtornos mentais e de comportamento associados ao puerpério, não classificados em outros locais**, já foi alvo de observação anterior quando discutidos os Transtornos Depressivos, cabendo aqui observação de que as alterações mentais e comportamentais havidas durante o período de puerpério devem ser avaliadas sempre em comparação à História da Pessoa, uma vez que, muitos transtornos mentais podem aparecer com mais exuberância no período de puerpério, e/ou haver por parte de equipe de saúde e família uma atenção maior à paciente, mas o quadro observado já ser preexistente, ou existir a indicação de fatores pré-mórbidos anteriores ao ciclo gravídico-puerperal.

Os transtornos listados no **Grupo F 55 – Abuso de substâncias que não produzem dependência (física)**, raramente aparecerão em Hospitais Gerais como quadro de base, podendo haver uma incidência pequena como quadro complementar. Por outro lado, ressalte-se que principalmente os subgrupos **F 55.0 e F 55.2** (**Abuso de antidepressivos** e **Abuso de analgésicos**) podem ocorrer determinado por fatores iatrogênicos e/ou de automedicação. **F 55.1 e F 55.3** (abuso de laxativos e abuso de antiácidos) podem aparecer como diagnóstico complementar a Transtornos Alimentares. Há ainda de considerar-se os quadros hipocondríacos (**F 45.2**) onde **F 55** aparecerá também como diagnóstico complementar.

Os **Grupos F 54 e F 59** devem ser evitados, sempre que possível, como codificadores de transtornos mentais, uma vez que incluem uma gama indefinida e dissociada de sinais e sintomas, provocando, não raro, uma estigmatização maior do paciente, e dificultando, para a equipe de saúde "não psi", a compreensão melhor do quadro apresentado.

NÊMETON
ESTUDOS E PESQUISAS

SERVIÇO DE PSICOLOGIA HOSPITALAR
AVALIAÇÃO PSICOLÓGICA

NOME.. Nº............

IDADE..... SEXO....... EST.CIVIL............. RELIGIÃO....................

DATA INTERNAÇÃO ....../....../......

PSICÓLOGO.................................. MÉDICO..................................

SERVIÇO/DEPTO....................... DIAG.MÉDICO..........................

DATA...../...../......

1. ESTADO EMOCIONAL GERAL

	BOM	REG.	RUIM	S/DADOS
AUTO CONCEITO	( )	( )	( )	( )
AUTO ESTIMA	( )	( )	( )	( )
ANSIEDADE	( )	( )	( )	( )
DEPRESSÃO	( )	( )	( )	( )
INFORM.SOBRE A DOENÇA	( )	( )	( )	( )
INFORM. SOBRE TRATAMENTO	( )	( )	( )	( )
RELAÇÃO COM A DOENÇA	( )	( )	( )	( )
ESTRUTURA EMOCIONAL BÁSICA	( )	( )	( )	( )

DEFESAS PREDOMINANTES ( ) POSITIVAS ( ) NEGATIVAS

RUPTURA PSICÓTICA ( ) SIM ( ) NÃO

OBS: ....
....
....

2. SEQUELAS EMOCIONAIS DO PACIENTE

	PRESENTE FORTE	PRESENTE LEVE	AUSENTE
COM INTERNAÇÃO ANTERIOR	( )	( )	( )
COM TRATAMENTO ANTERIOR	( )	( )	( )
COM CIRURGIA ANTERIOR	( )	( )	( )
COM SEPARAÇÕES	( )	( )	( )
COM PERDAS / ÓBITOS	( )	( )	( )

OBS: ....
....
....

3. TEMPERAMENTO EMOCIONAL OBSERVADO

INTROVERTIDO ( ) ACENTUADO ( )

EXTROVERTIDO ( ) COMPENSADO ( )

4. POSTURA FRENTE A DOENÇA E A VIDA

TENDÊNCIA BIÓFILA ( ) TENDÊNCIA NECRÓFILA ( )

5. ESTADO ATUAL FRENTE À DOENÇA/HOSPITALIZAÇÃO E À VIDA

( ) NEGAÇÃO
( ) REVOLTA
( ) BARGANHA
( ) DEPRESSÃO
( ) ACEITAÇÃO
( ) GANHO SECUNDÁRIO

OBS: ....

....

....

6. QUESTIONÁRIO ESPECÍFICO

1. COMO ERA O PACIENTE ANTES DE ADOECER?

....

....

....

2. RELATE UM DIA NA VIDA DO PACIENTE ANTES DELE ADOECER:

....

....

....

3. COMO FOI DESCOBERTO O DIAGNÓSTICO?

....

....

....

4. O PACIENTE SABE DE SEU DIAGNÓSTICO? SE NÃO SABE, PORQUE?

....

....

....

HOUVE ALGUM FATO MARCANTE NA VIDA DO PACIENTE E/OU FAMÍLIA, ANTES OU DEPOIS DO APARECIMENTO DA DOENÇA? DATA.

	ANTES	DEPOIS
DOENÇA DO PACIENTE	( )	( )
DOENÇA NA FAMÍLIA	( )	( )
SEPARAÇÃO NA FAMÍLA	( )	( )
MORTE NA FAMÍLIA	( )	( )

	ANTES	DEPOIS
DESEMPREGO	( )	( )
MUDANÇA DE CASA	( )	( )
MUDANÇA DE ESCOLA	( )	( )
NASCIMENTO DE IRMÃO	( )	( )
HOSPITALIZAÇÕES NA FAMÍLIA	( )	( )
ACIDENTES DOMÉSTICOS	( )	( )
ACIDENTES DE TRÂNSITO	( )	( )
VIAGENS	( )	( )
MUDANÇAS DE EMPREGO	( )	( )
BRIGAS FAMILIARES	( )	( )
DIFICULDADES ECONÔMICAS	( )	( )
INDICADORES DE VIOLÊNCIA DOMÉSTICA	( )	( )
OUTROS..	( )	( )

6. HOUVE MUDANÇA NO COMPORTAMENTO DO PACIENTE OU NA DINÂMICA FAMILIAR, APÓS O APARECIMENTO DA DOENÇA?

....

....

....

7. AVALIAÇÃO PSICOSSOCIAL

1. INFÂNCIA - (COMPOSIÇÃO FAMILIAR, RELAÇÃO COM OS PAIS, VIVÊNCIAS, ACONTECIMENTOS RELEVANTES)

....

....

....

2. ADOLESCÊNCIA - (HÁBITOS, SEXUALIDADE, GRUPOS, VIVÊNCIAS, ACONTECIMENTOS RELEVANTES)

....

....

....

3. VIDA ADULTA - (ROTINA DIÁRIA, SITUAÇÃO CONJUGAL, RELAÇÕES COM PARCEIROS, CONTATO COM FILHOS, VIVÊNCIAS, ORGANIZAÇÃO DO LAR, EXPECTATIVAS DE VIDA)

....

....

....

4. CONTATOS SOCIAIS - (EMPREGOS, AMIGOS, PARTICIPAÇÃO NA COMUNIDADE, LAZER, ATIVIDADES)

....

....

....

8. EXAME PSÍQUICO

IDENTIFICAÇÃO:

NOME..**Nº**............

IDADE..... **SEXO**....... **EST.CIVIL**............. **RELIGIÃO**....................

DATA INTERNAÇÃO ....../....../......

PSICÓLOGO................................. **MÉDICO**...................................

SERVIÇO/DEPTO........................ **DIAG.MÉDICO**...........................

DATA...../...../......

1. CONSCIÊNCIA (CLÍNICA)

( ) NORMAL ( ) TORPOR ( ) TURVAÇÃO

( ) OBNUBILAÇÃO ( ) COMA I (vigil) ( ) COMA II

( ) COMA III ( ) COMA IV (descerebração)

ÍNDICE GLASGOW : ....

2. SENSO PERCEPÇÃO

( ) NORMAL ( ) ALUCINAÇÃO OLFATIVA

( ) ILUSÃO ( ) ALUCINAÇÃO GUSTATIVA

( ) ALUCINAÇÃO VISUAL ( ) ALUCINAÇÃO TACTIL

( ) ALUCINAÇÃO AUDITIVA ( ) ALUCINAÇÃO CENESTOPÁTICA

3. PENSAMENTO

( ) NORMAL

( ) ALTERAÇÃO DA FORMA QUAL: ....

( ) ALTETAÇÃO DO CURSO QUAL: ....

( ) ALTERAÇÃO DO CONTEÚDO ( ) CONFUSÃO MENTAL

( ) DELÍRIO PERSECUTÓRIO

( ) DELÍRIO RELIGIOSO

( ) DELÍRIO DE REFERÊNCIA

( ) DELÍRIO DE INTERPRETAÇÃO

( ) DELÍRIO HIPOCONDRÍACO

4. LINGUAGEM:

OBS:..

....

....

( ) NORMAL ( ) AFASIA

( ) DISLALIA ( ) ECOLALIA

( ) DISARTRIA ( ) OUTRAS : ....

5. MEMÓRIA :

( ) NORMAL

( ) ALTERAÇÃO DE FIXAÇÃO ( ) AMNÉSIA ANTERÓGRADA

( ) DIFICULDADES DE FIXAÇÃO

( ) ALTERAÇÀO DE EVOCAÇÃO ( ) AMNÉSIA RETRÓGRADA TOTAL

( ) AMNÉSIA LACUNAR

( ) AMNÉSIA PÓS-TRAUMÁTICA

( ) HIPOMNÉSIA

( ) HIPERMNÉSIA

6. INTELIGÊNCIA/ COGNIÇÃO:

( ) NORMAL

( ) ALTERAÇÃO NA INTELIGÊNCIA VERBAL

( ) ALTERAÇÃO NA INTELIGÊNCIA NÃO VERBAL

( ) ALTERAÇÕES COGNITIVAS ESPECÍFICAS. QUAL:...............

....

7. CONSCIÊNCIA DO EU :

( ) NORMAL

( ) ALTERAÇÃO NO EU FÍSICO

( ) ALTERAÇÀO NO EU PSÍQUICO

( ) RUPTURA PSICÓTICA

( ) ALTERAÇÃO NA ORIENTAÇÃO AUTOPSÍQUICA:

( ) ESTRANHEZA DE SI MESMO

( ) DESOR. TEMPO PSICOLÓGICO

( ) DESOR. ESPAÇO PSICOLÓGICO

( ) ALTERAÇÃO NA ORIENTAÇÃO ALO-PSÍQUICA:

( ) ESTRANHEZA DO OUTRO

( ) DESOR. TEMPO FÍSICO

( ) DESOR. ESPAÇO FÍSICO

( ) DESPERSONALIZAÇÃO

8. AFETIVIDADE (HUMOR)

( ) NORMAL

( ) DEPRESSÃO ( ) MAIOR ( ) REATIVA

( ) MANIA ( ) LEVE ( ) MODERADA ( ) AUMENTADA

( ) LABILIDADE AFETIVA

( ) AMBIVALÊNCIA AFETIVA

( ) AMORFISMO AFETIVO

( ) ANGÚSTIA ( ) DE MORTE ( ) EXISTENCIAL

( ) ANSIEDADE ( ) REATIVA ( ) NEURÓTICA

9. MOTIVAÇÃO E VOLIÇÃO

( ) DESEJA E OPERACIONALIZA (Normal)

( ) DESEJA E NÃO OPERACIONALIZA

( ) NÃO DESEJA

9. MANIFESTAÇÕES PSÍQUICAS E COMPORTAMENTAIS:

	S/ DADOS	MODERADA	ACENTUADA
CULPA	( )	( )	( )
NEGAÇÃO	( )	( )	( )
RAIVA	( )	( )	( )
HOSTILIDADE	( )	( )	( )
FANTASIAS	( )	( )	( )
FANTASIAS MÓRBIDAS	( )	( )	( )
FRUSTRAÇÃO	( )	( )	( )
IMPOTÊNCIA	( )	( )	( )
INSEGURANÇA	( )	( )	( )
FRACASSO	( )	( )	( )
REGRESSÃO	( )	( )	( )
DEPENDÊNCIA	( )	( )	( )
CONFORMISMO	( )	( )	( )
PROJEÇÃO	( )	( )	( )
ISOLAMENTO	( )	( )	( )
DESAMPARO	( )	( )	( )
PÂNICO	( )	( )	( )
DESCONFIANÇA	( )	( )	( )
DESPESSOALIZAÇÃO	( )	( )	( )
ESPERANÇA	( )	( )	( )
AMBIGUIDADE	( )	( )	( )

	S/ DADOS	MODERADA	ACENTUADA
HOSPITALISMO +	( )	( )	( )
HOSPITALISMO -	( )	( )	( )
STRESS PSICORGÂNICO	( )	( )	( )
AGITAÇÃO PSICOMOTORA	( )	( )	( )
AGRESSIVIDADE AUTODIRIGIDA	( )	( )	( )
AGRESSIVIDADE ALODIRIGIDA	( )	( )	( )
MEDO REAL	( )	( )	( )
MEDO FANTASMÁTICO	( )	( )	( )
COMPORTAMENTO FÓBICO	( )	( )	( )
SENSAÇÃO DE PUNIÇÃO	( )	( )	( )
SENSAÇÃO DE ABANDONO	( )	( )	( )
LIMITAÇÃO DE ATIVIDADES	( )	( )	( )
CONFLITOS QUANTO A PRIVACIDADE	( )	( )	( )
PRIVAÇÃO DA LIBERDADE	( )	( )	( )
PERDA DA AUTONOMIA	( )	( )	( )
ESQUEMA CORPORAL MODIFICADO	( )	( )	( )
CONFLITOS C/ SEXUALIDADE	( )	( )	( )

INDÍCIOS DE CONDIÇÃO DE
VIOLÊNCIA E/OU ABUSOS: SIM ( ) NÃO ( )
*** (Notificação Compulsória)**

OUTRAS ....

10. DIAGNÓSTICO PSICOLÓGICO :

HIPÓTESES DIAGNÓSTICAS -

....
....
....

11. FOCOS PRINCIPAIS :

....

....

12. CONDUTA:

....

....

13. SÍNTESE :

....

....

NÊMETON
ESTUDOS E PESQUISAS

AVALIAÇÃO PSICOLÓGICA RESUMIDA

Nome:.. Matrícula:.......................
Sexo:.......... Idade:........... Data Nasc.:.............. Religião:................
Data Intern.:...
Clínica:... Leito:.......................
Médico Resp.:..................................... Diagnóstico:........................
Psicólogo:..................................... Supervisor:.............................
Data do Atendimento:...

	Sim	Não
01. *Consciente*	( )	( )
02. *Contatuante*	( )	( )
03. *Orientado*	( )	( )
04. *Receptivo ao atendimento*	( )	( )
05. *Conhecimento do diagnóstico*	( )	( )
06. *Entendimento do diagnóstico*	( )	( )
07. *Conhecimento do tratamento*	( )	( )
08. *Entendimento do tratamento*	( )	( )

	Bom	Regular	Ruim/Frágil
09. *Aderência ao tratamento*	( )	( )	( )
10. *Relação com a doença*	( )	( )	( )
11. *Relação com o tratamento*	( )	( )	( )
12. *Relação com a hospitalização*	( )	( )	( )

13. *Sequelas emocionais*	Presentes	Ausentes
Com internação	( )	( )
Com tratamento	( )	( )
Com condutas terapêuticas	( )	( )
Com cirurgias	( )	( )
Com perdas e óbitos	( )	( )

14. *Temperamento Emocional Observado*

Introvertido ( )	Acentuado ( )
Extrovertido ( )	Compensado ( )

15. *Postura frente a doença e a vida*

Necrófila ( ) Biófila ( )

16. *Estado atual frente a doença e hospitalização*

Negação ( )	Depressão ( )
Barganha ( )	Aceitação ( )
Revolta ( )	Ganho Sec. ( )

17. *Estado Psicológico Geral* Bom ( ) Regular ( ) Ruim ( )

Autoestima	Normal ( )	Alterada ( )	
Autoconceito	Normal ( )	Alterado ( )	
Ansiedade	Ausente ( )	Presente ( )	Esperada p/ situação ( )
Depressão	Ausente ( )	Presente ( )	Esperada p/ situação ( )
Ruptura psic.	Ausente ( )	Presente ( )	

Mecanismos de Defesa ( ) + ( ) - Adequados p/ situação ( )

Recursos para enfrentamento Bom ( ) Regular ( ) Ruim ( )

18. *Manifestações psíquicas e comportamentais*

Culpa ( )	Negação ( )	Fracasso ( )
Raiva( )	Hostilidade ( )	Regressão ( )
Fantasias ( )	Frustração ( )	Projeção ( )
Impotência ( )	Insegurança ( )	Pânico ( )
Dependência( )	Conformismo ( )	Medo real ( )
Isolamento ( )	Desamparo ( )	Desconfiança ( )
Esperança ( )	Ambiguidade ( )	Perda autonomia ( )
Despessoalização ( )	Hospitalismo + ( )	Sensação punição ( )
Stress psicorgan. ( )	Hospitalismo - ( )	Sensaç. abandono ( )
Agressivid. auto ( )	Agressividade alo ( )	Limit. de ativida. ( )
Medo fantasmát. ( )	Comport. fóbico ( )	Privação liberd. ( )
Esq. Corpor. mod. ( )	Conflitos sexual. ( )	

19. *Exame Psíquico*

1. Consciência Clínica: Normal ( ) Torpor ( ) Obnubilação ( ) Coma ( )

2. Senso Percepção: Normal ( ) Ilusão ( ) Alucinação ( )

3. Pensamento: Normal ( ) Curso ( )
Forma ( ) Confusão ( )
Conteúdo ( ) Delírio ( )

4. Linguagem: Normal ( ) Afasia ( )
Dislalia ( ) Ecolalia ( )
Disartria ( )

5. Memória: Normal ( )
Alt. Fixação ( ) Alt. Evocação ( )

6. Inteligência/Cognição: Normal ( ) Específica ( )

7. Consciência do Eu: Normal ( ) Alt. Eu físico ( )
Alt. Eu Psíq. ( ) Ruptura Psic. ( )

8. Afetividade: Normal ( ) Depressão ( )
Ansiedade ( ) Labilidade ( )
Ambivalência ( ) Amorfismo ( )
Angústia ( ) Mania ( )

9. Motivação e volição: Normal ( ) Alterada ( )

10. Controle dos impulsos: Normal ( ) Alterado ( )

11.Juízo Crítico: Normal ( ) Alterado ( )

20. *Avaliação Familiar*	Sim	Não
Estruturada	( )	( )
Adequada/apoia o paciente	( )	( )
Compreende a doença	( )	( )
Compreende o tratamento	( )	( )
Presente ao Hospital	( )	( )

21. *Conduta (Paciente e Familiar)*

Avaliação psicológica	( )
Atendimento psicológico de apoio	( )
Orientação psicológica	( )
Preparação p/ condutas	( )
Preparo para alta	( )

22. *Focos:*

....
....
....
....

23. *HD:*

....
....
....
....

IV. Anexos

A) CARACTERÍSTICAS E INDICATIVOS PARA DIAGNÓSTICO DIFERENCIAL DE TRANSTORNOS CONVERSIVOS* E TRANSTORNOS PSICOSSOMÁTICOS**

(* Transtornos Dissociativos – CID – 10. ** Transtornos Somatoformes – CID – 10)

Introdução

O texto que se segue tem por objetivo fornecer subsídios ao profissional de saúde que frequentemente se depara com paciente portadores de queixas somatiformes (ou somatoformes conforme CID-10) com etiologia emocional. Uma das maiores dificuldades que se nota nestas situações são as dificuldades de:

- Em primeiro lugar entender e intervir adequadamente junto a um quadro que não segue a lógica formal que a propedêutica nos ensina.
- Segundo saber que estes quadros possuem características específicas, e que se subdividem em vários grupos, sendo que o diagnóstico diferencial dos mesmos é de fundamental importância tanto para o estabelecimento de estratégias terapêuticas quanto do próprio prognóstico da patologia.
- Deve-se considerar ainda num terceiro ponto, que a não identificação destes quadros e o não tratamento adequado dos mesmos, seja na intervenção direta ou no encaminhamento, podem trazer prejuízos importantes para a vida da pessoa que procurou a ajuda do profissional de saúde.

Episódio conversivo

A Conversão é um Mecanismo de Defesa do Ego caracterizada pela presença de queixas aparentemente orgânicas de ocorrência aguda, normalmente associadas no tempo e espaço a episódios conflitivos recentes na vida do indivíduo, onde as pesquisas clínica e laboratorial não indicam sinais lesionais ou outras constatações anatomo-morfológicas, laboratoriais e fisiológicas que possam justificar a sintomatologia referida pelo paciente.

Na pesquisa de **História da Pessoa** e de sua Estrutura Psicodinâmica constatam-se normalmente ocorrências de episódios anteriores de evolução similar, e notadamente um perfil de personalidade com traços histeriformes, onde pode se identificar: Histrionismo, Sedução, Manipulação, Mitomania, Ansiedade com eventual patoplastia depressiva, Ambiguidade.

É um quadro que se identifica com relativa frequência nas Unidades de Pronto-Socorro, onde a incidência de queixas do tipo: Parestesias, Pseudo Convulsões, Cegueira, Mudez, e queixas polimorfas diversificadas tipo; "Paralisia em Luva", Formigamento de Extremidades, Dores difusas etc., são descritas pelo paciente de forma muito ansiosa, e, como salientamos, sem uma clínica clara e/ou achados orgânicos que as subsidiem.

É importante considerar-se que a manifestação do sintoma conversivo está intimamente associada a situações psicoafetivas conflitivas da pessoa, que não esta encontrando formas adequadas de enfrentamento das mesmas, e esta "migra" inconscientemente estes conflitos para uma queixa orgânica com o desejo de, a partir daí, auferir resolutibilidade ou atenuação destes.

Se imaginarmos que a possibilidade do paciente receber atenções e apoio a queixas orgânicas é muito mais frequente que se estas forem verbais e ligadas a conflitos relacionais/emocionais, teremos aí um forte apelo para a instalação e manutenção do mecanismo.

Na condução do caso, o profissional de saúde que assiste ao paciente deve sempre considerar a importância de sensibilizá-lo e encaminhá-lo a acompanhamento psicoterápico, buscando evitar a indicação pura e simples de tranquilizantes menores e dispensa do paciente, ou (o que infelizmente não é raro) a hostilização do mesmo, alegando que ele "não tem nada" ou que "é um farsante", e mandá-lo embora.

O tratamento sintomático do episódio apenas posterga o problema, muitas vezes gerando outros complementares (como a dependência iatrogênica de tranquilizantes) e provavelmente fará do paciente um assíduo frequentador dos serviços de Pronto Atendimento, cronificando o quadro e reverberando os problemas nas unidades aonde este vier a buscar ajuda.

O Transtorno Conversivo aparece com maior incidência estatística como parte (sintoma) de um quadro de base de origem psicopatológica denominada Neurose Conversiva Histérica. Trata-se, portanto de uma psicopatologia que necessita cuidados e tratamento, e que sem dúvida traz ao paciente inúmeros conflitos e grande sofrimento, não devendo, portanto ser desvalorizada nem negligenciada pelo clínico assistente, mas sim atendida e tratada, sendo que nos casos em que este profissional não possuir os recursos técnicos para tanto (o que é bastante frequente devido à iniciativa do paciente buscar ajuda junto ao especialista não "psi") encaminhá-la para atendimento adequado, sempre que possível.

Somatização

Diferentemente do quadro de conversão, na somatização (Transtornos Somatoformes), a presença das queixas (sintomas) do paciente vêm de longo período de tempo, com remissões parciais. Instala-se de forma gradativa e mantém-se, podendo ou não estar associada a episódios conflitivos agudos recentes. Na pesquisa clínica e laboratorial existem achados lesionais (sinais) que justificam a sintomatologia referida, mas sem etiopatogenia clara do ponto de vista organogênico.

O paciente traz um discurso poliqueixoso, normalmente acompanhado de detalhes e minúcias de tratamentos anteriores, medicações prescritas, fracassos, sempre evidenciando seu sofrimento e os insucessos dos outros tratamentos. Não raro, mostra profundo conhecimento de seu quadro clínico, e o discute com certa autoridade com o médico.

A evolução sempre é lenta (em se tratando de doença psicossomática), com episódios agudos entremeados por períodos de remissão parcial dos sintomas, mas com o paciente sempre referindo nenhuma ou rara e transitória ***retitutio ad integrum***.

O clínico poderá observar também uma tendência do paciente centrar seu discurso na doença, como que a usando como forma de comunicação com o mundo. Há grande eloquência e valorização deste, quando se refere à enfermidade e sofrimentos auferidos por esta em sua vida, o que normalmente possibilita um levantamento de dados sobre o **Ganho Secundário da Doença***, que é uma das principais pistas para a compreensão dos mecanismos psicodinâmicos que estão por traz do sintoma.

Observa-se também um certo prazer mórbido no paciente em "desafiar" o conhecimento e a competência do profissional de saúde que o assiste, essa atitude, muitas vezes, pode gerar uma contaminação importante do vínculo, pois o profissional menos treinado tende a reagir contratransferencialmente, como que aceitando o desafio do paciente, passando a medir forças com ele, num jogo inconsciente de poder, sendo que o paradoxo que o paciente impõe a este jogo (como regra) dificulta em muito uma boa evolução do tratamento, na medida em que ele usa de sua fragilidade (a doença) como sua principal força, propondo subliminarmente uma situação que poderíamos didaticamente descrever como:

> Eu o desafio a me curar! Se você é realmente poderoso, irá consegui-lo. Caso contrário à manutenção de minha enfermidade e sofrimento denunciará seu fracasso e com isso aumentará meu poder sobre você (e no geral), pois eu aniquilarei sua autoridade, conhecimento e competência com minha enfermidade que persiste, apesar de suas tentativas de curá-la.

Este jogo inconsciente é um dos mais graves empecilhos a boa evolução do tratamento, e quando o profissional de saúde não consegue identificá-lo conscientemente e evitar entrar nele, acabará por se tornar uma presa do Ganho Secundário, tornando-se uma espécie de "troféu" do paciente que passará a fazer parte de sua coleção, e o que é pior, reforçando ainda mais o uso da enfermidade como forma de relação deste com o mundo.

Devemos igualmente, no trato com o paciente, buscar sempre coletar o maior volume possível de dados sobre sua **História de Vida**, pois ela traz importantes pistas para identificarmos os conflitos intrapsíquicos que estão na gênese do processo psicossomático. Nunca devemos perder de mente que a patologia psicossomática, em sua essência, é uma espécie de mecanismo adaptativo mórbido, pois as angustias que levaram o indivíduo à "optar" pela via somática como alternativa de enfrentamento do conflito, não encontraram outro canal de resolução (adaptação) mais saudável e preferencialmente mental, que não este. Esta constatação também deve fazer parte dos cuidados do psicoterapeuta que irá atender ao paciente, no que se refere a suas estratégias de abordagem do mesmo, pois temos claro que as falências dos mecanismos saudáveis de adaptação é que embasam o surgimento do processo somatizatório e a consequente instalação da doença psicossomática. Sendo assim embora tenhamos que fazer o "caminho de volta" com o paciente (do corpo para a mente), a própria dinâmica conflitiva, que desencadeou a instalação da enfermidade criará obstáculos e resistências para o enfrentamento do conflito de base. O que faz com que o paciente se apresente refratário, muitas vezes, à psicoterapia, via de regra, só aceitando ajuda nos períodos de agudização do quadro, quando a "balança" do Ganho Secundário pende para um enfraquecimento deste na relação com o sofrimento vivido.

Ainda no que se refere às pistas diagnósticas; a simbologia e demais aspectos etiológicos para a eleição do **Órgão de Choque*** são dados importantes na compreensão dos processos psicodinâmicos que resultaram a patologia.

Falamos, portanto de uma patologia com características crônicas, onde a aderência ao tratamento por parte do paciente é precária, e que é povoada por inúmeras subjetividades e sutilezas, que tendem a criar armadilhas de difícil lide para o profissional de saúde. Não obstante, a frequência com que pessoas portadoras destes tipos de quadro frequentam nossos consultórios, clínicas, ambulatórios e hospitais é cada vez mais alta, o que aponta para uma necessidade cada vez mais premente de os profissionais de saúde buscarem capacitação técnica para a lide com as mesmas, e de possuírem em seus quadros de apoio retaguarda especializada para os devidos encaminhamentos.

Quadros complementares:

GANHO SECUNDÁRIO DA DOENÇA :

⋆ Definição:

Benefício inconsciente, auferido pelo paciente onde, não obstante os sofrimentos, que a enfermidade lhe impõe, este encontra ganhos, através de sua comunicação com o mundo, intermediada pela doença.

• Estes "benefícios", geralmente estão associados a:

Punição, espiação, culpa, manipulação, exercício de poder, reparação, compensação.

⋆ A psicodinâmica do paciente e sua relação com os conflitos básicos não resolvidos são os principais fatores determinantes na instalação dos mecanismos de ganho secundário.

⋆ Nos transtornos e doenças psicossomáticas é importante estabelecer correlação entre a eleição do órgão de choque e a psicodinâmica do ganho secundário como pistas fundamentais para a compreensão da essência conflitiva e o estabelecimento de estratégias psicoterapêuticas de abordagem do paciente:

⋆ Evitar sempre posturas estereotipadas do tipo:
"O que o senhor. tem, não é nada"
"Seu problema é 'psicológico'"
"O sr. está muito bem de saúde, só precisa parar de preocupar-se tanto"

ÓRGÃO DE CHOQUE:

★ **Definição:**

Órgão ou sistema que é eleito como foco de descarga dos processos somatizatórios.

★ Esta eleição obedece a processo multifatorial onde variáveis ligadas a:

a) história de desenvolvimento biofisiológico,

b) fatores psicoafetivos e de desenvolvimento de personalidade

c) interposições sócioculturais e ambientais;

Vão contribuir para o aparecimento do fenômeno somatizatório em determinado locus.

"Ranking" dos tropismos mais frequentes na eleição do órgão de choque:

1) sistema digestório
2) sitema ósteo articular
3) pele
4) sitema cardiorrespiratório
5) sistema uro-genital

ALGUMAS DAS REPRESENTAÇÕES SIMBÓLICAS DO CORPO:

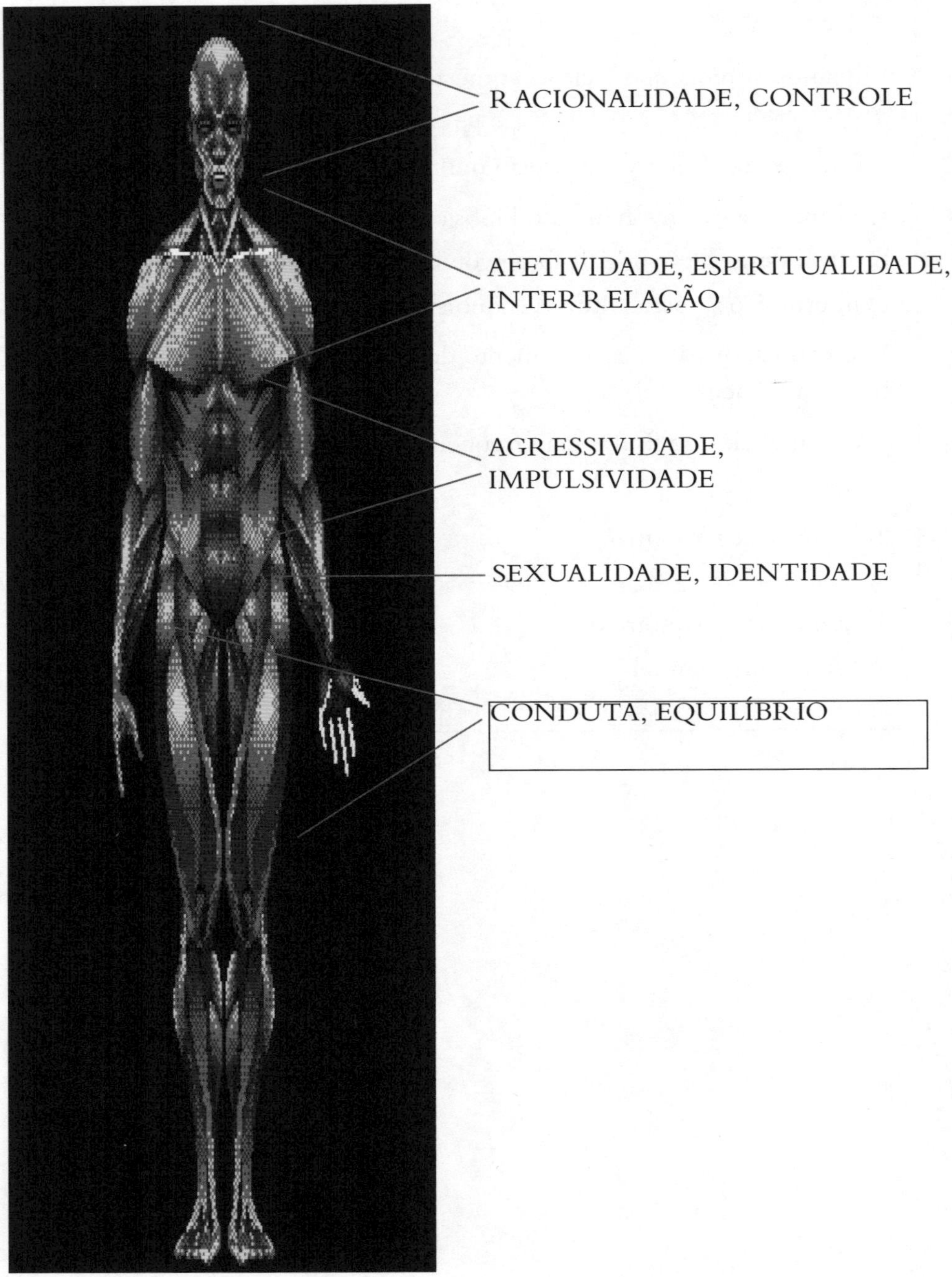

B) DEPRESSÕES NO HOSPITAL GERAL

(Transtornos Afetivos e eventos patoplásticos de outras classificações – CID 10)

As depressões têm sido alvo de estudos, discussões e reclassificações ao longo dessas últimas décadas, sendo em alguns casos alvo de polêmicas importantes no que tange ao diagnóstico diferencial e às estratégias terapêuticas para combatê-la.

Atemo-nos aqui a discutir o fenômeno depressivo, quando ocorre em circunstâncias específicas de internação Hospitalar, e às diversas situações que dela se deflagram.

Para tanto, classificaremos as depressões em dois grandes grupos que denominaremos de **Depressão Patológica** (Depressão Maior - DSM V, ou **Transtorno Depressivo Recorrente F33** CID - 10) e **Depressão Reativa** (Luto sem Complicação - DSM IV, **Episódio Depressivo F 32** ou ainda **Outros Transtornos do Humor F38.10** CID - 10).

No 1° grupo (Depressão Maior), destacam-se como sinais e sintomas predominantes:

- O estreitamento das perspectivas existenciais até sua anulação.
- A ambivalência afetiva (caracterizada sobretudo pela querelância e refratariedade).
- Agitação psicomotora (inquietação).
- Perturbações do apetite.
- Persistência dos sintomas por mais de duas semanas.
- O amorfismo afetivo.
- Isolamento.
- Ideias autodestrutivas.
- Insônia, hipersonia; (distúrbios do sono).
- Prostração, apatia.
- A não percepção dos motivos que geram o estado anímico, com eleição de "Bodes Expiatórios" que se alteram rapidamente.
- Culpa injustificada e exacerbada.

Já no 2° grupo (Luto sem Complicação), observamos situações mais atenuadas onde se destacam:

- Entristecimento, todavia, com permanência de perspectivas existenciais.

- Situação de perda (luto) claramente localizada no tempo e espaço histórico do indivíduo (e por ele percebida).
- Empobrecimento de afeto, mas sem perda de sua modulação qualitativa.
- Sentimento de angústia ligada ao contexto de perda.

No Hospital Geral o 2° grupo aparece com uma frequência bem mais alta que o 1°, onde algumas circunstâncias específicas da situação de relação do indivíduo com a doença, tratamento e internação se destacam:

- Depressão de pós-operatório.
- Depressão reativa de pós-parto *[Blue]* (não confundir com depressão Puerperal).
- Depressão frente a situações críticas de morte iminente.
- Sintomas da Angústia de Morte.
- Depressão frente à perda definitiva de objetos - (Amputação, Diagnóstico de Doença Crônica).
- Depressão por "stress" hospitalar, ligada à fase de exaustão, dentro do critério de S.G.A. de *Selye* e/ou Hospitalismo (*Spitz*).

Nesses casos a situação de perda e o processo de elaboração do luto são identificáveis no discurso do paciente, como avaliação mais atenta por parte do terapeuta.

Nas depressões patológicas, comunmente tem-se um histórico pré-mórbido ligado a outros episódios similares e, ao longo da vida do indivíduo, o grau de comprometimento afetivo e as ideias de autodestruição são bastante intensas e a ausência de fatores circunstanciais claros normalmente está presente, e mesmo quando temos fatores desencadeantes reativos como os vistos acima, a inconstância do discurso do paciente denuncia que estes funcionaram apenas como deflagradores de um processo maior e não como seu causador. A resistência às tentativas de ajuda é grande, ao mesmo em tempo que, solicitam o tempo todo apoio.

Nas situações específicas de aparecimento de fenômeno depressivo quando da pessoa internada em Hospital Geral, é de fundamental importância o diagnóstico diferencial por parte da equipe e as medidas terapêuticas cabíveis.

Sempre é importante salientar que as depressões alteram não só o estado anímico do paciente como também podem provocar alterações nas respostas imunológicas e, obviamente, em função da apatia e prostração, a participação ativa do paciente em seu processo de recuperação (quando é o caso) compromete-se sobremaneira.

Destacamos, então, alguns pontos importantes a serem considerados pela equipe no acompanhamento desses pacientes:

a) A rapidez no Diagnóstico Diferencial (descartar possibilidades orgânicas ou outros distúrbios psicóticos).
b) Continência e presença junto ao paciente, mesmo quando esse se mostrar refratário à equipe.
c) Avaliação conjunta dos aspectos emocionais e físicos que se sobrepõe.
d) Nas depressões reativas, acompanhamento e apoio psicoterápico intensivo, de forma a auxiliar o indivíduo na elaboração de luto e/ou angústia de morte.
e) Apoio e orientação às pessoas que têm representação afetiva significativa para o paciente de modo que estas também atuem como agentes terapêuticos.
f) Busca de focos motivacionais que persistam no paciente de forma a providenciá-los e, quando possível, estimulá-los.
g) Nas depressões patológicas, é imprescindível a solicitação de avaliação específica para introdução de medicação de apoio, além de acompanhamento psicoterápico. Nesses casos, principalmente, orientação à equipe e vigilância maior sobre o paciente em função de aumento do risco de tentativa de suicídio.

Obs. 1: Pesquisas indicam que nos casos de introdução de medicação antidepressiva em indivíduos em estado de pico de Depressão Maior, o risco de tentativa de suicídio principalmente nas 96 horas subsequentes a essa aumenta em 80%.

h) Nos casos onde a depressão está associada à situação de morte iminente com prognóstico reservado, considerar sempre o movimento do paciente permitindo que ele determine o curso de sua elaboração sobre a morte.

Obs. 2: Cuidado com as antecipações, com o "Pacto do Silêncio" ou ainda com as dificuldades que, muitas vezes, paciente, família e equipe enfrentam para denunciar e discutir a situação de morte e morrer.

i) Ainda nesse contexto, as defesas por parte da equipe, como evitação de contato com o paciente, falsas informações que podem ser contraditadas distanciamento e frieza no contato devem ser detectados, e discutidos entre os componentes.

Não podemos esquecer que a hospitalização traz, em seu bojo, situações claras de perda (saúde) e luto e que os quadros reativos são de frequência bastante alta. Importante ressaltar que as mobilizações geradas por situações graves de perda onde a elaboração do luto mostra-se comprometida podem desencadear um processo de depressão maior.

O fenômeno depressivo vivido pelo paciente internado no Hospital Geral se não considerado e acompanhado pode tornar-se o divisor das águas entre a opção pela vida ou a entrega à morte. Pode-se observar inúmeros casos onde, embora o prognóstico do paciente fosse bom, a depressão que se instalou funcionou como agravante seríssimo de seu estado biopsicológico, derivando para agravamentos somáticos do quadro clínico, eventualmente levando à morte. E, mesmo naqueles casos onde a morte é inexorável, a elaboração da angústia de morte é que possibilita a estruturação do desapego como condição para aceitação de um morrer permeado por serenidade e aceitação ou, caso contrário, o autoabandono que inevitavelmente redunda em sofrimento, desespero e dor.

Nossa função no acompanhamento dessas pessoas pressupõe: continência, solicitude, perseverança e, sobretudo, um estado pessoal bem equacionado para que não caiamos nas piores formas de postura que são caracterizadas pelos dois extremos: frieza e indiferença por um lado, e desespero, dor e sofrimento por outro.

Notas complementares

1) Segundo dados fornecidos no Congresso Mundial para o Estudo das Depressões (2015): Na atualidade um em cada quatro habitantes do planeta sofre ou sofreu de alguma forma de depressão.

   Os números constatados são bastante preocupantes, pois demonstram a escalada destes tipos de transtornos na população mundial e, pior, colocam o Brasil em especial destaque.

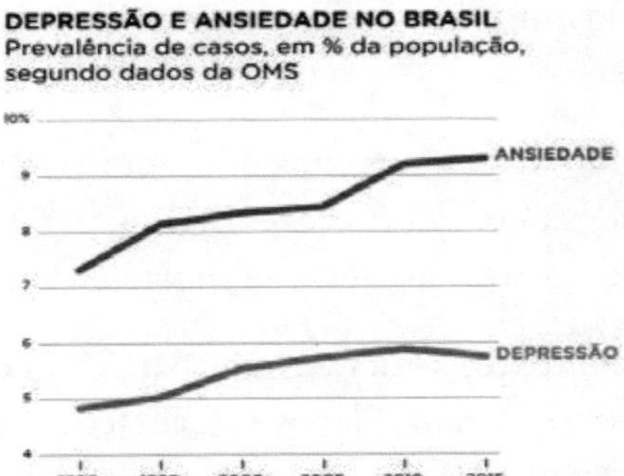

Figura 9

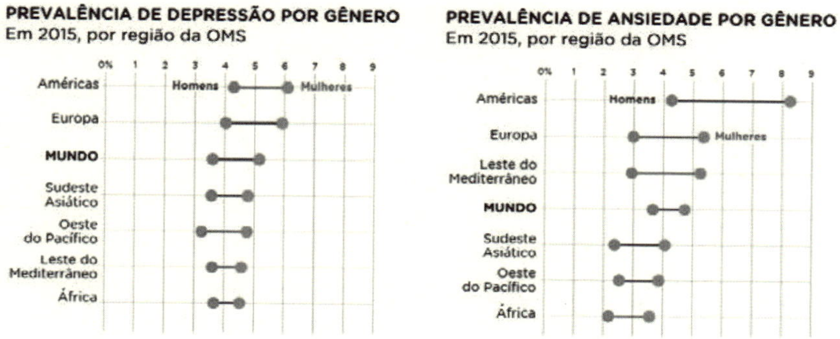

Figura 10

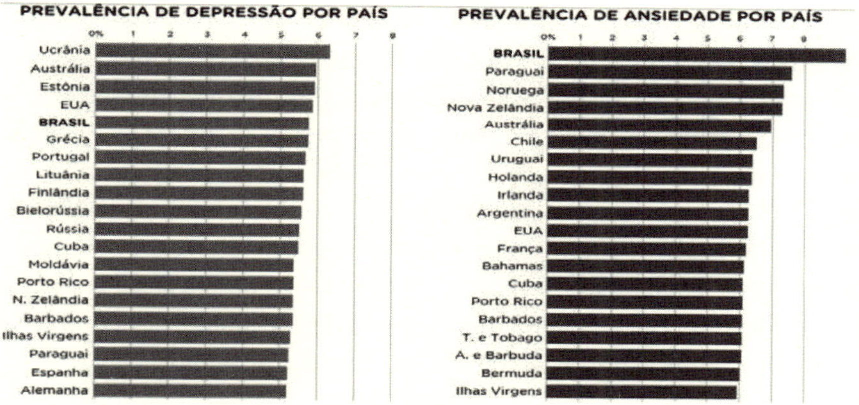

Figura 11

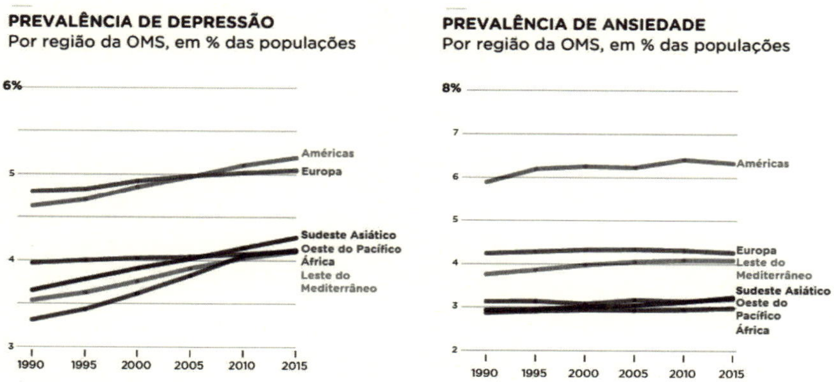

Figura 12

Fonte: Global Burden of Disease Study, 2015 - OMS (Organização Mundial da Saúde).

O presente texto complementa o estudo – Utilização da CID–10 em Psicologia Hospitalar, onde apresentamos dados específicos de aplicação de critérios diagnósticos para os diferentes transtornos depressivos utilizando-se a codificação do referido manual. Reiteramos que com a perspectiva de publicação da CID-11 prevista para 2018, novas classificações e o refino da relação de utilização conjugada entre a CID e a CIF devem ser consideradas pelo leitor.

C) O PACIENTE COM ALTERAÇÕES DO PENSAMENTO E SENSO-PERCEPÇÃO: CONSIDERAÇÕES GERAIS.

O rompimento com a realidade e alterações na capacidade sensoperceptiva e/ou de interpretação do percebido provoca os delírios e as alucinações. Cabe lembrar que do ponto de vista da composição do **Aparelho Psíquico**, os **Delírios** são alterações do **Pensamento** (ligado, portanto as Atividades Mentais Superiores), onde o **Juízo de Realidade** apresenta-se profundamente comprometido, e as **Alucinações** são alterações da **Sensopercepção** (ligada as Atividades Mentais Básicas) onde o aparato sensorial, ou mais precisamente as capacidades de interpretação e decodificação dos estímulos sensoriais recebidos pelo indivíduo estão comprometidas a tal ponto que distorcem ou criam falsas interpretações da chamada **Imagem Perceptiva Real**.

Os delírios e alucinações do delírio, não importando o seu grau de bizarria, tendem a ser simples, diretas tentativas simbólicas de negar o conflito real do paciente. Seu conteúdo simbólico, em geral, tem um objetivo direto de satisfação de um desejo, que serve não apenas aos problemas atuais obscuros, mas para criar falsas curas e crenças que são o oposto, em alguma forma, da situação atual. Por exemplo, um paciente intoxicado que está confuso e desorientado, e cuja capacidade intelectual sofreu uma interferência, pode experimentar delírios de que é um gênio matemático.

Mesmo quando os delírios e alucinações do estado delirante são desagradáveis, eles tendem a ser uma tentativa de encobrir problemas reais que são ainda mais desagradáveis.

Sempre deve-se supor, que há problemas reais, do aqui-e-agora, num paciente delirante. Problemas que são físicos, químicos ou psicológicos, ou uma combinação dos três.

Não se desanime frente à complexidade e à falta de sentido do estado delirante. Com algum tempo e um pouco de habilidade, o sentido pode ser encontrado mesmo nas aberrações graves.

Não procure causas isoladas. Raramente há apenas uma. Há, em geral, vários fatores em jogo para trazê-lo à tona. A febre é um agente comum, tão comum que a maior parte de nós, durante uma febre alta, pelo menos sofre alguma interferência no funcionamento mental. As toxinas produzidas por algumas moléstias são uma outra causa, e todas as enfermidades "tóxicas" tendem a afetar a mente, provocando delírios (podemos observar esse fenômeno com uma certa frequência nas Insuficiências Renais Crônicas por ex.). As substâncias tóxicas introduzidas no organismo podem igualmente produzir alterações no juízo da realidade (pensamento) e/ou na senso-percepção. O álcool, por exemplo, talvez seja um dos agentes mais comuns do estado delirante, e o *"delirium tremens"* talvez seja a forma do estado mais espetacular e letal. A fadiga, os traumas orgânicos e a fome são outros agentes importantes.

Os fatores psicológicos, embora de grande importância etiológica, são muitas vezes subestimados. Procurados e reconhecidos, podem ser inestimáveis não apenas para compreender a razão do estado delirante, mas para orientar bem o seu tratamento. Deste modo, vale sempre à pena procurar choques psicológicos, tensões e sentimentos de perda. Talvez as situações psicológicas mais dignas de atenção sejam os fatos que ameaçam ou de fato interrompem o contato do paciente com seu próprio mundo particular, sobretudo aquilo que o afasta das pessoas, lugares e objetos familiares, e do fluxo de seus estímulos próprios (esse respeito dedicamo-nos mais pormenorizadamente adiante no item que aborda as **Psicoses Reativas**, que são sem dúvida um dos exemplos mais contundentes do que acabamos de mencionar).

Muito significativo, o fato de ter-se observado inúmeros casos de pacientes portadores de patologias graves, com prognóstico reservado que, após passarem por um período anterior de extremo sofrimento físico e emocional entram em quadro de dissociação, com alterações primárias importantes na afetividade, consciência do EU e Pensamento, seguidas de alucinações, onde o surto aparece com uma forma de defesa derradeira do paciente frente à ameaça real e inexorável de aniquilação.

Nestes casos, deve-se observar principalmente dois aspectos fundamentais, a saber:

a) O aparente quadro confusional do paciente revela no conteúdo de seus sintomas produtivos(delírios e alucinações) toda a realidade clara e nua de seu pavor de aniquilação. A figura da morte do sofrimento das perdas irreversíveis, da impotência absoluta, da total falta de perspectivas existenciais, aparecem claramente no discurso e nas descrições perceptivas aparentemente "distorcidas" do paciente.

b) Geralmente, o paciente em surto incomoda e ameaça a equipe de saúde, principalmente no Hospital Geral e particularmente no C.T.I..

> A equipe de saúde tem, na maior parte das vezes, pouca intimidade com o chamado "paciente psiquiátrico" e pela subjetividade toda do quadro as dificuldades de avaliação e intervenção são maiores, gerando, não raro, afastamento do contato com o paciente, sensação de incômodo e impotência, algumas vezes hostilidade e também ansiedades de tal monta que levem ao desejo de "verem-se livres do paciente", precipitando condutas ou encaminhamentos.

Nestas circunstâncias, sempre é imperativo o diagnóstico diferencial feito pelo componente de saúde mental da equipe ou na ausência deste, a solicitação de interconsulta.

A ausência dessas condutas, desafortunadamente, gera mais sofrimento, mais conflito e, por conseguinte, o agravamento do quadro, criando assim, um ciclo vicioso onde em última instância todos sofrem.

Por este motivo, os hospitais podem ser nocivos para esses pacientes. Entretanto, num hospital o paciente fica afastado de todas aquelas coisas das quais muitos de nós dependemos para a manutenção do bem-estar mental. O mesmo vale para a perda do contato com pessoas que lhe são queridas, assim como para a ausência do lar, da cama, do quarto, das roupas, dos alimentos e até mesmo dos objetos pessoais. Em lugar da rotina estável e familiar, ligada às pessoas e às coisas, o paciente é jogado no meio de estranhos e de circunstâncias completamente novas. Ele pode ainda manter seu controle, mas todos os seus pontos de referência não estão lá, fato que pode gerar um sentimento que denominamos de despessoalização.

Além disso, o funcionamento mental do paciente hospitalizado pode ser afetado pelas drogas e, quando isso se dá, pode haver mesmo uma perda de controle. As drogas sedativas, hipnóticas e analgésicas, administradas para manter o paciente calmo, podem ser perigosas para aquelas que possuem tendência ao estado delirante. Em lugar de promoverem o sono e o relaxamento, elas podem reduzir o nível de impacto sensorial dos estímulos externos, diminuindo assim a capacidade do paciente de manter a orientação e o contato com o que o cerca, de modo a poder levá-lo a um estado delirante, ou episódios confusionais, com desorientação no tempo e no espaço, lapsos de memória e outros.

De qualquer forma, quando ocorrer um estado delirante deve-se procurar uma combinação de causas que, em conjunto ou hierarquicamente, tenha afetado criticamente a capacidade mental do paciente.

A proposta original do presente trabalho tem como principal pressuposto uma leitura multifatorial e interdisciplinar da pessoa que está à frente da equipe, e sua doença. É exatamente a soma dos conhecimentos e observações de todos os membros da equipe, médicos, enfermeiros, auxiliares, atendentes, técnicos, psicólogos, nutricionistas, fisioterapeutas, assistente social e, até mesmo (importante ressaltar), o pessoal de apoio como copeiras, faxineiras etc., que na sua observação e contato com o paciente podem dar pistas importantes para uma boa compreensão do fenômeno que assola o paciente e consequentemente nortear a conduta mais adequada para auxiliá-lo.

D) DISTÚRBIOS PSICOPATOLÓGICOS E DE COMPORTAMENTO NO HOSPITAL GERAL

Nos Hospitais Gerais, e em particular nos C.T.I.s, tem-se notado uma certa dificuldade que a equipe apresenta para lidar com pacientes que manifestam distúrbios psicopatológicos.

A própria estigmatização que a pessoa portadora desse tipo de sintomatologia/patologia vem sofrendo ao longo dos anos, somada ao fato desses distúrbios terem um curso subjetivo que foge dos conceitos cartesianos que norteiam as avaliações e intervenções clínicas, acabam por agravar essas dificuldades, gerando, não raro, sérios problemas para a equipe e o paciente.

Destacar-se-á neste estudo, alguns dos quadros psiquiátricos mais frequentemente observados no Hospital Geral.

Nota: Aborda-se especificamente os transtornos de ordem psicótica considerando-se os critérios classificatórios desse grupo de patologias segundo *Schneirder, Schulte e Tolle.*

Frequentemente, o que mais mobiliza e dificulta o trabalho da equipe de saúde são os quadros que vêm acompanhados, sobretudo, dos sintomas produtivos ou secundários como delírios e alucinações, acrescidos de agitação psicomotora, furor, confusão mental.

Esses sintomas, na verdade, podem aparecer em diversos quadros de forma conjunta ou em grupos o que obrigaria a equipe a estabelecer antes de qualquer intervenção diagnóstico diferencial.

Também nos quadros depressivos maiores (depressão patológica) tem-se problemas associados à tentativa de suicídio, e à apatia e autoabandono do paciente, fatores que incidem diretamente sobre o quadro clínico podendo agravá-lo ou levar o paciente à morte.

Tratar-se a, então, de classificar os grandes grupos de transtornos de forma a facilitar a avaliação do paciente.

I. Psicoses endógenas

Destacam-se nesse grupo principalmente as Esquizofrenias, as Ciclotimias (Transtorno Bipolar do Humor CID-10), a Melancolia Involutiva (Depressão Maior Recorrente CID – 10) e a Personalidade Psicopática.

Nas esquizofrenias particularmente em suas subformas Paranóico Alucionatória e Hebefrênica a exuberância dos sintomas produtivos é muito frequente, com delírios persecutórios, delírios de referência, alucinações auditivas (predominantemente) e visuais, confusão mental, salada de palavras e outros distúrbios graves envolvendo Pensamento, Afetividade e Consciência do EU. Raramente esses episódios ocorrem como primeiro surto no C.T.I., temos história pregressa do paciente com outros surtos, não raro, internações psiquiátricas, narrativas da família e/ou acompanhantes de estranheza de comportamento do paciente, etc., fornecendo claros indícios de uma patologia previamente instalada ou de antecedentes pré- mórbidos de alto significado.

A obtenção destes dados é fundamental para fornecer as primeiras pistas para o diagnóstico diferencial. Imprescindível também na anamnese saber-se do uso de psicofármacos por parte do paciente, que caso sejam suspensos podem reincidivar o surto. Cabe aqui à equipe médica avaliação dos riscos e, sobretudo, de como combinar o tratamento clínico de urgência que motivou a internação no C.T.I. com a psicopatia que interinfluencia o comportamento do paciente e/ou a própria patologia que é o alvo das suas atenções.

Outros quadros de psicoses endógenas como a fase maníaca do Transtorno Bipolar do Humor e a Personalidade Psicopática, quando presentes no paciente internado no Hospital Geral trazem, algumas vezes problemas, sobretudo na esfera do relacionamento entre equipe e paciente. Por se tratar do processo onde existe elação do humor, grandiloquência, delírios de grandeza (em alguns casos), inquietação (podendo atingir até a agitação psicomotora), impulsividade intensa, amoralidade, dentre outros sintomas. Estes pacientes tendem a ser negligentes com o tratamento, mobilizam muito as atenções sobre si mesmo, polemizam criam conflitos entre a equipe manipulam funcionários e pacientes, gerando clima de atritos e desentendimento. Normalmente são refratários à abordagem psicológica e não possuem nenhuma crítica sobre seu estado psicopatológico. Algumas medidas podem auxiliar a equipe a lidar com o problema, observando os jogos que o paciente tenta impor nas suas relações procurando não incentivá-los. A indicação medicamentosa específica é, em muitos casos, necessária, e é importante dar-se limites ao paciente sem, no entanto, entrar em confronto com este. O psicólogo deve estar atento à dinâmica do quadro e atuar também orientando às pessoas que têm contato com o paciente sobre a forma de como interatuar com este.

II. Psicoses exógenas

Uma gama bastante significativa de eventos que interferem no metabolismo e/ou outras funções fisiológicas podem gerar, como sintomas complementares, alterações de Comportamento, Senso-percepção, Humor, Pensamento, Consciência do EU, Memória etc...

Quadros toxêmicos, infecciosos, obstruções hepáticas, septicemias, alterações abruptas da P.A., descompensações do equilíbrio hidroeletrolítico, comprometimentos na absorção de O2 no S.N.C., são algumas causas possíveis destas alterações.

Temos ainda intoxicações exógenas por produtos químicos diversos e comprometimentos gerados por reações a determinados tipos de fármacos, alguns inclusive utilizados no próprio tratamento do paciente.

Esses quadros são classificados em três subgrupos:

a) Psicoses Sintomáticas: Como o próprio nome sugere, o surto aparece como sintoma de um quadro de base maior. Associado a alterações metabólicas como, por exemplo, septicemias ou déficit na absorção de O2 pelos neurônios, como ocorre em alguns casos onde houve circulação extracorpórea no processo cirúrgico. Esses episódios devem ser detectados pela avaliação clínica do paciente, considerando seu histórico psicopatológico pregresso (que normalmente não tem dados significativos pré-mórbidos), o contexto fisiológico e metabólico do paciente e as características do surto, que aparecem abruptamente, mantendo estado de Consciência do EU, e Juízo de Realidade oscilantes. O tratamento deve sempre buscar o saneamento das causas físicas (infecção, hemólise, etc.), cabendo ao psicólogo intervir em três momentos específicos, a saber:

- No diagnóstico diferencial junto com a equipe;
- Na atenuação do surto, principalmente quando este é acompanhado de agitação psicomotora e confusão mental. Sabe-se que esses eventos podem provocar alterações no paciente, e considerando-se a delicadeza de seu quadro o próprio paciente pode comprometer sua reabilitação. Uma das técnicas utilizadas nesses casos é a de "entrar" no surto atu-

ando junto com o paciente buscando aos poucos introduzir dados de realidade em seu discurso, procurando acalmá-lo e possibilitando à equipe tempo para as medidas necessárias para atenuação do quadro;

- O terceiro momento de atenção refere-se ao auxílio que o paciente precisará, após a remissão do surto, para a reorganização de vivência, posto que na maioria das vezes este mantém na memória o episódio confusional e essa experiência ativa seus sentimentos de amargura, insegurança e ameaça, afinal um episódio de "loucura" é um dos eventos mais temidos por boa parte das pessoas, e a sensação de fragilidade egóica passa a agir como ameaça constante.

b) Psicoses Tóxicas: Provocada por intoxicações exógenas, ligadas à ingestão de drogas ou substâncias químicas. Observada em alguns casos de tentativa de suicídio e principalmente no uso de drogas psicodislépticas como a psilocibina, a dietilamida do ácido lisérgico, a heroína e de algumas drogas psicoanalépticas como o crack e a cocaína e os anfetamínicos, muitas vezes associados a outras drogas psicoativas como o álcool. Esse último merece uma atenção especial devido ao grande número de pessoas portadoras da doença do alcoolismo.

Observa-se em Hospitais Gerais internações de pacientes politraumatizados vítimas de quedas, atropelamentos, acidentes automobilísticos etc. Na maioria das vezes, o paciente é atendido nos P.S. e, uma vez constatada a gravidade dos casos, encaminhados ao C.T.I.. Por se tratar de atendimento de urgência e de inúmeras vezes o paciente encontrar-se inconsciente ou não apresentar condições de fornecer dados à equipe, seguem-se os procedimentos de urgência deixando para um outro momento a anamnese mais detalhada do paciente. Dentre esses pacientes podemos encontrar alcoólatras crônicos, que ao retomarem a consciência, já no C.T.I., depois de algum tempo de internação, entram em síndrome de abstinência ou, em outros casos, apresentam *Delirium Tremens.*

A síndrome de abstinência do álcool é um quadro bastante claro devendo ser avaliado pela equipe para que medidas complementares ao politraumatismo sejam tomadas, inclusive procurando evitar agravamento deste. Os principais sintomas de síndrome de abstinência alcoólica são: tremores de extremidades, desorientação auto e alo psíquica, queixas de dores de M.I.S., alterações da senso-percepção, com predominância de alucinações tácteis e visuais (zoopsias e liliputianas), agitação psicomotora, ideias persecutórias. As medidas terapêuticas nesse momento são médicas, desintoxicação, uso de metaqualona ou administração controlada de álcool para retirada gradativa deste, e outras a critério do clínico que estiver avaliando o paciente. Obviamente que esse trabalho deve levar em consideração o quadro clínico geral do paciente.

Ao psicólogo cabe a avaliação no diagnóstico diferencial e trabalho inicial, ainda no C.T.I., de sensibilização para tratamento específico de alcoolismo e encaminhamento posterior a alta a serviço especializado.

c) **Psicoses Órgano-cerebrais:** desencadeadas a partir de processo gradativo de deterioração ou comprometimento funcional do S.N.C. Esse grupo de psicoses exógenas é de prognóstico mais reservado, gerado por expansão de tumores no cérebro, processos infecciosos meníngeos, deterioração dos sistemas de condução neural (na demência alcoólica e demência epiléptica, por exemplo) entre outros. Predominam como sintomas psíquicos a confusão mental, fuga de ideias, delírios, crises de agressividade, desorientação auto e alo psíquica, despersonalização, labilidade afetiva. O quadro de base nesses casos é claro pela evolução clínica do paciente que, mormente, se arrasta ao longo de vários anos com o processo psicótico se instalando gradativamente. Em alguns casos de tumores cerebrais pode-se ter o aparecimento dos distúrbios psiquiátricos antes de outros sintomas, dificultando a avaliação do quadro num primeiro momento. Ainda nesses casos alguns processos expansivos têm perspectiva cirúrgica e seu prognóstico melhorado.

Um outro grupo de distúrbios psicológicos pode surgir associado aos T.C.E.s, A.V.C. (A.V.Es.) e outros problemas de ordem neurológica. Nesse campo em particular a neuropsicologia tem, nos últimos anos, obtido avanços significativos. Destacam-se distúrbios de gnosia e propriocepção, as alterações do humor e comprometimento generalizados nas atividades mentais básicas.

Como se mencionou no início, a gama de distúrbios psicopatológicos e comportamentais é extensa e de causas múltiplas. Procurou-se aqui dar orientação geral em relação a alguns casos observados nos Hospitais Gerais com maior frequência.

III. Psicoses reativas

Existe ainda o que poderíamos considerar como um terceiro grupo de reações psicotiformes, que denomina-se de **Psicoses Reativas**. A manifestação desses quadros ocorre com a incidência de sinais e sintomas (primários e secundários) de igual classificação a das Psicoses Endógenas, não obstante, a etiogenia do transtorno tem clara identificação: Como o próprio nome sugere as Psicoses Reativas são surtos psicotiformes que ocorrem com **reação** do indivíduo frente a situações de absoluta ameaça a sua integridade física e/ou mental sendo, portanto, a existência desse tipo de fenômeno na vida do indivíduo o deflagrador do processo. Considera-se que esse tipo de reação ocorre em pessoas que possuem uma estrutura egoica frágil e que as circunstâncias ameaçadoras normalmente associadas à denominada "Angústia de Aniquilação" suscitam a utilização de recursos adaptativos patológicos, podendo-se considerar, nesse sentido, que o surto que advém do processo de angústia representa uma tentativa desesperada (e caótica) de manter-se vivo, no caso criando um mundo à parte que nega veementemente a realidade e de certa forma atenua o terror vivenciado pela pessoa por meio da fragmentação do Ego.

Esse tipo de episódio psicótico é encontrado com uma frequência relativamente alta em pessoas que estão passando por doenças terminais onde o processo evolutivo da mesma, o tratamento e até mesmo as relações interpessoais (paciente-equipe-família) mostram-se de tal forma contundentes e aterrorizantes à pessoa, que de forma paradoxal, essa tenta de maneira desesperada negar e fugir da morte e do sofrimento através da aniquilação de seu universo anímico poderíamos dizer, de uma forma simbólica que, a pessoa opta pela morte do Ego para fugir do sofrimento e da morte física que a doença lhe impõe.

Um dado importante de se ressaltar é que a análise dinâmica dos conteúdos produtivos na sintomatologia secundária (delírios e alucinações) indicará nitidamente o medo da morte e do sofrimento, o estado de ambivalência afetiva ligado a Angústia de Aniquilação denuncia a equipe que assiste o paciente de forma simbólica todo o desespero e terror que paralisa o paciente.

Cabe ressaltar ainda, que esse recurso de defesa desesperado que o paciente lança mão, ocorre em função da total falência, ou ausência de recursos outros para o enfrentamento da morte e do sofrimento fisico-psíquico, devendo a equipe assistente ter o cuidado de questionar-se que, embora extremamente caótico e mobilizador (contratransferencialmente), em muitos casos a tentativa de eliminar o surto pode representar para o paciente a imposição de um estado de sofrimento muito mais atroz do que aparentemente o surto representa. Obviamente quando o estado psicótico instalou-se por sobre um processo patológico orgânico onde existem possibilidades reais de sobrevida o cuidado clínico e psicológico ao paciente devem caminhar juntos, via de regra a boa evolução clínica é acompanhada por uma melhora do surto, no entanto quando o prognóstico é sombrio e a atenção ao paciente tende a adentrar nas condutas de Cuidados Paliativos, torna-se mister a avaliação da relação custo-benefício no que tange às tentativas de neutralizar o processo psicótico.

NOTA: Os itens discutidos nos anexos: "DISTÚRBIOS PSICOPATOLÓGICOS E DE COMPORTAMENTO NO HOSPITAL GERAL", e "O

PACIENTE COM ALTERAÇÕES DO PENSAMENTO E SENSO-PERCEPÇÃO: CONSIDERAÇÕES GERAIS", respeitam ainda a classificação tradicional dos Transtornos Mentais e de Comportamento (DSM), havendo menção a respeito dos mesmos no transcurso de discussão sobre a utilização do CID – 10. A adequação mais específica dessas categorias patológicas, em relação às classificações adotadas pelo CID – 11 será alvo de um futuro artigo.

Referências

AMERICAN PSYCHIATRIC ASSOCIATION. *Manual de Diagnóstico e Estatística de Distúrbios Mentais – DSM V.* São Paulo: Manole, 2011.

ANGERAMI, V. A. (Org.). *Psicologia Hospitalar: Teoria e Prática.* São Paulo: Pioneira, 1994.

[CFP] (Conselho Federal de Psicologia). In: <https://site.cfp.org.br/wp-content/uploads/2003/06/resolucao2003_7.pdf>.

CID 10 – Classificação de Transtornos Mentais e de Comportamento. Descrições clínicas e diretrizes diagnósticas. Organização Mundial da Saúde. Porto Alegre: Artes Médicas, 2000.

CHIATONNE, H. B. C.; SEBASTIANI, R. W. *Introdução à Psicologia Hospitalar.* Ed. Bibl. Nemeton, série Cadernos de Psicologia Hospitalar, São Paulo, 1991.

EKSTERMANN, A. J. "O Clínico como Psicanalista", *Rev. Contribuições Psicanalíticas a Medicina Psicossomática,* vol. I, p. 166, Rio de Janeiro, 1976.

FARIAS, N.; BUCHALLA, C. M. "A Classificação Internacional de Funcionalidade, Incapacidade e Saúde da Organização Mundial da Saúde: Conceitos, Usos e Perspectivas", *Revista Brasileira de Epidemiologia,* 2005; 8(2): 187-93.

FIORINNI, J. H. *Teorias e Técnicas Psicoterápicas.* Rio de Janeiro: Francisco Alves, 1979.

FROMM, E. *O Coração do Homem.* Rio de Janeiro: Zahar, 1967.

HELMCHEN, H. *O Sistema AMDP: Associação Para Metodologia e Documentação em Psiquiatria.* Clinica. Psiquiátrica da Univ. Livre de Berlim, 1979, Trad. SILVA, D. B., Hospital Psiquiátrico de Franco da Rocha, São Paulo; Manuscritos do Tradutor, 1979.

HEIDEGGER, M. *Ser e Tempo.* Rio de Janeiro: Vozes, 1988. (Vol. I e II).

JASPERS, K. *Psicopatologia Geral.* Rio de Janeiro: Atheneu, 1973. (Vols. I e II).

KOVACS, M. J. *Morte e Desenvolvimento Humano.* São Paulo: Casa do Psicólogo, 1992.

KUBLER-ROSS, E. *Sobre a Morte e o Morrer.* São Paulo: Martins Fontes, 1987.

MASLOW, A. *Motivation and personality.* New York: Harper & Brothers, 1954.

MATARAZZO, J. D. *Physicians perceptions of the role of psychology in medicine.*In: <psycnet.apa.org/psycinfo/1986-28325-001 –>.

MINISTÉRIO PÚBLICO FEDERAL: <www.crianca.mppr.mp.br/.../15--Mod_Ficha_Notificacao-violenc_contra_crianca.doc>. (Assecced: Apr. 2017).

MAY, R. *A Descoberta do Ser.* Rio de Janeiro: Ed. Rocco, 1991.

MOFFAT, A. *Terapia de Crise: Teoria Temporal do Psiquismo.* São Paulo: Cortez, 1987.

[OMS] Organização Mundial da Saúde, CIF: Classificação Internacional de Funcionalidade, Incapacidade e Saúde [Centro Colaborador da Organização Mundial da Saúde para a Família de Classificações Internacionais, org.; coordenação da tradução Cassia Maria Buchalla]. São Paulo: EDUSP, 2003.

[OMS] Organização Mundial da Saúde Como usar a CIF: Um manual prático para o uso da Classificação Internacional de Funcionalidade, Incapacidade e Saúde (CIF). Versão preliminar para discussão. Outubro de 2013. Genebra: OMS <http://www.fsp.usp.br/cbcd/wp-content/uploads/2015/11/Manual-Pratico-da-CIF.pdf>.

PERESTRELLO, D. *A Medicina da Pessoa.* Rio de Janeiro: Ed. Liv. Atheneu, 1982.

SACKS, O. *O Homem que Confundiu Sua Mulher Com um Chapéu.* Rio de Janeiro: Imago, 1987.

SCHNEIDER, K. *Psicopatologia Clínica.* Madri: Pace, 1944.

SEBASTIANI, R. W.; FONGARO, M. L. “Avaliação Psicológica Aplicada ao Hospital Geral”. In: ANGERAMI, V. A. (Org.). *E a Psicologia Entrou no Hospital.* São Paulo: Thomson Learning, 1996.

SEBASTIANI, R. W.; DIBIAGGI, T. “Os desafios e as possibilidades da atuação do psicólogo na Unidade de Terapia Intensiva”. In: KAMERS, M. (Org.) *Desafios Atuais das Práticas em Hospitais e nas Instituições de Saúde.* São Paulo: Escuta, 2016.

SEBASTIANI, R. W. “Atendimento Psicológico no Centro de Terapia Intensiva”. In: ANGERAMI CAMON, V. A. (Org.). *Psicologia Hospitalar: Teoria e Prática.* Ed. São Paulo: Thonson Learning, 2002.

SEBASTIANI, R. W. (2). “Aspectos emocionais e Psicológicos nas Situações de Emergências no Hospital Geral”. In ANGERAMI, V. A. (Org.). *Urgências Psicológicas no Hospital.* São Paulo: Pioneira, 1998.

SELYE, H. *The Story of the Adaptation Syndrome.* Nova York: Ed. Grune e Stratton, 1952.

SMALL, L. *As Psicoterapias Breves.* Rio de Janeiro: Imago, 1974.

SPITZ, R. A. *El Primer año de vida del niño- Genesis de las primeras relaciones objetales.* Madri: Aguilar, 1975.

STEDEFORD, A. *Encarando a Morte.* Porto Alegre: Artes Médicas, 1986.

ZIEGLER, J. *Os Vivos e a Morte.* Rio de Janeiro: Zahar, 1977.

CAPÍTULO 2

A assistência psicológica aos casos de tentativas de suicídio no hospital geral

Kércia Paulino de Oliveira

Introdução

O suicídio é um fenômeno complexo em que a morte ou finitude é autoprovocada frente a vivência de um intenso sofrimento humano. Diante de uma situação de crise, desespero ou de uma dor emocional em que não consegue abarcar, o indivíduo busca o fim para sua existência e, ao expressar o transbordamento de uma dor subjetiva insuportável, procura ceifar a própria vida num ato suicida. Apesar de tratar-se de uma experiência singular a cada ser humano que a vivencia, esse tem sido um fenômeno crescente nas mais variadas sociedades e culturas ao redor do mundo. "Na sociedade ocidental, o suicídio não é visto nem como um ato aleatório nem como algo sem sentido. Ao contrário, é uma saída de um problema ou crise que está causando intenso sofrimento" (SADOCK & SADOCK, 2007, p. 972).

Desse modo, refletir sobre a complexidade do fenômeno do suicídio é buscar compreender aquilo que não tem conceitos precisos ou motivos concretos, os quais justifiquem o ato suicida e permitam o entendimento do que realmente ocorre em meio a esse universo de sofrimento, desespero e dor. A ânsia por explicações deve ser antecedida pelas reflexões no âmbito individual, da unicidade de cada ser humano, pela condição existencial vivenciada na trajetória pessoal, que precede um comportamento suicida, bem como pelo contexto social desse indivíduo. Assim, não há fundamentação teórica que nos traga explicações concretas para um fenômeno tão complexo, principalmente quando estamos frente a frente a uma pessoa que tentou suicídio e entramos em contato com a sua dor subjetiva.

É nesse contexto de proximidade ao sofrimento dessas pessoas, na assistência a esses pacientes em um hospital de emergência, que todos os dias renovo a importância de perceber o outro na sua singularidade. Também constato que as nossas teorias e leituras são muitas vezes insuficientes diante dos casos encontrados. Em se tratando do acompanhamento psicológico nas tentativas de suicídio isso é sem dúvida mais evidente. A cada novo paciente, uma história nova se revela e uma alma é desnudada diante do nosso olhar. Assim, há muito mais reflexões do que explicações para o caminho que leva um ser humano a provocar a sua morte, e de tudo aquilo que faz parte da condição humana de existir, ou deixar de existir.

Desse modo, este capítulo será um convite para refletirmos sobre como ocorre a assistência hospitalar prestada a esses pacientes e sobre a atuação do psicólogo nesse contexto. Minha experiência profissional como psicóloga hospitalar, numa cidade do nordeste brasileiro fará parte dessa empreitada. Iniciaremos abordando o suicídio sob a perspectiva dessa problemática enquanto questão de saúde pública. Trataremos da assistência hospitalar a essas pessoas em hospital geral e do atendimento psicológico nesses casos, embasados pela vivência profissional.

1. Suicídio e Saúde pública

De acordo com a Organização Mundial de Saúde (OMS), o número de casos de suicídio supera o quantitativo de 800 mil mortes por ano, sendo essa a segunda causa de morte das pessoas entre 15 e 29 anos de idade. (WHO, 2016). O crescimento estatístico dos casos de suicídio é uma realidade inegável a todos os profissionais de saúde e um fenômeno em expansão nos mais diferentes países. Embora as estatísticas não representem a realidade fidedigna de todos os casos de suicídio que diariamente ocorrem em todo o mundo. Visto que esse valor poderia ser mais elevado, se todos os casos fossem realmente notificados, pois em alguns países os registros de suicídios ocorrem erroneamente, sendo registrados como morte por acidente ou outra causa (WHO, 2014).

Nessa perspectiva, a OMS reconhece ser essa uma questão de saúde pública e passa a traçar o planejamento de ações de saúde mental e de prevenção ao suicídio com o objetivo de diminuir o número de casos nos próximos anos em todo mundo. (WHO, 2014). O Brasil segue este mesmo caminho. O Ministério da Saúde desde 2006 traça Estratégias de Prevenção Nacional ao Suicídio, cujo objetivo é a redução das taxas de suicídio, bem como dos índices de tentativas suicidas e os danos associados a este comportamento. Dentro dessas estratégias, em 2006 lançou o Manual de Prevenção do Suicídio aos Profissionais de Saúde Mental, visando a orientação dos profissionais quanto a necessidade de atenção e assistência ao suicídio, mas também tornando evidente a necessidade de prevenção do comportamento suicida (BRASIL, 2006).

Ainda sobre a nossa realidade, foram 11.821 mortes por suicídio registradas no Brasil no ano de 2012, cerca de 30 óbitos por dia. Ocupamos com isso a oitava posição no número de suicídios. Valores numéricos que precisam de uma observação cuidadosa, tendo em vista as subnotificações dos casos de suicídio e a variabilidade das taxas regionais no nosso país (ABP, 2014).

Em relação aos registros de casos e subnotificações, acrescentamos que Ministério da Saúde em 2014 publicou a portaria GM/MS 1271 tratando da importância de notificação compulsória, imediata, de violência interpessoal e autoprovocada. Nesse aspecto, os profissionais de saúde da rede pública e privada necessitam comunicar os casos de tentativa de suicídio imediatamente às autoridades de saúde, com a finalidade de integrar esse paciente a rede de cuidados de seu município. A partir disso, acredita-se que a comunicação imediata possibilitaria ações rápidas dentro da rede de saúde, quanto a prevenção de uma nova tentativa de suicídio, já que essa notificação permitiria que o paciente fosse encaminhado e vinculado ao serviço de atenção psicossocial (BRASIL, 2014).

Quanto à problemática da subnotificação, entendemos que uma série de razões comprometem esses registros. Não há estatística de todos os casos que chegam aos hospitais gerais e, além disso, temos que levar em consideração que há casos que nem sequer são atendidos na rede de saúde. Para exemplificar tal situação, recordo-me de um caso atendido, em que uma paciente foi hospitalizada na segunda tentativa de suicídio por intoxicação exógena ao ingerir raticida. Durante o atendimento psicológico ao familiar que a trouxe ao hospital, houve o relato que na tentativa de suicídio anterior, a paciente não chegou a receber atendimento médico, pois havia ingerido cerca de três cartelas de medicação. Naquela situação não havia perdido a consciência, sentiu náusea e em seguida involuntariamente expulsou o que havia ingerido em seu próprio quarto. Desse modo, a família não sentiu a necessidade de buscar o socorro médico pois acreditava que aquele episódio tinha sido algo pontual, até a hospitalização na segunda tentativa por ingestão de veneno.

Além disso, o paciente e a família muitas vezes negam o motivo real da hospitalização por sentir constrangimento perante uma tentativa de suicídio, comunicando para a equipe de saúde que foi um acidente. Por sua vez, a própria equipe hospitalar tem dificuldade em reconhecer que um dano físico ao paciente foi na verdade uma tentativa de suicídio. Dessa forma, uma admissão hospitalar a uma vítima de atropelamento pode, por exemplo, ocultar da equipe de saúde que aquele paciente provocou intencionalmente o choque com o veículo tratando-se de uma tentativa de suicídio. Então, o registro no prontuário constará um acidente e não uma tentativa de suicídio o que acarreta a notificação equivocada.

Observamos, muitas vezes, o receio do paciente e da família em expor a situação e sofrer preconceito por parte da equipe de saúde e de assistência social. Ao considerar que as pessoas em desespero humano que cometem suicídio e desistem de si mesmas, sofrem o estigma, as marcas sociais que carregam no corpo e na alma pela intencionalidade de provocar autodestruição, podem sofrer a discriminação social e se deparar com os tabus que existem em tratar as questões relacionadas a morte e suicídio. Desse modo, é como se algo de obscuro existisse nessas situações para os familiares e o paciente silenciarem, mantendo encoberto para os profissionais responsáveis pelo cuidado o real motivo e a história que os levou até o hospital.

Essas são questões observadas no amplo universo das problemáticas que envolvem o suicídio. São dificuldades que permeiam os hospitais gerais e emergenciais pelo país, sejam eles públicos ou privados. Não podemos esquecer que parte da população do país, ainda que em sua minoria, poderá fazer uso dos hospitais privados e do sistema de saúde suplementar. A possibilidade de tratamento do suicídio no âmbito das seguradoras de saúde é algo mais recente, os planos de saúde passaram a assegurar o tratamento nos casos de tentativa de suicídio, após regulamentação do Sistema de Saúde Suplementar para atender a todas as doenças existentes na CID. 10, que incluem evidentemente as patologias de saúde mental. Assim, a regulamentação expressa à prestação de assistência às tentativas de suicídio e lesões autoinflingidas por compreender que a tentativa de suicídio é resultado de um adoecimento psíquico, transtorno psiquiátrico e causam risco de vida ao indivíduo (Salvatori & Ventura, 2012).

A cobertura das seguradoras de saúde nos tratamentos ao suicídio no Brasil representou um avanço significativo na atenção do Sistema de Saúde Suplementar, pois constitui mais uma possibilidade de assistência aos casos de suicídio. Entretanto, é no âmbito do SUS e da saúde pública que as discussões mais importantes na Saúde Mental acontecem e é também nesse campo que há o andamento de ações no sentido de prevenção ao suicídio no Brasil. (Salvatori & Ventura, 2012). Esse é um aspecto essencial no combate ao elevado quantitativo de óbitos por suicídio e de novas tentativas, pois um dos mais importantes fatores de risco para o desfecho de morte por suicídio é o histórico de tentativas de suicídio anterior. Tal fato, demonstra a relevância da implementação de políticas públicas que visem o caráter preventivo em todos os níveis de atenção em saúde, como também em ações que envolvam a comunidade e outros espaços próximos ao indivíduo, possibilitando abrangência da rede de proteção e apoio ao paciente e sua família (BRASIL, 2006).

Reconhecemos a necessidade de ações preventivas numa amplitude maior. Assim, cada vez mais precisamos possibilitar cuidados em nível preventivo e de forma multissetorial nos mais variados espaços sociais. Nessa perspectiva, a OMS, publicou recentemente uma cartilha de orientação para ações de prevenção ao suicídio dentro da comunidade, trazendo instrumentos que viabilizem a atenção e o auxílio as pessoas em sofrimento dentro dos mais diversos contextos, fortalecendo a proteção e o amparo em localidades próximos ao indivíduo (WHO, 2016).

São esses os caminhos percorridos nas políticas de saúde atuais, que visam tratar as questões relacionadas ao suicídio em nível preventivo, na tentativa de abarcar esse fenômeno complexo. A atuação na prevenção ao suicídio é relevante e precisa acontecer em todos os setores, porém não esqueçamos que os avanços nas discussões quanto a assistência prestada também é significativa, pois junto com o elevado números de casos de suicídio e suas tentativas, há a necessidade de espaços de atendimento e tratamento adequado. É nessa perspectiva que abordaremos a assistência prestada a esses pacientes no hospital geral.

2. A assistência hospitalar ao paciente por tentativa de suicídio

Em muitos casos, as vítimas de suicídio são atendidas em caráter emergencial nos serviços de urgência e emergência, pronto-atendimento e hospitais gerais. As múltiplas consequências decorrentes da tentativa de suicídio no que diz respeito aos danos causados por lesões, traumas e demais comprometimentos são cuidadas em ambiente hospitalar por equipe multiprofissional, que realizará as intervenções necessárias para atenuar os agravos e evitar a morte na condição em que o paciente se encontra.

Esses pacientes geralmente são trazidos ao hospital pela família, pessoas próximas ou pelo Serviço Móvel de Atendimento de Urgência (SAMU) que realiza o atendimento pré-hospitalar, regula o caso e realiza a remoção do paciente às unidades de referência da região. Dessa forma, a porta de entrada de muitas pessoas com um comportamento suicida na rede de saúde ocorre por meio dos hospitais gerais, não necessariamente pelos serviços especializados em saúde mental.

Por esse fato, compreendemos que a atenção a esta problemática precisa acontecer em todos os níveis de assistência em saúde, pois na maioria dos casos, o primeiro contato do paciente com um profissional de saúde não ocorrerá com Psiquiatra, mas com membros das equipes de pronto-atendimento ou médicos da Atenção Básica (ABP, 2014). Tal constatação demonstra que os profissionais atuantes nos diferentes serviços em saúde necessitam permanecer atentos aos seus pacientes, aos fatores de risco do suicídio e conscientes quanto a importância de prevenir novas tentativas suicidas. Portanto, devem atuar no cuidado, mas também acionar todos os dispositivos preventivos disponíveis dentro do território em saúde.

No contexto hospitalar, é possível observar que os pacientes apresentam sofrimento psíquico das mais diversas ordens e que a tentativa de suicídio representa a necessidade de cuidado profissional. No estudo de Santos *et al.* (2009), obtiveram-se dados que elucidam a presença significativa de transtorno psiquiátrico nos casos atendidos por tentativa de suicídio em um hospital geral. Esses dados evidenciam que nos casos atendidos houve predominantemente a presença de transtorno mental em 71,9% da população estudada, sendo o transtorno depressivo maior o mais frequente (35,4%). Observou-se também que 31% dos pacientes que tentaram suicídio estiveram em contato com um profissional de saúde; desses, 23% na semana em que realizaram o ato estiveram com um profissional de saúde mental. Wherneck *et al.* (2006) em seu estudo refere que 21% dos pacientes atendidos por tentativa de suicídio haviam procurado atendimento em serviços de saúde no mês antecessor ao evento.

As equipes de saúde nem sempre percebem o sofrimento do paciente e os fatores predisponentes ao suicídio, assim, pessoas em sofrimento psíquico e com pensamentos suicidas passam imperceptíveis nas unidades de saúde, policlínicas e hospitais. São pacientes que em contato com os profissionais, não tiveram espaço para falar do que sentiam, não encontraram disponibilidade nos serviços para atendimento, escuta e acolhimento. Uma vez que não conseguiram pedir ajuda ou foram negligenciados por outras demandas, permanecem desinvestindo na vida ou com ideias suicidas em silêncio e a mercê de um ato de autoagressão sem tratamento.

Diante disso, percebe-se a importância e a necessidade dos profissionais de saúde atuarem com competência para identificar, prevenir e intervir nas situações de risco suicida. O Manual de Prevenção ao suicídio (2006) fornece orientações para que os profissionais identifiquem a gravidade das situações de risco suicida e abordem o paciente de maneira a auxiliá-los em momentos de crise, por meio de uma postura empática, de aceitação, atenta e sem julgamentos, que possibilite a escuta de seu sofrimento.

Tudo isso exige maior dedicação ao paciente, ao tempo disponibilizado nas consultas, na escuta e na observação daquilo que é sinalizado durante os atendimentos realizados nos serviços de saúde. De tal modo que todo profissional, independente do espaço de atuação, necessita desenvolver a atenção humanizada ao paciente e a competência de identificar os riscos que configurem uma ameaça de autodestruição, para assim buscar estratégias de cuidado a cada caso e agir no tratamento ou encaminhamento a um serviço especializado.

Quanto aos fatores de risco, estudos apontam que a história pregressa de tentativa de suicídio e a presença de transtorno mental são fatores predominantes para o suicídio. Nessa perspectiva, os transtornos psiquiátricos mais comuns seriam a depressão, o transtorno bipolar, o alcoolismo, o abuso de drogas e dependência química, transtorno de personalidade e esquizofrenia (ABP, 2014).

Por se tratar de um fenômeno multicausal outros elementos compõem esse universo multifatorial e precisam ser considerados. Portanto, são também fatores de risco os aspectos psicológicos, sociais, o histórico de suicídio na família e as doenças crônicas de condição limitante de saúde (ABP, 2014).

Em relação aos aspectos psicológicos, os fatores de risco seriam os sentimentos de desespero, desesperança, perdas recentes, baixa resiliência, comportamento impulsivo, histórico de abuso físico ou sexual na infância. Enquanto que os aspectos sociais envolvem o fato de a pessoa ser do gênero masculino, pessoas com idade jovem (15 a 29 anos) ou idosos acima de 65 anos, sem filhos, residentes em áreas urbanas, desempregados ou aposentados, pessoas em isolamento social, solteiras, separadas ou viúvas (ABP, 2014).

Todos esses aspectos multicausais são informações necessárias às equipes de saúde e podem ajudar no desenvolvimento de estratégias preventivas e de intervenções junto ao paciente, nos serviços da atenção básica, média e alta complexidade. Porém, os fatores de risco apresentados não são critérios fechados e determinantes nesse fenômeno. Entendemos a necessidade de evitar o reducionismo de explicações acerca do suicídio, para assim não perder de vista o essencial neste fenômeno, a dimensão humana. Sendo assim, a primazia de nossas concepções é fundamentada na singularidade de cada sujeito, em sua dor e desespero humano. Por ser o ato suicida a expressão individual daquilo que não é mais possível suportar na existência, cada pessoa vivenciará isso de forma única e conforme a sua historicidade.

Partindo desse pressuposto, não discutiremos os motivos ou causas que levam a pessoa ao suicídio e nem o meio usado para tal, na tentativa de buscar significação e razões para o uso de arma, veneno ou qualquer outra forma de autoextermínio. Nossa proposta é refletir a respeito da assistência prestada a essas pessoas, diante da gravidade e risco iminente de morte nos hospitais. Será que as equipes de saúde estão preparadas para tratar dessa questão cotidianamente nos hospitais?

Passei a fazer esse questionamento, no dia a dia como Psicóloga Hospitalar, quando percebi em meus espaços de trabalho a insensibilidade de alguns membros das equipes multiprofissionais no acompanhamento aos pacientes que tentaram suicídio. Em seus discursos estavam presentes o estigma, o julgamento de valor e até a discriminação a essa demanda. Em certos momentos, observei que alguns profissionais eram incapazes de compreender a complexidade daquele ato de autodestruição, colocando-se pouco sensíveis ao caso, trazendo lacunas ao atendimento integral daquele paciente.

Essa percepção não é uma regra. Evidentemente, existe no meu cotidiano o contraponto de outros profissionais sensíveis a essa problemática, que buscam compreender este fenômeno além do episódio suicida e dos ferimentos visíveis aos olhos. Assim, no hospital, há profissionais e equipes que prestam uma assistência digna a esta demanda e preocupam-se com o sofrimento humano, procurando proporcionar a atenção ao paciente em sua totalidade.

Porém, é inegável que a postura de alguns outros profissionais transpareça um preconceito velado ou até mesmo a sensação que aquela demanda é indesejável ao hospital geral, sendo por sua vez uma demanda de saúde mental. Além disso, observa-se que as ideias do senso comum estão presentes na percepção profissional e por meio da fala demonstram interpretar o ato suicida como um momento de fraqueza, falta de Deus ou um mero ato para chamar a atenção. Deste modo, parecem não compreender que é um problema de gravidade em saúde a ser tratado inicialmente neste espaço e, posteriormente, em serviços especializados.

Para retratar tal situação, relatarei um episódio. Certa vez, atendi uma paciente por solicitação da equipe, admitida no hospital por intoxicação exógena, por meio da ingestão medicamentosa excessiva. Essa paciente recusava seguir as orientações médicas e a permanecer em observação no hospital. A primeira coisa que ouvi ao chegar ao posto de enfermagem, partindo de alguém da equipe, foi o comentário de que a paciente havia feito "aquilo só para chamar atenção" por ter discutido com o marido. Disseram que já deveria sentir-se bem, pois recusava os cuidados e orientações da equipe.

Após as informações da equipe de enfermagem e de prontuário, dirige-me ao encontro da paciente, no leito. O atendimento psicológico iniciou e ao sentir-se acolhida, relatou sua história. Havia tentado suicídio por não suportar mais a violência psicológica que sofria há anos, eram humilhações, depreciações, agressões verbais e ameaças constantes. Contou que sofria em silêncio e há meses pensava em suicídio, mas que naquele dia sem ver saída para a situação e tomada pelo sentimento de desesperança não suportou passar por mais um momento de violência. Ingeriu todas as medicações de sua residência e verbalizou durante o atendimento que queria acabar com o sofrimento a todo custo, nem que lhe custasse a vida. Naquele momento, apresentava sentimento de revolta por não ter conseguido concretizar o seu fim, lamentava ter sido socorrida por um dos filhos, sentia-se incapaz e seguia com o discurso de finalizar o sofrimento. Demonstrava o pensamento de outras formas de autoextermínio e permanecia em risco suicida, dando indícios que queria sair do hospital para concluir o que começara.

Esse breve relato nos revela o risco de vida e a fragilidade emocional em que o paciente se encontra nessas situações. Da mesma forma, demonstra o quanto necessita ser compreendido em sua dor e no seu contexto de vida, sendo respeitado em seu sofrimento e amparado neste ambiente de cuidado. Neste caso, foi preciso esclarecer à equipe de cuidado quanto ao risco suicida, sensibilizá-los quanto a problemática e realizar interconsulta para que todas as intervenções necessárias fossem realizadas quanto a prevenção de uma nova tentativa de suicídio.

De acordo com a situação exposta, o ato suicida é a expressão da dor existencial intensa e insuportável, mas também um pedido de ajuda que precisa ser acolhido e não negligenciado. Dessa forma, criar condições para que a pessoa em sofrimento e desespero receba assistência em sua totalidade é essencial na relação de cuidado estabelecida pela equipe de saúde. No entanto, a realidade em muitas situações revela o despreparo das equipes multiprofissionais no que cabe ao cuidado integral, pois quando priorizam a assistência ao corpo lesionado e as práticas curativas da doença descuidam da pessoa em seu sofrimento. Uma vez que a relação entre profissionais e pacientes é mediada apenas pelo corpo e doença, reduzindo a pessoa ao evento do adoecimento ou a causa, todas as barreiras são criadas nessa relação e comprometerão a interação entre o paciente e equipe, como também na adesão ao tratamento.

Nos casos que envolvem um ato suicida, a postura dos profissionais pode facilitar ou dificultar a aceitação de medicações, procedimentos e o período de hospitalização, por exemplo. Temos que lembrar que estamos diante de pessoas em desespero, sofrimento, em situação de crise que as fizeram caminhar para a autodestruição na tentativa de cessar a própria vida. Desistiram de si mesmas em algum momento e, nada impede que no hospital isso também ocorra de outra maneira, manifestando-se na inaceitação das condutas necessárias para a recuperação ou até mesmo uma nova tentativa suicida.

Todas essas questões precisam ser consideradas no tratamento e assistência ao paciente por tentativa de suicídio. Por isso, reconhecemos que o papel da equipe multiprofissional é fundamental no apoio e suporte a esses casos, sendo o acolhimento a pessoa com pensamentos suicidas um diferencial importante no cuidado prestado. Portanto, é indispensável que o sujeito seja respeitado e compreendido na sua dor, sem julgamentos, sem minimizar o sofrimento nem negligenciar a atenção.

Nessa perspectiva, Gutierrez (2014) refere que o acolhimento ao paciente com intenções suicidas pela equipe multiprofissional é imprescindível. Quando o acolhimento é prestado com qualidade e competência resulta certamente na aceitação e adesão ao tratamento. Além disso, aborda a necessidade de integralidade no cuidado ao paciente nesses contextos e que essa atenção deve ser estendida aos seus familiares. Para tanto, se faz necessária a capacitação profissional da equipe e uma política de intervenção de saúde que possibilite a criação de um padrão de assistência na integralidade do cuidado ao paciente, família e profissionais.

Em relação à família e a atenção prestada pela equipe de saúde, entendemos que geralmente o paciente é trazido para atendimento por um familiar que percebeu a gravidade do dano causado pela tentativa de suicídio, o que gera reações emocionais durante a espera de atendimento e no decorrer do acompanhamento junto ao paciente internado. Essa família procurou o auxílio emergencial em um serviço de saúde e permanecerá muitas vezes dentro da instituição acompanhando o paciente. Por esse motivo constituem parte integrante no universo de cuidado ao paciente, mas também podem demandar assistência pela equipe de saúde diante da fragilidade em que se encontram ou até mesmo pela a dificuldade em compreender a dimensão do problema relativo ao ato suicida. Nesse aspecto, observamos que nem sempre a família tem acesso ao cuidado e atenção pela equipe hospitalar. No estudo de Buriola *et al.* (2011) foi constatado que os enfermeiros frente às situações de tentativa de suicídio, priorizam a coleta de informações a respeito do caso em detrimento a prestar assistência e acolhimento aos familiares.

Com isso, observamos a dificuldade de alguns profissionais da equipe de cuidado em estabelecer o contato com o sofrimento da família, distanciando-se dessa realidade por meio do atendimento ao familiar focado apenas na coleta de informações e na preocupação no procedimento técnico direcionado ao paciente. Percebemos que a conduta profissional fundamentada na técnica em demasia e a utilização da linguagem científica ou tecnicista como meio de comunicação entre a equipe e a família, nada contribuem no apoio e acolhimento aos membros familiares que acompanham o paciente. Na verdade, criam-se barreiras na relação estabelecida entre o profissional e família, que naturalmente não se sentem assistidas e cuidadas em ambiente hospitalar.

Em meu contexto de trabalho, a assistência à família é comumente delegada ao profissional de Psicologia e Serviço Social. Geralmente esses dois profissionais são convocados pelas equipes para prover a atenção e o cuidado aos familiares durante o período de internação do paciente. Porém, o que se percebe muitas vezes é que a demanda familiar traz a necessidade de atenção humanizada dos outros profissionais que estão a cuidar do doente e, nem sempre a situação em questão requer o atendimento do Psicólogo ou do assistente social. Dessa forma, ainda que em muitos casos ocorram momentos que necessitem da intervenção desses profissionais, de maneira específica e de acordo com a sua área de atuação, em outras é notório que apenas reflete o despreparo das equipes em desenvolver uma postura atenta, sensível e acolhedora com o familiar na escuta e esclarecimento da condição do paciente.

A família tem um papel importante na ajuda ao paciente durante o processo de tratamento, ela pode fornecer um apoio significativo e contribuir com a recuperação desse, mas também necessita ser informada quanto aos riscos suicidas durante hospitalização e pode permanecer vigilante na prevenção de um novo ato suicida, durante internação em hospital geral. Além disso, é possível que a família estabeleça uma parceria no cuidado ao paciente e constitua uma fonte de proteção a ele nessa fase de recuperação e, após alta hospitalar, ela continuar atuando de forma preventiva quanto a evitar um novo ato suicida.

Outra problemática relevante, que faz parte das nossas reflexões no contexto do hospital geral, contempla aquilo que diz respeito a percepção da equipe de saúde quanto ao paciente que agiu contra si num ato suicida, provocou um dano, e encontra-se sob os cuidados da equipe multiprofissional. Essa assistência sofre influência pelo modo que os profissionais de saúde percebem estes pacientes, como abordamos anteriormente, podem despertar o preconceito da equipe ou a sensibilidade e compreensão do sofrimento. Isso não é uma questão abordada com frequência nos estudos, mas pode ser sentida por aqueles que estão próximos a essa realidade nos serviços de urgência e emergência, hospitais gerais e serviços não especializados em saúde mental.

Diante do exposto, citarei dois estudos que trazem essa questão e refletem tal problemática. Machin (2009) constatou que os pacientes atendidos por lesões autoprovocadas em hospital são identificados como uma demanda incompatível ao modelo biomédico e isso parece promover uma interferência na relação de cuidado entre equipe e paciente. Já que, no ambiente hospitalar, as equipes têm a expectativa que o processo de adoecimento ocorra mediante um acidente ou algo inesperado, não uma doença causada pelo próprio paciente, sendo esta uma demanda não legítima ao contexto hospitalar, o que compromete a relação de cuidado às tentativas de suicídio. Freitas e Borges (2014) verificaram em sua pesquisa que os profissionais de saúde de serviços de urgência e emergência possuíam percepções distintas e atribuíam significados diferentes às tentativas de suicídio, de tal modo que as percepções influenciam na relação de acolhimento aos pacientes. Por sua vez, parte dos profissionais que compreendiam este fenômeno proveniente de sofrimento emocional e fragilidade desenvolvia uma postura mais acolhedora. Outros reconheciam o sofrimento, mas apesar disso percebiam essa demanda como inadequada à prática e aos serviços de pronto atendimento e emergência pesquisados.

No hospital geral recebemos os mais variados casos e intensidade de danos em saúde, que envolvem desde situações clínicas a traumas ocasionados por acidentes que precisam de cuidados imediatos e tratamentos. São demandas diversificadas em agravos em saúde, de todas as amplitudes e de todas as ordens. Em um ambiente como esse, em que os pacientes estão em busca de restabelecer a saúde perdida, parece muito atípico tratar e devolver a saúde daquele que provocou o próprio agravo. Logo, o suicídio é recebido como uma demanda fora do contexto, imprópria àquele local, em que supostamente todos os pacientes foram em busca de auxílio frente a um adoecimento imprevisível.

Essa demanda requer a assistência aos danos físicos em caráter emergencial, mas junto a ela encontra-se um sofrimento emocional revelado num ato de autodestruição. Tal situação, ainda não é compreendida como uma questão grave de saúde nos hospitais, que necessita de um padrão assistencial adequado e específico para atenção aos casos de tentativa de suicídio. Pelo contrário, alguns autores observam a ausência de padrão de assistência para esses casos e evidentemente isso reflete no cuidado ao paciente vítima de suicídio em hospital geral. Além disso, é necessário mais conhecimento sobre esse problema de saúde, sensibilizar os profissionais e refletir na qualidade da assistência direcionada a esses casos. De acordo com os estudos de Vidal e Gontijo (2005), ocorre uma postura impessoal e uma assistência pouco humanizada por parte da equipe de saúde durante a assistência hospitalar às situações de suicídio ocasionadas pela baixa capacitação profissional das equipes, pela estrutura hospitalar e sistema de saúde deficientes.

Não podemos negar que as sobrecargas de trabalho dos profissionais de saúde contribuem negativamente para a assistência prestada ao paciente. São equipes de saúde que atendem a uma grande demanda nas instituições e que ultrapassam a capacidade de atendimento da própria unidade, em serviços de saúde que atendem uma demanda diversificada com níveis de gravidades diferentes isso se torna pior. Assim, quando os hospitais recebem pacientes além da capacidade do número de leitos com os quais foi planejado, todo o espaço e qualidade da assistência são comprometidos.

Além disso, a assistência às tentativas de suicídio traz uma problemática que os hospitais gerais nem sempre estão prontos a receber e as equipes de saúde não estão habilitadas a tratar. Os cuidados aos pacientes após um episódio suicida demandam a assistência às dores físicas e subjetivas, ao mesmo tempo, os profissionais muitas vezes precisam proteger essa pessoa contra si mesma a fim de evitar um novo ato de autoagressão, sendo assim, prestam assistência aos pacientes pouco colaborativos e desmotivados ao tratamento. Por essas razões, são pacientes considerados de difícil manejo para muitas equipes assistenciais e isso parece dificultar a qualidade da assistência prestada.

Diante do exposto, precisamos refletir sobre a qualidade da assistência prestada e compreensão do fenômeno das tentativas de suicídio pelas equipes multiprofissionais em hospital geral. São necessárias a capacitação da equipe multiprofissional, educação permanente e ações que desmistifiquem o suicídio para que assim possamos rever o nosso olhar a respeito do sofrimento humano advindo de uma ação autoinflingida.

3. A assitência do Psicólogo Hospitalar e as possibilidades de atuação nos casos de tentativas de suicídio.

No hospital geral a assistência ao paciente é realizada por equipe multiprofissional de diferentes áreas de conhecimento e especialidades. São saberes e áreas afins que se unem com intuito de garantir a atenção integral a pessoa hospitalizada. Nesse aspecto, a Psicologia é um dos campos do saber atenta a compreensão do comportamento humano e das emoções relacionados ao processo saúde-doença no ambiente hospitalar. Ela é responsável pela ajuda ao paciente em sofrimento no decorrer do processo de tratamento e hospitalização, para auxiliá-lo na compreensão do significado do adoecer e do enfrentamento da situação, como também na repercussão emocional da enfermidade para a família.

O hospital é um espaço em que prioritariamente trata-se o corpo lesionado, a recuperação da saúde e a cura de uma enfermidade que acomete o sujeito. Nesse ambiente, o Psicólogo dentro da equipe de saúde realiza um trabalho complementar e diferencial no acompanhamento hospitalar ao paciente, visto que é o membro da equipe capacitado para atuar na atenção as demandas do comportamento humano e na assistência as dores subjetivas do sujeito frente ao sofrimento e dor, compreendendo a interrelação existente entre as dimensões somáticas, psíquicas e espirituais que envolvem o ser humano em sua totalidade. Portanto, prestamos a assistência ao paciente na sua unicidade e experiência do adoecer, sem julgamento de valor e condenação pela condição em que se encontra ou pelos motivos que causaram a hospitalização.

Nas tentativas de suicídio, a compreensão do ser humano em sua totalidade e a necessidade de integralidade ao cuidado no hospital faz todo sentido, pois na assistência ao paciente realizamos um encontro a um ser acometido por um intenso sofrimento existencial e desespero humano, que expressou a dor de existir na ação de tentar ceifar a própria vida causando ferimentos e lesões. Diante desses casos, nosso trabalho é desenvolvido no encontro a esse ser e as suas dores em todas as dimensões presentes nesse contexto. Junto a ele no leito hospitalar da emergência, enfermarias e uti's procuramos compreender a sua realidade e atenuar o seu sofrimento.

A assistência a esse tipo de demanda exige do profissional de psicologia a atenção e o cuidado ao paciente, a sua família e algumas ações decididas junto a equipe de saúde em relação a prevenção de nova tentativa suicida e as estratégias de cuidado necessárias, que precisam ocorrer brevemente, pois na dinamicidade do trabalho em hospital sabemos que alguns pacientes ficam hospitalizados por um único dia e outros podem permanecer em tratamento por mais tempo. De modo que tudo depende do nível de agravo e das diferentes terapêuticas os quais serão tratados, por isso, é fundamental que o Psicólogo considere a imprevisibilidade e a dinâmica da instituição na condução dos casos.

Dessa forma, precisamos pensar na assistência psicológica durante período de internação no hospital, mas também avaliar a possibilidade de transferência do caso para uma emergência psiquiátrica junto a equipe, como também avaliar o risco suicida, verificar a consistência da rede de proteção familiar e as possibilidades de encaminhamento aos serviços de saúde para o suporte e cuidado a esse paciente após a alta hospitalar.

Diante dessas questões, abordaremos alguns pontos pertinentes à assistência do psicólogo hospitalar às tentativas de suicídio, sendo essas embasadas na experiência profissional de atenção a esses casos e das possibilidades de intervenções no contexto de um hospital de emergência e trauma, mas ressaltamos que estas não constituem etapas sequenciais na assistência a demanda de tentativa de suicídio, nem tampouco estabelecem o modo de fazer puramente técnico e que deve ser seguido. Isso porque cada instituição apresenta sua dinâmica interna e uma realidade de possibilidades e limites na assistência aos casos no exercício da Psicologia hospitalar.

Ademais sabemos que a dinamicidade característica ao trabalho no contexto hospitalar traz a imprevisibilidade do tempo de recuperação do paciente, da morte, da transferência para outra instituição ou a alta hospitalar. Sendo assim, trataremos sucintamente questões importantes na atenção às tentativas de suicídio, tais como o contato inicial ao paciente, o estabelecimento do vínculo e a entrevista clínica, a prevenção do suicídio dentro do hospital, o atendimento ao paciente e ao familiar, finalizando com o encaminhamento e a interconsulta com a equipe multiprofissional.

3.1 O contato inicial ao paciente que tentou suicídio

Após um episódio suicida, as consequências físicas e ameaçadoras quanto ao risco de morte precisam ser tratadas prioritariamente pela equipe médica e de enfermagem, que realizam a atenção imediata e efetuam todos os procedimentos para preservar a vida do paciente e estabilizar o quadro clínico. A partir destes cuidados e do estado clínico do paciente, a equipe multiprofissional solicita a presença do psicólogo para acompanhamento do caso. Geralmente, são os médicos e enfermeiros que receberam o paciente na emergência ou o assistente social que realizou o primeiro contato e atenção à sua família no hospital, que solicitam o Psicólogo no setor de emergência para atendimento ao paciente e/ou a família.

O contato inicial ao paciente requer a nossa sensibilidade profissional e humana, deve acontecer de forma atenta e cuidadosa as dores em todas as dimensões que nos são apresentadas, mas ainda diante da condição clínica em que a pessoa se encontra no momento, pois o dano gerado pela autoagressão provoca a dor além da alma, sendo visível a dor física diante das lesões ou o incômodo do procedimento o qual foi submetido. Além disso, também nos deparamos com pacientes sonolentos ou com dificuldade de concentração nos casos de intoxicação exógena por medicação psicotrópica, por exemplo, e que talvez não estejam dispostos ao atendimento incialmente. Portanto, são situações comuns na atenção às tentativas de suicídio em que o paciente recusa o atendimento psicológico no primeiro momento, ou que mesmo ao querer, encontra-se sem condições para falar durante o atendimento e, dessa forma, a Psicologia é presença, a presença do apoio e do acolhimento ao ser humano em sofrimento.

O trabalho do psicólogo hospitalar ocorre num contexto dinâmico em que diversos fatores influenciam no cuidado dispensado ao paciente e na sequência do atendimento, às vezes interrompido pelas intervenções dos outros profissionais, seja pela administração de medicação ou realização de um exame, por exemplo. Desse modo, temos o entendimento de que a condição clínica do paciente é um fator muito influente para a possibilidade de atendimento psicológico e essa condição norteia as nossas ações na assistência hospitalar. Portanto, cada paciente tem uma condição clínica que nos traz possibilidades e limites no acompanhamento Psicológico, o que deve ser considerado quando traçamos as intervenções iniciais e a continuidade no acompanhamento durante o período de internação até a alta hospitalar.

3.2 A importância do estabelecimento de vínculo e a entrevista clínica

Tratar de uma pessoa após um evento suicida é um desafio. Visto que o paciente hospitalizado nessa condição demonstra fragilidade emocional, ambivalência de sentimentos e pode permanecer em risco suicida. A entrevista e avaliação do paciente nesse contexto possibilitam o desenvolvimento de estratégias de intervenção inicial e o acompanhamento durante o período de internação até a alta hospitalar. A entrevista clínica permite avaliar o risco suicida, mas também tem o objetivo de prestar apoio emocional e o estabelecimento de vínculo, assim como a coleta de informações. (Berlotte, Santos e Botega, 2010).

Quando a entrevista é realizada pelo Psicólogo entendemos que é essencial que não seja um ato puramente executado pela técnica, mas o momento da pessoa em sofrimento se sentir acolhida, compreendida e respeitada pelo profissional, pois isso possibilita a construção do vínculo e da confiança na relação terapêutica, sendo essas últimas condições necessárias para a aproximação ao outro em sua dor, ultrapassando as barreiras iniciais que o ambiente hospitalar e o próprio sofrimento criam para a proteção individual nesses espaços.

Diante dos casos de tentativas de suicídio, a entrevista no contexto hospitalar nos permite minimamente conhecer o paciente, compreender o sofrimento em que se encontra, assim como avaliar a existência de pensamentos suicidas e o planejamento para essa ação. São informações que auxiliam no cuidado ao paciente e no desenvolvimento do nosso trabalho, com relação a criar estratégias de intervenção necessárias ao caso. Além disso, a entrevista fornece elementos que fundamentam as ações preventivas de um novo ato suicida a ser discutido em interconsulta com equipe de saúde.

Sendo assim, é importante que o profissional entre em contato com a realidade do paciente, que observe e avalie as questões relacionadas à saúde mental, como também se há histórico de tentativa de suicídio anterior, histórico de transtorno mental e se o paciente estava passando por tratamento psiquiátrico ou psicológico. Todas essas questões são importantes, pois precisamos estar atentos à necessidade de intervenção medicamentosa e quando necessário realizar a interconsulta com a equipe médica a esse respeito para avaliarem a necessidade e realizarem a prescrição.

3.3 Prevenções do risco suicida no hospital

Nos casos em que o psicólogo percebe a situação de risco suicida se faz necessário que os outros profissionais sejam informados e que tal registro conste na evolução psicológica do prontuário do paciente. A comunicação a equipe é muito importante para que medidas preventivas sejam tomadas a fim de evitar uma nova tentativa.

No hospital geral, é possível que este paciente esteja numa enfermaria coletiva junto com outros pacientes em tratamento e com demandas clínicas diferentes, sabemos que nem todos os hospitais gerais disponibilizam de uma enfermaria específica e leitos reservados a saúde mental. Portanto, é preciso que a equipe esteja informada quanto a situação de risco suicida do paciente para que algumas medidas simples possam ser tomadas e ajudem na prevenção ao suicídio.

Com isso, algumas estratégias preventivas podem ser tomadas pela equipe de saúde no ambiente hospitalar como, por exemplo, solicitar que a equipe de enfermagem providencie a permanência do paciente numa enfermaria próxima ou em frente ao posto de enfermagem, de preferência num local em que as janelas tenham grades e que a equipe de cuidados possa estar atenta ao paciente (Berlotte, Santos e Botega, 2010).

Além disso, é fundamental que a equipe de saúde autorize a permanência do familiar, sempre que possível, na enfermaria durante a hospitalização e que todos aqueles que o acompanham estejam orientados quanto a necessidade de vigilância ao paciente, evitando deixá-lo sem a presença de um familiar para protegê-lo do risco de uma nova tentativa suicida e assim preservar a sua vida.

3.4 O Atendimento Psicológico ao paciente

A assistência psicológica como dissemos anteriormente, é possibilitada pelo vínculo estabelecido por meio da empatia, da compressão ao outro e ao seu sofrimento, sem julgamento moral de seus pensamentos ou de sua ação direcionada ao suicídio. Quando isso ocorre, o paciente naturalmente permite que adentremos em seu universo particular e que tenhamos contato com sua dor neste momento e, assim, o atendimento tem a fluidez necessária para que a possamos ajuda-lo.

Nos casos que envolvem a tentativa de suicídio o psicólogo atua no hospital junto aos pacientes e sua família no atendimento, orientações e encaminhamento. A partir do uso das técnicas da Psicoterapia Breve, ele realiza a atenção a esses casos na assistência a necessidade do aqui e agora do sujeito a demandar nossos cuidados e, embora nossas intervenções sejam fundamentadas na terapêutica breve, jamais podemos perder de vista o caminho trilhado por este ser humano e a sua história de vida que o fizeram cometer um ato de autodestruição.

Independente do arcabouço teórico que embasa a nossa prática e as técnicas que utilizamos durante os atendimentos é extremamente importante nesse momento a sensibilidade ao outro, como profissionais e acima de tudo como seres humanos dispostos a alcançar a pessoa no seu sofrimento, acolhendo o seu tormento e as dores existenciais. Dessa forma, a atenção ao paciente que cometeu suicídio é o encontro à pessoa na sua totalidade e aos dilemas existenciais da vida e morte e, sendo assim, as teorias e técnicas devem estar ao nosso lado na relação de cuidado, não a nossa frente como um escudo a nos distanciar do paciente.

O atendimento psicológico permite ao paciente ser acolhido e encorajado a verbalizar seus sentimentos e queixas de forma genuína, como também a refletir a respeito da sua existência e das razões para desistir ou continuar a viver. Na assistência às tentativas suicidas há muito o que escutar na comunicação verbal e muito o que perceber no silêncio, na linguagem não verbal e naquilo que o paciente sinaliza nas intenções suicidas ocultadas.

Nesse sentido, durante os atendimentos percebemos que os casos de tentativa de suicídio são acompanhados de dores existenciais insuportáveis, desespero, tragédias individuais, falta de sentido na vida. De modo que precisamos ampliar os nossos olhares para este fenômeno humano além do óbvio, do episódio pontual e da razão do ato de autoagressão, ou até mesmo da categorização nosológica e das classificações de estrutura de personalidade, que insistem em reduzir o ser humano a ação suicida como algo puramente patológico ou tratar este fenômeno como uma questão de causa e efeito.

A partir disso, durante os atendimentos entramos em contato com a complexidade do fenômeno do suicídio e das fragilidades humanas em todas as dimensões, e com isso percebemos a pretensão existente quando classificamos as razões ou explicações deste fenômeno, ou até mesmo quando atribuímos à ordem puramente psicopatológica a ação de autoextermínio. Quando na verdade cada paciente que assistimos nos trazem um enredo de problemas das mais diversas ordens e contextos relacionados ao fim da sua existência.

Ao cuidar do paciente que tentou suicídio precisamos entrar em contato com a pessoa a nossa frente e o seu sofrimento, compreender a sua realidade e nos aprofundar no seu contexto de vida até onde é permitido pelo paciente e pelas questões que emergiram durante o próprio atendimento. Temos também que ajudá-lo e acolher as emoções que surgem dos sentimentos de uma tentativa de suicídio frustrada, quando o paciente pode se sentir incapaz, decepcionado, arrependido, mas ainda quando apresenta os sentimentos de ambivalência ou permanecem com intenções suicidas.

A tentativa de suicídio não é a expressão pura e simples do desejo de morte, pois o indivíduo nesta ação de autodestruição procura o fim do sofrimento e nem sempre o fim da sua existência, sendo a morte uma consequência de uma ação desesperada de pôr fim a sua dor emocional ou a situação limite que vivencia. Desse modo, refletimos que a tentativa de suicídio não é determinante de uma patologia e transtorno mental instalado, mas pode caracterizar um pedido de ajuda que precisa ser acolhido pelo Psicólogo e demais membros da equipe de saúde.

Observamos que o paciente nem sempre expõe de forma clara e verbal suas intenções suicidas, pois algumas situações práticas nos levam a crer que a comunicação verbal de arrependimento do ato suicida e do repentino desejo de melhora ou a cooperação com a equipe e a família, podem esconder a intenção oculta de realizar uma nova tentativa. Com isso, o paciente pode simular arrependimento para que a equipe de saúde e a família descuidem da vigilância e da prevenção a uma nova tentativa.

Diante disso, já acompanhei pacientes que demonstraram arrependimento da ação de autodestruição durante a internação hospitalar, receberam a alta e foram encaminhados ao serviço de referência aceitando cooperativamente a necessidade de tratamento. Porém, a família descuidou da vigilância e prevenção, apesar de ter sido orientada quanto a isso e, nas semanas seguintes à alta hospitalar, o paciente retornou ao hospital pela ocorrência de mais uma tentativa suicida.

Na assistência ao paciente e no decurso do atendimento necessitamos estar atentos aos conteúdos que emergem em sua fala, mas também precisamos questionar sobre seus pensamentos negativistas, suas ideações suicidas e se há planejamento de ações que o levem a morte. Frankl (2003) faz alusão ao método da exploração psiquiátrica para revelar o tédio da vida oculto ao paciente, que aparentemente dissimula suas intenções suicidas. Assim, descreve que inicialmente devemos perguntar a pessoa sobre os pensamentos suicidas ou se as ideias suicidas persistem e ao obter uma resposta negativa refere: "perguntemos-lhes- por mais brutal que a pergunta pareça –´por quê´ (já) não tem nenhum pensamento suicida", (Frankl, 2003, p.60). Por meio desta indagação relata que o doente livre das ideações suicidas apresenta um motivo, seja cuidar dos seus ou o trabalho. Já a pessoa que se encontra a dissimular suas intenções suicidas irá hesitar na resposta, mas sentirá a necessidade de responder simulando os argumentos a favor da vida.

Uma conduta diretiva muitas vezes é necessária para perceber o estado emocional e analisar as intenções suicidas, pois no hospital temos habitualmente poucos encontros com os pacientes. Às vezes o paciente permanece internado 24h, outros podem passar dois dias ou mais tempo a depender do quadro clínico e do comprometimento que apresentam, mas o nosso trabalho precisa atender a dinamicidade que o ambiente hospitalar exige e assim sabemos que é preciso fazer o possível num curto período de tempo.

Outro ponto importante a ser observado no discurso do paciente é a presença de algum projeto a realizar ou algum vínculo afetivo intenso, que possam constituir um propósito a continuar a viver. Identificar se há algo ou alguém que possa ser uma motivação na sua vida auxilia na compreensão do quanto este paciente está comprometido ou não pelas ideias autodestrutivas. É necessário observar se existe algo a realizar ou pessoas significativas que os auxiliem a rever sua ação. Por exemplo, uma mulher que tentou suicídio pelo desespero e sofrimento da separação conjugal, mas que durante o atendimento ao relatar sua dor lembra-se dos filhos e percebe que quase os abandona e demostra arrependimento, ao que diz: "fui egoísta, só pensei em mim e no que estava sentindo, não lembrei dos meus meninos e nesse desespero ontem quase os abandonei, mas preciso lutar para cuidar deles".

Em situações como essa, entendemos que o ato suicida ocorreu pelo desespero em busca de alívio do sofrimento, mas não havia ideias suicidas anteriores nem o planejamento dessa ação. A paciente não suportou a tristeza e a perda da separação agindo desesperadamente e por impulso contra si. O membro da família que a acompanhava relatou a relação amorosa da mãe com as crianças e que isso havia modificado há duas semanas diante do sofrimento pela separação inesperada. Evidentemente a paciente precisa de acompanhamento em serviço de saúde após a alta hospitalar, mas demonstra que pode encontrar um sentido para seguir em frente na relação com os filhos.

Quando o paciente apresenta a consciência da ação realizada e algo que lhe dê sentido, isso sem dúvida auxilia no tratamento durante a hospitalização e após a alta hospitalar, como também na prevenção de um novo ato suicida.

A teoria da Logoterapia e Análise existencial parte do pressuposto que o homem é dotado da capacidade de sentido e esta vontade de sentido orienta a pessoa para algo que a transcenda, seja algo a realizar ou alguém a encontrar. Desse modo, o sentido na vida mobiliza o ser humano a exercer uma existência com significado e a posicionar-se perante as adversidades, exercendo a sua liberdade e responsabilidade nas escolhas diante da vida.

No entanto, cada paciente no hospital apresentará um nível de comprometimento e de suscetibilidade ao suicídio de forma singular, encontramos de situações de desespero em que o paciente tem consciência de sua ação, a pessoas tomadas por forte sofrimento psíquico que não estão em condições de responsabilizar-se por si frente a delírios e alucinações no momento. Cada caso requer estratégias de intervenções diferentes na complexidade do comportamento humano e a cada pessoa atendida pela ação suicida.

Nesses casos, entendemos que a avaliação, a escuta ao paciente, a orientação a ele sobre tratamento, assim como a família são caminhos importantes na qualidade da assistência dispensada ao paciente. O hospital é o espaço que disponibiliza o cuidado imediato e o tratamento ao dano gerado pela tentativa de suicídio, mas também é um ambiente em que podemos promover a conscientização do paciente e da sua família quanto a possibilidade de tratamento após alta hospitalar.

3.5 O atendimento a família do paciente

Os danos a serem tratados, durante a internação hospitalar do paciente que cometeu autoagressão são além dos agravos psicofísicos do paciente, pois a família que o cerca e acompanha no processo de hospitalização também apresenta sofrimento e necessita de acolhimento e atenção do psicólogo.

O acompanhamento psicológico deve ser disponibilizado a família do paciente, pois as consequências do ato suicida repercutem nessas pessoas e em suas emoções. Os familiares são afetados pelo comportamento de autodestruição, o que desperta preocupação nos membros da família, mas também causam reações emocionais como raiva, medo, culpa, insegurança e outras conflitivas, que refletem algumas vezes a qualidade do vínculo existente e problemas nas relações estabelecidas no meio familiar.

O atendimento e orientação à família é uma importante intervenção nesses contextos, pois serão essas pessoas que poderão estar ao lado do paciente após a alta hospitalar protegendo-o de uma nova ação suicida e o apoiando durante tratamento extra-hospitalar.

3.6 A interconsulta com a equipe e o encaminhamento

A interconsulta com os membros da equipe de saúde ocorre tanto no desenvolvimento das estratégias de cuidado no ambiente hospitalar como quando o paciente está próximo à alta do hospital. A partir disso, verificamos os recursos de assistência na rede de saúde do município para que o paciente seja encaminhado a um serviço no seu território.

Entendemos que a qualidade da assistência dispensada ao paciente durante a internação hospitalar pode interferir na adesão ao tratamento neste período, como também após a alta hospitalar. Assim, reconhecemos que no hospital lançamos uma semente quanto ao tratamento e prevenção de uma nova tentativa, e que as ações preventivas de forma efetiva só ocorrem quando a rede de proteção da família se faz presente, juntamente com o tratamento nos serviços da rede de saúde para qual o paciente é encaminhado e dos espaços dentro da comunidade. Por isso, a conscientização do paciente e família que o suicídio é um problema de saúde a ser tratado é fundamental.

Na realidade de atuação a qual faço parte, habitualmente quando o paciente está próximo à alta hospitalar o médico solicita a avaliação do Psicólogo. Desse modo, é realizada a avaliação do caso, as orientações e o encaminhamento para a continuidade de acompanhamento em serviço de saúde. O encaminhamento ocorre quando o paciente ou a sua família demonstram interesse, sendo realizado por escrito e geralmente entregue ao familiar, após as orientações com relação à necessidade de tratamento e a vigilância ao paciente na prevenção a uma nova tentativa.

Além do encaminhamento por escrito, é interessante o contato telefônico com o serviço de saúde para o qual o paciente foi encaminhado, uma vez que é preciso verificar a disponibilidade de acompanhamento ao paciente e as possibilidades de vinculação desse a unidade. Nos casos em que o paciente já recebia tratamento num dado serviço de saúde, é importante comunicar a ocorrência ao médico ou psicólogo que o acompanha, tendo em vista que é preciso deixar a equipe em alerta, atenta ao cuidado e até a busca ativa ao paciente se necessário. Essa deveria ser uma conduta padrão na instituição, mas fica a critério de cada profissional que conduz o caso, de tal modo que poucas vezes o contato telefônico com a rede de saúde é realizado.

Considerações finais

O sofrimento insuportável e a dor em todas as dimensões nos são apresentadas a cada paciente atendido no hospital geral, sendo assim, quando refletimos sobre a realidade assistencial perante a pessoa que tentou um ato suicida percebemos que as facetas do suicídio e das fragilidades humanas são múltiplas e complexas. Dessa forma, necessitamos estar atentos no cuidado e amparo ao ser humano que vive o limite da vida, imerso no sofrimento existencial insuportável e, acaba por agir contra si na tentativa de findar o sofrimento ou a sua existência.

Nessa perspectiva, as tentativas de suicídio são desafiadores e necessitam de um cuidado amplo, com atenção integral ao paciente em sua totalidade para que a assistência possa realmente ocorrer com qualidade e contribuir no amparo as dores do corpo e da alma durante o período de cuidado hospitalar. Desse modo, na medida em que o paciente é assistido, acolhido e respeitado na sua realidade pela equipe multiprofissional a adesão ao tratamento pode ultrapassar as paredes do hospital e ter continuidade em outros serviços de saúde do seu território e nos locais próximos a sua comunidade.

A Psicologia ao conceber o suicídio como um problema a ser tratado no caráter da experiência única do sofrimento existencial e do desespero humano, compreende que a pessoa transborda a sua dor no ato suicida. O que requer um cuidado e a assistência à totalidade do ser humano no entrelaçamento das dimensões somáticas, psíquicas e espirituais dentro da realidade e história do paciente.

Diante disso, a Psicologia desenvolve um papel importante na arte de cuidar do ser humano, mas reconhece que a assistência à totalidade de forma efetiva necessita do acompanhamento das múltiplas áreas de saber, que se articulam para uma atenção eficaz e com qualidade no contexto hospitalar. Desse modo, a capacitação profissional e a educação continuada para todos os membros das equipes multiprofissionais é uma condição fundamental para a melhoria da assistência prestada. Assim, reconhecemos que as equipes de saúde precisam estar atentas ao problema do suicídio como uma questão grave de saúde pública, que pode causar a morte ou lesões incapacitantes ao paciente.

Cada pessoa em sofrimento que cruza os nossos caminhos profissionais no hospital nos ensina que é preciso mais atenção a esses casos, mais sensibilidade, mais escuta. Os pacientes ensinam que precisamos rever nossas ações profissionais e repensar nos caminhos do cuidado até o momento, pois cada pessoa que comete uma tentativa suicida pode realmente chegar ao óbito. De tal forma que os números de mortes crescentes constam nas estatísticas, mas esses números possuem nomes, famílias, projetos que se esvaem numa ação de autoextermínio.

Referências

ASSOCIAÇÃO BRASILEIRA DE PSIQUIATRIA. *Suicídio: informando para prevenir.* Conselho federal de Medicina. Comissão de estudos e prevenção de suicídio, Brasília, 2014. Disponível em: <http://www.cvv.org.br/downloads/suicidio_informado_para_prevenir_abp_2014.pdf>. Acesso em: 12 set.,2016.

BRASIL, Ministério da saúde. Portaria n°1271, 24 de junho de 2014. Define a lista nacional de notificação compulsória de doenças, agravos e eventos de saúde pública nos serviços de saúde público e privados, nos termos de anexo, e dá outras providências. Disponível em: <http://portalsaude.saude.gov.br/index.

php/o-ministerio/principal/leia-mais-o-ministerio/197-secretaria-svs/15887-notificacao-de-violencia-interpessoal-autoprovocada>. Acesso em: 24 ago. 2016.

BRASIL, Ministério da saúde. *Prevenção do suicídio: manual dirigido a profissionais das equipes de saúde mental.* Brasília, DF. Ministério da saúde, 2006. Disponível em: <http://bvsms.saude.gov.br/bvs/publicacoes/manual_editoracao.pdf>. Acesso em: 24 ago. 2016.

BERLOTE, J. M.; MELLO-SANTOS, C.; BOTEGA, N. J. *Detecção do risco de suicídio nos serviços de emergência psiquiátrica.* Disponível em: <http://www.producao.usp.br/bitstream/handle/BDPI/7818/art_MELLO-SANTOS_Deteccao_do_risco_de_suicidio_nos_servicos_2010.pdf?sequence=1&isAllowed=y>. Acesso em: 10 fev. 2017.

BURIOLA, A. *Assistência de enfermagem às famílias de indivíduos que tentaram suicídio.* Esc. Anna Nery, Rio de Janeiro, v. 15, nº. 4, 2011. Disponível em: <http://www.scielo.br/scielo.php?script=sci_arttext&pid=S1414-81452011000400008>. Acesso em: 10 set. 2016.

FRANKL, V. E. *Psicoterapia e Sentido na Vida: fundamentos da Logoterapia e análise existencial.* 4. ed. São Paulo: Quadrante 2003.

FREITAS, A. P. A.; BORGES, L. M. Tentativas de suicídio e profissionais de saúde: significados possíveis. *Estudos e Pesquisas em Psicologia*, Rio de Janeiro, v.14, n.2, p.560-577, 2014. Disponível em: <http://pepsic.bvsalud.org/pdf/epp/v14n2/v14n2a10.pdf>. Acesso em: 15 mar. 2016.

GUTIERREZ, B. A. O. Assistência hospitalar na tentativa de suicídio. *Psicologia USP.* São Paulo, v.25, n.3, p. 262-269, set/out 2014. Disponível em: <http://www.scielo.br/scielo.php?script=sci_arttext&pid=S0103-65642014000300262>. Acesso em: 10 mar. 2016.

MACCHIAVERNI, Juliana; BORGES, Lucienne Martins; OLIVEIRA, Lecila Duarte Barbosa. Instrumento para registro de atendimento psicológico a tentativa de suicídio. *Barbaroi*, Santa Cruz do Sul, n 39, p 129-148, dez 2013. Disponível em: <http://online.unisc.br/seer/index.php/barbaroi/article/view/3014/3057>. Acesso em: 10 fev. 2015

MACHIN, R. Nem doente, nem vítima: o atendimento às "lesões autoprovocadas" nas emergências. *Ciência Saúde Coletiva,* Rio de Janeiro, v.14, n. 5, nov/dec. 2009. Disponível em: <http://www.scielo.br/scielo.php?script=sci_arttext&pid=S1413-81232009000500015&lang=pt>. Acesso em: 12 mai. 2016.

SADOCK, B. J.; SADOCK, V. A. Suicídio In: *Compêndio de Psiquiatria: Ciência do comportamento e psiquiatria clínica.* 9. ed. Porto Alegre: Artmed, 2007, p. 972-976.

SANTOS, A.; LOVISI, G.; LEGAY, L.; ABELHA, L. Prevalência de transtornos mentais nas tentativas de Suicídio em um hospital de emergência no Rio de Janeiro, Brasil. *Caderno de Saúde Pública,* Rio de Janeiro, v. 25, n.9, p.1-11, 2009.

Disponível em: <http://www.scielosp.org/scielo.php?script=sci_arttext&pid=S-0102-311X2009000900020>. Acesso em: 10 mai. 2016.

TORO, G. V. *et al.* O desejo de partir: um estudo a respeito das tentativas de suicídio. *Psicologia em Revista*, Belo Horizonte, v.19, n.403, p. 407-421, 2013. Disponível em: <http://pepsic.bvsalud.org/scielo.php?script=sci_arttext&pid=S1677-11682013000300006>. Acesso em: 13 ago. 2016.

VIDAL, C. E. L.; GONTIJO, E. D. Tentativas de suicídio e o acolhimento nos serviços de urgência: a percepção de quem tenta. *Caderno de Saúde Coletiva*, Rio de Janeiro,v.21, n. 2, p. 108-114, 2013. Disponível em: <http://www.scielo.br/pdf/cadsc/v21n2/02.pdf>. Acesso em: 20 set. 2016.

SALVATORI, R. T.; VENTURA, C. A. A. *A agência Nacional de Saúde e a Política de Saúde Mental no contexto do Sistema Suplementar de Assistência à Saúde: avanços e desafios.* São Paulo, v.21, n.1, p. 115-128, 2012. Disponível em: <http://www.producao.usp.br/bitstream/handle/BDPI/39453/S0104-12902012000100012.pdf?sequence=1>. Acesso em: 9 mar. 2017.

WERNECK G. L.; HASSELMANN, M. H.; PHEBO, L. B.; VIEIRA, D. E.; GOMES, V. L. de O. Tentativa de suicídio em um hospital geral no Rio de Janeiro, Brasil. *Caderno saúde pública.* Rio de Janeiro, v. 22, n.10, p 1-8, 2006. Disponível em: <http://www.scielosp.org/scielo.php?script=sci_arttext&pid=S-0102-311X2006001000026>. Acesso em: 10 mar. 2016.

WORLD HEALTH ORGANIZATION. *Preventing suicide: a global imperative Preventing.* Disponível em: <http://www.who.int/mental_health/suicide-prevention/exe_summary_english.pdf>. Acesso em 22 abr. 2016 (revisitado em 20 de fevereiro).

WORLD HEALTH ORGANIZATION. *Preventing suicide: A community engagement toolkit.* Disponível em: http://apps.who.int/iris/bitstream/10665/252071/1/WHO-MSD-MER-16.6-eng.pdf. Acesso em: 12 de mar. 2017.

CAPÍTULO 3

O imaginário e o adoecer. Um esboço de pequenas grandes dúvidas.

Valdemar Augusto Angerami

Esse trabalho é dedicado à Geórgia...

Introdução

Eu agia como um boto, que salta na superfície da água, só deixando um vestígio provisório de espuma e que deixa que acreditem, faz acreditar, efetivamente, que lá embaixo, onde não é percebido ou controlado por ninguém, segue uma trajetória profunda, coerente e refletida.

(Michel Foucault)

A ideia desse trabalho surgiu de uma reflexão sistematizada das implicações do imaginário, no processo de hospitalização e da maneira como, muitas vezes, é agravada muito mais por conceituações apriorística, do que propriamente por si mesma. Assim, muito mais do que buscar na patologia que determinou a hospitalização, a decorrência do sofrimento vivido pelo paciente, iremos direcionar nossa análise para fatores subjetivos, que estão a determinar a própria conceituação de enfermidade e, por assim dizer, do nível desse sofrimento.

É um trabalho que busca muito mais lançar pequenas sementes para novas formas de reflexão, do que propriamente a busca de aspectos conclusivos de seu arcabouço. É uma tentativa de levantar aspectos, que possam instrumentalizar ainda mais o psicólogo em trajetória hospitalar, e também contribuir para o aprofundamento das buscas, que envolvem a compreensão do surgimento de determinadas intercorrências surgidas no seio hospitalar.[1]

Em busca de uma configuração do real

Amanheci com desejo.
Há dias estou grávida.
Desejo estar perto de ti.
No entanto, estou grávida da tua presença

Geórgia Sibele Silva

Ao debruçar sobre a temática da configuração do imaginário, no processo de hospitalização, nos deparamos, inicialmente, com a questão que estabelece os limites do imaginário com a realidade. Esta questão, muito mais do que simplesmente estabelecer parâmetros do início e limitação, entre e o real e o imaginário, configura a necessidade de uma compreensão do próprio sentido dessa busca. Colocamos, em texto anterior, que um paciente, ao ser hospitalizado, sofre um brutal processo de despersonalização. Isso faz com que sua estrutura emocional desmorone completamente, diante dessa realidade em que sua vida passa a ser única e exclusivamente a vivência hospitalar. Passa a ser paciente; perde seu nome para se transformar na denominação da patologia; é obrigado a mudar hábitos de vida. E passa a conviver com uma situação de impotência com seus desígnios, sendo determinados pela equipe de saúde. A dimensão do real em uma vida, em que tinha deliberação sobre os próprios atos, passa assim, a ser balizada pelo confronto de uma determinada situação imposta pela hospitalização. Existe, então, no adoecer, um confronto intermitente entre o que havia concebido anteriormente para sua vida, e a realidade que lhe é apresentada em termos de concretude existencial. É um confronto entre aquilo que vivencia, em termos de sofrimento, e a idealização sobre sua condição de plenitude existencial. E que, na maioria das vezes, não há lugar para o surgimento da possibilidade do adoecer.

A perda de controle do paciente sobre o seu organismo é determinante de como irá se processar a própria conceituação de si mesmo sobre o adoecer. O processo de adoecer, na quase totalidade dos casos, traz em seu bojo uma

[1] ANGERAMI, V. A. *Sobre a atuação do psicólogo no contexto hospitalar* in *Psicologia Hospitalar. Teoria e Prática*, ANGERAMI, V. A. (Org.). São Paulo: Cengage Learning, 2015.

configuração de total falta de sentido, para o próprio significado existencial do paciente. É como se tudo que fosse preconcebido anteriormente desmoronasse e perdesse a configuração com a real possibilidade do adoecer e das implicações de sua ocorrência.

Merleau-Ponty[2] mostra, de outra parte, que o mundo é o que percebo; sua proximidade absoluta, desde que examinada e expressa, transforma-se também, inexplicavelmente, em distância irremediável. Tal distância é, na verdade, o confronto entre a concepção dos fatos no imaginário e o se desvelamento com a realidade, em que a proximidade conceitual será mera tangência circunstancial entre os pontos de proximidade. Ele assevera ainda que o meu corpo, como encenador da minha percepção já destruiu a ilusão de uma coincidência de minha percepção com as próprias coisas. É dizer que entre elas e eu há poderes ocultos, toda essa vegetação de fantasmas possíveis que ele só consegue dominar no ato frágil do olhar. Dessa maneira, os fatos revelam que a minha realidade perceptiva esbarra na própria vivência das coisas. Essa totalidade irá se mostrar de modo ainda mais agudo num processo de hospitalização, em que a realidade do surgimento de uma determinada patologia por si estabelece novos parâmetros à realidade existencial do paciente.

Uma pessoa sempre traz sua historicidade vincada. Sua vida é sua historicidade. E assim também ocorre com a doença. E diante de uma determinada patologia com seus diagnósticos, evolução de tratamento e detalhamentos que envolvem a patologia, sua historicidade se confronta a essa nova realidade e determina configurações muitas vezes inatingíveis anteriormente pelo próprio imaginário. É o real do desamparo que é a vida humana. A fragilidade da condição humana sobressalta diante da conceituação que o paciente possa fazer de si em termos de realidade existencial. É como se a hospitalização trouxesse em seu bojo a condição de levar cada paciente a um processo de revisão da própria vida enfeixando aí além de valores existenciais aqueles outros que implicam em posses materiais. É como se de nada adiantasse uma vivência anterior quando do surgimento de uma determinada patologia e de sua hospitalização decorrente. O hospital além da própria configuração que o imaginário possa estabelecer é por si um conjunto de contradições que envolvem até mesmo outras inúmeras contradições. Ribeiro[3] refletindo sobre a evolução do hospital e sua inserção no mundo contemporâneo define o hospital como sendo uma oficina, e o médico seu principal mecânico. Cumpre a ele fazer com que a

[2] MERLEAU-PONTY, M. *O visível e o invisível*. São Paulo: Perspectiva, 1971.

[3] RIBEIRO, H. P. *O hospital: história e crise*. São Paulo, Cortez, 1993.

máquina-homem retorne o mais depressa possível à circulação como mercadoria ambulante. Interessa consertá-la, mas, mais ainda, evitar que se quebre. Ela tem que ter como qualquer máquina, um tempo útil, durante o qual produza mais e melhor; todavia, há outros homens-máquinas sendo produzidos e que precisam ser consumidos e é bom, por isso, que ela se vá assim aos poucos. Nesse processo contínuo de consertos que o hospital realiza, consomem-se, também outras coisas que fazem girar e reproduzir o dinheiro: medicamentos, material e equipamentos médico-hospitalares e outras tantas que o fazem uma instituição complexa. Essa descrição de Ribeiro, embora trazendo uma metáfora bastante coisificada, tem a capacidade de mostrar de maneira nua e crua a verdadeira realidade hospitalar, bem como seus propósitos essenciais que, na maioria das vezes, não são esboçados quando seus objetivos são dimensionados.

Se as pessoas se tornam pacientes passíveis de uma determinada hospitalização, e mesmo não tendo essa precisão teórica de Ribeiro, ainda assim tem no hospital uma configuração institucional que exige minimamente um distanciamento tangível não apenas no esboço criado pelo imaginário. Mas também e principalmente pelo confronto das inúmeras ocorrências surgidas e delimitadas na própria realidade hospitalar. Assim, como mera citação, não há como aliviar um determinado paciente sobre o temor de que possa adquirir alguma infecção hospitalar por ocasião de uma necessidade de internamento para a realização de uma simples cirurgia. Por mais convincentes que possam ser os argumentos sobre as condições de assepsia de uma determinada instituição e até mesmo de possíveis medidas preventivas existentes, haverá por outro lado tantos casos que podem ser arrolados para fazer contraponto que os argumentos por mais convincentes que possam ser se tornam inócuos. E isso sem contar com aqueles casos em que, a partir de uma determinada hospitalização oriunda de diagnósticos realizados anteriormente, se constata o surgimento de outros problemas cuja ocorrência deriva diretamente de efeitos colaterais, não apenas do tratamento, como também desses diagnósticos.

O paciente é uma pessoa que perde sua condição de agente, para se tornar meramente passivo num processo de total cerceamento de suas aspirações existenciais. E como fator agravante de conceituações originadas no imaginário, tem-se ainda o fato de que vivemos numa sociedade onde o pragmatismo é condição de balizamento para se conceituar uma pessoa como tendo ou não condições de convívio social. E por mais que se busquem alternativas para tais evidências, o que ocorre nessa seara é o paciente, sua doença e família serem enfeixados numa condição de total dependência a tais fatores. E com agravante cada vez mais cruel, o total distanciamento daquilo que o próprio paciente muitas vezes preconiza como ideal para sua vida. Sofre em situações efetivas o confronto de conceitos erigidos no imaginário com dados transformados pela realidade em algo disforme e sem sentido para sua vida.

Merleau-Ponty[4] afirma que quando me pergunto o que é o algo, ou o mundo ou a coisa material, não sou ainda o puro expectador que pelo ato de ideação virei a ser, sou um campo de experiências onde se desenham somente a família das coisas materiais e outras famílias, e o mundo como seu estilo comum; a família das coisas ditas e o mundo da palavra como seu estilo comum, enfim, o estilo abstrato e desencarnado do algo em geral. É dizer que se vive uma dada realidade que se transforma primeiramente em um campo perceptivo para se justapor em nova conceituação diante do real que se apresenta e se modifica em diversos níveis e formas. Esse processo de transformação é ainda determinante de conceituações que incidem sobre certas ocorrências as transformando em espectros assombrosos da condição humana pela configuração determinada em princípio pelos aspectos perceptivos que se originam no imaginário. Dessa forma, por exemplo, um diagnóstico de câncer traz sobre si aspectos que transcendem a própria patologia, criando sobre sua ocorrência fatores mitificados que acabam tornando realidade pela configuração que é dada aos seus aspectos circunstanciais. O câncer se torna muito mais terrível pela configuração de sua abrangência tecida amiúde nas construções do imaginário.

Sartre[5], por outro lado, diz que a relação com o outro é um fato sem o qual eu não seria eu mesmo e ele não seria o outro; o outro existe de fato e só existe para mim, como fato. A doença, mesmo existindo como fato, adquire a condição de fato pela maneira como é apreendida pela consciência; ela adquire formas pela realidade dos sintomas que determinadas patologias apresentam, mas é apenas como fato na percepção que adquirem a condição de espectros, que assolam a condição humana. É na consciência que determinados diagnósticos ganham significado de irreversibilidade de sua transformação, em aspectos que envolvam até mesmo a cura.

Merleau-Ponty[6] assevera que, quando penso, as ideias animam a minha palavra interior; obsedam-na como a *pequena frase* possui o violinista, e permanecem além das palavras; como a *pequena frase,* além das notas, mas porque resplandeçam debaixo do outro sol oculto para nós, não porque as ideias são este afastamento, esta diferenciação nunca achada acabada, abertura sempre a refazer entre signos e signo, como a carne, dizíamos nós, é a descência do vidente em

[4] *O visível e o invisível, op. cit.*

[5] SARTRE, J.P. *El Ser y La Nada*, Buenos Aires: Editorial Losada, 1981.

[6] *O visível e o invisível, op. cit.*

visível e do visível em vidente. É dizer numa transposição para aspectos que envolvam a ocorrência de determinadas patologias que, ao se dar conceito a suas manifestações estará enfeixando outros aspectos que não apenas transcendem essa ocorrência, mas também, determinam nova configuração. É o caso de muitas pessoas, que possuem soro positividade, não apresentando nenhuma sintomatologia e que, entretanto, após saberem dessa condição em decorrência de algum exame casual e rotineiro, entrem num estado de pânico total e não só passam a apresentar sinais decorrentes da descoberta, como perecem num período curto de tempo. Assim como também até mesmo ocorrência de outras doenças, que embora não sendo letais, trazem o espectro da morte pelo estigma de que são revestidos. Pode-se citar, por exemplo, a hanseníase, que apesar de todo o avanço da medicina, ainda tem em sua ocorrência todo o estigma que envolve a morte e o ato de morrer. Mesmo outras doenças, que também em outros períodos da história da humanidade se apresentavam como letais, ainda hoje, quando de sua ocorrência, sempre trazem sofrimentos provocados pela conceituação criada no imaginário.

Dessa maneira, não se pode esperar, que as pessoas não entrassem numa total turbulência emocional, diante de diagnóstico de tuberculose, sífilis, hepatites, etc. E por mais real e notório que seja os avanços da medicina e dos recursos medicamentosos, o simples diagnóstico de doenças, que sabidamente ceifavam inúmeras vidas, noutros períodos da história, o imaginário transforma esse paciente em refém do destino, abandonado à própria sorte, diante de uma *doença letal*. Ainda que se argumente sobre os números de cura, restabelecimento e até mesmo da total ausência de sequelas diante do tratamento bem conduzido, a realidade não tem como enfrentar a criação fantasiosa do imaginário, que não apenas despreza dados reais, mas, também, cria situações sequer tangíveis pela razão.

Esse aspecto mostra inclusive, a grande dificuldade médica no enfrentamento de determinados tratamentos clínicos e até mesmo cirúrgicos. Trabalha-se com situações levantadas pelo diagnóstico e por um possível prognóstico estabelecido, a partir de uma estratégia de tratamento, incluindo-se aí todos os percursos de recuperação do paciente. No entanto, se despreza, na maioria das vezes, a conceituação criada e estigmatizada, a partir do surgimento da doença. Este será o determinante de que muitas vezes o tratamento apresentará um êxito ou fracasso, de acordo com a performance criada pelo paciente em seu imaginário e não pelo tratamento em si.

Ainda que se esteja tartamudeando aspectos meramente tangenciais, de determinadas ocorrências, ainda assim é pertinente afirmar, que o próprio agravamento de determinados processos de hospitalização se processa mais no imaginário do paciente, do que meramente no processo hospitalar. As condições emocionais determinarão uma parcela bastante significativa no processo de recuperação do paciente, não apenas no seu ímpeto de recuperação do processo de hospitalização em si. Mas, principalmente pela maneira como a doença foi configurada e sedimentada em seu imaginário. Isso tudo em que pese, como mostra Ribeiro[7], as características específicas do hospital, que emerge neste século, ainda um lugar de internação de pobres, embora todos, reconhecidamente doentes e carecendo de cuidados médicos. Pessoas ricas e remediadas passaram a usá-lo somente após a sensível queda da mortalidade por infecção intra-hospitalar, à medida que alojamentos diferenciados vieram a ser instalados.

Sob esse prisma, a hospitalização não deveria provocar nenhuma preocupação no paciente a ser hospitalizado; a desestabilização emocional ocorre mais em situações concebidas aprioristicamente, do que pela hospitalização em si; a doença adquire contornos que não são compatíveis com a evolução da instituição hospitalar.

Ribeiro[8] esclarece, ainda, que alguns aspectos mágicos e sacerdotais remanescem nesse hospital. Afinal, lidar com limiares tão críticos, como a vida e a morte, suscita expectativas desconhecidas; ademais, a medicina adquiriu uma eficácia inimaginável. Ela pode, agora, coibir a dor, o sofrimento e a morte, por meio do saber e da experiência de suas equipes de tecnólogos – e não mais da ação individual do médico –, que se escondem, quase anônimos, atrás de máquinas e máscaras e do hospital. Há uma contabilidade hospitalar precisa e automatizada de tudo, com números de internações, altas, dias de permanência e taxas de morbidade e mortalidade. Planejam-se investimentos e se medem custos.

Esse cenário, que ilustra a realidade hospitalar contemporânea, é o contraponto ideal para um determinado paciente ter o seu estado de dor e angústia. Paradoxalmente, na mesma proporção em que cresce o desenvolvimento tecnológico cresce o desprezo pelas manifestações inerentemente humanas e que evocam a fragilidade de própria condição humana. Fala-se em tecnologias administrativas e empresariais, promovem-se simpósios de administração e arquitetura hospitalares, mas, ao mesmo tempo, cerceia-se toda e qualquer expressão dos sentimentos apresentados pelo paciente. Não há mais lugar para o existir humano, num contexto em que a tecnologia de ponta desempenha um papel prioritário e soberano. O paciente fica desamparado e isolado em

7 *O hospital: história e crise, op. cit.*

8 *Ibidem. Op. cit.*

sua dor, e como agravante, existe ainda a propagação na área da saúde, dos parâmetros de eficácia para o restabelecimento de determinadas patologias. Ao não se enquadrar nesses determinantes, além da patologia em si, o paciente é enquadrado em outras configurações patológicas.

Existem casos, até mesmo na ocorrência de cirurgias, em princípio simples e sem nenhum risco para o paciente, em que a desestruturação emocional traz consequências e até implicações orgânicas mais complexas. Mesmo que esse aspecto, envolvendo condições emocionais presentes no surgimento de uma determinada patologia esteja ganhando um espaço cada vez maior no seio das discussões acadêmicas, a resistência no arcabouço médico é ainda muito grande na aceitação desse enredamento. O avanço propriamente dito dessas reflexões, que implicam num maior alcance, inclusive da própria patologia em si, é o sustentáculo de sua abrangência.

Os aspectos que envolvem a história de vida de uma determinada pessoa fazem com que determinados diagnósticos repercutam de maneira específica a parte dessas peculiaridades. Há sofrimentos e dores que se originam de maneira bastante diferente das sintomatologias inerentes a determinadas patologias. Apesar de existir toda uma classificação que pode categorizar pacientes com determinadas patologias em certos quadros emocionais – depressão, medo, angústia etc. –, ainda assim, se está diante de reações que implicam na maneira como esses pacientes categorizam a doença, inclusive, a partir de informações sobre a ocorrência desses sintomas em outros pacientes que eram portadores dessas mesmas patologias. Assim, um diagnóstico de câncer, por exemplo, traz em seu bojo não apenas dados inerentes à doença em si, como também e principalmente, a presença de como a doença atingiu outros tantos pacientes em aspectos de sua vida. E por mais que exista um cuidado com a transmissão do diagnóstico, o espectro associado à doença e todas as suas implicações estarão presentes de maneira indissolúvel.

A representação de uma pessoa é criação do imaginário que elabora uma autoimagemm a partir de como eu me percebo e de como percebo que o outro me percebe. A fusão da minha própria percepção e a maneira como percebo a percepção do outro em relação à construção da autoimagem é o determinante da conceituação que faço do meu esquema corporal. É o sentimento que nutre a própria conceituação de estima para o significado de algo gratificante, ou ao contrário, deteriorado.

O espectro que o imaginário concebe como inerente a algumas patologias, é a própria maneira de configuração e até mesmo de sofrimento específico de cada paciente. E apresenta assim, diferentes características diante de uma mesma ocorrência. Não há lugar para devaneios que não aqueles que nos remetem a questionamentos sobre as implicações da morte quando do surgimento de determinados diagnósticos por mais distantes que sejam os desdobramentos que podem se revestir na ausência desse diagnóstico.

A associação da morte a certas patologias implica ainda numa configuração ainda mais drástica não apenas ao seu surgimento, como também da facticidade que se impõe a determinadas ocorrências.

Ao se buscar o significado para as coisas e fatos que nos cercam, estamos indo ao encontro, muitas vezes, a explicações que se originam e se fundem apenas no imaginário. Essas explicações não têm como se configurar em aspectos reais não apenas por dependerem de abstrações muitas vezes irreais para ganharem configuração. E, sobretudo pelo fato de ser decorrência de uma necessidade humana de tentar reconhecer significado para a existência. Nessa direção buscamos resignificar conceituações que implicam valores sobre a nossa condição de finitude. Valores que dimensionam a vida como algo que perece diante de certas patologias. Aspectos nem sempre perceptíveis, mas que sempre se fazem presente.

Merleau-Ponty[9] coloca que o uso que um homem fará de seu corpo é transcendente, em relação a esse corpo, enquanto ser simplesmente biológico. Gritar na cólera ou abraçar no amor não é mais natural ou menos convencional do que chamar uma mesa de mesa. Temos, então, que os sentimentos e as condutas passionais são inventados, assim como as palavras. É impossível sobrepor ao ser humano uma primeira camada de comportamento, que chamaríamos de *naturais* e um mundo cultural ou espiritual fabricado.

O imaginário determina a própria maneira como algumas patologias, ao se manifestarem, agem até mesmo em níveis organísmicos. Buscar os aspectos que incidem sobre as circunstâncias de reação orgânica, diante da ação medicamentosa, implica até mesmo nas formas de concepção dimensionadas como conceitos apriorísticos das doenças.

Um diagnóstico de câncer, por outro lado, transcende a patologia – suas manifestações, decorrências, efeitos medicamentosos, etc. – para encontrar arcabouço emocional no dimensionamento criado pelo paciente sobre as implicações da doença. O câncer traz em seu bojo inúmeras implicações e contradições, que fazem com que o paciente se sinta mergulhado nessas condições, em busca de um real clareamento dos que incidem sobre sua ocorrência. Na medida em que os estudos fazem o enfeixamento sobre as condições emocionais e o surgimento e/ou agravamento de determinadas patologias, e ganham uma propulsão cada

[9] MERLEAU-PONTY, M. *Fenomenologia da Percepção*. São Paulo: Martins Fontes, 1999.

vez maior, é ainda mais preeminente a observação da maneira como o paciente concebe e até mesmo explica, o seu processo de adoecimento.

Adoecer implica numa conceituação em que o primeiro aspecto tangível é a ausência de saúde, ou ainda, na falta de condições orgânicas para o enfrentamento de manifestações contrárias ao organismo.

Implica, também, em uma mudança transformista nos aspectos que envolvem a mesmice do cotidiano. E, em outras circunstâncias, até mesmo para sociedade consumista, por se tornar alguém, que deixará de produzir e até mesmo participar das intercorrências sociais. A maneira como o paciente concebe sua inserção social e, por assim dizer, o seu pragmatismo e deliberação frente à sua condição existencial será o marco que mostrará os pontos em que seus conceitos irão interferir e circundar o delineamento de suas condições vitais.

Embora a medicina se mostre cada vez mais interessada na linearidade das patologias com as condições emocionais do paciente, esses aspectos ainda se apresentam muito tênues, no tocante à construção empreitada pelo imaginário. Dessa forma, os pontos convergentes de análise e compreensão de como uma patologia incide e provoca reações em um paciente serão, primeiramente, conceitos de como o paciente se percebe em sua relação com o mundo e com o outro. A maneira como percebe o olhar do outro sobre si, e como reage a essa interação. O modo como olha o seu próprio ser – incidindo nesse aspecto a sua consciência corporal –, em sua inserção existencial e a configuração da patologia em sua vida. O dimensionamento imprimido a sua vida, a partir do surgimento da doença e o como lidar com a nova realidade e perspectiva existencial.

Um dos aspectos que aponta a especificidade da ocorrência de diferentes sintomas em diferentes pessoas diante de uma mesma patologia é fator que transcende a ótica de compreensão que abrange desde os aspectos desses sintomas até mesmo os possíveis efeitos colaterais do tratamento medicamentoso.

Cada vez mais é observável a diferença das reações do paciente que de modo cristalino indicam, através dessas reações, as diferenças pessoais e a sua configuração na especificidade individual de cada um. É o início de que uma doença nunca é a mesma para diferentes pacientes. Uma doença é única em sua manifestação e igualmente provoca reações singulares em cada paciente. Os efeitos de um determinado tratamento igualmente terão implicações diferentes em cada paciente independentemente das eventuais reações à prescrição medicamentosa utilizada.

Adoecer traz em si, resquícios da própria contemporaneidade, vivida no âmago de sua ocorrência. Ainda que os avanços da medicina sejam notórios nas diversas áreas, a ocorrência de determinadas patologias, desafiando seus princípios e fundamentos, muito mais do que revelar o surgimento de novos encadeamentos viróticos, denota que certas ocorrências derivam muito mais de manifestações sociais, que se originam nas diversidades individuais construídas em bases sedimentadas pelo imaginário. Assim, por exemplo, seria praticamente impossível se falar em síndrome do pânico algumas décadas atrás, da mesma forma que certos quadros de histeria, descritos pelos primeiros teóricos praticamente inexistem na realidade. A síndrome do pânico, assim como o tédio existencial – para ficarmos apenas em algumas manifestações estudadas na contemporaneidade – igualmente não teriam lugar de ocorrência no raiar do século XX, quando despontaram as primeiras teorias na área da saúde mental. São patologias que fazem parte do homem contemporâneo e seu expressionismo está muito mais associado a pressões surgidas na realidade social de nossos dias, do que em qualquer outra interferência endógena. Ela atinge o homem em níveis organísmicos é fato, mas tem sua origem em determinantes impostos pelo estilo de vida contemporâneo.

O surgimento da doença desestabiliza a pessoa, que se torna simplesmente paciente. A construção de sua estruturação cria no imaginário fontes de sofrimento que transcendem não apenas a doença em si, como também a própria condição de vida, após a descoberta da doença.

Adoecer significa estar em contato com a possibilidade da doença. É dizer que se irá conviver com patologias, que até então, existiam apenas como meras possibilidades, sem chance efetiva de se tornarem realidade.

O processo de dor confere ao processo de hospitalização, e por assim dizer, do adoecer uma conotação própria. Szasz[10] aponta que, para o médico, a dor é sobretudo um problema de doença ou ferimento, que aciona os impulsos nervosos; para o paciente é um problema de desconforto e sofrimento, que provém de uma disfunção do seu corpo e para o teólogo é principalmente, um problema de culpa e castigo. É dizer que, cada uma dessas pessoas volta-se para um objeto diferente: o médico para o corpo do paciente como engrenagem biológica, o paciente para o seu próprio corpo, como um bem pessoal e o teólogo para as experiências do indivíduo, como agente moral em relação a Deus.

A dor, uma vivência pessoal e intransferível, de quem a sentem torna-se algo de reflexão e intervenção, muitas vezes em total desarmonia com a subjetivação do próprio paciente. Sartre[11], de outra parte, afirma que as relações social e material entre médico e paciente são confirmadas com um elo ainda

[10] SZASZ, T. S. *Dor e Prazer.* Rio de Janeiro: Zahar, 1976.

[11] SARTRE, J. P. *Sket for a theory of the emotions.* Londres: Methuem, 1962.

mais íntimo que o ato sexual. Tal intimidade só se realiza através de atividades e técnicas precisas e originais, envolvendo a ambos. Médico e paciente formam um casal unido por um empreendimento comum. Para o médico, na maioria das vezes, não existe dor de origem emocional para o paciente. Existe sempre a atribuição de suas dores a alguma doença ou disfunção física, sem nenhum eixo que não a sua emoção diante dessa percepção.

Szasz[12] coloca também, que se considera a função social primordial do médico, o alívio da dor. Geralmente, o médico procura, em primeiro lugar, diagnosticar a doença do paciente, em parte baseado na dor, em parte, em outros sintomas e sinais e, em segundo, controlar a dor, tratando da doença que a provoca. É estabelecido um contrato particular de relacionamento em que as partes envolvidas possuem painéis estanques de performance. Se um paciente com insuficiência do miocárdio se queixa de dor no braço esquerdo, o médico não amputa a extremidade dolorosa. Procura, ao invés disso, promover a circulação coronária. Pode também ministrar drogas, para diminuir a atenção do paciente à dor. As dificuldades do médico em aliviar a dor não interessam aqui. E sim que são as situações em que a dor não indica uma doença física latente em que o tratamento não a atenua ou alivia.

De outra parte, ao atribuir conotação de emocional ao sofrimento experimentado, estamos, ainda que subliminarmente, negando a extensão de seu sofrimento em termos reais. Atribui-se uma causalidade emocional como se a partir dessa concepção a própria dor fosse livre arbítrio do paciente, tanto no sentido de sua instalação, como também em seu processo de recuperação. No entanto, o paciente que sofre, padece, em níveis orgânicos, de manifestações de desconforto, que o simples processo de conscientização de sua origem, não tem o poder de promover alívio. Ainda que tais estruturações se enfeixem no imaginário do paciente, numa articulação estrutural de sofrimento e dor, o real tangível e não apenas no campo perceptivo, como também em níveis organísmicos são manifestações detectáveis, inclusive, aos instrumentais hospitalares.

Negar a dor do outro é negar sua própria realidade.

E, de maneira constrita, como se pode negar algo, que é verdadeiro apenas para quem está sentindo?! E como, de outra parte, se pode afirmar asserções que são meramente estruturadas em hipóteses academicamente teorizadas, muitas vezes, sem vínculos com a realidade?! São indagações que não apenas nos deixam perplexos, como também mostram o cuidado necessário diante de especulações teóricas e empreendidas, na tentativa de

[12] *Dor e prazer, op. cit.*

compreensão daquilo que se deliberou definir arbitrariamente de *somatização* do paciente.

Fala-se em somatização sem se dar cona de que, muitas vezes, nessa globalização se deixou de perceber uma somatória muito grande de outras intercorrências. Como mera citação, se pode afirmar do excesso dessa explicação sobre *somatização,* quando um paciente apresenta manifestações dérmicas. Existe uma corrente muito grande de teóricos que partindo de pressupostos calcados numa fé meramente dogmática, se apressa em afirmar que tais manifestações endérmicas são processos através dos quais o paciente *coloca pra fora* os seus distúrbios emocionais interiores. Nega-se desde a presença de eventuais bactérias no organismo até outros balizamentos mais complexos de estruturação de determinadas ocorrências endêmicas. E o que é pior, muitas vezes, se atribui à própria desestruturação emocional a eficácia da ação de eventuais bactérias no organismo.

É verdadeira, a crítica realizada sobre diagnósticos orgânicos, que excluem a condição emocional no agravamento das doenças. Igualmente, é verdadeira a asserção de que não se pode atribuir tudo à condição emocional do paciente com o risco de se passar de um extremo ao outro e incorrer, analogamente, em erro semelhante. O excesso de afirmações sem a menor preocupação com a extensão de seu alcance pode estar criando novos simulacros na tentativa de compreensão a partir de manifestações emocionais do paciente. E assim temos desde explicações que atribuem às dermatites sempre causas emocionais sem qualquer preocupação com aquilo que foi ingerido por essa pessoa, até definições do câncer, em seus vários desdobramentos, como sendo igualmente de causa emocional. E não se trata de negar a importância da condição emocional no surgimento e desenvolvimento das diferentes patologias que acometem um doente. Mas sim, da necessidade de não se negar outras tantas variáveis que estão incidindo sobre esse organismo enfermo e debilitado.

Existe uma necessidade humana muito marcante de tentar compreender os alicerces em que a vida humana se estrutura. Desde os primórdios, o ser humano empreitou compreender as manifestações da natureza atribuindo-lhes origem divina. Nesse intento criou diversas entidades deificadas que a partir de sua interação deram contorno ao universo e ao próprio ser humano. E com a evolução principalmente das ciências, essas crenças místicas foram dando lugar a outras formas de explicação das intercorrências que, de alguma forma, regulam a existência humana. Ocorre, no entanto, que foram abandonadas apenas algumas formas de explicação mística, substituindo-se por outras explicações que embora, não recorram a figuras divinas, igualmente dependem de uma grande dose de fé dogmática para se tornarem críveis. Como mero exemplo, se tornou a coisa mais natural em nosso meio acadêmico ouvir afirmações dos estudos de psicossomática sobre todo o tipo de ocorrência e manifestações orgânicas atribuindo-se sempre uma *causa* de origem emocional.

Presenciei, durante participação num seminário de psicossomática, um conceituado estudioso de psicossomática, que explicava o simbolismo da diarreia na purificação do processo de culpa dos indivíduos. Era então colocado que a manifestação inicial – líquida e praticamente sem forma fecal – era uma tentativa de o indivíduo buscar a purificação existente no elemento água; e à medida que esse processo de eliminação de culpa fosse ganhando consistência, então seu processo de depuração iria dando forma de fezes. De que premissas se originavam tais observações e afirmações, tampouco era necessário arguir, pois estas são simplesmente dogmáticas e negam todo o processo diarreico em si. A diarreia como um processo orgânico de eliminação de elementos que fazem mal ao organismo, e que ao se putrefarem são eliminados de forma abrupta e contínua, não era considerada em sua essência. Apenas o processo de purificação emocional era enfatizado como se a verdade dos fatos fosse apenas essa definição. E como o próprio indivíduo pode recorrer à diarreia para se purificar de alguma eventual culpa, também não é arrolado no seio dessas afirmações. Como foi dito anteriormente, se parte de um extremo em que a condição emocional era totalmente negada na elaboração do diagnóstico e vamos para a outra extremidade em que a condição emocional, ao menos nas afirmações acadêmicas, supera até a realidade dos fatos.

Insisto que não estou tentando negar a evidência dos aspectos emocionais na ocorrência de determinadas patologias, apenas coloco sobre a necessidade de se buscar avaliações criteriosas, e que não impliquem necessariamente em fé dogmática para se tornarem críveis. Merleau-Ponty coloca que antes da ciência do corpo – que implica em relação com outrem – a experiência de minha carne como ganga de minha percepção me ensinou que a percepção não nasce em qualquer lugar, mas emerge no recesso de um corpo. Os outros homens que veem como nós, que vemos vendo e que nos veem vendo, apenas nos oferecem uma amplificação do mesmo paradoxo. É dizer da necessidade do estabelecimento de um relacionamento em que as coisas sejam fatos perceptíveis na realidade que possa ser alcançada em diversos níveis da consciência. Isso tudo então ao ser considerado, e o fato de que vivemos a era da informática com suas comunicações simultâneas e imediatas, temos então um conjunto disforme dessas tantas explicações.

Por outro lado, a doença em sua forma degenerativa, traz uma controvérsia cada vez maior, quanto aos aspectos emocionais de sua evolução. E se é real a influência desses aspectos na evolução do quadro de determinadas patologias, é imprescindível um cuidado para que essas definições não possam obnubilar a própria compreensão dos fatos.

Citamos, anteriormente, o número de teóricos que afirmam que a origem do câncer é emocional, sem a menor preocupação, até mesmo com os avanços da medicina, nessa área. Não se trata, insistimos nesse aspecto, de negar os determinantes emocionais no surgimento e na evolução das doenças. O que se busca apenas é uma compreensão em que não exista a necessidade de negação de determinados aspectos da doença, principalmente os que já foram elucidados pela medicina.

O câncer, especificamente, nos últimos tempos, tem abarcado sobre si uma preocupação bastante grande dos teóricos de psicologia sobre sua ocorrência, incidência e desdobramentos. E, se por um lado é importante a maneira como essa nova dimensão de compreender permite, que o paciente seja abordado de forma mais humana, por outro existe, também, o aumento de afirmações, que negam completamente os avanços e descobertas da oncologia. Mas, ao negarem esses avanços, não apenas nos distanciamos da verdadeira compreensão dos fatos, como também trazemos sobre nossa abordagem a perspectiva de críticas, cada vez mais cáusticas dos protagonistas das descobertas e pesquisas efetivadas no campo da oncologia. Se for verdade, que a perspectiva da psicologia no hospital ganhou dimensionamento por uma nova compreensão dos fatores emocionais que incidiam sobre os pacientes em determinados processos de adoecimento, certos psicologismos podem tornar nossas conquistas inócuas, diante da total falta de embasamento de suas afirmações.

A título de exemplo, cita-se a colocação de um médico oncologista que, participando de uma mesa-redonda em que se discutiam os aspectos emocionais do câncer, perguntou ao expositor, que havia feito uma digressão teórica sobre a origem psíquica do câncer, como seria a proposta de cura e como esse psiquismo seria capaz de provocar tamanho estrago orgânico no paciente. O expositor, então, explicou que a psique, ainda que pudesse provocar o câncer, necessariamente não seria capaz de prover a cura, na maioria das vezes; e embora a cura psíquica, ainda segundo esse expositor, dependesse de um processo psicoterápico bastante aprumado e eficaz, ainda assim não seria garantida a tão almejada cura. O oncologista argumentou como seria possível embasar tais afirmações se o surgimento era desconhecido até mesmo em seus aspectos mais formais e aparentes. Argumentos simples e que fizeram com que o expositor caminhasse em círculos, afirmando apenas que o surgimento do câncer em níveis psíquicos era uma realidade. E que só não era perceptível em formas reais, levando a discussão para aspecto meramente dogmático, em que a veracidade de suas afirmações necessitava de uma fé inquebrantável do imaginário, até mesmo para ser compreendida. E se as nossas afirmações fossem simplesmente questão de fé dogmática, em entidades distantes do real, ainda que compostas por entidades psicológicas e filosóficas, a nossa intervenção no hospital, e até mesmo em outros contextos, certamente seriam divididos com teólogos, o que, por certo, ainda não ocorre.

Sobre teorizações

Aspectos reflexivos de determinadas teorizações têm de se interromper sobre os aspectos que a precedem antes de toda reflexão. Merleau-Ponty[13] irá mostrar se a coisa é isso; para nós que vivemos entre as coisas, cabe perguntar se verdadeiramente a coisa está implicada, a título originário, no nosso contato com o que quer que seja, se é verdadeiramente através dela que se pode compreender o resto, se a nossa experiência é por princípio, a experiência da coisa. É dizer que teorizamos sobre especulações criadas no imaginário e que muitas vezes distam da própria realidade dos fatos e das coisas.

Determinadas afirmações precisam mostrar enfeixamento em sua própria dimensão para que possa ser alcançada pela percepção do outro. Uma afirmação não pode prescindir de polemicas para poder ser considerada verdadeira, ou até mesmo pertinente. Polemizar, discutir e até mesmo se configurar como determinante de inúmeros contrapontos são premissas básicas para que uma afirmação possa encontrar ressonância em sua vibração. Sua aceitação é detalhe geralmente formal. A necessidade maior de escoramento é a sua compreensão em todos os aspectos de seu enredamento. Não se discute aqui a unanimidade teórica, tampouco a negação do instrumental de trabalho de psicólogos – enveredar pelos misteriosos caminhos da alma humana –, mas sim, uma reflexão direcionar nossa performance para aspectos cuja abrangência, aceitos ou rejeitados, sejam realizados em bases que apresentam sincronia com a verdadeira pulsão da existência humana. E não apenas incursões teóricas que muitas vezes são refletidas e erigidas distante dos próprios fatos da condição humana.

Uma doença sempre é algo que transcende meramente o arcabouço orgânico, possuindo aspectos que dimensionam conceituação que não podem ser aprisionadas num determinado prisma isolado de outras variáveis. Assim, uma doença é um fenômeno pessoal, familiar e social. Até mesmo aspectos que transcendem o paciente em si não podem ser desprezados na tentativa de

13 *O invisível e o invisível, op. cit.*

compreensão da doença em si. Aspectos, por exemplo, que envolvem dados de saúde pública, sanitaristas, etc., englobam também os determinantes de ocorrência em termos de incidência de um sem número de patologias que muitas vezes são consideradas simplesmente ocorrências isoladas. Aspectos profiláticos não podem prescindir destes com o risco de se perderem tanto em termos de essência como de abrangência real.

Ribeiro[14] aponta que as novas drogas perseguem o agente infeccioso no corpo doente, tentando inibir sua reprodução (bacteriostase), ou destruí-lo (ação bactericida). Não é mais unicamente uma tecnologia do corpo social: é, sobretudo do corpo individual adoecido. Ele mostra ainda que essa migração para o interior do corpo e sobre e sobre os agentes nocivos dentro dele equivocadamente sugere a superação ou esgotamento dos modelos anteriores de intervenção tecnológica de conteúdo sanitário, profilático, obrigatoriamente coletivo, socialmente distribuído; reflete, no entanto, outra lógica determinada por uma nova etapa do desenvolvimento capitalista.

A doença passa por um crivo de abrangência em sua estruturação em que a necessidade de compreensão dos determinantes de sua ocorrência se encontra na vasta teia de conhecimentos apresentados pela medicina. E isso agravado por um contexto em que a doença apresenta em seu bojo as circunstâncias das contradições sociais em que se acha envolvida. Ribeiro[15] esclarece que a construção, instalação e uso de serviços médicos e hospitalares não são, como se vê, determinados, exclusivamente, por necessidades das populações, mas também por interesse econômicos concretos e, não raro, de corporações e grupos políticos que podem coincidir, no todo ou em parte, com aquelas. Enquanto atividade econômica, os produtores de medicamentos, equipamentos de material e de serviços médico-hospitalares se comporiam como qualquer outra agente econômico, visando a lucratividade de suas empresas e a multiplicação do seu capital.

E num nível de continuidade dessas asserções se pode afirmar, sem medo de erro, que a própria conceituação das doenças muitas vezes esbarra nos interesses econômicos que, de alguma maneira, se interessam por determinadas conceituações. Assim, quando grandes laboratórios farmacêuticos financiam pesquisas sobre o surgimento de determinadas patologias, sequencialmente surgem pesquisas sobre medicamentos para o seu enfrentamento. E o efeito desses medicamentos geralmente é viabilizado em pacientes de hospitais público com a

[14] *O hospital: história e crise. Op. cit.*

[15] *Ibidem. Op. cit.*

anuência dos médicos que geralmente são agraciados por inúmeras benesses por esses laboratórios. Têm-se como evidentes que os resultados tanto da avaliação do efeito medicamentos dessas novas drogas, como a própria conceituação da patologia serão consoantes com os interesses financeiros que permeiam essas atividades. Assim, ao serem englobados na conceituação de uma determinada patologia os aspectos emocionais que podem estar presentes em uma ocorrência, é necessário, antes de qualquer pronunciamento, um conhecimento das condições e interesses presentes nessa conceituação.

Como citação dessas colocações, lembramos de Dina Staff, atriz brasileira, que padeceu e morreu de câncer; meses antes de sua morte, numa entrevista, afirmou que "os fabricantes de determinadas substâncias e medicamentos, comprovadamente cancerígenos, devem adorar, quando ouvem alguma afirmação de que o câncer é uma doença de origem emocional". E ainda que se evoquem as conquistas da psicossomática, sempre é necessário um aprofundamento de nossas afirmações, para que não sejamos meros teóricos incautos, escudados em simples e vãs digressões teóricas. O agravamento maior desse conflito ocorre talvez muito mais pela simplicidade e inconsequência, quando afirmamos determinados conceitos, do que propriamente por sua abrangência. Muitas vezes se despreza o conhecimento de outras áreas por desconhecimento e numa total afronta, principalmente quando elas já construíram articulações eficazes e até mesmo mais abrangentes.

Esboçar as dúvidas inerentes aos questionamentos sobre o surgimento e a instalação de determinadas patologias é, inicialmente, se arvorar numa forma de conhecimento em que o saber dos aspectos emocionais direciona a intercorrência dos fatores orgânicos. É, por assim dizer, uma forma de se apresentar diante da dúvida com certezas que ao serem questionadas, evidenciam incertezas ainda maiores que as dúvidas iniciais. E com o agravante de que as manifestações corpóreas da sintomatologia das patologias ocorrem em níveis reais apresentando sinais evidenciados de concretude. É teorizar sobre a incidência emocional do câncer diante de um corpo totalmente quedado em ferida e dor; é busca acoplamento teórico em possíveis manifestações psíquicas e se defrontar com o torpor medicamentoso provocado pela quimioterapia; é hipotetizar sobre desarvoros emocionais e se deparar com os efeitos aniquiladores de toda dignidade existencial provocado pela quimioterapia, queda de cabelo, vômito, escaras, etc.; é afirmar a relação existente entre a depressão e o surgimento do câncer e enfrentar o olhar da mastectomizada diante do órgão mutilado; é buscar congruência entre as teorizações do psiquismo humano e encontrar o olhar do doente acuado e assustado diante da morte; é buscar compreensão no irreal do imaginário e desaguar na angústia humana diante da mutilação e da perspectiva de morrer espraiado em dor; é acreditar na abstração arbitrariamente imaginada e denominada de psique e tocar apenas as feridas purulentas do câncer; é ter esperança no equilíbrio energético humano e verificar a desordem estrutural apresentada pela doença e, acima de qualquer outro posicionamento, perceber o ponteamento da existência humana num confronto visceral com as perspectivas do morrer; é saber que as buscas direcionam para outras perspectivas que não aquelas buscadas no frenesi teórico que compreende que tudo compreende, muitas vezes, num terreno em que o imaginário campeia apesar de sua deformidade com os fatos e a realidade.

Busca-se a compreensão dos fatos sem, contudo, se ter claro em nossa percepção o que de fato se busca; intenta-se uma nova maneira de abordagem ao mesmo tempo em que se esbarra em dificuldades muito além do que é concebido teoricamente; arquejamos novos pilares teóricos, mas embasamos nossas crenças naquilo que apenas tocamos tangencialmente, em nosso campo perceptivo; tocamos a realidade com a nossa percepção ao mesmo tempo em que nos percebemos como sendo a própria patologia observada e estudada.

Talvez fosse necessário viver a paixão de que fala Kierkegaard, para viver o que afirmamos em nossos escritos, sobre a realidade hospitalar; ou então, viver a condição humana descrita por Dostoievski, para apreendermos a verdadeira essência do sofrimento existente nos corredores hospitalares; ou ainda, possuir os atrativos e encantos falados por Balzac ,para descrever a mulher de trinta anos, para, então, possuir os atributos necessários, para absorver a dor presente nos leitos de enfermarias; ou a doçura por Tolstoi em alguns de seus personagens, para entender a crueza da condição humana, diante da morte; ou a perspicácia narrada por George Sand em seus livros, para alcançar o enfeixamento dos relacionamentos da instituição hospitalar; ou o desprendimento para que abandonassem tudo e simplesmente o seguissem, para que, desrevestidos de conceitos apriorístico, se pudessem esboçar uma nova compreensão do hospital; a tenacidade de que fala Nietzsche, para se buscar a verdadeira transformação do hospital, numa instituição humana; ou a riqueza poética de Rilker, para se alcançar a própria beleza do apoio psicológico ao desesperado; ou a religiosidade das obras do Aleijadinho, para se enxergar a mística da morte, nos olhos do paciente hospitalizado; a irreverência dos textos de Foucault, para se perceber as contradições entre o vivido e o teorizado; o ateísmo de Sartre, para se ter o ceticismo necessário, para o discernimento da verdadeira essência dos fatos.

E, se de fato se busca a humanização do hospital, é preciso humanizar nossa própria teorização, para não agredir ainda mais o paciente, já vitimado por um sem número de especulações. E o que é pior, muitas vezes, existe uma agressão ainda muito mais intensa com as nossas teorizações, na medida em que se despreza a própria realidade dos fatos.

Teorizar é hipotetizar sobre determinados fatos. E ainda que eles fiquem num plano secundário à própria teorização nos aspectos envolvendo a compreensão a partir do imaginário de quadros em que o comprometimento orgânico evidencia muito além do que é apreendido pela percepção, é mister a construção de paradigmas que possam nortear os esboços apresentados. É fundamental mostrar onde se evidenciam as especulações realizadas sobre determinadas patologias e sua inserção na vida do paciente. Um trabalho em que o dimensionamento das teorizações encontre ancoradouro não apenas na simples especulação, mas também, e principalmente, no enredamento dos fatos.

A teoria necessitaria ter a fé do paciente terminal que clama por Deus na hora de sua morte para ser minimamente abrangente e com aspectos de profundidade emocional. Tangenciar a verdade assim como o amante toca a Lua em sua noite de devaneio amoroso. Viver a esperança dos sonhos que trilham o alvorecer de uma nova condição para a humanidade. Experienciar a crueza da dor humana em seus aspectos mais sombrios e emergir com um facho de luz das trevas da incompreensão.

De outra parte, ao conceber a psicologia como fazendo parte das disciplinas presentes na realidade hospitalar estamos configurando sua capacidade de atuação e estruturação dentro dessa realidade. Assim, o instrumental a ser utilizado em sua prática – independentemente da corrente teórica – não pode prescindir de como se analisar as intercorrências promovidas pelo paciente em seu imaginário. Imaginário que ao mesmo tempo em que decifra nuança da existência também estará dando condições para uma compreensão dos determinantes da própria hospitalização.

Merleau-Ponty[16] mostra que o ser carnal, como ser das profundidades, em várias camadas ou de várias faces, ser de leniência e apresentação de certa ausência é um protótipo do Ser, de que nosso corpo, o sensível sentimento é uma variante extraordinária, cujo paradoxo constitutivo, porém, já está em todo visível. E tentando aprofundar ainda mais seu posicionamento, esclarece que o visível é uma prenhe de uma textura, a superfície de uma profundidade, cote de um ser maciço, grão ou corpúsculo levado por uma onda do Ser. Essa distinção, por assim dizer, das diversas camadas do Ser é a circunstância que norteia a atividade do desvelamento do imaginário. Não significa, entretanto, teorizar sobre fatos sem o mero estabelecimento direcional do próprio fato com os aspectos que envolvem a teoria.

[16] *O visível e o invisível, op. cit.*

Voltemos ao caso do câncer, para melhor estribar nossas afirmações. A tentativa de mostrar os aspectos emocionais que provocam o surgimento das doenças não pode ficar restrita apenas ao enfeixamento de teorizações anteriores, em que se direcionam, sempre teoricamente, as implicações da chamada vida psíquica sobre o todo orgânico. E ainda que tais teorias não evidenciem nada mais do que apenas hipóteses sobre a tentativa de compreensão da doença, uma justaposição desses elementos é imprescindível até mesmo para que a teoria possa ser refutada ou aceita longe dos parâmetros, meramente dogmáticos. Não se trata de negar nossos instrumentais e possibilidades, ao contrário, apenas balizá-los de maneira mais efetiva.

Ao se dirigir ao hospital, o psicólogo não foi inserido apenas como mais um dos elementos pertencentes à área da saúde, e que finalmente se juntou ao demais para o contraponto emocional diante das diferentes patologias. Ele também tem sobre si a determinação de que poderá elucidar os entraves de compreensão sobre a maneira como determinados pacientes reagem diante de certas patologias.

E a conquista do espaço hospitalar se desenha como uma das muitas maneiras que a psicologia dispõe para fazer prevalecer seus preceitos de ajuda e compreensão humana. Uma maneira própria de dizer coisas que possam amainar a dor daquele que sofre e padece no leito hospitalar. Um jeito novo de mostrar o valor da escuta no desmoronamento dos sonhos e ilusões do paciente desiludido pela dor e sofrimento. Uma sistematização de conceitos que abarcam uma compreensão da existência em toda a sua multiplicidade. E ainda uma visão de mundo em que a humanização dos relacionamentos é mostrada não apenas como possível, mas também como efetivação do real.

A psicologia adentrou no hospital numa época em que tudo está sendo revisto, e os valores que tradicionalmente balizavam a maioria dos relacionamentos estão sendo questionados, e muitas vezes até abandonados. Momento em que se assiste toda uma escala de atributos filosóficos, éticos e até mesmo religiosos ser desmontada e não substituída. Instante em que a subjetividade surge como instrumento num contraponto com a mais avançada tecnologia moderna.

Nesse contexto de tempo e espaço, se propõe a psicologia em sua forma hospitalar para acolher a dor dos que sofrem – o paciente, o médico na sua dificuldade de relacionamento com o paciente, a enfermagem, enfim a totalidade da equipe de saúde. E há hospitais que, num furor de modernidade, muitas vezes, possuem até mesmo computadores programados com as principais doenças catalogadas e categorizadas pela Organização Mundial de Saúde, e que num arrojo de inovação, transformam a consulta médica numa simples consulta aos programas do computador. Assim, basta se adequar aos sistemas com as categorizações apresentadas que num hiato de segundos o computador estará oferecendo um diagnóstico adequado para a patologia consultada. Da mesma forma que o sistema bancário, cada vez mais como fruto da modernização em termos de informática, estão prescindindo da figura do bancário, tem-se um pequeno esboço que o computador também poderá reduzir uma consulta médica a uma mera atividade de acesso aos seus terminais. E se considerarmos que a psicologia em seu processo de escuta traz resquícios da abrangência da consulta do antigo médico da família, em que a doença era diagnosticada muitas vezes através de exames realizados na própria residência do paciente, a questão fica ainda mais crucial.

Tais afirmações podem causar algum assombro e provocam reações imediatas que evoquem razões mostrando o médico e a equipe de saúde como imprescindíveis nas questões que envolvem a consulta médica. No entanto, basta simplesmente lembrar, quando surgiram os primeiros programas de computador, em que era permitida uma série de intercorrências e interconsultas. Nesse momento, então, muitos especialistas da área da informática se apressaram em afirmar que apesar de todos esses avanços computador não poderia efetivar atividades que dependessem de criatividade e uma das citações de consenso era a prática do jogo de xadrez. É desnecessário dizer que essas afirmações se tornaram algo pré-histórica e até mesmo jurássica, diante dos inúmeros jogos que os modernos programas de computador apresentam inclusive xadrez.

E temos ainda como agravante o fato de que a medicina de fato não evoluiu nas últimas décadas da maneira significativa. O que houve foi o surgimento, e daí sim, a evolução da chamada engenharia médica com os mais modernos equipamentos de análise e até mesmo de intervenção cirúrgica que jamais se poderia conceber no passado. Mas a análise clínica envolvendo apenas o exame diretamente ao paciente, ao contrário, pode-se dizer inclusive que regrediu, uma vez que tudo agora prescinde de análises complementares desse instrumental moderno. O avanço da medicina e sua modernização na realidade é apenas o avanço da moderna tecnologia da engenharia médica, recursos na sua quase totalidade criados por profissionais de fora da área médica. Um detalhe desse novo contexto é o fato do paciente ir à consulta médica já apresentando informações, e muitas vezes até diagnósticos obtidos pelo computador. É como se o profissional médico fosse buscado apenas para uma nova opinião.

Nesse contexto, surge a psicologia falando da necessidade de se escutar a dor do paciente, para uma compreensão mais abrangente da patologia que o acomete.

A psicologia a despeito das categorizações e classificações vigentes vem demonstrar que a angústia de um paciente é diferente de outro, e que embora até possam apresentar reações orgânicas semelhantes, ainda assim, o sofrimento de uma pessoa não tem como ser dimensionado com a de outra. A dor e o sofrimento provocado pela minha depressão jamais poderá ser vivida em intensidade por outra pessoa. Jamais terei como objetivar o sofrimento que a minha depressão provoca. Ainda que em níveis orgânicos apresente reações semelhantes ao outro, podendo, portanto, tomar o mesmo antidepressivo para alívio dessas reações, a minha depressão será diferente de tudo que foi vivido anteriormente até por mim mesmo. Ao fazer tais considerações, a psicologia está mostrando a necessidade do olhar humano sobre o paciente, e do toque humano na realidade hospitalar. A eficácia da escuta diante do desespero provocado pela dor e pelo sofrimento. A escuta num contraponto ao consumo de ansiolíticos e antidepressivos, e a ousadia da palavra diante dos modernos programas de informática. A crença na condição humana contra a precisão dos diagnósticos computadorizados.

A psicologia se utiliza do imaginário e avança em direção a novos rumos nesse momento em que a precisão da informática abarca tudo na chamada realidade virtual. O imaginário passa a ser não apenas uma das mais importantes escoras da condição humana, como também o ponteamento, para que se possa continuar a crer em nossas possibilidades de transformação a despeito dessa realidade que vivemos e insistimos no enfrentamento.

Adoecer e morrer num contraponto e adoecer e viver novamente em plenitude. Espreitar a dor numa maneira de tecer os fios que tornaram a existência esgarçada e reconstruí-la apesar disso. Viver a humanização de algo em que não existe espaço para tal questionamento – a empresa hospitalar e a doença como objeto de mercantilização. Viver buscando no imaginário as condições para que os sonhos possam se tornar realidade a despeito das dificuldades enfrentadas. E buscar o segredo da alma com a mesma impetuosidade que o rio corre para o mar, vencendo tormentas, estreitamentos de margens e entregando segredos para a serra do caminho. Olhar a condição humana e desvelar as possibilidades de desdobramentos da existência apesar da morte que ronda o leito hospitalar.

Foucault[17] mostra que assistimos a uma imensa e proliferante criticabilidade das coisas, das instituições, das práticas, dos discursos; uma espécie de friabilidade geral dos solos, mesmo dos mais familiares, dos mais sólidos, dos mais próximos de nós, de nosso corpo, de nossos gestos cotidianos. Mas junto com essa friabilidade e surpreendente eficácia das críticas descontínuas, particulares e locais, e mesmo devido a elas, se descobre nos fatos algo que de início não estava previsto, aquilo que se poderia chamar de efeito inibidor

[17] FOUCAULT, M. *Microfísica do Poder*. Rio de Janeiro: Graal, 1979.

próprio às teorias totalitárias globais. Assim sendo, toda e qualquer globalização teria efeito inibidor diante da criticidade que pudesse contrapor fatos específicos e que se mostrem distantes de quaisquer possibilidades de generalização. Em níveis emocionais, a ideia de teorias globalizantes fica ainda mais sujeita a toda e qualquer criticidade, inclusive pelo simples deslocamento do local onde tenha sido concebida – incluindo-se aí toda a sorte de influências sociais –, até elementos como o encadeamento de valores de seu autor. Na medida em que a realidade hospitalar ainda apresenta indícios das contradições sociais, os aspectos teóricos de uma forma geral distam de maneira abismosa quando não consideram tais fatores.

Teorizar a concepção de aspectos que envolvam o surgimento de doenças degenerativas a partir do imaginário, implica numa aventura em que nos colocamos de maneira abstrata frente à própria concretude da patologia em si. E ainda que sejam afirmações realizadas a partir da observação de um número específico de pacientes durante um determinado período – a observação de um grupo de pacientes cardiopatas, por exemplo. Ainda assim, a mera extrapolação dessa observação para a totalidade desse tipo de paciente não pode ser considerada como verdade absoluta nem parcial pela simples dificuldade de se englobar de forma absoluta a infinidade de variáveis que incide sobre a existência humana. Tantos fatores serão relevantes, para serem considerados, numa determinada análise, que simplesmente é impossível qualquer teorização, que globalize a existência de maneira totalitária.

E nesse momento em que as pesquisas em psicologia estão determinando inúmeras formas de desdobramento – psicobiologia, psicoimunologogia, neuropsicologia, entre outras –, a criticidade quanto à abrangência das teorias globalizantes, mais do que nunca é pertinente. E não apenas por exigir um respeito pelos fatos em si, como também pelos avanços e conquistas obtidas em outras áreas do conhecimento. E poder buscar um nível de aprimoramento que inclua os pontos de convergência ainda que esses se toquem apenas tangencial e superficialmente. Dimensionar os limites de uma afirmação no extremo, não apenas de sua abrangência, mas também de sua condição mutante, elemento aberto para verificação e mudança a partir de novos balizamentos.

A própria mudança ocorrida no hospital nas últimas décadas contrasta com o histórico de sua trajetória. Foucault[18] aponta que antes do século XVIII o hospital não era uma instituição médica, mas sim uma instituição de assistência aos pobres e o lugar onde estes iam para morrer. Não havia doente a ser

[18] *Ibidem. Op. cit.*

curado, mas apenas alguns pobres morrendo. Essa mudança vai se configurando ao longo dos tempos e desemboca na atualidade com um sem número de tentativas de explicação tanto dos objetivos da instituição hospitalar, como também do enredamento que determina o surgimento de inúmeras doenças. É nesse contexto de teorizações, implicações e asserções que se impõe a necessidade de criticidade para que não se perca o próprio espaço conquistado pela psicologia na realidade hospitalar.

As teorizações são bastante importantes para o desenvolvimento da própria conquista efetivada pela psicologia no espaço hospitalar. Elas podem ser o sustentáculo para que nossa abordagem junto ao paciente se efetive de maneira harmoniosa. E contribui de maneira significativa para uma real compreensão da doença e da dor. Podem ainda determinar o momento mais preciso de intervenção na contextualização da crueza do sofrimento provocado pela hospitalização. O aspecto complicador das teorizações, muitas vezes, é a falta de concretude, e em alguns casos, a generalização de determinadas afirmações.

Deleuze[19] afirma que o universal não explica nada, ele é o que precisa ser explicado. O *um*, o *todo*, o *verdadeiro*, o objeto e o sujeito não são universais, mas sim processos singulares de unificação, totalização, verificação, objetivação, subjetivação, imanentes a um determinado dispositivo[20]. A multiplicidade de variáveis presentes na ocorrência de um determinado fenômeno está presente na necessidade imperiosa das afirmações que direcionam para a relativização das teorias. Teorizar é polemizar com valores estabelecidos, fatos que, por si, já determina um aspecto em que o enredamento das afirmações depende inclusive, de um ponteamento lúcido com o que está sendo questionado e até mesmo rechaçado.

Considerações complementares

Mais do que simples e pequenas dúvidas, creio que ao longo desse trabalho, embaralhei até mesmo questões que poderiam ter outras formas de enca-

[19] Essa citação de Gilles Deleuze foi extraída do texto *Deleuze – O que é um dispositivo*, publicação do Centro de Filosofia do Instituto Sedes Sapientiae, uma tradução de textos organizados por Laura F. Almeida Sampaio.

[20] Nos instantes em que terminávamos esse trabalho fomos surpreendidos com a notícia do falecimento de Deleuze através de suicídio. Não mais suportando os sofrimentos advindos de problemas de insuficiência respiratória, Deleuze – um dos principais pensadores desse século – se atirou da janela de seu apartamento em Paris. Nossa singela homenagem à sua grandiosidade filosófica e à sua contribuição para o pensamento contemporâneo. E também nossos préstimos de dor ao seu sofrimento.

minhamento. Lancei fagulhas de dúvidas e de incertezas, recorrendo a formas bastante contundentes de criticidade. Revi aspectos teóricos, polemizando com determinação, e os atirando às raízes da incredulidade. Desmoronei conceitos com a mesma dimensão de quem aprecia as ruínas históricas de determinadas cidades. Caminhei por trilhas em que não havia preocupação de repor conceitos onde a criticidade teórica deixou apenas vazio e indignação.

O contumaz artesão da palavra tem sempre presente a contundência da acidez nos esboços daquilo que foi dito através da palavra escrita. Assim também, tem detalhamentos do efeito que as críticas possam desencadear e do balizamento que o desmonte teórico provoca naqueles que de alguma forma estribam suas razões nessas teorizações. Mesmo que possa estar longe de ser acolhido na definição de artesão da palavra, certamente foram feitas críticas por demais contundentes a diversos postulados e teorias.

Abriu-se um leque de opção e reflexão para o que foi dito e dimensionado sobre as condições emocionais que incidem sobre o processo de adoecer. Foram desveladas as inúmeras possibilidades presentes na perspectiva de análise e compreensão da realidade do paciente e sua objetivação com a doença. E mais do que respostas, se lançou um sem número de dúvidas e divagações até mesmo sobre aspectos dessa compreensão.

Foram configurados aspectos amplos de necessidade de um aprumo exato para que a teorização possa ser muito mais do que uma mera e simples digressão sem comprometimento com os fatos em si. Comprometimento que deveria ser a preocupação primeira de todas as afirmações que de alguma maneira circunstanciam os balizamentos teóricos.

A novidade e criatividade presentes em cada nova teoria deveriam também ter a capacidade de romper com velhos arcabouços na medida em que trazem em si forças transformadoras embora, em algumas vezes, sem a pertinência suficiente para a efetivação de tal intento. Espraiamos muitas incertezas e dúvidas do que quaisquer outras formas de compreensão dos processos que envolvem o paciente e sua doença.

Dúvidas lançadas para que possam ser refletidas por um sem número de teóricos que escrevem ou estudam sobre os processos emocionais presentes no adoecer. Foram configuradas, ainda que tangencialmente, evidências dessa maneira de polemizar e discutir fatos e teorias.

Talvez a grande dificuldade e mesmo grande desafio contemporâneo consista em nossa capacidade de discernir a mera teorização dos aspectos realmente importantes que são revelados por um dado fenômeno. Verificar se atrás de uma dada explicação teórica não se encontra mais uma das inúmeras tentativas humanas de explicar os fatos baseados exclusivamente na sua necessidade humana de tentar apreender e explicar os fenômenos que o cercam.

Desde os primórdios da civilização, o homem traz enraizado em suas necessidades a tentativa de explicação dos fatos e fenômenos que circundam e determinam formas à sua existência. Assim, recorre a todo tipo de abstração teórica e filosófica para tentar dar contornos aos *porquês* de sua existência e sua inserção no mundo. Nesse afã, recorre, na maioria das vezes, às explicações que dependem única e exclusivamente de fé dogmática para se tornarem realidade.

Igualmente, muitas teorizações psicológicas vão ser balizadas nesse mesmo patamar. Ou seja, seus enunciados dependem de fé dogmática para poderem simplesmente ser considerados verdadeiros e abrangentes. Não possuem outra lógica que não a fé dogmática para que possam alcançar a explicação de determinadas ocorrências. E o que é mais grave, embora também fundamentada em bases dogmáticas, se arvora como absoluta inclusive para explicar a *fé religiosa* das pessoas. É o caso da psicanálise, por exemplo, cujas principais asserções dependem de uma fé dogmática para se tornarem reais, e mesmo assim explica tudo a partir de seus axiomas. Basta apenas não se acreditar em seu principal enunciado, o inconsciente, que nada mais se justifica e se fundamenta. Então temos uma situação em que afirmativas dogmáticas estão a explicar outros dogmas sociais. Os cientistas dessa maneira estão concebendo contornos a uma nova seita mística: a ciência. Tornaram-se sumos sacerdotes e bispos da nova profissão de fé, a crença absoluta nas ditas explicações científicas. Conceberam-se conceitos científicos que em sua essência são tão dogmáticos como aqueles proferidos pelos fieis religiosos. A única diferença é que está balizado pelo chamado cunho científico. Uma das grandes verdades da contemporaneidade dentro desse prisma é a afirmação de que algo está cientificamente comprovado. Assim, desde propagandas de determinados produtos, até novas medicações, a afirmação de comprovação científica representa algo que significa verdade absoluta acima de qualquer possível dúvida. E mesmo que novos experimentos possam lançar por terra tais conclusões não existe nada mais absoluto que a afirmação de que algo é cientificamente comprovado.

Toda e qualquer afirmação dita científica deve ser cautelosa nos determinados aspectos de uma ocorrência. E uma simples observação de certas teorias e sua evolução ao longo do tempo mostra a necessidade de uma cautela bastante apurada para não se proferirem tais asserções como valores verdades e universais. Seguramente um trabalho que se dispusesse a observar a evolução de alguns axiomas que envolvem a construção de determinadas teorias, certamente, encontraria tamanha disparidade ao longo de seu percurso que talvez fosse até mesmo muito difícil encontrar a união de pontos convergentes.

Da mesma forma vamos ao encontro no cuidado com observações dos chamados fenômenos psicossomáticos, visto que nesse afã de explicação inerente à condição humana, se encontra nessa área campo propício para o todo o tipo de divagação teórica e até mesmo filosófica. Insisto que não tenho a menor pretensão de negar os avanços obtidos na área, tampouco trabalhar em sentido contrário a essas descobertas. Apenas levanto a necessidade de se ter cuidado com as afirmações teóricas para não incorrer em erros semelhantes àqueles que se pretendeu balizar. Como ilustração temos a prática da chamada *urina terapia*. Os adeptos dessa proposta argumentam sobre as fantásticas propriedades contidas na urina que teria elementos para curar um espectro muito grande de doenças. A urina, uma manifestação do organismo para eliminação de toxinas, é novamente ingerida para o melhor funcionamento desse mesmo organismo.

E por mais que se possa estar diante de surrealismo dantesco que afronta alguns dos princípios largamente definidos pela medicina ao longo de décadas, a condição de eliminação de toxinas e depuração de elementos nocivos ao organismo através da urina, ainda assim, assistimos estarrecidos sua conceituação como sendo, inclusive, prática incluída no rol das chamadas terapias alternativas. Essa prática na verdade pode ser definida simplesmente como ingestão de lixo, e como tal conceituado e apreendido e não mais do que isso apesar de todas as explicações que possam vir em sentido contrário.

Por mais dantesca que possa ser a ideia da associação de uma prática escatológica como sendo terapia alternativa, se está diante apenas de uma das inúmeras aberrações encontradas atualmente e que são englobadas nesse rol.

De um lado, ainda que escorada em aspectos meramente experimentais, também se assistiu ao surgimento de diversas asserções que transformam certas doenças em simples manifestações da contemporaneidade independentemente de suas bases bacteriológicas e mesmo orgânicas. Um exemplo dessa citação é o diagnóstico muito frequente de virose. Na falta de alguma explicação convincente, se apela para uma abstração insólita que apesar de nada explicar deixa as partes envolvidas satisfeitas com a explicação dada.

Por outro lado, situações que deveriam merecer uma atenção bastante apurada dos investigadores dos fenômenos de saúde mental praticamente são relegadas a alguns poucos profissionais. Como citação, se pode aludir aos fenômenos do desgaste mental provocado pelas condições de trabalho. A condição presente nos ambientes de trabalho, fruto da correlação de forças sociais da atualidade, estão levando um sem número de pessoas a uma total desestruturação psíquica a partir dessa configuração.

Silva[21], num estudo bastante aprofundado das situações e condições do ambiente de trabalho, coloca que o estudo das conexões saúde mental e trabalho não é novo. Entretanto, os desenvolvimentos teóricos e metodológicos sobre o tema, bem como a nitidez cada vez maior dos seus significados políticos, econômico e sociocultural assumem tal intensidade e abrangência que se torna possível falar do surgimento de um novo campo de estudo marcado pela interdisciplinaridade. Neste campo, passam a ser examinados os processos saúde/doença vinculados em suas determinações ou desenvolvimentos à vida laboral, através de uma ótica profundamente distinta das anteriormente adotadas, tanto pelo enriquecimento dos eixos de análise, quanto pela fixação de uma perspectiva em que as finalidades das investigações assumem diretrizes éticas.

Isto significa que princípios que ultrapassam a busca da produtividade são adotados na medida em que os estudos se voltam para identificar todos os aspectos que provocam o adoecimento. Inclusive aqueles que possam estar servindo simultaneamente aos interesses da produção. E num momento em que a sociedade assiste estarrecida os efeitos do desemprego sobre a população, a reflexão sobre as condições de trabalho e sua incidência na vida das pessoas certamente são condições indispensáveis, inclusive, para a compreensão dos inúmeros pacientes que emergem diariamente na rede hospitalar vitimados por problemas mentais e orgânicos derivados de condições adversas de trabalho. É cada vez maior o número de pessoas que está sendo atirada às raias do desespero devido a situações que implicam na adversidade das condições de trabalho. O próprio trabalho de Silva[22] traz casos comoventes de pacientes que passaram a portar determinadas psicopatias depois da vivência de determinadas adversidades em situações decorrentes das condições de trabalho. Quando a nossa reflexão sobre a condição emocional e suas implicações sobre a realidade orgânica do paciente adquirem contornos baste amplos e específicos a reflexão de como condições adversas de trabalho estão levando inúmeros pacientes a toda ordem de distúrbios mentais é determinante dos avanços necessários para um verdadeiro aprofundamento dessas questões. Certamente se terá mais um instrumento de verificação de condições adversas que, muitas vezes, determinam características específicas de intercorrência no cotidiano desses pacientes. Teremos uma nova ótica de análise que não apenas abarcará as formas da intercorrência social sobre a estrutura emocional, como também estará balizando o aprumo para que certas afirmações incluam essa variável presente e tão forte na vida das pessoas.

[21] SILVA, E.S. *Desgaste Mental no Trabalho*. São Paulo: Cortez, 1994.

[22] *Ibidem*. *Op. cit.*

Silva[23] dentre os depoimentos que ilustra seu trabalho, mostra a própria percepção do doloroso ataque à dignidade. Esse tipo de ataque determinou diferentes representações, dentre as quais ressaltaram aquelas em que os trabalhadores demonstram uma identificação com escravos ou animais. A imagem de escravo se associa simultaneamente à perda de liberdade e ao sobretrabalho. *Ali, a gente é um verdadeiro escravo, não pode falar nada, tem que aguentar calado se tiver morrendo de cansado* (ajudante industrial)[24]. A expressão *ser tratado como animal* [25]foi uma das mais utilizadas pelos trabalhadores de indústria de base por Silva, sobre os quais pesava o registro de *ajudante* e estava correlacionada à vivência de desqualificação.

A mera citação dessa abordagem envolvendo a correlação de saúde mental e trabalho é apenas um pequeno indício de que as nossas preocupações teóricas correm o risco de perderem a sua verdadeira essência se não considerarem em seu arcabouço fatores tão desestruturantes da organização emocional das pessoas e que, na maioria das vezes, ficaram distantes do campo dessas teorizações. E nesse caso, em que pese o pequeno número de pesquisadores se comparados numa relação direta com outras áreas, se tem um contraponto de qualidade teórica de tal maneira abrangente que a deficiência numérica certamente é compensada. Na sequência, se tem o fato de que essa correlação de forças, não ocorre em outros campos em que o número de teóricos não apresenta concretude e embasamento filosófico, para o avanço das reflexões que poderiam determinar um novo enquadre na formação de um conhecimento mais aprofundado da condição emocional.

Avançamos em questões predominantemente operacionais, na mesma medida em que estamos cada vez mais debruçados sobre teorizações vazias e desprovidas de sentido filosófico e até mesmo existenciais.

Foram polemizadas nossas próprias teorizações, sem receio de se deixar um grande vazio e nada acrescentar em contrapartida. Apenas se dimensionou a necessidade de um constante revisionismo nas questões julgadas conhecidas, para que a produção desse saber não ficasse estanque a aspectos que não permitam a análise de aprofundamento crítico dos aspectos que possam envolvê-los e subjetivá-los.

O arcabouço de muitas teorias é a própria asserção da teoria em si.

Esse aspecto necessita de uma análise contínua para tornar obsoletos eventuais contrapontos cabível até mesmo quando da formulação de tais enunciados.

[23] *Ibidem. Op. cit.*

[24] *Ibidem. Op. cit.*

[25] *Ibidem. Op. cit.*

Escrevemos, na apresentação desse livro, que continuamos a ser sonhadores. Diante de tudo que foi escrito nesse capítulo, em que uma nova ordem de criticidade às teorizações é objetivada, certamente estamos municiando, de maneira absoluta, todos que queiram nos definir como sonhadores. E também da tentativa de enquadre e de novos paradigmas de uma psicologia, decididamente humana. Uma psicologia construída por pensadores humanos e que seja destinada à compreensão do Ser Humano, e não mais por devaneios que o coloquem em plano secundário.

E assim é; o importante é que nossa proposta de ação e pensamento seja possível. Não importa que não esteja totalmente efetivada. Importa que seja possível.

Referências

ANGERAMI, V. A. *Sobre a Atuação do Psicólogo no Contexto Hospitalar.* In: ANGERAMI, V. A. (Org.). *Psicologia Hospitalar. Teoria e Prática.* São Paulo: Cengage Learning, 2015.

DELEUZE, G. *O que é um Dispositivo.* São Paulo: publicação do Centro de Filosofia do Instituto Sedes Sapientiae, 1996.

FOUCAULT, M. *Microfísica do Poder.* Rio de Janeiro: Graal, 1979.

MERLEAU-PONTY, M. *O Visível e o Invisível.* São Paulo: Perspectiva, 1971.

_______________ *Fenomenologia da Percepção.* São Paulo: Martins Fontes, 1999.

RIBEIRO, H. P. *O Hospital: História e Crise.* São Paulo: Cortez, 1993.

SARTRE, J. P. *Sket for a Theory of the Emotions.* Londres: Methem.

_____________ *El Ser y La Nada.* Bueno Aires: Editorial Losada, 1981.

SZASS, T. S. *Dor e Prazer.* Rio de Janeiro: Zahar, 1976.

SILVA, E. S. *Desgaste Mental no Trabalho Dominado.* São Paulo: Cortez, 1994.

Parêmia da Ilusão

Valdemar Augusto Angerami

Espreitamos a angústia, a alegria,
a depressão, a ausência, o encontro...
vivemos a finitude, a eternidade...
a turbulência e a quietude...
assistimos aos desmoronamento do sistema de saúde
e ao avanço da medicina, rumo a novas conquistas
no enfrentamento das mais diferentes epidemias...

Sonhamos com uma nova realidade hospitalar
Como o encantamento de quem aprecia
uma grande obra de arte...
Sonhamos com uma nova dimensão social...
Onde não existam marginalizados
e pacientes agonizando nos corredores hospitalares...

Uma pena branca sendo levada pelo vento,
no azul do céu, que se mistura ao
branco das nuvens e desaparece...
de excitação que leva ao deleite
e a névoa que se dissipa diante da realidade...
do amargor da decepção, da alegria do encontro...
da esperança da felicidade, da crença no amor...

Da jabuticaba preta que se adocica na boca
E da indigesta dieta hospitalar...
De vida que vadeia pelas ruas e alamedas
e que estreita na doença e na dor...
da ilusão de que Deus existe e resgatará
o paciente moribundo, para o triunfo final...
da incredulidade de que a morte termina,
quando surge a vida do amanhã...

De que o sonho é idealização de uma
nova esperança na própria realidade...
na certeza da dúvida, de crença de que
é possível haverá uma sociedade justa e fraterna...
E humana... Como humanos são nossos sonhos
e esperanças... Nossos deuses... Nossos mitos e ilusões...

Serra da Cantareira, numa manhã azul de Outono.

CAPÍTULO 4

Práticas integrativas e complementares: um cuidado milenar nos dias de hoje

Amana Assumpção

Dizem que em cada coisa, uma coisa oculta mora.
Sim, é ela própria, a coisa sem ser oculta,
Que mora nela.
Mas eu, com consciência e sensações e pensamentos,
Serei como uma coisa?
Que há a mais ou menos em mim?
Seria bom e feliz se eu fosse só o meu corpo –
Mas sou também outra coisa, mais ou menos que só isso.
Que coisa mais ou menos é isso que eu sou?[1]

Cuidar de si, da saúde, do outro. Cuidar do machucado, da alma, da amizade, do amor, cuidar das crianças para que cresçam saudáveis. Cuidar dos doentes para que fiquem bons logo, ou para que sofram menos. Cuidar do jardim para que as plantas espalhem sua beleza, tomar conta de seu lixo, do seu espaço, de seu ambiente. O cuidar acompanha a história da humanidade, tanto quanto sua capacidade de destruição.

Boff (1999 *apud* Silva *et al*, 2005, p. 473) abordou o tema do cuidado em sua obra, e segundo ele:

> O cuidado é mais do que um ato singular ou uma virtude ao lado das outras. É um modo de ser, isto é, a forma como a pessoa humana se

[1] Alberto Caeiro in Poemas Inconjuntos

> estrutura e se realiza no mundo com os outros. Melhor ainda: é um modo de ser-no-mundo que funda as relações que se estabelecem com todas as coisas.

Para este autor, o cuidado se dá no macro, como o cuidado com o ambiente, e no micro, como cuidado entre os seres, o que envolve a saúde. E também envolve afeto e contato íntimo com o outro, para poder ouvi-lo, o que significa se ocupar, se responsabilizar e se envolver afetivamente com outro (Boff 1999, *apud* Silva, 2005).

Desde tempos muito remotos, o homem busca recursos para tornar as intempéries da vida mais amenas e cuidar de si e dos seus. Esfregar uma área dolorida, abraçar alguém desconsolado, procurar ervas e alimentos que aliviem o mal-estar, eram algumas das formas encontradas para se promover a saúde.

O que hoje é conhecido como Medicina ou Terapia Complementar / Alternativa, na verdade, foi por muito tempo a medicina oficial e, em alguns lugares, ainda se mantém como um dos principais modelos de tratamento. Como no Oriente, nos povoados indígenas, que mantêm suas tradições de cura por questões culturais, ou naqueles povoados afastados dos grandes centros, e desprovidos de recursos, que mantém os tratamentos naturais pela dificuldade de acesso aos atendimentos biomédicos.

Podemos tomar como exemplo de percurso histórico destas práticas, o da massagem, que possivelmente teve seus princípios no comportamento instintivo dos primatas em esfregar ou coçar uma área em busca de alívio, e que apresenta os primeiros indícios de seu uso terapêutico em registros pictóricos e escritos. Existem também registros antigos, como o tratado médico chinês conhecido como Nei Chang de aproximadamente 2760 a.c. que contém descrição detalhada dos procedimentos e aplicações de movimentos semelhantes aos da massagem. Homero descreveu na Odisseia os benefícios da massagem na recuperação dos soldados feridos em guerra. Na antiga Grécia, a massagem estava associada a beleza e a sofisticação, acompanhando os banhos dos mais afortunados, e os romanos herdaram essa tradição, dizem que o próprio Júlio César era beliscado em todo corpo, para tratar uma doença parecida com a neuralgia. Hipócrates (460-360 a.c.) descreveu o uso médico da massagem. Durante a Idade Média, aspectos culturais e práticas antigas foram abandonados e apenas durante o século XVI que alguns dos métodos antigos voltaram a ser empregados devido ao aumento da compreensão dessas práticas através da ciência. Algumas das grandes colaborações para a aceitação terapêutica do uso da massagem, foram a descoberta da circulação sanguínea por Harvey, em 1624 e as pesquisas que demonstraram a influência de suas manobras sobre o fluxo sanguíneo (Domenico e Wood, 1998).

Além da massagem, outros conhecimentos tradicionais sobre saúde colaboraram com nosso modelo atual de saúde, podemos tomar como exemplo o desenvolvimento da indústria farmacêutica, que fez uso de substâncias ativas isoladas de plantas medicinais no desenvolvimento de medicação de amplo uso na atualidade. O ópio é um deles, segundo Duarte (2005), desde a antiguidade ele vem sendo usado por seus efeitos analgésicos e pelas alterações no comportamento humano. Seu efeito analgésico é ainda hoje reconhecido como um dos mais potentes pela farmacologia, e diferentes substâncias foram isoladas (como a morfina) e até sintetizadas a partir da planta *Papaver somniferum*, para que o opioide mais adequado fosse ministrado de acordo com a doença e condição de saúde do paciente.

Assim, conhecimentos ancestrais sobre o uso das plantas, alimentos, águas termais, argila medicinal e amplo espectro de recursos naturais, se desenvolveram e foram transmitidos entre as gerações como parte da sabedoria para promover a saúde e a sobrevivência. Parte destes conhecimentos que perduraram até nossos dias, são reconhecidos como: Medicina Tradicional (MT), Medicina Alternativa e Complementar (MAC) e Medicina Integrativa (MI).

> O conceito de medicina convencional, alternativa ou complementar varia muito entre os países, não sendo bem definido. A categoria médica brasileira costuma denominar as práticas não convencionais pelo termo 'medicina alternativa'. Porém, esta denominação não seria a mais adequada, visto que as terapias convencionais nem sempre podem ser substituídas. (Teixeira, Lin e Martins, 2004 *apud* Gontijo e Nunes, 2017, p. 302)

Medicina Tradicional diz respeito as milenares Medicina Chinesa e Ayurvédica em especial. O termo "Medicina Integrativa", como o próprio nome sugere, se refere a um campo que adotou a abordagem integrativa, associando medicina ocidental e oriental. No entanto, esta nomenclatura sugere o domínio da medicina e a exclusão dos profissionais não médicos no uso dessas práticas.

Através do desenvolvimento científico e do conhecimento racional, sob uma perspectiva cartesiana e positivista, essas práticas caíram em desuso no Ocidente. A valorização das pesquisas com dados quantitativos e os poucos estudos comprovando a eficácia destes métodos de tratamento, os deixaram marginalizados, como algo ultrapassado e muito relacionado a crenças irracionais. Esta percepção paira sobre a denominação Medicina ou Terapia Alternativa, como métodos de tratamento pouco confiáveis e que não dialogam com as especialidades hegemônicas da saúde.

No Brasil, atualmente utiliza-se mais o termo Práticas Integrativas e Complementares (PICs), que abrangem grande leque de terapias que idealmente deveriam se integrar ao modelo biomédico e outras especialidades da saúde. E ainda, que estas podem ser utilizadas por diferentes profissionais, médicos e não médicos. Este é o termo adotado oficialmente pelo Ministério Público de Saúde.

O modelo ocidental atual é o biomédico e se desenvolveu através de pesquisas que buscam diagnósticos assertivos, de base biológica, e tratamentos adequados para alívio de sintomas e cura de doenças.

Segundo Otani e Barros (2011), o modelo biomédico alcançou resultados fantásticos no tratamento de doenças. Mas há algumas décadas houve uma crescente insatisfação com este modelo dicotomizado e superespecializado. A relação de poder entre médico e paciente também passou a somar entre as críticas, devido as poucas informações fornecidas ao paciente que, em geral, não é incluído nas decisões referentes ao seu tratamento. Também o aumento das doenças crônicas em prol das infectocontagiosas e a insatisfação com o sistema de saúde, fizeram com que a procura por terapias alternativas aumentassem por volta da década de 60.

Esta dicotomia se refere a separação entre psique e soma no modelo biomédico, o sujeito é visto como um organismo quase que mecânico e sua subjetividade (aquilo que é próprio do sujeito) é desconsiderada como algo de menor valor e importância. A superespecialidade se refere à profundidade de conhecimento sobre um aspecto, como se o sujeito como um todo fosse identificado com seu órgão que sofre.

Por muito tempo, as doenças que não recebiam diagnósticos, ou apresentassem marcadores biológicos, que indicassem desequilíbrios de causa orgânica, eram desprezadas e consideradas "piti", "frescura" de paciente, que queria atenção. Temos como referência a esta ocorrência, os estudos sobre a histeria, feitos por Freud, que resolveu dar atenção, ouvir e estudar esta patologia misteriosa e rejeitada pelo meio médico. Atualmente temos o exemplo da fibromialgia, doença em que o paciente apresenta dor difusa associada a diversos sintomas, como insônia, problemas digestivos e de concentração, sem que apresente exames alterados que justifiquem este quadro.

E se por um lado, o modelo biomédico, sob a perspectiva organicista, tem como seu principal objetivo o diagnóstico de doenças, tratamentos de sintomas e a cura, as terapias complementares têm como foco, o cuidado terapêutico com a saúde. Ela visa a promoção da saúde através do estímulo de hábitos saudáveis que mobilizem a capacidade curativa do ser humano, através de sua dimensão física, psicológica, social e espiritual. Sendo assim, a atenção a saúde não está necessariamente vinculada a identificação de patologia e a sua recuperação, mas também, a manutenção e promoção do bem-estar.

Sob esta óptica, o tratamento deve ser orientado de modo individualizado, a fim de atender as especificidades daquele que busca pelo cuidado de sua saúde. O sujeito passa a ser o centro de uma atenção global, na qual é estimulado a desenvolver o autocuidado. Assim, deixa de ser passivo/paciente e passa a ter papel ativo nas escolhas de seu tratamento, tanto quanto é convidado a assumir a responsabilidade em aderir e manter os hábitos cotidianos de promoção de saúde, e conhecer a si mesmo para encontrar as melhores formas de promover, recuperar e manter sua saúde.

Estes modelos de cuidado, também chamados de holísticos, consideram a habilidade inata do organismo, como um todo, em se curar. O sintoma, mais do que combatido, deve ser ouvido como um recado de que algo não vai bem e precisa de atenção. E, ainda, o indivíduo é chamado a reconhecer-se como um ser social, inserido em um ecossistema. Desta forma, o cuidado deixa de entender a saúde apenas em seu aspecto micro e passa a inseri-la no macro. Assim sendo, a decisão de comer ou não carne, por exemplo, passa não apenas pela análise do que a carne provoca de benefícios e prejuízos ao seu organismo ou da filosofia/crença que se adota, mas de vários aspectos que envolvem a criação do animal e seu consumo. Como, por exemplo, a manipulação genética envolvida na procriação, o espaço que eles ocupam de pasto e o impacto que isto traz a natureza, a forma como são criados e tratados, o quanto há de sofrimento em seu abatimento, além do trabalho humano envolvido em todas as etapas. Embora não tenhamos controle sobre todas as variáveis, conhecê-las favorece que façamos escolhas conscientes sobre a saúde individual, coletiva e do meio.

Embora muitas destas práticas sejam milenares, algumas questões têm sido discutidas mais recentemente, e uma questão bastante polêmica diz respeito a definição de quais profissionais são habilitados para fazerem uso delas. Como ainda não é reconhecida como uma profissão e nem tem seus contornos bem delimitados, seu uso não é exclusivo de nenhuma área, principalmente no âmbito do atendimento privado.

Temos no Brasil, segunda a APANAT (Associação Paulista de Naturologia), três cursos de graduação, reconhecidos pelo MEC, chamados de Naturologia Aplicada, que formam profissionais habilitados, para trabalharem com as Práticas Integrativas e Complementares.

Esta é uma forma de organizar as próprias práticas e os profissionais, através da formação qualificada, pesquisas, organização de congressos e associações, que construam os códigos de ética, e que orientem a profissão e seu reconhecimento.

No entanto, a Naturologia não toma pra si a exclusividade de uso das PICs; médicos, fisioterapeutas, enfermeiros, tecnólogos, e profissionais; que estudaram em ambientes não acadêmicos, estão entre os habilitados, para trabalharem na área. Cursos de formação livre, técnicos, grupos de pesquisa em universidades públicas e especializações em renomadas universidades, compõem o leque de possibilidades de estudos na área.

É esta amplitude de atuação, que pode gerar bastante polêmica, colocando em questão a aptidão, seriedade e o conhecimento amplo do profissional sobre a saúde, para ser capaz de se integrar no trabalho interdisciplinar. Se de um lado profissionais com conhecimentos tradicionais e populares têm a liberdade de fugir do cientificismo em nome da sabedoria prática e milenar, do outro lado a busca por evidências da eficácia das terapias sob a luz da ciência, reduz o risco de se perpetuar práticas baseadas exclusivamente em crenças, e ainda aumenta a possibilidade de aprimorar os efeitos das PICs, através do uso adequado das mesmas. Vale ressaltar que esta observação não exclui o valor terapêutico da crença nem da espiritualidade, mas que, quando se pensa sobre a integração de saberes, precisamos, por exemplo, conhecer as substâncias ativas em uma planta, para evitar interação medicamentosa e ajustar a dosagem terapêutica, e não apenas conhecer o valor simbólico que lhe é atribuído pelos tratamentos populares. Este tipo de polêmica é pertinente e comum a especialidades que estão iniciando seu reconhecimento como profissão, como aconteceu no início da própria psicologia.

Fiz minha primeira graduação em Naturologia Aplicada, sou da terceira turma, formada no primeiro curso de nível superior do Brasil. Acompanhei com sonho e luta seu nascimento e seus desdobramentos. Mais do que pesquisadora acadêmica na área, sou alguém que vivenciou, atuou, discutiu, experimentou as Práticas Integrativas e Complementares e sofreu as consequências do pouco reconhecimento inicial deste campo de atuação. E é deste lugar que escrevo, do lugar de quem compartilha experiências, perspectivas e dúvidas para que as discussões, pesquisas e publicações se ampliem cada vez mais, assim como sua inserção no sistema de saúde.

Minha pretensão, neste capítulo, não é o de discutir a inserção destas práticas na atenção primária, secundária ou terciária da saúde, mas, sim, de apresentar modelos de abordagem de saúde pouco convencionais e bastante humanizados. Mais do que aprofundar a discussão sobre as PICs, sua eficácia e inserção na saúde, almejo apresentar um jeito de cuidar e olhar para a saúde, para o indivíduo e para o meio ambiente, olhar este que pode orientar a atuação de qualquer profissional da saúde em sua prática específica.

Práticas integrativas e complementares no Sistema Único de Saúde

A intenção de se construir um cuidado com a saúde que não signifique apenas ausências de sintomas, não é exclusividade daqueles que fazem uso das Práticas Integrativas e Complementares. Estes assuntos vêm sendo mundialmente discutidos, e a viabilização destes ideais na saúde pública têm sido incentivados, através de políticas públicas específicas.

Podemos citar, dentre os documentos que norteiam este modelo de cuidado, a Carta de Otawa de 1986, documento produzido durante a Primeira Conferência Internacional sobre Promoção de Saúde. Nesta carta de intenções, definiu-se o conceito de promoção de saúde:

> Promoção da saúde é o nome dado ao processo de capacitação da comunidade para atuar na melhoria de sua qualidade de vida e saúde, incluindo uma maior participação no controle deste processo. Para atingir um estado de completo bem-estar físico, mental e social os indivíduos e grupos devem saber identificar aspirações, satisfazer necessidades e modificar favoravelmente o meio ambiente. A saúde deve ser vista como um recurso para a vida, e não como objetivo de viver. Nesse sentido, a saúde é um conceito positivo, que enfatiza os recursos sociais e pessoais, bem como as capacidades físicas. Assim, a promoção da saúde não é responsabilidade exclusiva do setor saúde, e vai para além de um estilo de vida saudável, na direção de um bem-estar global. (WHO, 1986, p. 1)

A OMS também define saúde como "um estado de completo bem-estar físico, mental e social, e não apenas ausência de doenças." Embora esta definição seja bastante criticada por soar inatingível e utópica (Segre e Ferraz, 1997), ela leva a pensar na saúde para além do corpo e da doença, propõe reflexão sobre uma saúde positiva, que não se restringe ao combate de sintomas.

Desta forma, as instituições de saúde e a própria medicina também passam a levar em consideração aspectos não físicos e a discutirem a promoção de saúde sob a óptica dos complexos fatores que a envolvem. Reafirma-se também a discussão sobre a atuação interdisciplinar do cuidado com a saúde, integrando a avaliação e tratamento de várias especialidades em prol do desenvolvimento de uma saúde integral do ser humano.

Então, a nomenclatura "terapia complementar ou alternativa" passou a ser questionada, sendo que sugeria algo que realizava papel adicional ou alternativo ao modelo elementar biomédico. Ou seja, o termo sugeria que existiam dois modelos distintos de tratamento, que não dialogavam, mas que poderiam ser utilizadas concomitantemente, sendo que o complementar andava a margem do biomédico. (Otoni e Barros, 2011). O termo "Práticas Integrativas e Complementares", representa mais fidedignamente os princípios de integração e interdisciplinaridade entre os modelos de atenção a saúde e entre as diferentes especialidades, com a finalidade de promoção da saúde.

Algumas iniciativas colaboraram para o incentivo a criação de Políticas Públicas Nacionais para as Práticas Integrativas e Complementares, segundo Telesi Júnior (2016), a Primeira Conferência Internacional de Assistência Primária em Saúde (Alma Ata, Rússia, 1978), foram realizadas as primeiras recomendações para a implantação das medicinas tradicionais e práticas complementares. No Brasil esse movimento ganhou força a partir da Oitava Conferência Nacional de Saúde (1986).

> A partir de Alma Ata a Organização Mundial de Saúde criou o Programa de Medicina Tradicional, objetivando a formulação de políticas em defesa dos conhecimentos tradicionais em saúde. Em vários de seus comunicados e resoluções, a OMS firmou o compromisso de incentivar os Estados-membro a formularem políticas públicas para uso racional e integrado das Medicinas Tradicionais e das Medicinas Complementares e Alternativas nos sistemas nacionais de atenção à saúde, bem como para o desenvolvimento de estudos científicos para melhor conhecimento de sua segurança, eficácia e qualidade. (Telesi Júnior, 2016, p. 100)

Em 3 de maio de 2006, foi instituída no Brasil a portaria ministerial (GM/MS) nº 971, pela qual o Conselho Nacional de Saúde regulamentou a Política Nacional de Práticas Integrativas e Complementares (PNPIC). Esta portaria foi criada a partir da necessidade de se conhecer, apoiar, incorporar e implementar experiências que já estavam ocorrendo na rede pública nacional, porém sem diretrizes específicas, e os devidos registros e avalições que legitimassem sua oferta. Dentre as práticas oferecidas pelo Sistema Único de Saúde - SUS: medicina tradicional chinesa (MTC), que inclui acupuntura, práticas corporais e meditativas, medicina antroposófica, fitoterapia, homeopatia e termalismo/crenoterapia (BRASIL, 2006).

A Política Nacional de Práticas Integrativas e Complementares (BRASIL 2006) apresenta a descrição dessas práticas regulamentadas, assim como informações pertinentes ao uso destas fundamentadas em estudos na área. Farei aqui a reprodução de breve descrição das mesmas, sem finalidade de aprofundar ou esgotar estas informações.

Medicina Tradicional Chinesa - Acupuntura

A Medicina Tradicional Chinesa caracteriza-se por um sistema médico integral, originado há milhares de anos, na China. Utiliza linguagem que retrata simbolicamente as leis da natureza e que valoriza a inter-relação harmônica entre as partes visando a integridade. Como fundamento, aponta a teoria do Yin-Yang, divisão do mundo em duas forças ou princípios fundamentais, interpretando todos os fenômenos em opostos complementares. O objetivo desse conhecimento é obter meios de equilibrar essa dualidade. Também inclui a teoria dos cinco movimentos que atribui a todas as coisas e fenômenos, na natureza, assim como no corpo, uma das cinco energias (madeira, fogo, terra, metal, água). Utiliza como elementos a anamnese, palpação do pulso, observação da face e língua em suas várias modalidades de tratamento (Acupuntura, plantas medicinais, dietoterapia, práticas corporais e mentais).

A Acupuntura é uma tecnologia de intervenção em saúde que aborda de modo integral e dinâmico o processo saúde-doença no ser humano, podendo ser usada isolada ou de forma integrada com outros recursos terapêuticos. Originária da Medicina Tradicional Chinesa (MTC), a Acupuntura compreende um conjunto de procedimentos permitem o estímulo preciso de locais anatômicos definidos por meio da inserção de agulhas filiformes metálicas para promoção, manutenção e recuperação da saúde, bem como para prevenção de agravos e doenças.

Homeopatia

A Homeopatia, sistema médico complexo de caráter holístico, baseada no princípio vitalista e no uso da lei dos semelhantes enunciada por Hipócrates, no século IV a.C. Foi desenvolvida por Samuel Hahnemann, no século XVIII, após estudos e reflexões baseados na observação clínica e em experimentos realizados na época. Hahnemann sistematizou os princípios filosóficos e doutrinários da homeopatia em suas obras Organon da Arte de Curar e Doenças Crônicas. A partir daí, essa racionalidade médica experimentou grande expansão por várias regiões do mundo, estando, hoje, firmemente implantada em diversos países da Europa, das Américas e da Ásia. No Brasil, a Homeopatia foi introduzida por Benoit Mure em 1840, tornando-se uma nova opção de tratamento.

Plantas medicinais e Fitoterapia

A Fitoterapia é uma "terapêutica caracterizada pelo uso de plantas medicinais em suas diferentes formas farmacêuticas, sem a utilização de substâncias ativas isoladas, ainda que de origem vegetal". O uso de plantas medicinais na arte de curar é uma forma de tratamento de origens muito antigas, relacionada aos primórdios da medicina e fundamentada no acúmulo de informações, por sucessivas gerações. Ao longo dos séculos, produtos de origem vegetal constituíram as bases para tratamento de diferentes doenças.

Termalismo social/Crenoterapia

O uso das Águas Minerais para tratamento de saúde é um procedimento dos mais antigos, utilizado desde a época do Império Grego. Foi descrita por Heródoto (450 a.C.), autor da primeira publicação científica termal.

O Termalismo compreende as diferentes maneiras de utilização da água mineral e sua aplicação em tratamentos de saúde.

A Crenoterapia consiste na indicação e uso de águas minerais com finalidade terapêutica atuando de maneira complementar aos demais tratamentos de saúde.

Medicina Antroposófica

A Medicina Antroposófica (MA) foi introduzida no Brasil há aproximadamente 60 anos e apresenta-se como uma abordagem médico-terapêutica complementar, de base vitalista, cujo modelo de atenção está organizado de maneira transdisciplinar, buscando a integralidade do cuidado em saúde. Os médicos antroposóficos utilizam os conhecimentos e recursos da MA como instrumentos para ampliação da clínica, tendo obtido reconhecimento de sua prática por meio do Parecer 21/93 do Conselho Federal de Medicina, em 23/11/1993.

Entre os recursos que acompanham a abordagem médica destaca-se o uso de medicamentos baseados na homeopatia, na fitoterapia e outros específicos da Medicina Antroposófica. Integrado ao trabalho médico, está prevista a atuação de outros profissionais da área da saúde, de acordo com as especificidades de cada categoria.

Frente a esta realidade, a procura e oferta das Práticas Integrativas e Complementares (PICs) no SUS, se encontram em surpreendente expansão. Telesi Júnior (2016) cita, que no ano de 2000, haviam, aproximadamente, seis unidades da Secretaria Municipal de Saúde que adotavam as PICs, na rede pública de atenção a saúde, sendo que, em meados de 2016, mais de 520 unidades já ofereciam pelo menos uma das práticas integrativas reconhecidas oficialmente pelo SUS.

Este crescimento não aconteceu apenas no Brasil; a OMS publicou um novo documento *WHO (World Health Organization) Tradiconal Medicine Estrategy* 2014 – 2023, com a finalidade de avaliar e apresentar os índices de utilização mundial das PICs, o investimento em pesquisas, a institucionalização nos serviços de saúde na última década e estabelecer as metas necessárias para ampliação na APS (Atenção Primária a Saúde), na próxima década (Contatore *et al.*, 2015).

Este documento indica que, por volta de 100 milhões de europeus são usuários de alguma ou algumas dessas práticas, sendo que este número aumenta em países como África, Ásia, Austrália e Estados Unidos. O documento estima que, o consumo de produtos naturais nos Estados Unidos em 2008 chegou a 14,8 bilhões de dólares (Contatore *et al.*, 2015).

A adesão e o investimento financeiro da população na área, estimula o incentivo em pesquisas sobre a PICs, dedicadas ao aprimoramento de seu uso, através de produção de documentos, diretrizes e avaliações. Embora nunca tenha deixado de existir, sua oferta se dava, quase que totalmente, em clínicas privadas, e ofertas voluntarias, o que dificultava a orientação e normatização da prática profissional.

Além das PICs já validadas, outras passaram a ser oferecidas pela rede pública de saúde; então, a portaria ministerial GM/MS nº 849 de 27 de março de 2017 incluiu novas práticas a Políticas Nacional de Práticas Integrativas e Complementares de 2006 a fim de regulamentar seu uso.

> Os 10 anos da Política trouxeram avanços significativos para a qualificação do acesso e da resolutividade na Rede de Atenção à Saúde, com mais de 5.000 estabelecimentos que ofertam PICS. O segundo ciclo do Programa Nacional de Melhoria do Acesso e da Qualidade na Atenção Básica (PMAQ) avaliou mais de 30 mil equipes de atenção básica no território nacional e demonstrou que as 14 práticas a serem incluídas por esta Portaria estão presentes nos serviços de saúde em todo o país. (BRASIL, 2017)

Esta portaria inclui a Arteterapia, Ayurveda, Biodança, Dança Circular, Meditação, Musicoterapia, Naturopatia, Osteopatia, Quiropraxia, Reflexoterapia, Reiki, Shantala, Terapia Comunitária Integrativa e Yoga. E estas práticas são descritas da seguinte forma pela mesma portaria (BRASIL, 2017);

Arteterapia

É uma prática que utiliza a arte como base do processo terapêutico. Faz uso de diversas técnicas expressivas como pintura, desenho, sons, música, modelagem, colagem, mímica, tecelagem, expressão corporal, escultura, dentre outras. Pode ser realizada de forma individual ou em grupo. Baseia-se no princípio de que o processo criativo é terapêutico e fomentador da qualidade de vida. A Arteterapia estimula a expressão criativa, auxilia no desenvolvimento motor, no raciocínio e no relacionamento afetivo. Através da arte é promovida a ressignificação dos conflitos, promovendo a reorganização das próprias percepções, ampliando a percepção do individuo sobre si e do mundo. A arte é utilizada no cuidado à saúde com pessoas de todas as idades, por meio da arte, a reflexão é estimulada sobre possibilidades de lidar de forma mais harmônica com o stress e experiências traumáticas.

Ayurveda

É considerado uma das mais antigas abordagens de cuidado do mundo, foi desenvolvido na Índia, durante o período de 2000-1000 a.C. Utilizou-se de observação, experiência e os recursos naturais, para desenvolver um sistema único de cuidado. Ayurveda significa a Ciência ou Conhecimento da Vida. Este conhecimento estruturado agrega em si mesmo princípios relativos à saúde do corpo físico, de forma a não desvinculá-los e considerando os campos energético, mental e espiritual. A OMS descreve sucintamente o Ayurveda, reconhecendo sua utilização para prevenir e curar doenças, e reconhece que esta não é apenas um sistema terapêutico, mas, também, uma maneira de viver. No Ayurveda a investigação diagnóstica leva em consideração tecidos corporais afetados, humores, local em que a doença está localizada, resistência e vitalidade, rotina diária, hábitos alimentares, gravidade das condições clínicas, condição de digestão, detalhes pessoais, sociais, situação econômica e ambiental da pessoa. Considera que a doença inicia-se muito antes de ser percebida no corpo, aumentando o papel preventivo deste sistema terapêutico, tornando possível tomar medidas adequadas e eficazes com antecedência. Os tratamentos no Ayurveda levam em consideração a singularidade de cada pessoa, de acordo com o dosha (humores biológicos) do indivíduo. Assim, cada tratamento é planejado de forma individual. São utilizadas técnicas de relaxamento, massagens, plantas medicinais, minerais, posturas corporais (ásanas), pranayamas (técnicas respiratórias), mudras (posições e exercícios) e o cuidado dietético. A teoria dos três doshas (tridosha) é o princípio que rege a intervenção terapêutica no Ayurveda. As características dos doshas podem ser consideradas uma ponte entre as características emocionais e fisiológicas. Cada dosha está relacionado a uma essência sutil: Vata, a energia vital; Pitta o fogo essencial; e Kapha está associado à energia mental. A abordagem terapêutica básica é aquela que pode ser realizada pelo próprio indivíduo através do autocuidado, sendo o principal tratamento.

Biodança

É uma prática de abordagem sistêmica, inspirada nas origens mais primitivas da dança, que busca restabelecer as conexões do indivíduo consigo, com o outro e com o meio ambiente, a partir do núcleo afetivo e da prática coletiva. Configura-se como um sistema de integração humana, de renovação orgânica, de integração psicofísica, de reeducação afetiva e de reaprendizagem das funções originais da vida. Sua metodologia vivencial estimula uma dinâmica de ação que atua no organismo potencializando o protagonismo do indivíduo para sua própria recuperação. A relação com a natureza, a participação social e a prática em grupo passam ocupar lugar de destaque nas ações de saúde. É um processo altamente integrativo, sua metodologia consiste em induzir vivências coletivas integradoras, num ambiente enriquecido com estímulos selecionados como músicas, cantos, exercícios e dinâmicas capazes de gerar experiências que estimulam a plasticidade neuronal e a criação de novas redes sinápticas. Nesse sentido, configura-se como um sistema de aceleração dos processos integrativos existenciais: Psicológico, Neurológico, Endocrinológico e Imunológico (PNEI), produzindo efeitos na saúde como: ativar a totalidade do organismo; gerar processos adaptativos e integrativos; através da otimização da homeostase do organismo.

Dança Circular

Danças Circulares Sagradas ou Dança dos Povos, ou simplesmente Dança Circular é uma prática de dança em roda, tradicional e contemporânea, originária de diferentes culturas que favorece a aprendizagem e a interconexão harmoniosa entre os participantes. Os indivíduos dançam juntos, em círculos e aos poucos começam a internalizar os movimentos, liberar a mente, o coração, o corpo e o espírito. Por meio do ritmo, da melodia e dos movimentos delicados e profundos os integrantes da roda são estimulados a respeitar, aceitar e honrar as diversidades. O principal enfoque na Dança Circular não é a técnica e sim o sentimento de união de grupo, o espírito comunitário que se instala a partir do momento em que todos, de mãos dadas, apoiam e auxiliam os companheiros. Assim, ela auxilia o indivíduo a tomar consciência de seu corpo físico, harmonizar o emocional, trabalhar a concentração e estimular a memória. As danças circulares podem criar espaços significativos para o desenvolvimento de estados emocionais positivos, tornando-se um recurso importante no contexto de grupos, uma vez que estimulam a cooperação, despertam o respeito ao outro, a integração, a inclusão e o acolhimento às diversidades. A prática tem o potencial mobilizador da expressão de afetos e de reflexões que resultam na ampliação da consciência das pessoas. No círculo trabalha-se o equilíbrio entre o indivíduo e o coletivo, o sentimento de pertinência e do prazer pela participação plena dos processos internos de transformação, promovendo o bem-estar, a harmonia entre corpo-mente-espírito, a elevação da autoestima; a consciência corporal, entre outros benefícios.

Meditação

É uma prática de harmonização dos estados mentais e da consciência, presente em inúmeras culturas e tradições. Também é entendida como estado de Samadhi, que é a dissolução da identificação com o ego e total aprofundamento dos sentidos, o estado de "êxtase". A prática torna a pessoa atenta, experimentando o que a mente está fazendo no momento presente, desenvolvendo o autoconhecimento e a consciência, com o intuito de observar os pensamentos e reduzir o seu fluxo. Permite ao indivíduo enxergar os próprios padrões de comportamento e a maneira através da qual cria e mantém situações que alimentam constantemente o mesmo modelo de reação psíquica/emocional. Atrelado a isso, o conjunto de atitudes e comportamentos, aliado aos mecanismos de enfrentamento escolhidos pelo indivíduo diante as diversas situações da vida, tem impacto sobre sua saúde ou doença. A meditação constitui um instrumento de fortalecimento físico, emocional, mental, social e cognitivo. A prática traz benefícios para o sistema cognitivo, promove a concentração, auxilia na percepção sobre as sensações físicas e emocionais ampliando a autodisciplina no cuidado à saúde. Estimula o bem-estar, relaxamento, redução do estresse, da hiperatividade e dos sintomas depressivos.

Musicoterapia

É a utilização da música e seus elementos (som, ritmo, melodia e harmonia), em grupo ou de forma individualizada, num processo para facilitar e promover a comunicação, relação, aprendizagem, mobilização, expressão, organização e outros objetivos terapêuticos relevantes, no sentido de alcançar necessidades físicas, emocionais, mentais, sociais e cognitivas. A Musicoterapia objetiva desenvolver potenciais e restabelecer funções do indivíduo para que possa alcançar uma melhor integração intra e interpessoal e, consequentemente, uma melhor qualidade de vida. É importante destacar que a utilização terapêutica da música se deve à influência que esta exerce sobre o indivíduo, de forma ampla e diversificada. No desenvolvimento humano a música é parte inerente de sua constituição, pois estimula o afeto, a socialização e movimento corporal como expressões de processos saudáveis de vida. A Musicoterapia favorece o desenvolvimento criativo, emocional e afetivo e, fisicamente, ativa o tato e a audição, a respiração, a circulação e os reflexos. Também contribui para ampliar o conhecimento acerca da utilização da música como um recurso de cuidado junto a outras práticas, facilitando abordagens interdisciplinares, pois promove relaxamento, conforto e prazer no convívio social, facilitando o diálogo entre os indivíduos e profissionais.

Naturopatia

É entendida como abordagem de cuidado que, por meio de métodos e recursos naturais, apoia e estimula a capacidade intrínseca do corpo para curar-se. Tem sua origem fundamentada nos saberes de cuidado em saúde de diversas culturas, particularmente aquelas que consideram o vitalismo, que consiste na existência de um princípio vital presente em cada indivíduo, que influencia seu equilíbrio orgânico, emocional e mental, em sua cosmovisão. A Naturopatia utiliza diversos recursos terapêuticos como: plantas medicinais, águas minerais e termais, aromaterapia, trofologia, massagens, recursos expressivos, terapias corpo-mente e mudanças de hábitos. Cada indivíduo recebe um tratamento individualizado, planejado para suas especificidades, seguindo seis princípios fundamentais: não fazer mal – por meio do uso de métodos que minimizam o risco de efeitos colaterais; identificar e tratar as causas fundamentais da doença – identificando e removendo as causas subjacentes das doenças ao invés de suprimir os sintomas; ensinar os princípios de uma vida saudável e uma prática promocionista – compartilhando conhecimentos com os indivíduos e os encorajando a ter responsabilidade sob sua própria saúde; tratar o indivíduo como um todo por meio de um tratamento individualizado – compreendendo fatores físicos, mentais, emocionais, espirituais, genéticos, espirituais, ambientais e sociais únicos que contribuem para a doença e, personalizando os protocolos de tratamento para o indivíduo; dar ênfase à prevenção de agravos e doenças e à promoção da saúde – avaliando os fatores de risco e vulnerabilidades e recomendando intervenções apropriadas para manter e expandir a saúde e prevenir a doença e, dar suporte ao poder de cura do organismo – reconhecendo e removendo os obstáculos que interferem no processo de autocura do corpo.

Osteopatia

É um método diagnóstico e terapêutico que atua no indivíduo de forma integral a partir da manipulação das articulações e tecidos. Esta prática parte do princípio que as disfunções de mobilidade articular e teciduais em geral contribuem no aparecimento das enfermidades. A abordagem osteopática envolve o profundo conhecimento anatômico, fisiológico e biomecânico global, relacionando todos os sistemas para formular hipóteses de diagnóstico e aplicar os tratamentos de forma eficaz. Desta forma, a osteopatia diferencia-se de outros métodos de manipulação pois busca trabalhar de forma integral proporcionando condições para que o próprio organismo busque o equilíbrio/homeostase. Pode ser subdividida basicamente em três classes, a saber: osteopatia estrutural; osteopatia craniana; osteopatia visceral. Esta abordagem para os cuidados e cura do indivíduo, se baseia no conceito de que o ser humano é uma unidade funcional dinâmica, em que todas as partes se inter-relacionam e que possui seus próprios mecanismos para a autorregulação e a autocura. O foco do tratamento osteopático é detectar e tratar as chamadas disfunções somáticas, que correspondem à diminuição de mobilidade tridimensional de qualquer elemento conjuntivo, caracterizadas por restrições de mobilidade (hipomobilidades). A osteopatia diz respeito à relação de corpo, mente e espírito na saúde e doença, enfatizando a integridade estrutural e funcional do corpo e a tendência intrínseca do corpo, direcionada à própria cura.

Quiropraxia

É uma abordagem de cuidado que utiliza elementos diagnósticos e terapêuticos manipulativos, visando o tratamento e a prevenção das desordens do sistema neuro-músculo-esquelético e dos efeitos destas na saúde em geral. São utilizadas as mãos para aplicar uma força controlada na articulação, pressionando além da amplitude de movimento habitual. É comum se ouvir estalos durante as manipulações, isso ocorre devido à abertura da articulação, que gera uma cavitação. O ajuste articular promovido pela Quiropraxia é aplicado em segmentos específicos e nos tecidos adjacentes com objetivo de causar influência nas funções articulares e neurofisiológicas a fim de corrigir o complexo de subluxação, cujo modelo é descrito como uma disfunção motora segmentar, o qual incorpora a interação de alterações patológicas em tecidos nervosos, musculares, ligamentosos, vasculares e conectivos.

Reflexoterapia

Também conhecida como reflexologia, é uma prática que utiliza estímulos em áreas reflexas com finalidade terapêutica. Parte do princípio que o corpo se encontra atravessado por meridianos que o dividem em diferentes regiões. Cada uma destas regiões tem o seu reflexo, principalmente nos pés ou nas mãos. São massageados pontos- chave que permitem a reativação da homeostase e equilíbrio das regiões do corpo nas quais há algum tipo de bloqueio ou inconveniente. As áreas do corpo foram projetadas nos pés, depois nas mãos, na orelha e também em outras partes do corpo, passando a ser conhecida como microssistemas, que utiliza o termo "Terapias Reflexas", Reflexoterapia ou Reflexologia.

A planta dos pés apresenta mais de 72.000 terminações nervosas; na existência de um processo patológico, vias eferentes enviam fortes descargas elétricas que percorrem a coluna vertebral e descendo pelos nervos raquidianos, pelas pernas, as terminações nervosas livres, que se encontram nos pés criam um campo eletromagnético que gera uma concentração sanguínea ao redor de determinada área. Quanto maior a concentração de sangue estagnado, mais crônicas e mais graves são as patologias.

Reiki

É uma prática de imposição de mãos que usa a aproximação ou o toque sobre o corpo da pessoa com a finalidade de estimular os mecanismos naturais de recuperação da saúde. Baseado na concepção vitalista de saúde e doença também presente em outros sistemas terapêuticos, considera a existência de uma energia universal canalizada que atua sobre o equilíbrio da energia vital com o propósito de harmonizar as condições gerais do corpo e da mente de forma integral. A terapêutica objetiva fortalecer os locais onde se encontram bloqueios – "nós energéticos" – eliminando as toxinas, equilibrando o pleno funcionamento celular, de forma a restabelecer o fluxo de energia vital. A prática promove a harmonização entre as dimensões físicas, mentais e espirituais. Estimula a energização dos órgãos e centros energéticos. A prática do Reiki, leva em conta dimensões da consciência, do corpo e das emoções, ativa glândulas, órgãos, sistema nervoso, cardíaco e imunológico, auxilia no estresse, depressão, ansiedade, promove o equilíbrio da energia vital.

Shantala

É uma prática de massagem para bebês e crianças, composta por uma série de movimentos pelo corpo, que permite o despertar e a ampliação do vínculo cuidador e bebê. Além disso, promove a saúde integral, reforçando vínculos afetivos, a cooperação, confiança, criatividade, segurança, equilíbrio físico e emocional. Promove e fortalece o vínculo afetivo, harmoniza e equilibra os sistemas imunológico, respiratório, digestivo, circulatório e linfático. Permite ao bebê e à criança a estimulação das articulações e da musculatura auxiliando significativamente no desenvolvimento motor, facilitando movimentos como rolar, sentar, engatinhar e andar.

Terapia Comunitária Integrativa (TCI)

É uma prática de intervenção nos grupos sociais e objetiva a criação e o fortalecimento de redes sociais solidárias. Aproveita os recursos da própria comunidade e baseia-se no princípio de que se a comunidade e os indivíduos possuem problemas, mas também desenvolvem recursos, competências e estratégias para criar soluções para as dificuldades. É um espaço de acolhimento do sofrimento psíquico, que favorece a troca de experiências entre as pessoas. A TCI é desenvolvida em formato de roda, visando trabalhar a horizontalidade e a circularidade. Cada participante da sessão é corresponsável pelo processo terapêutico produzindo efeitos individuais e coletivos. A partilha de experiências objetiva a valorização das histórias pessoais, favorecendo assim, o resgate da identidade, a restauração da autoestima e da autoconfiança, a ampliação da percepção e da possibilidade de resolução dos problemas. Está fundamentada em cinco eixos teóricos que são: a Pedagogia de Paulo Freire, a Teoria da Comunicação, o Pensamento Sistêmico, a Antropologia Cultural e a Resiliência. Reforça a autoestima e fortalece vínculos positivos, promovendo redes solidárias de apoio e otimizando recursos disponíveis da comunidade, é fundamentalmente uma estratégia integrativa e intersetorial de promoção e cuidado em saúde. Tendo a possibilidade de ouvir a si mesmo e aos outros participantes, a pessoa pode atribuir outros significados aos seus sofrimentos, diminuído o processo de somatização e complicações clínicas. É uma prática que combina posturas físicas, técnicas de respiração, meditação e relaxamento. Atua como uma prática física, respiratória e mental. Fortalece o sistema músculo-esquelético, estimula o sistema endócrino, expande a capacidade respiratória e exercita o sistema cognitivo. Um conjunto de ásanas (posturas corporais) pode reduzir a dor lombar e melhorar. Para harmonizar a respiração, são praticados exercícios de controle respiratórios denominados de prânâyâmas. Também, preconiza o autocuidado, uma alimentação saudável e a prática de uma ética, que promova a não-violência. A prática de Yoga melhora a qualidade de vida, reduz o estresse, diminui a frequência cardíaca e a pressão arterial, alivia a ansiedade, depressão e insônia, melhora a aptidão física, força e flexibilidade geral.

Os principais motivos apontados pela OMS sobre o crescimento das práticas integrativas são:

> O aumento da demanda causado pelas doenças crônicas; o aumento dos custos dos serviços de saúde, levando à procura de outras formas de cuidado; a insatisfação com os serviços de saúde existentes; o ressurgimento do interesse por um cuidado holístico e preventivo às doenças; e os tratamentos que ofereçam qualidade de vida quando não é possível a cura. (Contatore *et al*, 2015, p. 3264)

E essa busca por outros tratamentos, não reflete a falência da biomedicina, mas sim o sucesso em controlar doenças infectocontagiosas, traumas e emergências e aumentar a expectativa de vida da população. As PICs desta forma, não se constituem como alternativas a biomedicina, mas como complemento do cuidado, através de uma abordagem humanizada na promoção, manutenção e recuperação da saúde multidimensional do ser humano. Se pensarmos na pirâmide de necessidades de Maslow, na qual ele apresenta uma hierarquia de necessidades humanas, é como se estivéssemos buscando um passo a cima das necessidades fisiológicas de sobrevivência.

Também vale ressaltar que estamos em um processo dinâmico de transformação sociocultural e o acesso às informações cresceu muito, através do uso da internet, o que permite que os indivíduos busquem informações sobre suas doenças, seus tratamentos e os efeitos colaterais dos mesmos. Este advento proporciona mais conhecimento ao paciente, que se torna mais apto a questionar diagnósticos e procedimentos médicos. No entanto, o risco do uso do "Doctor Google", como é, ironicamente, chamado o site de buscas mais procurado, para informações sobre a saúde, é de confundir ou alarmar o paciente com informações imprecisas, ou dele se achar apto a descobrir seu diagnóstico sozinho ou até de manipular seu tratamento irresponsavelmente. Mais do que uma queixa ou análise teórica sobre a relação entre os profissionais de saúde e os pacientes, a melhora da relação e da comunicação, se tornou uma necessidade, que influencia a adesão do paciente ao tratamento.

No entanto, não só a melhora da comunicação é que norteia a busca pelo atendimento humanizado e a expansão das Práticas Integrativas e Complementares, e, frente ao incentivo de órgãos públicos nacionais e internacionais elas se encontram em expansão. Tendo em vista o crescimento do interesse pelas PICs e a não definição do campo de atuação e do profissional, na década de 1990, criou-se a graduação de Naturologia Aplicada, com a intenção aprimorar esta nova área de conhecimento a fim de que se torne uma nova profissão.

A naturologia e o cuidado integral na saúde

A primeira graduação em Naturologia Aplicada no Brasil, surgiu em 1998 em Florianópolis, Santa Catarina. Os organizadores do curso pretendiam o aprimoramento da formação do profissional que correspondesse a este modelo de atenção a saúde. Um profissional que se orientasse pela visão multidimensional sobre a saúde e sobre o indivíduo, uma vez que as formações livres e fragmentadas não atendiam plenamente aos princípios de integralidade almejados.

Cheguei em Florianópolis em 1999, para cursar a graduação em naturologia. A escolha pelo curso foi motivada por afinidades pessoais com massoterapia, arteterapia e musicoterapia em especial. Minha primeira opção havia sido psicologia, e pensava na especialização em psicodrama, mas quando encontrei a divulgação do curso de naturologia, percebi que, em sua diversificada grade, haviam diferentes disciplinas de meu interesse. E eu ainda era pouco consciente da amplitude da proposta do curso, a qual fui aos poucos conhecendo e colaborando com sua elaboração, ao longo da graduação.

O bacharelado em naturologia, segundo Sabbag (2013) é orientado entre as áreas de humanas, biológicas e saúde, tendo em vista sua abordagem multidimensional/integral do ser humano. Este princípio justifica a diversidade de sua grade curricular, que aborda introdução a psicologia, anatomia, fisiologia, biologia, antropologia, sociologia, primeiros socorros, fitoterapia, práticas corporais, massoterapia, introdução a medicina chinesa e antroposófica, e diversas outras práticas, como, arteterapia, musicoterapia, reflexologia, hidroterapia, Florais de Bach, aromaterapia, iridologia, e geoterapia.

A forma como o naturólogo aborda a relação de cuidado com aquele que o procura também é pautada pelo princípio da integralidade. O processo terapêutico é chamado de interagência e o indivíduo de interagente, uma vez que considera-se este um processo de inter- agencia entre duas pessoas, ou seja, duas pessoas agindo em prol da saúde. Não é o profissional que domina o conhecimento e determina sobre a saúde do outro, que permanece passivo (paciente) nesta relação, nem mesmo a relação se estabelece como a de um cliente que compra sua saúde de um profissional.

A interagência pressupõe um encontro com a singularidade do outro e deste encontro ocorre a promoção de autoconhecimento e autocuidado, o profissional fornece conhecimento (educação para a saúde), amplia reflexões, pratica a escuta acolhedora, promove e estimula as forças saudáveis deste indivíduo através das diversas práticas que domina.

Diversidade era o que caracterizava nossa formação universitária de 4 anos e meio. Também éramos estimulados a conhecermos realidades diferentes, como asilos, casas de repouso para idosos e deficientes, clinica de recuperação de viciados, hospitais psiquiátricos, escola antroposófica para portadores de necessidades especiais, projetos com etnias indígenas, entre tantas outras. A proposta era a de oferecer grande amplitude de conhecimento e não a de especializar em determinada área. Esta característica tornava nosso crescimento pessoal imensurável, mas também provocava certa insegurança em relação a atuação profissional.

Nos últimos anos do curso eram realizados os estágios práticos e então essa diversidade começava a ser alinhada, como as pérolas no fio de um colar. Algumas práticas eram selecionadas e os outros conhecimentos se integravam para compor a visão multidimensional do processo de interagência. A iridologia (análise de sinais da íris que indicam estado de saúde entre outros aspectos) era utilizada como um dos métodos avaliativos da condição geral de saúde do interagente, junto a uma longa entrevista sobre diversos aspectos relacionados a sua saúde, que indicassem referências sobre qualidade de vida, sobre seu nascimento e desenvolvimento, doenças crônicas, pré disposições genéticas, qualidade da alimentação e hábitos saudáveis e ainda esta avaliação poderia ser complementada de acordo com a prática (ou as práticas) que se pretendia utilizar. Então uma prática central era escolhida, como a massoterapia, por exemplo, e outras associadas, como óleos essenciais, indicação de fitoterapia, e orientações pertinentes que poderiam envolver alimentação, cuidados com o sono e meditação.

Durante a graduação um dos meus assuntos favoritos era o de se educar para a saúde. Pensava então, que uma disciplina sobre a saúde deveria integrar a grade curricular das escolas, para que as crianças aprendessem sobre si e sobre suas escolhas e se desenvolvessem de maneira mais saudável e autônoma. E, não só sonhei, mas fiz meu estágio nesta área, e desenvolvi projetos no período da graduação e depois dela. Entre os trabalhos desenvolvidos estavam: a aplicação de massagem em crianças de 5 a 7 anos consideradas agitadas, aula de shantala (massagem indiana para bebês) para professores de berçário, produção de pão integral com as próprias crianças (cada uma fazia o seu pão e depois de assado, consumia na hora do lanche), orientação sobre o acréscimo de sementes e ervas na alimentação, e vivências de arteterapia como técnica expressiva com crianças de diversas idades. A arteterapia já era minha prática favorita, nesta época.

Outra proposta que idealizava na época, era a de levar esta educação para a saúde, para as comunidades, com o intuito de estimular o autocuidado para manutenção e promoção da saúde. Pensava que, se a comunidade fosse mais autossustentável nos cuidados de sua saúde, a demanda das instituições de saúde poderia ser reduzida e isso melhoraria o atendimento da atenção básica. O risco estaria na dificuldade de reconhecer e avaliar a gravidade da queixa para decidir se era preciso o atendimento médico ou não, uma vez que este não pode ser substituído em diversas situações. A resposta viria através da parceria com outras áreas, além da educação para o uso de recursos naturais no cuidado cotidiano, esta educação deveria incluir aspectos médicos e de outras especialidades, que colaborassem com informações que facilitassem a escolha do melhor tipo de cuidado (ou mais de um) para cada circunstancia clínica. Isso significa que, por exemplo, é possível tratar uma queimadura leve e pequena em casa, mas nunca uma profunda dispensará os cuidados médicos e até emergenciais. No entanto, é possível imaginar a dificuldade em se viabilizar este tipo de projeto, tanto pelo pouco reconhecimento inicial da naturologia e a consequente dificuldade em se estabelecer parcerias, quanto pela dificuldade em captar recursos para sua execução.

Mas não só a naturologia era vítima desta rivalidade entre tratamentos convencionais e complementares. Pois é comum que para se iniciar uma nova proposta, a antiga sirva de referência negativa. A proposta vigente ou anterior é evidenciada por suas falhas, para que o novo surja em contraponto a estas, e muitas vezes, era assim que nos posicionávamos em busca da quebra de paradigmas. No entanto, este movimento de negação, é mais uma vez um movimento de fragmentação, dissociação e não colabora para o ideal de integralidade. Durante os primeiros anos da graduação, percebia que este era um equívoco comum, negar-se os modelos vigentes com o intuito de se construir algo novo. Por exemplo, havia uma tendência em valorizar a intuição, como forma de contestar a quase que exclusiva valorização da racionalidade. A intuição é uma maneira sensível de se perceber diretamente, e sem análises racionais. No entanto, tomar-se a intuição em substituição a razão pode ser inconsequente, uma vez que mesmo diferenciar uma intuição de uma projeção própria, ou uma fantasia, pode ser bastante subjetivo e aumentar a chance de equívocos. Sendo assim, o desenvolvimento da intuição e sua aceitação serão maximizados pela integração de saberes que inclui a avaliação racional posterior a inspiração inicial.

Mas, como já disse antes, a construção de um novo campo de conhecimento é permeada de experimentações e contradições, ainda mais uma formação tão ampla e desafiadora. E assim foi durante o período de graduação, o sentimento de estar participando da construção de algo novo nos envolvia completamente e nos dispúnhamos a experimentar, nos entregávamos para nossa própria transformação e questionávamos tudo que podíamos. Éramos bandeirantes replantando florestas no meio da selva de pedras.

No entanto, essa força inicial era ainda bastante desorganizada, fomos os desbravadores, promovemos reflexões, provocamos transformações. Mas, nossa produção acadêmica não era muito incentivada e não sabíamos da importância de produzirmos documentos sobre tudo que estávamos vivenciando. Os próprios organizadores do curso se ocuparam, neste período, mais em criar as bases e princípios que orientassem a naturologia e em aprovar o curso, do que em incentivar pesquisas e a inserção dos naturólogos, no mundo de trabalho. O cientificismo estava sendo questionado, era um período em que desejávamos desconstruir paradigmas, tabus e explorarmos novas áreas do saber.

Eu me lembro de um querido professor o antropólogo Dr. Jaci Rocha Gonçalves, e de sua fala durante nossa formatura. De uma turma com mais de 60 pessoas, chegamos em número de 5, para recebermos o diploma. Ele, então, falou sobre o quão corajosos éramos, e que teríamos um mundo completamente contrário a tudo que acreditávamos pela frente, nos conscientizou sobre o tamanho de nossa luta para percorrer um caminho nunca antes desbravado. Penso que aquela foi a primeira vez que realmente pensei que existiria um mundo do lado de fora da graduação. Era preciso sair do útero, abandonar o líquido amniótico tão confortável, com nutrientes tão disponíveis e com o acolhimento mútuo tão aconchegante.

E realmente era muito frio do lado de fora. As possibilidades de trabalho se restringiam ao atendimento particular (carente de divulgação e, consequentemente, de público e que exigiam investimento financeiro e de tempo) e aos trabalhos com massoterapia e práticas que corroborassem com a proposta de saúde e bem-estar de SPAS, hotéis e resorts. Fomos orientados durante a graduação para o atendimento clínico, e para evitarmos a fragmentação da naturologia em práticas isoladas, como a massoterapia.

No entanto, para quem precisava garantir o sustento, as opções eram poucas. Alguns permaneceram em trabalhos fora da área, muitos partiram para a área da massagem e alguns continuaram lutando pelo atendimento clínico. Foi um tempo bastante angustiante, das conversas sobre como mudar o mundo, passámos a dialogar sobre como sobrevivermos no mundo. Neste período, a luta particular pela sobrevivência se sobrepôs a luta pela naturologia.

Mas, mesmo frente às dificuldades iniciais, a naturologia não deixou de crescer. Já em 2002, outra universidade de São Paulo passou a oferecer a graduação de Naturologia Aplicada, reconhecido pelo MEC, tanto quanto a oferecida em Florianópolis. As associações também começaram a surgir, segundo Rodrigues et al (2013) a Associação Brasileira de Naturologia (ABRANA) foi fundada em 2004 e em 2007 a APANAT (Associação Paulista de Naturologia), e a SBNAT (Sociedade Brasileira de Naturologia) com a finalidade de dar suporte aos profissionais, trabalhar pela regulamentação da naturologia e divulgar a profissão.

A divulgação da profissão se ampliou através da organização de congressos, publicações de artigos, periódicos e livros, também através de inciativas próprias dos naturólogos, fornecendo entrevistas em diversos meios de comunicação. Também alguns projetos da faculdade em parceria com hospitais e outras instituições e ainda, o crescente interesse do Sistema Único de Saúde, colaboraram com o crescimento da naturologia.

Mesmo assim, a prevalência da atuação profissional ainda se dá no atendimento privado, e como autônomo.

> Segundo o levantamento realizado por Conceição e Rodrigues em 2011, estima-se que haja 2.000 Naturólogos formados no Brasil e cerca de 500 acadêmicos universitários ou graduandos de Naturologia. Os resultados demonstraram que a maioria destes profissionais (82,4%) está atuando diretamente com a Naturologia. O setor privado é o que possui o maior número de Naturólogos (94,7%), sendo os consultórios o local de maior atuação, conforme 51,8% dos pesquisados relataram. Entre os pesquisados, 77% declararam possuir algum tipo de formação profissional além da graduação em Naturologia, tendo destaque a especialização lato-sensu, referida por 72% dos participantes. Ainda segundo a pesquisa, 7,1% possuem mestrado e 1,6%, doutorado, enquanto nenhum dos participantes havia concluído o pós-doutorado. (Conceição e Rodrigues, 2011 *apud* Sabbag *et al*, 2013, p. 17)

Estes autores (Sabbag *et al*, 2013) apresentam uma grande lista de locais onde existem ou já existiram naturólogos atuando, no setor público, privado ou no terceiro setor, mas ainda a atuação clínica e independente prevalece. Penso que esta atuação isolada não favorece a ampla divulgação das práticas, e isola o profissional, que só tem feedback sobre sua atuação através de seu próprio interagente.

A ampliação da atuação do naturólogo na rede pública de saúde, em detrimento de sua atuação predominantemente clínica, pode colaborar de muitas formas com o reconhecimento da profissão, por ampliar o acesso da população que não pode arcar com os custos de um atendimento privado, e por aumentar a disponibilidade para que os próprios profissionais possam conhecer as PICs. A atuação em equipe pode ainda colaborar com a estruturação da área de atuação da naturologia e com o aprimoramento dos profissionais que atuam com as práticas integrativas. O diálogo entre os diferentes saberes favorece o reconhecimento de seus próprios contornos, delineando esta área de atuação tão diversificada e nova.

Penso nos benefícios da atuação em equipe, a partir de minha própria experiência mesmo que no âmbito privado e não público, tive a oportunidade de trabalhar em uma clínica especializada em dor crônica localizada na cidade de Campinas – SP. Esta clínica tem por excelência a abordagem interdisciplinar entre médicos, psicólogos, fisioterapeutas, enfermeiros, nutricionistas, e acupunturista. Os casos eram discutidos em equipe, e assim se delineava o tratamento e os encaminhamentos entre os profissionais da equipe. Além da escolha dos tratamentos, a troca de saberes influenciava mutuamente a condução dos mesmos. A psicóloga, por exemplo, colaborava com o fisioterapeuta ensinando recursos para aumentar a adesão dos pacientes em seu tratamento, também colaborava com a decisão dos médicos sobre o momento adequado de se realizar procedimentos médicos de acordo com os aspectos psicológicos do paciente. Já a medicina pontuava em outras vezes que a melhora dos sintomas físicos alcançados através dos procedimentos, trariam a melhora dos aspectos psicológicos. A psiquiatra e acupunturista por sua vez, colaborava com tratamentos da Medicina Tradicional Chinesa, relacionados a dor muscular, insônia e ansiedade, entre outros, ponderando com a equipe, a necessidade do uso e a dosagem da medicação. Este é só um pequeno exemplo de como a interdisciplinaridade pode potencializar a ação de cada especialidade tanto quanto apontar as limitações das mesmas e minimizar erros.

Desta forma a interdisciplinaridade se constrói através da intersecção dos saberes, onde eles se encontram e criam um novo campo de diálogo entre estes conhecimentos. A multidisciplinariedade, em contraponto, seria a coexistência de disciplinas, que, embora se reconheçam, continuam atuando isoladamente. No exemplo sobre a minha experiência na clínica de dor, isso significaria a presença dos profissionais de diversas especialidades, que, poderiam até mesmo realizar encaminhamentos dos seus pacientes para outros profissionais, mas sem estabelecer diálogo, ou os planos de tratamentos que envolveriam os conhecimentos destas especialidades em um mesmo campo. "A interdisciplinaridade se caracteriza pela intensidade das trocas entre os especialistas e pelo grau de integração real das disciplinas no interior de um mesmo projeto de pesquisa" (Japiassu, 1976 *apud* Vilela e Mendes, 2012, p. 527).

Como afirmei anteriormente, a tendência a se negar o modelo vigente de atendimento de saúde para se construir outro, fragmenta e fragiliza a proposta de abordagem integral da saúde. Minha imaturidade natural no início da carreira, me fez conhecer as consequências irresponsáveis desta tendência, durante o curso houve um episódio em que e sofri com as dores da cólica renal e decidi me tratar exclusivamente com recursos naturais. A dor era forte, mas eu estava disposta em aumentar minha resistência a ela, uma vez que fazia parte das reflexões da naturologia, na época, as questões culturais envolvidas na resistência a dor e a tendência ocidental a supermedicalização, que levava a população a evita-la a qualquer custo. Então, tomei os chás indicados, fiz compressas de água e cataplasmas de argila, a dor diminuía, mas não desaparecia até o dia em que minha urina saiu com sangue. Decidi procurar um médico, que me orientou sobre todos os riscos, que eu havia corrido, desde uma infecção mais séria, até um cálculo de grande espessura, que pudesse bloquear as vias urinárias. Fiquei bastante assustada e consciente de minha irresponsabilidade; aprendi o quão importante era associar tratamentos biomédicos e naturais, e sobre a necessidade de se reconhecer em que casos eles podem ser adotados, isoladamente ou em conjunto. Dentre outros aspectos, é este tipo de risco, que se pretende evitar, quando se orienta a abordagem integral e interdisciplinar da saúde.

Então, existe um outro caminho possível, para ampliar o diálogo entre os saberes, e que pode ser trilhado pelo próprio usuário das PICs. De modo geral, o interesse da população está estimulando a desmarginalização das Práticas Integrativas. E o próprio indivíduo, que se apropria de conhecimentos e decisões sobre sua saúde, pode organizar, para si, uma equipe multidisciplinar, que atenda as suas necessidades e, quem sabe, até estimular o diálogo a interação entre seus cuidadores. Pode parecer utópico, conheço poucos exemplos assim, mas trata-se de um sonho possível.

Psicologia e práticas integrativas e complementares

A psicologia tem se posicionado de maneira crítica em relação a medicalização excessiva e a abordagem organicista da saúde, através da qual tudo aquilo que foge do padrão social, é considerado um sintoma ou comportamento a ser eliminado, através do tratamento medicamentoso.

Segundo o site do CRP/SP:

> Entendemos por medicalização o processo em que as questões da vida social, sempre complexas, multifatoriais e marcadas pela cultura e pelo tempo histórico, são reduzidas à lógica médica, vinculando aquilo que não está adequado às normas sociais a uma suposta causalidade orgânica, expressa no adoecimento do indivíduo.
>
> Assim, questões como os comportamentos não aceitos socialmente, as performances escolares, que não atingem as metas das instituições, as conquistas desenvolvimentais, que não ocorrem no período estipulado, são retiradas de seus contextos, isolados dos determinantes sociais,

políticos, históricos e relacionais, passando a ser compreendidos apenas como uma doença, que deve ser tratada.

Também, a visão de ser humano preconizada no código de ética da profissão, que rege as diferentes abordagens e fazeres da psicologia, é a de um se humano potencialmente livre e íntegro. Esta liberdade se refere a pressuposição da capacidade de autodeterminação e livre arbítrio. O atributo da liberdade é acompanhado da integralidade, ou seja, da capacidade das pessoas em integrarem por si mesmas, aspectos biopsicossocial-espiritual (Berni, 2016).

Estas são algumas semelhanças entre as PICs e a Psicologia, a busca pela compreensão multifatorial em detrimento da causalidade orgânica e a perspectiva humanista da autonomia do indivíduo.

Em entrevista, Berni (2014) afirma que muitas das práticas tradicionais estão arraigadas em dimensões do imaginário popular ou transculturais. O autor usa como exemplo a Medicina Tradicional Chinesa que tem seus princípios baseados na cultura chinesa e no taoísmo, mas que foi considerada patrimônio da humanidade pela UNESCO devido a sua presença em diversas partes do planeta. Ele usa o conceito de "racionalidades médicas" desenvolvido por Madel Luz para explicar estes diferentes sistemas, segundo a qual a racionalidade não é sinônimo de epistemologia, mas é um sistema mais complexo e que segue uma outra lógica, não fragmentada.

> Uma racionalidade médica é um conjunto integrado e estruturado de práticas e saberes composto de cinco dimensões interligadas: uma morfologia humana (anatomia, na biomedicina), uma dinâmica vital (fisiologia), um sistema de diagnose, um sistema terapêutico e uma doutrina médica (explicativa do que é a doença ou adoecimento, sua origem ou causa, sua evolução ou cura), todos embasados em uma sexta dimensão implícita ou explícita: uma cosmologia. Através dessa delimitação, precisa e específica, pode-se distinguir entre sistemas médicos complexos como a biomedicina ou a medicina tradicional chinesa e terapias ou métodos diagnósticos isolados ou fragmentados, como os florais de Bach ou a iridologia. (Tesser; Luz, 2008)

Portanto, segundo Berni (2014) para existir diálogo entre as diferentes abordagens, a convencional (científica) e os conhecimentos tradicionais (não científicos), seria necessário um exercício transcultural, transpessoal e principalmente transdisciplinar, uma vez que a lógica para compreensão não pode ser a mesma para as diferentes racionalidades.

Os Conselhos de Psicologia têm se debruçado sobre a questões referente as Práticas Integrativas e Complementares e Psicologia, Religião e Laicidade, principalmente sobre as oportunidades e as ameaças encontradas na fronteira entre o saber psicológico e os saberes tradicionais. E o Conselho Regional de São Paulo criou um Grupo de Trabalho (GT) para discutir estas questões: o DIVERPSI – Diversidade Epistemológica Não-hegemônica em Psicologia, Laicidade e Diálogo com os Saberes Tradicionais.

Este GT – DIVERPSI – surgiu a partir de outro grupo voltado para as questões indígenas, o GT Psicologia e Povos Indígenas (PSIND) que promoveu eventos e produziu publicações sobre o tema, tendo como foco a produção de conhecimento e reflexão sobre os direitos humanos. E também com intuito de se construir uma psicologia que não seja exclusivamente orientada por uma ciência com visão euro-estadunidense, abarcando assim saberes de outros povos e não apenas dos colonizadores.

Essas oportunidades e ameaças encontradas na fronteira entre os saberes são assim apresentadas pelo CRP SP

> As oportunidades acham-se latentes no potencial, tantas vezes demonstrado pela Psicologia, de dialogar com outras racionalidades, entre as quais a Medicina Tradicional Chinesa – Acupuntura, por exemplo. Haja vista que aos profissionais da Psicologia foi facultado, em 2002, o direito de atuarem como acupunturistas, ou seja, de utilizarem esse recurso complementar em sua prática profissional.
>
> Quanto às ameaças, identificáveis principalmente no campo profissional, é possível classificá-las, grosso modo, em duas categorias – externas e internas. As ameaças "externas" advêm da disputa de mercado promovida principalmente pela Medicina que, por meio do "Ato Médico" procura restringir a atuação de psicólogos (e outros profissionais da Saúde) ao privá-los do direito de uso da acupuntura. As ameaças "internas" acham-se presentes no próprio coletivo de psicólogos(as) que, despreocupados ou despreparados para reconhecer as fronteiras entre, de um lado, conhecimentos que constituem a ciência psicológica e, de outro lado, conhecimentos acumulados por tradições culturais e religiosas, ultrapassam tais fronteiras, realizando um inconsequente vai-e-vem entre a Psicologia e a Religião.
>
> Esse trânsito inaceitável se dá por meio da cooptação de profissionais cujas práticas associam dogmas religiosos a conhecimentos psicológicos, de forma acrítica e em franca violação do Código de Ética Profissional. Por adotarem discursos fundamentalistas ou, simplesmente, por uma formação profissional deficitária, esses psicólogos transgridem regras da ética profissional, por vezes sem dar-se conta disso.

Vale ressaltar que o DIVERPSI não discute exclusivamente sobre as Práticas Integrativas e Complementares, que, a priori, não estão vinculadas a religiosidade. No entanto, como estes saberes tradicionais não tem suas próprias fronteiras bem estabelecidas, este diálogo e o reconhecimento dos riscos e oportunidades são pertinentes não só à psicologia, mas também às PICs. Para os psicólogos interessados em ampliar o diálogo com estes saberes, é possível acompanhar pelo site do CRP/SP os eventos, publicações e discussões sobre este tema.

Como foi anteriormente citado, é facultado ao psicólogo o uso da acupuntura como recurso complementar a sua prática profissional. A discussão sobre o uso de outras práticas integrativas pelo psicólogo, deve sempre ser realizada com os Conselhos de Psicologia, sendo que o principal critério para aprovação do uso delas está relacionado ao cumprimento das diretrizes estabelecidas pelo código de ética, em especial aos artigos:

Art. 1º - São deveres fundamentais dos psicólogos:

b. Assumir responsabilidades profissionais somente por atividades para as quais esteja capacitado pessoal, teórica e tecnicamente;

c. Prestar serviços psicológicos de qualidade, em condições de trabalho dignas e apropriadas à natureza desses serviços, utilizando princípios, conhecimentos e técnicas reconhecidamente fundamentados na ciência psicológica, na ética e na legislação profissional;

Art. 2º - Ao psicólogo é vedado:

b. Induzir a convicções políticas, filosóficas, morais, ideológicas, religiosas, de orientação sexual ou a qualquer tipo de preconceito, quando do exercício de suas funções profissionais;

f. Prestar serviços ou vincular o título de psicólogo a serviços de atendimento psicológico cujos procedimentos, técnicas e meios não estejam regulamentados ou reconhecidos pela profissão.

O interesse e reconhecimento das PICs por parte da psicologia também tem servido de apoio para que as discussões e inclusões aumentem. A 14º Moção de apoio a inclusão do diálogo com as epistemologias não hegemônicas e os saberes tradicionais nos ambientes de formação (ensino) e pesquisa, diz respeito a este incentivo ao debate e inclusão das PICs(14º moção- caderno de deliberações- VIII CNP).

E a psicologia também tem se aproximado e se apropriado de conhecimentos tradicionais em sua prática, como o mindfulness, que consiste em uma prática meditativa inspirada nos princípios budistas como forma de se manter a atenção plena como uma prática cotidiana. Pesquisadores contemporâneos têm descrito o mindfulness, através dos componentes cognitivos e emocionais envolvidos em sua prática, tornando-se assim, foco de pesquisa e uma prática da psicologia. E seus efeitos/benefícios, na área clínica, abrangem ampla variedade de afecções como: stress, ansiedade, depressão, dor crônica, câncer, fibromialgia, dependência química, distúrbios alimentares, déficit de atenção e hiperatividade, doenças cardíacas e outras. (Hirayama *et al.*, 2014)

Considero que as aproximações e reflexões sobre as fronteiras entre a psicologia e os saberes tradicionais tendem a ser bastante fecundas, visto que a psicologia é também diversificada em suas abordagens e sua práxis está sob o foco da reflexão e da transformação. Sendo assim, é uma área de saber que se propõe a ampliar as barreiras do seu conhecimento através do reconhecimento de seus próprios paradigmas e que por isso se permite fomentar novos diálogos e construir outros saberes.

Considerações finais

Quando comecei a pensar sobre as considerações finais deste capítulo, a primeira coisa que me veio à cabeça foi a imagem anterior. Antes das ideias ou palavras, esta imagem me surgiu à mente. Assim, como na história da própria escrita, repleta de desenhos e símbolos, em seu início, minhas considerações partem de uma imagem, que, por muitas razões, é significativa para mim.

Significativa porque a fotografia foi presente de um grande amigo, Guilherme Carvalho, médico e acupunturista, adepto das práticas integrativas. Atua nos Expedicionários da Saúde como anestesista; esta ONG realiza cirurgias em populações indígenas, e nestas expedições ele também é fotógrafo.

Também porque meu nome, Amana, tem origem Tupi-Guarani e significa chuva branda, aquela que cai suave e penetra na terra, favorecendo a colheita. Não sei o quanto meu nome influenciou meu encantamento por nossos índios e sua cultura, mas sei que eles estão sempre no meu caminho, seja em contato direto, como na época da graduação, quando desenvolvi projeto em aldeias da região de Florianópolis, ou através de minha pesquisa e trabalho, nos quais já inclui a mitologia indígena.

Mas, neste momento, minha atenção se volta para outro aspecto. A imagem retrata um garotinho Yanomami nu, com os pés plantados no chão, segurando uma garrafa pet nas mãos e olhar descontraído, mas atento. A primeira impressão parece bastante contraditória e inspira certo pré-julgamento e indignação, em relação ao "nosso lixo urbano", contaminando a pureza primordial, algo descontextualizado e agressivo. No entanto, segundo a descrição do fotógrafo, ela, a pet, é vista, pelos Yanomamis, como um tesouro, uma vez que facilita o transporte da água. O plástico, abundante em nosso meio e bastante poluidor, neste contexto, é raro e reutilizado no transporte de um dos elementos mais essenciais a vida: a água.

Assim, vejo as Práticas Integrativas e Complementares, um cuidado que por essência é envolto por esta pureza primitiva, que se insere na natureza, como parte dela. Um cuidado que se constrói por respeito e empatia. Um encontro em que se despem as máscaras de festa para estar nu, confiante e disponível para a autorrealização, nesta grande jornada chamada vida.

No entanto, vivemos em uma sociedade que evoluiu, pelo menos em tecnologia e recursos, para facilitar a vida humana, mas que tem perdido o que mais de "humano" tem a vida. Os recursos tecnológicos têm-se configurado como uma nova máscara, atrás da qual se criam imagens estereotipadas e se escondem as fragilidades, a fim de evitar o contato com a real complexidade humana.

Regredir o que já evoluímos, não parece uma saída viável, já não estamos aptos a sobreviver nas cavernas. Mas usar a tecnologia de maneira consciente e que favoreça o desenvolvimento humano é o que a imagem me sugere, como a garrafa pet, sendo utilizada no transporte da água. Neste contexto, o plástico deixa de ser visto apenas como lixo urbano, reflexo do consumo inconsequente e exagerado, que ignora o seu impacto na natureza e na saúde humana, mas é visto como algo que facilita o acesso a um bem essencial à vida. Então os malefícios e benefícios estão relacionados mais a forma de produção e uso, do que ao objeto em si.

Desejo, profundamente, que as novas tendências em se resgatar cuidados antigos, sigam estes princípios de integração entre culturas, modelos de cuidado, e recursos tecnológicos. Que não se fragmentem cuidados, que não se ignorem recursos tecnológicos, mas que estes sempre sirvam à humanidade. E, ainda, que o cuidado profissional não se cristalize na ilusão de poder, frente à fragilidade humana, mas que vise sempre a sua emancipação.

E, se iniciei as considerações finais com uma imagem, seguindo meu amor pela arte, que para mim amplia os horizontes do cuidar, encerro com uma canção de Gilberto Gil, da década de 70 e gravada em 1998, e que continua atual em seus questionamentos.

Queremos Saber
Gilberto Gil

Queremos saber,
O que vão fazer
Com as novas invenções
Queremos notícia mais séria
Sobre a descoberta da antimatéria
e suas implicações
Na emancipação do homem
Das grandes populações
Homens pobres das cidades
Das estepes dos sertões
Queremos saber,
Quando vamos ter
Raio laser mais barato
Queremos, de fato, um relato
Retrato mais sério do mistério da luz
Luz do disco voador
Pra iluminação do homem
Tão carente, sofredor
Tão perdido na distância
Da morada do senhor
Queremos saber,
Queremos viver
Confiantes no futuro

Por isso se faz necessário prever
Qual o itinerário da ilusão
A ilusão do poder
Pois se foi permitido ao homem
Tantas coisas conhecer
É melhor que todos saibam
O que pode acontecer
Queremos saber, queremos saber
Queremos saber, todos queremos saber

Agradecimentos

Agradeço aos mestres, da academia e da vida, pelos saberes dos livros e daqueles impressos na natureza. Aos meus amigos da graduação em naturologia, pelos sonhos compartilhados. Agradeço também ao Angerami, e ao seu profundo respeito pela diversidade.

Referências

BERNI, Luiz Eduardo Valiengo. As relações entre Psicologia, Laicidade e Religião, para uma sociedade mais democrática e igualitária. *Revi. CRP.* Fev. 2016. Disponível em: <http://www.crpsp.org.br/diverpsi/arquivos/revistaCRP-fev2016.pdf>. Acesso em: 21 abr. 2017.

BERNI, Luiz Eduardo Valiengo. *ENTREVISTA: A construção do conhecimento e as práticas em psicologia.* Contato. Conselho Regional do Paraná. Ano 16, edição 93 de maio/junho de 2014. Disponível em: <http://www.crpsp.org.br/diverpsi/arquivos/2014-construcao.pdf>. Acesso em: 20 abr. 2017.

BRASIL. Ministério da Saúde. Secretaria de Atenção à Saúde. Departamento de Atenção Básica. *Política Nacional de Práticas Integrativas e Complementares no SUS - PNPIC-SUS* /Ministério da Saúde, Secretaria de Atenção à Saúde, Departamento de Atenção Básica. - Brasília: Ministério da Saúde, 2006.

BRASIL. Ministério da Saúde. Secretaria de Atenção à Saúde. Departamento de Atenção Básica. *Política Nacional de Práticas Integrativas e Complementares no SUS - PNPIC-SUS* /Ministério da Saúde, Secretaria de Atenção à Saúde, Departamento de Atenção Básica. - Brasília: Ministério da Saúde, 2017.

CARVALHO, Guilherme. *Menino Yanomami, Roraima, área indígena Yanomami* (região Surucucu), fotografia P&B. Setembro de 2017.

CONTATORE, Octávio Augusto *et al.* Uso, cuidado e política das práticas integrativas e complementares na Atenção Primária à Saúde. *Ciênc. saúde coletiva*, Rio de Janeiro, v. 20, n. 10, p. 3263-3273, Oct. 2015. Disponível em: <http://www.scielo.br/scielo.php?script=sci_arttext&pid=S1413-81232015001003263&lng=en&nrm=iso>. Acesso em: 17 abr. 2017. <http://dx.doi.org/10.1590/1413-812320152010.00312015>.

CRP. *Código de Ética*. Disponível em: <http://www.crpsp.org/site/interna.php?pagina=82>. Acesso em: 20 abr. 2017.

DIVERPSI. Disponível em: <http://www.crpsp.org.br/diverpsi/Default.aspx>. Acesso em: 25 abr. 2017.

CRP. Medicalização. Disponível em: <http://www.crpsp.org.br/medicalizacao/>. Acesso em: 20 abr. 2017.

DOMINICO, Giovanni de; WOOD, Elizabeth C. *Técnicas de Massagem de Beard*. 4. Ed. São Paulo: Manole, 1998.

GIL, Gilberto; CAPINAN, José Carlos. Queremos Saber. In: *O Viramundo Ao Vivo*. Polygram, 1998. Disponível em: <http://www.discosdobrasil.com.br/discosdobrasil/consulta/detalhe.php?Id_Disco=DI01772>. Acesso em: 21 abr. 2017.

GONTIJO, Mouzer Barbosa Alves; NUNES, Maria de Fátima. PRÁTICAS INTEGRATIVAS E COMPLEMENTARES: CONHECIMENTO E CREDIBILIDADE DE PROFISSIONAIS DO SERVIÇO PÚBLICO DE SAÚDE. *Trab. educ. saúde*, Rio de Janeiro , v. 15, n. 1, p. 301-320, Apr. 2017. Disponível em: <http://www.scielo.br/scielo.php?script=sci_arttext&pid=S1981-77462017000100301&lng=en&nrm=iso>. Acesso em: 17 abr. 2017. Epub Jan 05, 2017. <http://dx.doi.org/10.1590/1981-7746-sol00040>.

HIRAYAMA, Marcio Sussumu *et al.* A percepção de comportamentos relacionados à atenção plena e a versão brasileira do Freiburg Mindfulness Inventory. *Ciênc. saúde coletiva*, Rio de Janeiro , v. 19, n. 9, p. 3899-3914, Sept. 2014. Disponível em: <http://www.scielo.br/scielo.php?script=sci_arttext&pid=S1413-81232014000903899&lng=en&nrm=iso>. Acesso em: 1 mai. 2017. <http://dx.doi.org/10.1590/1413-81232014199.12272013>.

WHO 1986. Carta de Ottawa, pp. 11-18. In Ministério da Saúde/FIOCRUZ. *Promoção da Saúde: Cartas de Ottawa, Adelaide, Sundsvall e Santa Fé de Bogotá*. Ministério da Saúde/IEC, Brasília.

SILVA, Luzia Wilma Santana da *et al.* O cuidado na perspectiva de Leonardo Boff, uma personalidade a ser (re)descoberta na enfermagem. *Rev. bras. enferm.*, Brasília, v. 58, n. 4, p. 471-475, Aug. 2005. Disponível em: <http://www.scielo.br/scielo.php?script=sci_arttext&pid=S0034-71672005000400018&lng=en&nrm=iso>. Acesso em: 11 abr. 2017. <http://dx.doi.org/10.1590/S0034-71672005000400018>.

OTANI, Márcia Aparecida Padovan; BARROS, Nelson Filice de. A Medicina Integrativa e a construção de um novo modelo na saúde. *Ciênc. saúde coletiva*, Rio de Janeiro, v. 16, n. 3, p. 1801-1811, Mar. 2011. Disponível em: <http://www.scielo.br/scielo.php?script=sci_arttext&pid=S1413-81232011000300016&lng=en&nrm=iso>. Acesso em: 17 abr. 2017. <http://dx.doi.org/10.1590/S1413-81232011000300016>.

PESSOA, Fernando. *Poemas Completos de Alberto Caeiro*. São Paulo: Nobel, 2008.

SABAGG, Silvia Helena Fabri *et al*. A Naturologia No Brasil: Avanços e Desafios. *Cad. Naturol. Terap. Complem* – Vol. 2, N° 2 – 2013. Disponível em: <http://portaldeperiodicos.unisul.br/index.php/CNTC/article/view/1850/1321>. Acesso em: 17 abr. 2017.

SEGRE, Marco; FERRAZ, Flávio Carvalho. O conceito de saúde. *Rev. Saúde Pública*, São Paulo , v. 31, n. 5, p. 538-542, Oct. 1997. Disponível em: <http://www.scielo.br/scielo.php?script=sci_arttext&pid=S0034-89101997000600016&lng=en&nrm=iso>. Acesso em: 19 abr. 2017. <http://dx.doi.org/10.1590/S0034-89101997000600016>.

TELESI JUNIOR, Emílio. Práticas integrativas e complementares em saúde, uma nova eficácia para o SUS. *Estud. av.*, São Paulo, v. 30, n. 86, p. 99-112, Apr. 2016. Disponível em: <http://www.scielo.br/scielo.php?script=sci_arttext&pid=S0103-40142016000100099&lng=en&nrm=iso>. Acesso em: 17 abr. 2017. <http://dx.doi.org/10.1590/S0103-40142016.00100007>.

TESSER, Charles Dalcanale; LUZ, Madel Therezinha. Racionalidades médicas e integralidade. *Ciênc. saúde coletiva*, Rio de Janeiro, v. 13, n. 1, p. 195-206, Feb. 2008. Disponível em: <http://www.scielo.br/scielo.php?script=sci_arttext&pid=S1413-81232008000100024&lng=en&nrm=iso>. Acesso em: 14 abr. 2017. <http://dx.doi.org/10.1590/S1413-81232008000100024>.

VILELA, Elaine Morelato; MENDES, Iranilde José Messias. Interdisciplinaridade e saúde: estudo bibliográfico. *Rev Latino-am Enfermagem,* 2003, julho-agosto; 11(4):525-31. Disponível em: <http://www.revistas.usp.br/rlae/article/view/1797/1844>. Acesso em: 19 abr. 2017.

CAPÍTULO 5

A arte de cuidar: contribuições do psicólogo na equipe multiprofissional de cuidados paliativos

Silvana Carneiro Maciel
Railda Sabino Fernandes Alves

Introdução

O sofrimento só é intolerável, quando ninguém cuida.
(Saunders, 1991)

Ao falarmos sobre Cuidados Paliativos (CP), muitas questões sobrevêm em nossas mentes, como: referem-se ao simples alívio do sofrimento e da dor? É um trabalho respaldado na compaixão? É trabalho realizado, apenas quando não se tem mais nada a fazer? Um trabalho circunscrito ao ambiente hospitalar? Utilizado apenas em doentes ditos "terminais"? O que pode fazer um psicólogo, no cuidado paliativo? Estas e outras questões nos inquieta e nos leva a escrever o presente capítulo, visando responder dúvidas como estas e desmistificar os CP e o trabalho do psicólogo, neste contexto.

A Organização Mundial de Saúde (OMS) em 2002 definiu CP como uma abordagem ou tratamento que melhora a qualidade de vida de pacientes e familiares diante de doenças que ameacem a continuidade da vida; ressaltando a necessidade de avaliar e controlar de forma impecável não somente a dor, mas todos os sintomas de natureza física, social, emocional e espiritual. O trabalho com CP excede o trabalho com a morte, e abarca o trabalho com a qualidade de vida, com o atendimento humanizado, com a valorização da vida. É um trabalho que envolve o paciente, a família, a equipe interdisciplinar e que sai do contexto hospitalar e chega ao trabalho no lar e nos serviços extra-hospitalares.

Será a partir deste entendimento amplo de CP que traçaremos toda a construção teórica neste capítulo, com ênfase ao papel do psicólogo na equipe de CP.

Iniciaremos, portanto, conceituando CP, entendendo que diversos são os conceitos existentes, mas para balizar nossas reflexões, escolhemos um conceito amplamente utilizado e que trás no seu escopo partes que consideramos essenciais para compreendermos CP. Portanto, teremos como referencial o conceito de CP da OMS descrito como

> Conjunto de medidas capazes de prover uma **melhor qualidade de vida** ao doente portador de uma **doença que ameace a continuidade da vida** e seus familiares através do alívio da dor e dos sintomas estressantes, utilizando uma abordagem que inclui o **suporte emocional, social e espiritual** aos doentes e seus familiares desde o diagnóstico da doença ao final da vida e estendendo-se ao período de luto. (OMS, 2002, p. 78)

Destacamos o conceito de qualidade de vida inserido no conceito de CP, que de acordo com Kovács (1999) está ligada ao bem-estar, a satisfação com as circunstâncias vitais, a diminuição do sofrimento psíquico, físico, social e espiritual; afirmando que "Quando se pensa em QUALIDADE DE VIDA, pensa-se em dignidade, em respeito à pessoa, possibilidade de autonomia e controle sobre sua própria vida" (Kovács, 1999, p. 46). Portanto podemos afirmar que o objetivo dos CP não é curar, nem assistir apenas no leito de morte, embora também abarque isto, mas o objetivo maior é o de cuidar; por isso os CP também podem ser denominados como **cuidados de conforto, cuidados de suporte** e **gerenciamento de sintomas.** Assim, o profissional que trabalha com CP deve ter em mente que nem sempre ele conseguirá curar ou eliminar sintomas ou mesmo resgatar a vida, mas certamente ele poderá cuidar e minimizar o sofrimento, pois como bem diz Saunders (1996).

> ..ao cuidar de você no momento final da vida, quero que você sinta que me importo pelo fato de você ser você, que me importo até o último momento de sua vida e faremos tudo que estiver ao nosso alcance, não somente para ajudá-lo a morrer em paz, mas também para você viver até o dia de sua morte. (Saunders, 1996, p. 236)

O cuidar na perspectiva paliativa é um desafio que deve reunir profissionais que abarquem competência técnico-científica, mas que não percam a humanização do seu trabalho, um profissional qualificado, mas que não deixe endurecer seu coração diante da doença, do sofrimento, da dor e até da morte, profissionais que tragam atrelado as suas práticas a humanização no processo do cuidar.

Cuidados paliativos: um pouco de história

> ...o sofrimento da alma se mostra soberano, ao olhar meramente orgânico, e, portanto, distante da filosofia médica. (Angerami, 2014, p. 49)

O cuidar de pessoas doentes está presente desde os primórdios da humanidade. Civilizações antigas respondiam de forma comunitária às doenças ameaçadoras da continuidade da vida uma vez que a morte era uma ameaça direta a todo o grupo.

Ao longo da história elementos naturais e sobrenaturais são buscados com vistas a encontrar explicações para a saúde e para a doença, onde a trajetória histórica das concepções e da prática sobre estas vão desde uma visão mágico-religiosa, na antiguidade, até ao modelo biomédico, ainda predominante nos dias de hoje, mas já em fase de transição para o modelo psicossocial.

Seguindo a visão religiosa sobre o cuidado das doenças e com a difusão do cristianismo, mosteiros e conventos começaram a acolher doentes e pessoas incapacitadas além de peregrinos e viajantes; muitos dos quais chegavam doentes e passam seus últimos dias sendo cuidados por monges, freiras e voluntárias, locais estes que foram denominados '*hospices*' (Figueiredo, 2008). Assim até o século XVIII estes locais eram essencialmente locais de assistência aos pobres, administrados por religiosos, nada havendo que se parecesse com um tratamento médico nos moldes atuais. Era uma instituição, muitas vezes de separação e de exclusão – não da doença a ser curada, mas do pobre que estava morrendo; onde o objetivo maior de quem trabalhava ali não era fundamentalmente obter cura do paciente, mas alcançar sua própria "salvação eterna", como ressalta Foucault (2001).

Em fins do século XVIII, nascem os hospitais como instrumento terapêutico, surgindo também o paradigma biomédico, que instituiu a racionalidade anátomo-clínico, fundamentado na medicina e com destaque para a importância do papel do médico, neste cenário, ancorado na hospitalização, na medicalização e nas explicações unicausais das doenças, com ênfase no adoecer orgânico. O paradigma biomédico é centrado na medicalização, na visão orgânica do adoecer e na centralização da figura do médico, com separação da família e institucionalização da doença. Assim, a partir do momento em que o hospital é concebido como um instrumento de cura, e a distribuição do espaço tornam-se uma técnica terapêutica, o médico passa a ser o principal responsável pela viabilidade do hospital e pela permanência do paciente neste (Vendemiatti *et al.*, 2010).

Com a consolidação da instituição hospitalar – medicamente administrada e controlada – iniciou-se um processo de institucionalização da doença e medicalização do social, a qual foi ampliada no século XIX, sendo extensa e profundamente desenvolvida durante todo o século XX até a atualidade. A medicina, seu saber e sua instituição tornaram-se referências centrais no que se refere a saúde, a vida, ao sofrimento e a morte (Menezes, 2004). Sendo os hospitais locais de escolha para o nascimento e a morte, visto como único lugar possível de cuidado e de tratamento das doenças; assessorado pela equipe técnica, medicamentos cada vez mais potentes e pela alta tecnologia para a manutenção da vida, a exemplo as Unidades de Tratamento Intensivo (UTI). Se antes o indivíduo morria rodeado de amigos e familiares – um episódio público – agora morre só, internado, em unidades de terapia intensiva, invadido por tubos, cercado por aparelhos como afirmam Hermes e Lamarca (2013).

Sobre isto, Melo, Valero e Menezes (2013) destacam que com o avanço da ciência e das tecnologias no cuidado da saúde, produziu-se a ideologia de salvar vidas e o sentido de cuidar confundiu-se com o de curar. Assim, a morte passou a ser vista como um fracasso, algo que deve ser evitado a qualquer tempo e custo. Kovács (2014) destaca que na atualidade a morte é vista como um fracasso das ciências e dos profissionais de saúde, um evento não natural, solitário, com dificuldade de ser falado.

A história dos CP busca a superação deste modelo biomédico e baseia-se no modelo do cuidado nos *hospice*. O próprio termo paliativo revela sinais de cuidado e de atenção, uma vez que, 'paliativo' é derivado do latim '*pallium*', que significa capa, manto que cobria os peregrinos cristãos, que cruzavam a Europa em busca de perdão, como salientam Porto e Lustosa (2010). Pessini e Bertachini (2006) ressaltam que o nascedouro dos CP fundamenta-se no pensamento filosófico do movimento *hospice,* o qual se guiava por uma filosofia do cuidado, da acolhida e hospitalidade; eram lugares de acolhimento e cuidados especiais, onde as pessoas buscavam proteção, acolhimento e alívio para o sofrimento, muito mais do que a cura (Saunders, 1996); também conhecido como assistência *hospice*, que atuava para além de ser um ato de caridade.

Na atualidade, podemos afirmar que os CP vão além do cuidado caritativo e passam a integrar o paradigma psicossocial o qual propõe o trabalho em equipe multiprofissional com intercâmbio entre os profissionais, superando o saber/poder médico, considerando que a doença possui fatores biopsicossocioculturais e que a família é participante ativo do cuidar. Os CP estão inseridos em um movimento que ficou conhecido como hospice moderno, que foi consolidado pela médica Cicely Saunders no século XX, mais precisamente na década de 1960. Saunders através de sua conduta humanista, contribuiu para o desenvolvimento e a consolidação do movimento *hospice* moderno, através de sua experiência atendendo doentes com diagnóstico de doenças ameaçadoras da vida (câncer) e proporcionou um novo olhar sobre o cuidar no momento da morte, de modo a sensibilizar cuidadores e profissionais, a oferecerem respeito e dignidade àqueles que já estão nos últimos instantes de vida. Para esta medicina paliativa a preocupação central é a morte digna, cujo centro da preocupação, não está mais posta na cura de sintomas, mas sim no alívio destes, tanto físicos quanto emocionais, espirituais, sociais e morais.

A médica inglesa Cicely Saunders é considerada a pioneira do Movimento Moderno de Cuidados Paliativos *-Hospice Moderno-,* e a partir de seu trabalho possibilitou uma maior visibilidade aos CP disseminado em vários países. Em 1967 funda o *St. Christopher's Hospice,* que assistia não só aos doentes, mas prestava assistência de uma forma integral e holística, também às suas famílias, desde o controle de sintomas, alívio da dor e atenção psicológica, na busca de uma resposta ativa para sanar o sofrimento dessas pessoas e aumentar a qualidade de vida. O *St. Christopher's Hospice* era, também, um centro de ensino e de pesquisa que permitiu a disseminação dessa nova forma de cuidar (Raimundo *et al.*, 2016).

O termo Cuidado Paliativo propriamente dito foi inaugurado pelo médico cirurgião canadense Balfour Mount, no início da década de 70 do século XX (Floriani, 2009). A literatura indica que na atualidade os CP e o cuidado *hospice moderno,* se complementam e, muitas vezes, são tidos como sinônimos, já que têm em comum o propósito de ofertar um cuidado total centrado na pessoa doente e em seus familiares focalizando o alívio dos sofrimentos, o conforto, a qualidade de vida e a boa morte (Floriani; Schramm, 2010; Floriani, 2013). Maciel (2012) destaca que *hospice* também tem sido utilizado para designar um local, uma instituição de média complexidade, um hospital especializado nos CP que presta assistência multiprofissional para pessoas com doenças terminais. Após os movimentos em prol dos CP, esta modalidade é hoje uma realidade em vários países do mundo, inclusive abrangendo diversas doenças consideradas incuráveis, visto que possui a filosofia não da cura, mas do cuidado (Floriani; Schramm, 2008).

Em 1990, a Organização Mundial de Saúde (OMS) definiu CP como sendo o cuidado ativo e total para pacientes cuja doença não responde de modo positivo ao tratamento de cura. Objetiva proporcionar a melhor qualidade de vida possível para pacientes e familiares, através do controle da dor e de outros sintomas e de problemas psicossociais e espirituais (Matsumoto, 2012). Em 2002, a OMS revisa essa definição, para incluir aspectos do diagnóstico precoce da doença:

> Cuidado Paliativo é uma abordagem que promove a qualidade de vida de pacientes e seus familiares, que enfrentam doenças que ameacem a continuidade da vida, através da prevenção e alívio do sofrimento. Requer a identificação precoce, avaliação e tratamento da dor e outros problemas de natureza física, psicossocial e espiritual (Matsumoto, 2012, p. 26).

Os CP podem ser aplicados a doentes de qualquer faixa etária que estejam com doenças limitantes ou ameaçadoras da vida. Entendendo as doenças limitantes como uma condição onde a morte prematura é frequente, embora não necessariamente iminente, e esta categoria abrange condições onde o tratamento curativo é possível, mas pode falhar. As doenças ameaçadoras da vida são compreendidas como as condições onde existe grande probabilidade de morte, contudo não se descarta a hipótese de sobrevida a longo prazo; neste caso, não existe grandes possibilidades de cura, mas a sobrevivência pode ser prolongada (Associação Europeia de Cuidados Paliativos [EAPC], 2009).

As definições e a filosofia dos CP indicam que, mesmo em face da ameaça à continuidade da vida, a pessoa precisa ser tratada com dignidade, para que se sinta aliviada em seu sofrimento, não só físico, mas também psíquico e espiritual. Nesta linha de pensamento, Matsumoto (2012) diz que os CP não devem se basear em protocolos, mas em princípios. O termo terminalidade deve ser mudado para doença, que ameaça a vida e o cuidado deve ser iniciado desde o diagnóstico e deve ser evitado falar em impossibilidade de cura; ao invés disso, deve-se trabalhar com a possibilidade de tratamento modificador da doença, afastando a ideia de não ter mais nada a fazer. A abordagem inclui a espiritualidade dentre as dimensões do ser humano, sendo vista de uma forma ampla, e a família é assistida, também, após a morte do paciente, no período de luto (EAPC, 2009).

Pessini e Bertachini (2004) afirmam que os CP devem ser aplicados a pessoas com enfermidade avançada, progressiva, incurável; em doença onde há falta de resposta ao tratamento específico, e onde há na presença de múltiplos sintomas os quais causam sofrimento e grande impacto emocional para o doente, para a família e para toda a equipe de cuidadores, sejam estes sintomas relacionados ou não com a presença explícita da morte.

Importante destacar que os CP podem ser desenvolvidos em diversos cenários e modalidades de assistência de acordo com os Critérios de Qualidade para os Cuidados Paliativos, lançados no Brasil pela ANCP (2006), podendo ser exercidos nos contextos: domiciliar, ambulatorial e hospitalar.

Acerca disto, Pessini e Bertachini (2004) destacam que os CP não se relacionam exclusivamente a cuidados institucionais, pois trata-se de uma filosofia de cuidados que pode ser utilizada nos diferentes contextos de inserção do doente. Pode ocorrer no domicílio da pessoa doente, na instituição de saúde onde está internada ou no *hospice*, uma unidade específica dentro da instituição de saúde destinada exclusivamente para esta finalidade. Seja onde for o atendimento dos CP, pode ser efetivado nos três níveis de atenção em saúde, sendo importante que os CP contemplem as necessidades dos doentes e de seus familiares, segundo o grau de progressão das doenças, incluindo a morte eminente.

Humanizar os cuidados em saúde não é simplesmente aliviar a dor e o sofrimento do doente, mas sensibilizar os profissionais, para perceberem essas pessoas como sujeitos únicos, a serem tratados como pessoas dignas, e com vontades ativas e não como mais um leito de hospital, onde os CP devem exceder a estes e abarcar toda a rede de assistência à saúde e até a residência dos doentes. Assim, como afirma Pessini (2002) no CP é necessário que a equipe mude o foco do curar para cuidar, e que a preocupação central passe a ser a morte digna.

Sociedade contemporânea e as novas formas de pensar a morte e o morrer

> ...a morte significa um afastamento como tantos outros que nós sofremos na vida, e, sem sombra de dúvidas, deixa saudades. A morte do outro se configura como a vivência da morte em vida. É a possibilidade de experiência da morte do outro, que não é a própria, mas é vivida como se uma parte nossa morresse, uma parte ligada ao outro pelos vínculos estabelecidos (Kovacks, 1996, p. 32).

Os avanços dos processos tecnológicos e de globalização têm acelerado as mudanças nas sociedades contemporâneas, onde os processos sociais de saúde-doença têm sido diretamente afetados, trazendo alterações importantes nos perfis epidemiológicos das comunidades, interferindo nos modos de adoecer e de morrer nas sociedades atuais. Na interface desses processos de mudanças, persiste a tradição das profissões de saúde em se manter na obrigação de preservar a vida a todo custo, de buscar a cura sempre e de postergar a morte.

Durante o século XX, especialmente em sua segunda metade e início do século XXI, o conhecimento das causas das enfermidades e o crescimento explosivo das tecnologias aplicadas a estes permitiram a cura de doenças que vinham afrontando a humanidade; com isto diminuiu-se, drasticamente, as epidemias, desenvolveram-se cirurgias de alta complexidade capazes de transplantar órgãos vitais entre pessoas, e métodos de suporte vital para manutenção da vida. Todos estes avanços, convenientemente amplificados pela tecnologia e amplamente difundidos pelos meios de comunicação gerou nos profissionais um entusiasmo compreensível, adquiriu-se pela primeira vez a capacidade de influir eficazmente no curso das enfermidades. Tudo isto permitiu gerar entre os profissionais de saúde, a ingênua ilusão de que a morte pode ser evitada e que a vida pode ser resgatada por eles, enquanto portadores deste saber e imbuídos deste poder.

De fato, observa-se que os progressos técnicos-científicos, as vacinas, os antibióticos, as cirurgias, em conjunto com a melhoria da alimentação e da higiene, elevaram a esperança de vida e de prolongamento desta. Lamentavelmente, a maior longevidade trouxe consigo as enfermidades degenerativas e cada vez mais cresce o número de pessoas acometidas por elas (Alves *et al.*, 2014). Tais pessoas são obrigadas a conviver com sofrimentos crescentes, às vezes, em estado de deterioração mental progressivo, podendo reduzir suas vidas a níveis meramente vegetativos. De fato, todo este progresso alcançado nos séculos XX e XXI conseguiu dar mais anos à vida, mas nem sempre mais vida aos anos.

O médico imbuído deste saber adquire um poder de manutenção da vida de um paciente levando-o a aplicar técnicas para manutenção e prolongamento da vida, em casos aonde não há esperança de poder evitar a morte, conduzindo muitas vezes à obstinação terapêutica de manutenção da vida a qualquer custo.

Na contramão desta abordagem situa-se os CP no qual deve-se evitar a obstinação terapêutica ou distanásia, que consiste na manutenção de terapias fúteis ou inúteis que somente prolongam o morrer e aumentam o sofrimento do doente e de seus familiares. A filosofia dos CP orienta à prática da ortotanásia, que significa prestar o cuidado a pessoas com doenças sem possibilidade de cura, sem estimular o prolongamento da vida por meios artificiais, sendo incluídos aqui os que servem apenas para prolongar a morte e consequentemente o sofrimento. Trata-se de limitar as medidas de Suporte Avançado de Vida (SAV) quando estas tiverem por objetivo apenas a manutenção de uma condição de vida artificial para doentes sem possibilidade de o tratamento modificar a doença (Moritz; Rossini; Deicas, 2012; Matuzzi; Nascimento; Fumis, 2016).

Para Porto e Lustosa (2010) ortotanásia (*orto*=correto) significa morte em seu tempo certo, sem abreviar ou prolongar desproporcionalmente o processo de morrer; mas, proporcionando condições de vida durante esse período, buscando aliviar ou amenizar sofrimentos (físico, espiritual e/ou emocional). Além disso, deve-se oferecer ao paciente as condições necessárias para o entendimento e para a elaboração de sua finitude, preparando-o para partir em paz e sem sofrimento.

Kovács (2014) destaca que a morte digna é apresentada pela literatura como a morte com menor sofrimento possível, no que se refere ao desconforto físico e respiratório, ao lado da família, com preservação da dignidade humana durante todo o processo. Falando sobre a morte digna Santos (2009) destaca que os cuidados para que esta ocorra requer uma assistência que aborde todas as dimensões do sofrimento, envolvendo a experiência da morte e do morrer. De forma que a morte digna privilegie uma assistência dos aspectos físicos, como o controle da dor e de outros sintomas; mas também que abarque o psicológico trabalhando os medos, as ansiedades, o luto antecipatório, a depressão, a perda da autonomia, dentre outros.

De certa forma, podemos dizer que os CP também vão na contramão do resgate da vida a qualquer custo, ou da eternização da vida sem qualidade de vida. Contudo, Floriani e Schramm (2007) destacam que a alta tecnologia médica com todo seu arsenal para salvar vidas e os CP não deveriam ser vistos como práticas contraditórias e sim complementares, devendo atuar conjuntamente. Na visão dos autores a filosofia da morte digna ou contemporânea, buscada pelos CP, deve ser marcada pelo empenho dos profissionais em tornar o fim da vida do paciente, quando este é inevitável, em um momento digno, onde o doente é assistido até seu último suspiro, tendo voz e escolhas, principalmente acerca do lugar onde deseja morrer; valorizando a qualidade de vida do paciente e o respeito à sua autonomia. A busca pela efetivação dos CP e por práticas mais humanas é assegurada também pelos princípios da Bioética, a qual se constitui uma força aliada, sobretudo o que propõe que a autonomia do paciente possa ser garantida através do consentimento informado, possibilitando que ele tome suas próprias decisões, atendendo ao princípio da beneficência e da não maleficência (Matsumoto, 2012).

> Podendo, a partir disso, debater e discutir sobre o que gostaria que fosse feito após a sua partida, em relação à sua família e também sobre o que gostaria de decidir sobre suas preferências sobre tipo e local para sua morte e sepultamento (Domingues *et al.*; 2013, p. 23).

Porto e Lustosa (2010) sobre esta questão afirmam que o grande desafio é permitir que se viva com qualidade a própria morte; que se tenha uma "boa morte". Assim, a possibilidade de se morrer com dignidade traz uma discussão muito relevante para os dias de hoje; onde qualidade de vida no processo da morte e prolongamento da vida não deveria estabelecer uma relação de incompatibilidade, e sim de complementaridade. É o fazer tudo que é possível, e parar no limite do tolerável.

O respeito e o cuidado ao ser humano devem assim ser assegurados em todos os momentos de sua vida, e não é por estar em condição crítica de adoecimento, ou mesmo fora da possibilidade de cura que os cuidados essenciais e especiais devem ser esquecidos, pelo contrário, esses devem ser utilizados para que estes pacientes possam viver da melhor forma possível, até os momentos finais de vida, afirma Pedreira (2013).

Hermes e Lamarca (2013) destacam que a filosofia da morte contemporânea ou da "boa morte", da morte contemporânea o da morte digna, ainda é recente, e será necessário um bom tempo para se estruturar, não somente na sociedade brasileira, mas em várias parte do mundo, tendo em vista a dificuldade para o ser humano lidar com o assunto da morte, embora esta preocupação já esteja batendo à porta com o envelhecimento da população, que vem aumentando sobremaneira, incluindo a prevalência de doenças crônicas (ANCP, 2012). Muitas vezes a longevidade vem associada a anos de sofrimento, inúmeras visitas a médicos, prolongadas internações em hospitais; enfim, uma consternação física e mental para o doente, seus familiares e cuidadores. Contudo, não se pode negar que os avanços na medicina têm permitido salvar vidas de doentes críticos, com potencial de cura, mas em alguns casos não há possibilidade de recuperação, mas apenas o estender da dor e do sofrimento (Lago *et al.*, 2007).

Com efeito, os hospitais acabam se tornando um depositório de pacientes fora de possibilidade de cura e tratando os mesmos de forma inadequada, sempre focada na tentativa de cura, com métodos invasivos e de alta tecnologia, que muitas vezes são exagerados, insuficientes e só acarretam ainda mais sofrimento, enquanto o que essas pessoas mais desejam é aliviar a dor que sentem (Matsumoto, 2012). Um dos ambientes que reflete isto no contexto hospitalar são as Unidades de Terapia Intensiva, que mediante o uso máximo da ciência médica, busca a cura das doenças e o prolongamento da vida, e muitas vezes desconsideram o âmbito emocional e o sofrimento amplo de pessoas em estado grave e/ou com doenças terminais (Cohen; Gobetti, 2006). Não se defende aqui a busca da morte, mas sim da vida e da qualidade de vida, devendo a preocupação maior ser o de cuidar de forma humanizada, o cuidar nos moldes do CP humanizados.

Humanização e cuidados paliativos

...de que adianta viver, se eu já não tenho mais vida?

(Paciente em cuidados paliativos)

No contexto de (re)humanização das práticas de saúde, os CP ganham espaço de discussões e debates que irão proporcionar um novo olhar sobre os pacientes críticos e sobre a formação dos profissionais para lidarem com esse tipo de situação. Importante destacar que por mais que tenhamos a tecnologia científica atuando ao nosso favor, existe algo que não deve ser negligenciado, que são as relações humanas, as práticas de humanização, e a filosofia do cuidado, que coloca a qualidade de vida e a dignidade humana à frente da ciência.

Questionar a tecnolatria, afirma Matsumoto (2012), quando esta se sobrepõem à qualidade de vida dos doentes, é refletir sobre os limites entre a morte e a vida, entre a ciência tecnológica e a dignidade humana. É perceber o quanto idolatramos a tecnologia, por causa do medo da morte, a qual deveria ser vivenciada, por todos os indivíduos, de maneira digna e concernente com suas vontades. Neste cenário, as práticas paliativistas emergem, para mostrar aos profissionais que o cuidado ao doente deve ser considerado, levando em consideração a dignidade, a história de vida individualizada e os momentos de dor e angústia vividos pelos doentes, familiares e cuidadores os quais devem ser respeitados até o fim.

Logo, as diretrizes do CP asseguram que sempre há algo que pode ser feito pelo outro, mesmo em momentos de finitude. É como afirma Pedreira (2013), não desistir da vida que ainda pode ser vivida; é um resgate do humanismo esquecido nas modernas ações de saúde onde a tecnologia se sobrepõe à empatia, ao amor, à afetividade, ao humanismo e ao respeito à dignidade da pessoa humana.

Porto e Lustosa (2010) ressaltam que os CP têm como estrutura uma nova forma de gestão da morte, assegurando, através de uma prática multiprofissional sobre as necessidades do doente, principalmente quanto ao controle da dor e a acolhida do doente. Destacando que mesmo frente a um cenário gerador de sofrimento, acredita-se ser possível implementar uma política de assistência e de cuidado que honre a dignidade do ser humano mesmo fora de possibilidades terapêuticas. O desenvolvimento e implementação da filosofia dos CP é uma grande esperança para a real efetivação de um cuidado digno das pessoas que têm dor e sofrimento crônicos causados por doenças. Há que se mostrar os CP no resgate do humanismo perdido nas modernas ações da saúde, cheias de tecnologia e de eficácia curativa, mas tristemente sem significado no que diz respeito à empatia, ao amor, à afetividade, ao calor humano e, portanto, incapazes de eficácia integral no consolo ao sofrimento do indivíduo (PORTO; LUSTOSA, 2010, p. 86).

Os princípios dos CP, como apontados pela OMS (2002), são amplos, englobando desde o alívio da dor até o trabalho com a família, a saber: (I)

Proporcionar alívio da dor e outros sintomas angustiantes; (II) Reafirmar a vida e a morte como processos naturais; (III) Ter como pretensão, não acelerar ou adiar a morte; (IV) Integrar os aspectos psicológicos e espirituais da assistência, ao paciente; (V) Oferecer um sistema de apoio para ajudar os pacientes a viver tão ativamente, quanto possível, até a morte; (VI) Oferecer um sistema de apoio para ajudar a família a lidar durante a doença do paciente, e em seu próprio falecimento; (VII) Usar uma abordagem interdisciplinar para atender às necessidades dos pacientes e suas famílias, incluindo aconselhamento de luto, se indicado; (VIII) Melhorar a qualidade de vida, e também poder influenciar positivamente o decurso da doença; (IX) Aplicar no início do curso da doença, em conjunto com outras terapias, que se destinam a prolongar a vida, tais como a quimioterapia ou radioterapia, incluindo as investigações necessárias para melhor compreender e tratar as complicações clínicas angustiantes (OMS, 2002, p. 84).

Segundo Waldow e Borges (2011), no Brasil, o tema dos CP começou a ter visibilidade através das políticas de humanização, onde a detecção de problemas na rede de assistências em saúde, levou o Ministério da Saúde (MS) a trabalhar em programas e políticas nacionais de humanização. Na década de 90 com a Portaria nº 3.535, de 02 de setembro de 1998, os CP foram incluídos na modalidade domiciliar e na internação hospitalar, sobretudo nos Centro de Alta Complexidade em Oncologia. Entre 2000 e 2002, o MS inaugurou as políticas de humanização em saúde através do Programa Nacional de Humanização da Atenção Hospitalar (PNHAH) com ações em hospitais para promover a criação de comitês de humanização que buscavam a melhoria na qualidade da atenção, a humanização do parto e da saúde da criança. A 11ª Conferência Nacional de Saúde, realizada em dezembro de 2000, que teve como título 'Acesso, qualidade e humanização da atenção à saúde com controle social', fortaleceu ainda mais as discussões e as iniciativas para que a humanização fosse foco principal nas práticas de saúde (Pasches; Passos, 2008). No Programa Nacional de Assistência Hospitalar assegurado pela Portaria nº 881 de 19 de julho de 2001, há a recomendação às equipes multidisciplinares e os serviços de saúde para a prática de CP, garantindo a humanização do atendimento e o não abandono do usuário com doenças graves e avançadas (Floriani, 2011).

A busca pela humanização do Sistema de Saúde no Brasil surge da constatação de problemas principalmente no que se refere as relações e as formas como os pacientes estavam sendo tratados nos serviços da rede Sistema Único de Saúde (SUS). Os principais problemas constatados pelo MS foram: práticas desumanas com relação a filas, a insensibilidade dos trabalhadores frente ao sofrimento das pessoas, aos tratamentos desrespeitosos, ao isolamento dos pacientes de suas redes sociofamiliares, a consultas e internações, a práticas de gestão autoritária, a degradações no ambiente e nas relações de trabalho, dentre outras coisas (BRASIL, 2010).

A população reclamava da forma de atendimento, da falta de atenção, e da incompreensão de alguns profissionais da saúde que não acolhiam satisfatoriamente suas demandas. Tais fatores pareciam ser mais valorizados do que a falta de médicos, falta de espaço nos hospitais, e até a falta de medicamentos. O levantamento dessa problemática teve como principal consequência a ampliação do Programa Nacional de Humanização da Assistência Hospitalar que passou a ser uma Política Nacional de Humanização (através do Humaniza SUS), que por meio de uma "perspectiva transversal, constitui uma política de assistência e não mais um programa específico" (Deslandes, 2004, p.8).

A Política Nacional de Humanização da Atenção e da Gestão na Saúde (PNH), consolidada em 2003, vem para reafirmar as origens do SUS, e se efetivar na concretude das práticas de saúde, nos diferentes princípios do SUS (Benevides; Passos, 2005). Nesse sentido, para que atinja efetivamente todo o sistema de saúde no Brasil, as iniciativas de humanização devem ser mais que programas aplicados isoladamente em hospitais e instituições; devem ser compreendidas como uma política que opera transversalmente em toda a rede SUS de forma articulada (Brasil, 2004). Conforme Archanjo e Barros (2014), a PNH – HumanizaSUS não só reafirma os princípios da universalidade, equidade e integralidade do SUS, mas, também propõe outros princípios imprescindíveis para a consolidação de um SUS resolutivo e de qualidade. Assim, a PNH visa "ampliar o diálogo entre os sujeitos implicados no processo de produção da saúde, promovendo gestão participativa, estimulando práticas resolutivas, reforçando o conceito de clínica ampliada" (Archanjo; Barros, 2014, p .2). A política de humanização passa a ser a principal diretriz para conduzir a reflexão das ações em saúde, buscando ampliar o respeito e a qualidade das relações construídas no contexto da saúde.

Cuidados Paliativos têm como perspectiva uma abordagem humanística, multidisciplinar, de valorização da vida, onde questões éticas que perpassam a vida e a morte se fazem presentes. Marta, Hanna e Silva (2010) ressaltam que como a medicina paliativa se baseia numa perspectiva holística, a qual busca de forma integrada, identificar e minimizar problemas de ordem física, psicológica, social e espiritual; é essencial que haja a atuação conjunta de uma equipe multidisciplinar composta por diversos profissionais, dentre eles médicos, psicólogos, enfermeiros, assistentes sociais, conselheiros espirituais, entre outros que prestem assistência ao paciente, a seus familiares e a equipe com o objetivo de minimizar o sofrimento advindo com a doença. (Oliveira; Silva, 2010).

Hermes e Lamarca (2013) descrevem que os CP pressupõem a ação de uma equipe multiprofissional, já que a proposta consiste em cuidar do indivíduo em todos os aspectos: físico, mental, espiritual e social. Onde o paciente deve ser assistido integralmente, requerendo complementação de saberes e partilha de responsabilidades, posto que o paciente não é só biológico ou social, ele é também espiritual, psicológico, devendo ser cuidado em todas as esferas, uma vez que quando uma funciona mal, todas as demais são afetadas.

A equipe multiprofissional deve trabalhar conjuntamente com o objetivo de proporcionar um cuidado amplo e abrangente, tendo sempre em foco que a melhora da qualidade de vida pode influenciar positivamente no modo como o paciente lida com as questões relacionadas ao processo de adoecer e de morrer (Souza; Carpigiani, 2010).

Numa equipe com vários profissionais, que reconhecem os CP como uma abordagem de cuidado o psicólogo é um dos atores que podem fazer parte desta equipe. A responsabilidade e a complexidade das ações atribuídas ao psicólogo da saúde, principalmente quando envolvidas com os CP, ainda deixam muito a desejar; consistindo em grande desafio a ser vencido. Na prática ainda existem muitas dificuldades recorrentes com relação ao trabalho do psicólogo dentro da equipe de CP, como: a falta de conhecimento da equipe de saúde sobre o papel do psicólogo, a deficiência da formação acadêmica em psicologia, assim como em outras áreas da saúde, no que tange a temas transversais na grade curricular como os CP.

Além disso, o psicólogo também precisa se empoderar e investir mais nesse campo de atuação, tanto na prática quanto na pesquisa cientifica (Alves *et al.*, 2014; Garcia-Schinzari; Santos, 2014). Acerca disto Carqueja e Costa (2014) afirmam que o pouco conhecimento da atuação da Psicologia numa equipe de CP, pode ser geradora de conflitos, preconceitos e estigmas. Busquemos então minimizar as lacunas acerca do trabalho do psicólogo da saúde com CP, aprofundando um pouco mais sobre o papel do psicólogo na equipe de CP.

A arte do cuidar: psicologia da saúde e cuidados paliativos

> A psicoterapia surge como sendo o processo capaz de desentranhar o emaranhado de sofrimento em que o paciente se acha envolto. Sofrimento que vai além da compreensão dos processos meramente orgânicos... sintomas como taquicardia, tremores, sudorese, etc, deixarão de ser manifestações apenas orgânicas para serem direcionadas para uma compreensão que alcance os tentáculos da alma desse paciente (Angerami, 2014.p. 49).

A Psicologia da Saúde é definida por Alves (2008), como um campo específico da psicologia que privilegia os cuidados em saúde de modo integral; ou seja, sua área de atuação vai além da clínica tradicional e da saúde mental, expandindo-se para o atendimento global à saúde e para uma assistência focalizada na promoção da saúde e na prevenção de doenças. O psicólogo da saúde atua numa perspectiva biopsicossocial e interdisciplinar lançando um olhar mais sensível e aguçado sobre as interações dos fatores biológicos, fisiológicos, psicológicos, sociais e espirituais e suas repercussões nos processos de saúde-doença-morte (Cerqueira-Silva, Dessen; Costa Júnior, 2011; Ferreira *et al.*, 2013).

De acordo com Alves e Eulálio (2011) o psicólogo da saúde pode ter suas ações distribuídas nos três níveis de atenção em saúde, suas atividades serão diferenciadas de acordo com o grau de intervenção e do contexto de aplicação.

No primeiro nível de assistência, Atenção Básica ou Atenção Primária em Saúde, as ações do psicólogo estão pautadas na possibilidade de surgimento de alguma enfermidade; ou seja, suas atividades são de caráter mais educativo e informativo e buscam contribuir para a construção de estilos de vida saudáveis, a minimização de comportamentos de risco, a elaboração de programas de humanização e a melhoria da qualidade de vida.

Nesse primeiro nível, de acordo com os critérios de qualidade para os CP no Brasil lançados em 2006 pela ANCP, o psicólogo deve realizar atividades de orientação e esclarecimentos sobre o processo e as fases do adoecimento por meio de um trabalho educativo e informativo. São desenvolvidas atividades que previnam possíveis complicações ou efeitos secundários aos tratamentos, através do trabalho com a comunidade para verificar as repercussões da doença, da morte e do luto, permitindo assim, identificar e prevenir os riscos do luto patológico; realizando também escutas psicológicas, entrevistas, diagnósticos diferenciais dos transtornos psicológicos e identificação de possíveis demandas para interconsultas ou encaminhamentos para outro nível de assistência em saúde.

No segundo nível de atenção (Atenção Secundária), Alves e Eulálio (2011), realçam que as práticas do psicólogo da saúde são mais especificas da área e, geralmente, ocorrem em ambulatórios e centros especializados, correspondendo ao acompanhamento dos doentes e ao desenvolvimento de ações para melhor promover a adesão ao tratamento. Neste nível suas práticas envolvem a realização de avaliações psicológicas, psicodiagnósticos diferenciais, psicoterapias, encaminhamentos, elaboração de pareceres, laudos e outros documentos que são de sua exclusiva competência. Portanto, as atribuições na atenção secundária quando inseridas nos CP, além das intervenções do nível I (Atenção Básica ou Primária), requerem do psicólogo a atuação no diagnóstico dos sofrimentos psicológicos severos e suas causas, realização de tratamentos como a psicoterapia e a ludoterapia e outras atividades como entrevistas, escutas psicológicas focadas na família e na resolução de conflitos, a fim de melhorar a comunicação entre os familiares, a pessoa doente e a equipe cuidadora. As intervenções neste nível buscam, também, minimizar a possibilidade do abandono do tratamento, e de trabalhar a sobrecarga familiar e o luto patológico (Maciel *et al.*, 2006).

No terceiro nível de assistência à saúde (Prevenção Terciária), o psicólogo atua num contexto de problemas de alta complexidade, não apenas em caráter intervencionista, mas também preventivo. Dentre as ações de caráter preventivo pode-se destacar a preparação emocional dos pacientes para cirurgias, a aplicação de técnicas para redução ou enfretamento da ansiedade, a criação de estratégias para auxiliar no processo de adaptação à nova situação pós-diagnóstico e orientação aos familiares. Existe um leque de possibilidades de intervenções, nesse nível, destacando o apoio, a orientação e a assistência aos doentes hospitalizados e a seus familiares, além do auxílio à equipe profissional, com os plantões em emergência psicológica, acompanhamento dos enfermos internados em UTI's e dos doentes em CP (Alves; Eulálio, 2011).

Maciel *et al.* (2006) corroboram estas atividades do psicólogo diante da atenção máxima em CP no nível III, destacando que esse profissional exerce papel fundamental junto a situações de alta complexidade, prestando uma assistência especializada com terapêuticas específicas para casos de descompensação psicológica aguda, ideação suicida, pedido de eutanásia, conflitos familiares graves e conduta violenta. Além disso, ressaltam a importância nesse terceiro nível do suporte psicológico dado às equipes profissionais que atuam em CP, por meio, de uma escuta diferenciada, de técnicas de dinâmicas de grupo, da mediação das comunicações para minimizar conflitos, como também ações que visam a prevenção e o tratamento da síndrome do desgaste profissional (Síndrome de *Burnout)* são de extrema relevância, pois além do cuidado com o doente e com a família, o psicólogo também deve estar atento à saúde da equipe profissional.

É importante ressaltarmos que independentemente do nível de atenção em saúde no qual o psicólogo esteja inserido, ele deve atuar promovendo qualidade de vida e o cuidado humanizado, aliviando sofrimentos, mediando comunicações, dando orientações, suporte psicológico e emocional, não só ao doente, mas também à família e à equipe. Sua atuação é imprescindível em todas as fases dos CP, no entanto, na fase final da vida que é ainda mais delicada exige que este profissional acolha, escute e cuide dos medos, das angústias e das ansiedades desencadeadas pela evolução da doença limitante e/ou ameaçadora da vida e pela proximidade da morte (Ferreira *et al.*, 2013).

O psicólogo coloca-se como elo entre os profissionais e a unidade de cuidados, o que foi denominado por Franco (2008) como "tradução entre duas culturas"; competindo ao psicólogo o papel de identificar as trocas entre paciente, família e a unidade de cuidados, tendo em vista a adesão aos cuidados propostos, a busca da redução do desgaste pessoal e profissional desta tríade envolvida nos CP.

Porto e Lustosa (2010) destacam a importância do trabalho da psicologia nos CP, posto que o trabalho especializado poderá atuar com apoio psicológico não apenas com os sintomas físicos, mas também com os psicológicos e com a subjetividade de cada um. O olhar o paciente, como sujeito de uma vida e de uma história singular e não como prisioneiro de uma doença, talvez seja o componente mais importante das práticas de saúde, pois, mesmo que esta doença seja incapacitante, crônica e limitante, sempre haverá possibilidade de resgate, de adaptação e de manutenção da dignidade e da qualidade de vida. As pessoas próximas da morte necessitam de alguém que possa estar com elas na dor, criando um espaço para que suas dúvidas, angústias, anseios e esperanças possam ser ouvidas e acolhidas, dando um significado para a experiência da morte ou, ressignificação da própria vida (Esslinger, 2004).

> A certeza do paciente de estar amparado, durante suas crises de dor, angústias e medos, bem como o fato de contar com alguém que o escuta e o compreende, não emitindo nenhum juízo de valor, mas antes considera importante todas as suas queixas e dores, e ainda consegue fazer com que a pessoa dê a tudo aquilo que expressa um significado para a sua existência, certamente contribui para que, uma vez tratadas suas demandas, ela consiga, com mais tranquilidade, aceitar a morte ou a cronicidade da doença (Domingues *et al.*, 2013, p. 23).

Em virtude dessa especificidade, Ferreira, Lopes, Melo (2011) ressaltam que o psicólogo que integra uma equipe de CP precisa ter uma formação profissional na área, de forma a possuir estratégias e conhecimentos para ajudar o paciente no enfrentamento e na elaboração das experiências emocionais vivenciadas na fase de terminalidade da vida. Mas, o psicólogo deve ter cuidado para não ocupar o lugar de mais um elemento invasivo no processo de tratamento, pois ele antes deve ser um facilitador no processo de integração do paciente, da família e da equipe multidisciplinar, mantendo como foco o doente (não a doença) e a melhora na qualidade de vida deste e não o prolongamento infrutífero do seu sofrimento.

Este é o papel do psicólogo, fazer com que alguém que, num momento de perda e dores intensas, quando imagina que já não encontrará razões para existir, encontre essas razões e as encontre dentro de si mesmo, expressando as dores do seu corpo e de sua alma, reatando laços e desfazendo nós. Sentindo que, para além de um corpo doente e que já não responde aos tratamentos, há um ser que ainda existe em sua subjetividade e continuará existindo no coração daqueles que o amam.

No trabalho do psicólogo com CP cabem vários papéis importantes na vida do paciente, da família, e da equipe com a qual trabalha. O psicólogo ao utilizar o recurso mais importante de que dispõe – a escuta, ele poderá dar voz a estes atores, fazendo com que se sintam amparados e compreendidos; onde as intervenções psicológicas em CP poderão ocorrer em três momentos: pré, peri e pós-morte.

Oliveira *et al.* (2004) ressaltam que a intervenção antes da morte tem início no diagnóstico, e que é relevante comunicar e informar ao paciente e a família sobre sua doença, medicações e tratamento possível, e que o terapeuta também deve trabalhar para estimular a expressão de sentimentos e de pensamentos os quais possam possibilitar a resolução de problemas proporcionando, quando for o caso, uma despedida mais confortante para o paciente.

Sobre esta etapa Hermes e Lamarca (2013) afirmam que a atuação do psicólogo é importante no nível de prevenção e nas diversas etapas do tratamento; podendo ajudar os familiares e os pacientes a quebrarem o silêncio e a falarem sobre a doença, fornecendo aos mesmos as informações necessárias ao tratamento, que muitas vezes é negado pela própria família, pois consideram melhor manter o paciente sem a informação. Denominam esse posicionamento da família em CP como a "conspiração do silêncio" (p. 2587). Assim o psicólogo contribui para que os doentes e familiares falem sobre o problema, favorecendo a elaboração de todo o processo, desde o adoecimento, até a morte e o luto.

Na intervenção, no momento da morte, é necessário considerar que a proximidade da morte é um momento que envolve muito receio para pacientes, familiares e equipe. Nesta hora, destacam Domingues, *et al.* (2013), o psicólogo desempenhará a função de orientar a família sobre a importância de sua presença nos momentos finais do paciente, mesmo em caso de coma, dando a liberdade para a família estar sozinha junto ao doente, de poder tocar, falar e sofrer a morte do familiar querido; mas é interessante que o psicólogo esteja com a família nesses momentos difíceis. Como salientam Oliveira *et al.* (2004), as ações do psicólogo serão para viabilizar a expressão de sentimentos e a vivência perante o luto.

Na intervenção após a morte do paciente, o trabalho pode se vincular aos profissionais da equipe e também se vincula aos familiares, nos momentos que sucedem ao período de sepultamento, pois estes são tomados geralmente por sentimentos de dor, perda, solidão, culpa, entre outros; permitindo a acolhida da família, de forma a permitir o luto e reorganizar papéis familiares sem o ente querido. Pois como bem dizem Domingues, *et al.* (2013) a família encontrará dificuldades diante da tarefa de realinhamento estrutural familiar e recolocação de papéis, por isso é necessário o trabalho do psicólogo, para ajudá-la na busca pelo equilíbrio.

Observa-se assim que as ações do psicólogo da saúde nos CP têm um leque de possibilidades e são pautadas numa abordagem holística da saúde e do cuidado, focadas na qualidade de vida, no alívio dos sofrimentos, na promoção da saúde e na prevenção de novas doenças. Seguindo esta linha ampla de atuação Raimundo, *et al.* (2016) destacam que seria reducionismo apontar uma única forma de abordagem, e, consequentemente um único instrumental, no trabalho com CP e no enfrentamento do sofrimento de pacientes que estejam vivendo um estágio da vida, onde tenham que lidar com a realidade do morrer e do sofrer. Contudo, a psicoterapia de apoio é uma terapia de escolha para ser usadas em pacientes que por debilidades físicas e/ou egoicas não conseguem compreender e nem tolerar uma terapia interpretativa, reflexiva ou geradora de ansiedade.

As psicoterapias de apoio são terapias de objetivos limitados e foca na superação dos sintomas e nos problemas atuais da realidade do paciente; e objetiva a atenuação dos sintomas ou supressão da ansiedade, com vista ao equilíbrio homeostático (Fiorine, 2012).

O discurso do terapeuta deve ser simples, sem complexidade alguma, sem ambiguidades; são do tipo sugestivo-diretivas. A postura do terapeuta é flexível, espontânea e ativa; e o vínculo terapêutico deve ser encorajador, protetor e orientador, onde deve haver reforço do ego e de mecanismos de defesa adaptativos com foco, na vida atual do sujeito. A psicoterapia de apoio é indicada para pessoas que estejam atravessando crises agudas de qualquer natureza, como luto, doença física grave, crônicas e incapacitantes (Cordioli, 2015).

Comas, Schröder e Villaba (2003) sugerem como intervenções desenvolvidas pelo psicólogo: a) a avaliação e diagnóstico do paciente; b) avaliação do contexto familiar que inclui o cuidador principal do paciente; c) o contato com a equipe para informar verbalmente o diagnóstico e o plano de ação previsto; d) enfatizar a utilidade das habilidades de enfrentamento trabalhando as mesmas; e) trabalhar a elaboração da informação sobre seu estado de saúde; f) manejar a aproximação sociofamiliar.

Como se vê são amplas as possibilidades de atuação da psicologia no âmbito dos CP, tanto em equipes multidisciplinares como no serviço especializado. A prática da intervenção psicológica por profissionais capacitados para o processo de CP é orientada a minimizar o sofrimento inerente a essa fase da vida, na elaboração das eventuais sequelas emocionais decorrentes deste processo. Busca-se a humanização do cuidado, propiciando a comunicação eficaz, a escuta ativa, compreensiva e reflexiva, a elaboração de questões pendentes, facilitando as relações equipe – paciente – família, não necessariamente nessa ordem, além de uma melhor adesão ao tratamento. Por meio de instrumentos de uso exclusivo do profissional da psicologia e técnicas apropriadas à intervenção psicológica, o psicólogo adquire e assume sua importância nesse contexto de atuação, possibilitando o reconhecimento da sua prática.

A natureza complexa, multidimensional e a dinâmica da doença propõe avanço dos CP englobando a bioética, a comunicação e a natureza do sofrimento (Barbosa, 2009). Nesse contexto é possível perceber a relevância da psicologia com suas contribuições para a compreensão dos aspectos psíquicos do sofrimento humano diante de um quadro de doença a ser tratado com CP. Compreende-se, portanto, que a contribuição do profissional da psicologia ocorre em diversas atividades, e segundo Franco (2008) estas devem ocorrer balizadas por saberes advindos de uma visão holística do fenômeno; entendendo a multicausalidade dos fenômenos, devendo, pois, trabalhar com a perspectiva do cuidado totalizante abarcando o físico, o mental, o social e o espiritual e da clínica ampliada.

A Psicologia da Saúde segue sua trajetória de avanços à medida em que se amplia para novos saberes e práticas de cuidado. Se em sua tradição a clínica especializada guiou suas mais importantes ações, na atualidade, a clínica ampliada serve-lhe de suporte para desbravar novas formas de assistência em saúde. A psicologia, com suas matrizes teóricas, que se ampara e respalda nos saberes interdisciplinares do campo da saúde, vem contribuindo positivamente para as transformações observadas nos setores médico, tecnológico, científico e hospitalar, permitindo uma compreensão sobre a causalidade das doenças para além da dicotomia orgânico **X** mental. Nesta perspectiva o trabalho com CP é um dos exemplos mais patentes e se amplia para uma intervenção que vai além da sintomatologia e abarca a esfera da subjetividade e da totalidade do sujeito.

Considerações finais

> Borboletas: enigmas imortais. Pequenas fênix que exaltam a vida. Denunciam a eterna transformação. E oferecem-se como cobaias para tal... Ainda fragilizada caminha devagar e cambaleante. Mas quando aprende a abrir asas... Que voo sensato pela incerteza! Nem se machuca muito

mais: sabe de sua fraqueza. Descobriu sua natureza. (A borboleta que renasce, Poesia, Torres, 2014, p. 241)

Ao longo deste capítulo, ressaltamos que a inserção do psicólogo em CP exige técnica específica, diferenciada da clínica tradicional, uma prática embasada no trabalho em equipe, na psicologia da saúde, na clínica ampliada e nas intervenções pautadas na ética do cuidado.

O psicólogo que atua em CP deverá se familiarizar com situações específicas como cirurgias, prontuários, transfusões sanguíneas, morte, luto, fragilização emocional e dependência do paciente em relação à equipe e aos procedimentos médicos, atento a todo um arsenal de especificidades que circunda a instituição hospitalar, o trabalho com doença, com seres humanos e com a morte. Além disso, o psicólogo necessita compreender os sintomas, as patologias e a morte na sua essência, na sua simbologia e na sua função, na vida do paciente.

O corpo fala através do sintoma e este não surge ao acaso, mas é construído através da história do sujeito. O sintoma tem um significado singular na vida do paciente, daí a necessidade de compreender o que ele sinaliza. Para tanto o psicólogo deverá aprender a ouvir o outro, a ver o que está além do sintoma, o que está nas palavras e por trás delas, articulando o psíquico com o somático e com o social na compreensão da totalidade do indivíduo e do seu adoecer.

Tudo isto nos leva a acentuar a necessidade de um embasamento teórico-técnico diferenciado do referencial clínico para o trabalho do psicólogo no contexto da saúde-doença e dos CP. Dentre as várias possibilidades de intervenção do psicólogo já referidas ao longo do texto, umas das práticas privilegiadas é a psicoterapia de apoio, a qual se guia pelo atendimento humanizado, pelo acolhimento, orientação e escuta atenta. Todas estas posturas são não somente necessárias, mas essenciais para ajudar o paciente, a família e a equipe de saúde a trabalhar com doenças limitantes ou ameaçadoras da vida; visto que, a angústia e o medo se acentuam sobremaneira na presença constante de dores, da morte, da ausência/distância da família, e, sobretudo, do contato com doenças provocadoras de sofrimento.

O Psicólogo da Saúde não pode perder de vista o fato de que quando se trata de alguém cuja saúde encontra-se ameaçada ou comprometida, fatores como o afastamento do contato familiar e social, o desligamento do trabalho, entre outras alterações do cotidiano, surge como mais um fator contribuinte para o processo de adoecimento e/ou agravamento da doença. Neste sentido, a escuta qualificada apresenta-se como possibilidade de observação e de intervenção junto aos que sofrem, pois é na escuta qualificada, de simbologia dos sintomas, da fala acerca do sofrimento ou mesmo do silêncio do paciente que se pode perceber a dimensão do adoecimento e suas implicações.

Cabe ao psicólogo, munido de suas técnicas e de escuta atenta, o resgate da condição de pessoa, que sente, padece, e, por vezes, agoniza, trazendo junto ao seu corpo adoecido, a desarmonia do seu viver e, em alguns casos, o desespero do não mais poder existir.

Portanto, a psicologia em sintonia com outras ciências da saúde, deve continuar a busca pelo aprimoramento do sujeito, avançando para além de uma abordagem dicotômica que cinde o sujeito entre físico e mental, a psicologia auxilia a busca pela qualidade de vida e o bem-estar psicoemocional. Mas este não é um trabalho fácil, mas é desafiador e exige formação e capacitação para conquistar familiaridade com vocabulário e conteúdos médicos, para ir além do corpo sofrido e até mortificado. É preciso ver o sujeito e não apenas a doença, acolhendo o sofrimento, os gestos, os choros, os medos e as ansiedades; mas também os anseios e os sonhos.

Concluímos afirmando que apesar das limitações, a psicologia pode ampliar o espaço já conquistado na equipe de CP, aportando com seus saberes sobre a subjetividade humana e conservando sempre o uso da escuta terapêutica acolhedora e cuidadosa, fazendo uso da palavra como seu maior instrumento para a minimização do sofrimento e da dor psicológica.

Referências

ACADEMIA NACIONAL DE CUIDADOS PALIATIVOS (ANCP). *Critérios de Qualidade para os Cuidados Paliativos no Brasil.* Rio de Janeiro: Diagraphic, 2006.

ACADEMIA NACIONAL DE CUIDADOS PALIATIVOS (ANCP). *Manual De Cuidados Paliativos.* Rio de Janeiro: Diagraphic, 2012.

ALVES, R. F.; EULÁLIO, M. C. Abrangência e níveis de aplicação da Psicologia da Saúde. In: ALVES, R. F. (Org.). *Psicologia da Saúde - teoria, intervenção e pesquisa.* Campina Grande: UDUEPB, 2011, p 65-68.

ALVES, R. F. *Intervenções de profesionales em el campo de la salud: estudo antropológico comparativo no Brasil*, España (Tese de doutorado). Universidade de Granada, Granada, Espanha, 2008.

ALVES, R .F.; MELO, M.; ANDRADE, S.; SOUSA, V. Saberes e práticas sobre cuidados paliativos segundo psicólogos atuantes em hospitais públicos. *Psicologia, Saúde & Doenças,* Lisboa, Portugal, v.15, n.1, p.78–96, Disponível em: <http://www.scielo.mec.pt/pdf/psd/v15n1/v15n1a08.pdf>. Acesso em: 20 abr. 2017.

ANGERAMI, V. A. Paradoxo, angústia e psicoterapia. In: ANGERAMI, V. A. (Org.). *Angústia e Psicoterapia*. São Paulo: Casa do Psicólogo, 2014.

ARCHANJO, J.; BARROS, M. Política Nacional de humanização: desafios de se construir uma "política dispositivo". In: ENCONTRO ANUAL DA ABRAPSO, XV., 2009. Rio de Janeiro. **Anais.** Rio de Janeiro: UERJ, 2009. Disponível em: <http://www.abrapso.org.br/siteprincipal/images/Anais_XVENABRAPSO/360.%20pol%CDtica%20nacional%20de%20humaniza%C7%C3o.pdf>. Acesso em: 18 out. 2014.

ASSOCIAÇÃO EUROPEIA DE CUIDADOS PALIATIVOS [EAPC]. *Cuidados Paliativos para recém-nascidos, crianças e adolescentes: Factos*. Fondazione Maruzza Lefebvre D'Ovidio Onlus, Roma. Disponível em: <http://www.eapcnet.eu/LinkClick.aspx?fileticket=7CPAot6z3Bg%3D&tabid=285>. 2009.

BARBOSA, S. M. Prefácio. In: ABCP - Academia Nacional de Cuidados Paliativos. *Manual de cuidados paliativos*. Rio de Janeiro: Diagraphic, 2009.

BENEVIDES, R.; PASSOS, E. Humanização na saúde: um novo modismo? *Interface,* Botucatu, v. 9, n. 17, p. 389-394, mar./ago. 2005. Disponível em: <http://www.scielo.br/scielo.php?pid=S141432832005000200014&script=sci_arttext>. Acesso em: 15 set. 2014.

BRASIL. Ministério da Saúde. *Secretaria de Assistência à Saúde Programa Nacional de Humanização da Assistência Hospitalar /Ministério da Saúde, Secretaria de Assistência à Saúde*. Brasília: Ministério da Saúde, 2001.

BRASIL. Ministério da Saúde. Secretaria de Atenção à Saúde. Núcleo Técnico da Política Nacional de Humanização. *HumanizaSUS: documento base para gestores e trabalhadores do SUS*. Brasília: Ministério da Saúde, 2006.

BRASIL. Ministério da Saúde. Secretaria de Atenção à Saúde. *Política Nacional de Humanização. Formação e intervenção.* Vol. 1. Brasília: Ministério da Saúde, 2010.

BRASIL. Ministério da Saúde. Secretaria-Executiva. Núcleo Técnico da Política Nacional de Humanização. *HumanizaSUS: Política Nacional de Humanização: a humanização como eixo norteador das práticas de atenção e gestão em todas as instâncias do SUS*. Brasília: Ministério da Saúde, 2004.

CARQUEJA, E.; COSTA, C. O Psicólogo em Cuidados Paliativos: uma reflexão possível. *Cuidados paliativos,* Lisboa, Portugal, v.1, n.2, 2014, p.23-33. Disponível em: <http://www.apcp.com.pt/uploads/revista_cp_vol_01_n_02.pdf>. Acesso em: 20 jan. 2017.

CERQUEIRA-SILVA, S.; DESSEN, M. A.; COSTA JÚNIOR, A. L. As contribuições da ciência do desenvolvimento para a psicologia da saúde. *Ciênc. saúde coletiva,* v. 16, n. 1, p. 1599-1609, 2011. Disponível em: <http://www.scielo.br/pdf/csc/v16s1/a96v16s1.pdf>. Acesso em: 15 jan. 2017.

COHEN, C.; GOBETTI, G. J. Questões bioéticas na articulação da saúde com a justiça. In: COHEN, C.; FERRAZ, F. C.; SEGRE, M. (Orgs.). *Saúde mental, crime e justiça*. São Paulo: Edusp, 2006, p. 275-284.

COMAS, M. D., SCHRÖDER, M.; VILLABA, O. Intervención psicológica en una unidad de cuidados paliativos. In: E. REMOR, A.; PILAR, S. U. (Eds.). *El psicólogo en el ámbito hospitalario*. Bilbao: Editorial Desclée de Brouwer, 2003, p. 777-813.

CORDIOLI, A. (Org.). *Psicoterapias: Abordagens Atuais*. Porto Alegre: Artes Médicas, 2015.

DESLANDES, S. Análise do discurso oficial sobre a humanização da assistência hospitalar. **Ciência e Saúde Coletiva,** v.9, n.1, 2004. Disponível em: <http://www.scielo.br/pdf/csc/v9n1/19819.pdf>. Acesso em: 26 abr. 2017.

DOMINGUES, G. R. *et al.* A Atuação do Psicólogo no Tratamento de Pacientes Terminais e seus Familiares. *Psicologia Hospitalar,* São Paulo, São Paulo, v. 11, n. 1, p.2-24, 2013, Disponível em: <http://pepsic.bvsalud.org/pdf/ph/v11n1/v11n1a02.pdf>. Acesso em: 20 dez. 2015.

ESSLINGER, I. *De quem é a vida, afinal? Descortinando os Cenários da Morte no Hospital.* São Paulo: Casa do Psicólogo, 2004.

FERREIRA, R. A. *et al.* Percepções de psicólogos da saúde em relação aos conhecimentos, às habilidades e às atitudes diante da morte. *Psicologia teoria e prática,* São Paulo, São Paulo, v. 15, n.1, p.65-75, 2013. Disponível em: <http://editorarevistas.mackenzie.br/index.php/ptp/article/view/5150/4050>. Acesso em: 15 jun. 2015.

FIGUEIREDO, M. G. (Org.). *Temas em Psico-oncologia*. São Paulo: Summus Editorial, 2008.

FIORINI, H. *Teorias e Técnicas Psicoterápicas*. Rio de Janeiro, Francisco Alves, 2012.

FLORIANI, C. A.; SCHRAMM, F. R. Cuidados paliativos: interfaces, conflitos e necessidades. *Ciência & Saúde Coletiva,* Rio de Janeiro, v. 13, n. 2, dez. 2008. Disponível em: <http://www.scielo.br/pdf/csc/v13s2/v13s2a17.pdf>. Acesso em: 12 fev. 2017.

FLORIANI, C. A. Moderno movimento hospice: kalotanásia e o revivalismo estético da boa morte. *Revista bioética,* v. 21, n. 3, p. 397- 404, 2013. Disponível em: <http://www.scielo.br/pdf/bioet/v21n3/a03v21n3.pdf>. Acesso em: 11 mar. 2017.

FLORIANI, C. A.. *Moderno movimento hospice: fundamentos, crenças e contradições na busca da boa morte.* (tese de Doutorado) – Escola Nacional de Saúde Pública Sergio Arouca. Rio de Janeiro, 2009.

FLORIANI, C. A.; SCHRAMM, F. R. Casas para os que morrem: a história do desenvolvimento dos hospices modernos. *História, Ciências, Saúde,* Manguinhos, v.17, supl.1, p.165-180, jul. 2010. Disponível em: <http://www.scielo.br/pdf/hcsm/v17s1/10.pdf>. Acesso em: 23 jan. 2017.

__________. Desafios morais e operacionais da inclusão dos cuidados paliativos na rede de atenção básica. *Cad. Saúde Pública,* Rio de Janeiro, 23(9), p. 2072-2080, set, 2007. Disponível em: <http://www.scielo.br/pdf/csp/v23n9/08.pdf>. Acesso em: 23 jan. 2017.

FLORIANI, C. A. Cuidados Paliativos no Brasil: desafios para sua inserção no Sistema de Saúde. In: *Cuidados paliativos: Diretrizes, Humanização e Alívio de sintomas.* São Paulo: Atheneu, 2011, p 101-106.

FOUCAULT, M. O. *O nascimento da clínica.* Rio de Janeiro: Forense Universitária, 2001.

FRANCO, M. H. P. *Cuidados paliativos.* São Paulo: Conselho Regional de Medicina do Estado de São Paulo. 2008.

GARCIA-SCHINZARI, N. R.; SANTOS, F. S. *Assistência a criança em cuidados paliativos na produção científica brasileira. Rev Paul. Pediatr., 32* (1), 99-106, 2014. Disponível em: <http://www.scielo.br/pdf/rpp/v32n1/pt_0103-0582-rpp-32-01-00099.pdf>. Acesso em: 23 jan. 2017.

HERMES, H.; LAMARCA, I. Cuidados paliativos: uma abordagem a partir das categorias profissionais de saúde. *Ciência & Saúde Coletiva,* Rio de Janeiro, Rio de Janeiro, v.18, n. 9, p.2577-2588, 2013. Disponível em: <http://www.scielo.br/pdf/csc/v18n9/v18n9a12.pdf>. Acesso em: 20 jan. 2017.

KOVÁCS, M. J. Pacientes em estágio avançado da doença, a dor da perda e da morte. In: CARVALHO, M. M. J. (Org.). *Dor: um estudo multidisciplinar.* 2. ed. São Paulo: Summus, 1999.

__________ A caminho da morte com dignidade no século XXI. *Revista Bioética,* São Paulo, São Paulo, v. 22, n. 1, p. 94-104. Disponível em: <http://www.scielo.br/pdf/bioet/v22n1/a11v22n1.pdf>. Acesso em: 15 jun. 2015.

LAGO, P. M.; DEVICTOR, D.; PIVA, J. P.; BERGOUNIOUX, J. End-of-life care in children: the Brazilian and the international perspectives. *Jornal de Pediatria,* Rio de Janeiro, v.83, n.2, p. S109-116. Disponível em: <http://www.scielo.br/pdf/jped/v83n2s0/a13v83n2s0.pdf>. Acesso em: 20 abr. 2017.

MACIEL, M. G. S. *et al. Critérios de qualidade para os cuidados paliativos no Brasil.* Documento elaborado pela Academia Nacional de Cuidados Paliativos [ANCP]. Rio de Janeiro: Diagraphic. 2016.

MACIEL, M. G. S. Organização de serviços de Cuidados Paliativos. In: Carvalho, R. T.; Parsons H. A. *Manual de Cuidados Paliativos ANCP.* São Paulo: ANCP, 2012, p. 94-110.

MARTA, G. N.; HANNA, S. A.; SILVA, J. L. Cuidados paliativos e ortotanásia. *Diagnóstico e Tratamento,* v.15, n.2, p.58-60, 2010. Disponível em: <http://files.bvs.br/upload/S/1413-9979/2010/v15n2/a58-60.pdf>. Acesso em: 10 jan. 2017.

MATSUMOTO, D. Y. Cuidados Paliativos: conceitos, fundamentos e princípios. In: Academia Nacional de Cuidados Paliativos [ANCP]. *Manual de Cuidados Paliativos ANCP.* Rio de Janeiro: Diagraphic, 2012, p. 461-473.

MATUZZI, S. R. G.; NASCIMENTO, A. F.; FUMIS, R. R. L. Limitação de Suporte Avançado de Vida em pacientes admitidos em unidade de terapia intensiva com cuidados paliativos integrados. *Rev bras. ter. intensiva,* v.28, n. 3, p.294-300, 2016. Disponível em: <http://www.scielo.br/scielo.php?pid=S0103-pdf>. Acesso em: 10 jan. 2017.

MELO, A.; VALERO, F.; MENEZES, M.. A intervenção psicológica em cuidados paliativos. *Psicologia,saúde & doenças,* São Paulo, v.14, n.3, p., 452-469, 2013.

MENEZES, R. A. *Em busca da boa morte: antropologia dos cuidados paliativos.* Rio de Janeiro: Garamond/Fiocruz.

MORITZ, R. D.; ROSSINI, J. P.; DEICAS, A. Cuidados paliativos na UTI: Definições e Aspectos Éticos e Legais. In *Cuidados Paliativos nas Unidades de Terapia Intensiva.* São Paulo: Atheneu, 2012, p. 19-32.

OLIVEIRA, A. C. de.; SILVA, M. J. P. Autonomia em cuidados paliativos: conceitos e percepções de uma equipe de saúde. *Acta Paul Enferm,* São Paulo., v. 23, n.2, p.212-217, 2010. Disponível em: <http://www.scielo.br/pdf/ape/v23n2/en_10.pdf>. Acesso em: 18 mar. 2015.

OLIVEIRA, M. F. LUGINGER S.; BERNADO, A.; BRITO M. Morte – intervenção psicológica junto da família do paciente terminal. *Psicologia.com.pt.,* v., n. 1, p 1-62, 2004. Disponível em: <http://www.psicologia.p̃t/artigos/textos/TL0017.pdf>. Acesso em: 13 jun. 2014.

ORGANIZAÇÃO MUNDIAL DE SAÚDE [OMS], (2002). *Definição de Cuidados Paliativos.* Disponível em: <http://www.who.int/cancer/palliative/definition/en/>.

PASCHE, D.; PASSOS, E. A importância da humanização a partir do sistema único de saúde. *Revista Saúde Pública,* v.1, n.1, jan/jun, 2008. Disponível em: <http://esp.saude.sc.gov.br/sistemas/revista/index.php/inicio/article/viewFile/18/30>. Acesso em: 23 mai. 2015.

PEDREIRA, Carla S. Assistência psicológica humanizada à pacientes oncológicos. *Psicologia.pt.com.,* v.1, n., p 1-14, 2013. Disponível em: <http://www.psicologia.pt/artigos/textos/A0735.pdf>. Acesso em: 17 ago. 2015.

PESSINI, L. Humanização da dor e sofrimento humanos no contexto hospitalar. *Rev.Bioética,* v.10, n.2, p,51-72., 2002. Disponível em: <http://bvsms.saude.gov.br/bvs/is_digital/is_0203/pdfs/IS23(2)037.pdf>. Acesso em: 10 jun. 2014.

PESSINI, L.;BERTACHINI, L. *Humanização e cuidados paliativos.* São Paulo: Loyola, 2004.

PESSINI, L; BERTACHINI, L. *O que entender por cuidados paliativos.* São Paulo: Paulus, 2006.

PORTO, G.; LUSTOSA, M. Psicologia Hospitalar e Cuidados Paliativos. *Rev. SBPH,* v.13, n.1, Rio de Janeiro, Jun., p.73-93, 2010. Disponível em: <http://pepsic.bvsalud.org/pdf/rsbph/v13n1/v13n1a07.pdf>. Acesso em: 20 abr. 2017.

RAIMUNDO, J. *et al.* Cuidados paliativos e sentido, os impactos da intervenção em cuidadores: uma revisão sistemática. *Revista da associação brasileira de logoterapia e análise existencial.* São Paulo, v. 5, n.1, p. 22-39, 2016. Disponível em: <http://periodicos.ufpb.br/index.php/le/article/view/27372/16657>. Acesso em: 19 abr. 2017.

SANTOS, F. S. Para além da dor física-trabalhando com a dor total. In: SANTOS, F. S. (Org.). *Cuidados Paliativos: discutindo a vida, a morte e o morrer.* São Paulo: Atheneu, 2009, p 411-426.

SAUNDERS C. *Hospice and palliative care: an interdisciplinary approach.* London: Edward Arnold: 1991.

SAUNDERS D. C. *lnto lhe valley of lhe shadow of death: a personal therapeutic journey.* BMl 1996,-313:1599-6

SOUZA, K. C.; CARPIGIANI, B. Ditos, não ditos e entreditos: a comunicação em cuidados paliativos. *Psicologia: Teoria e Prática,* Rio de Janeiro, v.12, n.1, p. 97-108, 2010. Disponível em: <http://pepsic.bvsalud.org/pdf/ptp/v12n1/v12n1a09.pdf>. Acesso em: 10 jan. 2015.

TORRES, A. R. A borboleta que renasce (Poesia). In: ANGERAMI, V. A. (Org.). *Angústia e Psicoterapia.* Casa do Psicólogo: São Paulo, 2014.

VENDEMIATTI, M. *et al.* Conflito na gestão hospitalar: o papel da liderança. *Ciência & Saúde Coletiva,* v. 15, n.1, p.1301-1314, 2010. Disponível em: <http://www.scielo.br/pdf/csc/v15s1/039.pdf>. Acesso em: 15 jun. 2015.

WALDOW, V. R.; BORGES, R. F; Cuidar e humanizar: relações e significados. *Acta Paulista de Enfermagem,* São Paulo, v. 24, n. 3, p. 414-418, 2011. Disponível em: <http://www.scielo.br/pdf/ape/v24n3/en_17.pdf>. Acesso em: 20 abr. 2017.

CAPÍTULO 6

Sexualidade no contexto hospitalar: relato de uma experiência de atendimento psicológico às mulheres climatéricas

Paula Machado Ferreira Lima

Quetie Mariano Monteiro

Introdução

Este capítulo pretende traçar uma relação entre o trabalho do psicólogo hospitalar e as especificidades da sexualidade humana. Nas últimas décadas, verificaram-se avanços importantes com a introdução do psicólogo nas diversas áreas de atuação hospitalar, abrindo-se espaço para novas abordagens e questionamentos. E, mais recentemente, a sexualidade sendo amplamente estudada como importante indicador de saúde e qualidade de vida.

Desse modo e gradualmente, vem diminuindo a relevância à assistência com foco predominantemente organicista e reducionista. Concomitantemente, alguns serviços de saúde abriram espaço para os ambulatórios especializados em sexualidade e interconsultas. Esses buscando uma apreensão global dos seres humanos, levam em consideração os aspectos não somente físicos, como também psicológicos, emocionais, culturais e sociais. Porque nenhuma dicotomia é capaz de explicar os seres humanos.

Estima-se que entre 40 e 45% das mulheres enfrentarão alguma disfunção sexual ao longo da vida, o que torna este transtorno mais prevalente do que a mais comum das doenças médicas. Sendo assim, a elaboração do presente trabalho surgiu a partir da necessidade de compartilhar nossa experiência profissional em serviços de saúde e complexos hospitalares no atendimento a mulheres com disfunções sexuais e inseridas em tratamentos médicos de diversas especialidades, dando ênfase neste capítulo a mulheres climatéricas.

Segundo dados do IBGE (2010 e 2011), aproximadamente 26 milhões de mulheres brasileiras ou 13,6 % do total de brasileiras têm idades entre 40 e 65 anos; um grupo crescente em razão do envelhecimento progressivo da população e cuja expectativa média de vida atingiu os atuais 77,32 anos. Para efeito de comparação, este contingente populacional ultrapassa em números absolutos a população total da Austrália e corresponde a mais da metade da população argentina.[1] Tais dados sugerem a relevância de se estudar a realidade destas mulheres bem como a necessidade de implementação e intensificação de políticas públicas que atendam de modo interdisciplinar esta crescente faixa da população feminina. Por esta razão, o presente estudo poderá suscitar um interesse multidisciplinar na abordagem da mulher climatérica, cuja demanda por atendimento se faz cada vez mais presente nos serviços de saúde.

O Enfoque Biopsicossocial da Sexualidade no Climatério

Antes de se dar início ao tema aqui proposto, cabe, como ponto de partida, a definição de climatério e para tanto, não se pode prescindir da definição médica do fenômeno fisiológico em si, cuja ocorrência é universal em dada faixa etária, caracterizando-se por inegáveis transformações biológicas.

A SOBRAC (Sociedade Brasileira de Climatério), em sua página virtual, descreve o climatério como o período de transição da fase reprodutiva para a fase não reprodutiva. Guardadas as diferenças individuais, este período ocorre entre os 40 e os 65 anos, sendo o evento marcante a menopausa ou última menstruação que divide o climatério em duas fases, pré e pós- menopáusica. A determinação da menopausa é realizada retrospectivamente, isto é, transcorrido um ano sem a ocorrência de menstruação. Conforme esta descrição, "o período é marcado pela interrupção hormonal dos ovários, ausência de ovulação e carência de estrogênio-principal hormônio feminino", provocando além das ondas de calor ou fogachos, fadiga, irritabilidade, mau humor, perda de massa óssea, riscos cardiovasculares e perda de lubrificação vaginal, interferindo tanto na vida sexual especificamente quanto na qualidade de vida da mulher em geral.

A partir das valiosas contribuições trazidas pela psicologia hospitalar e da saúde, e longe de se minimizar o impacto de tais transformações fisiológicas, há de se considerar que estas últimas não podem ser compreendidas isoladamente. Ao contrário, existe um consenso na ampla literatura disponível sobre o tema

[1] Dados fornecidos pelas Nações Unidas e disponíveis em <http// www.un.cv/files/PT-SWOP11-WEB.pdf>. Acesso em: 16 abr. 2013.

que se deve adotar uma abordagem pautada na importância fundamental da inter-relação do sujeito com o ambiente. Desse modo, a mulher climatérica é compreendida como um sujeito em interação com seu próprio corpo, com seu funcionamento psíquico e com o mundo externo, simultaneamente interferindo e sofrendo influências desta realidade. Em outras palavras, o climatério incide em dado momento da história de vida pessoal de cada mulher, considerando a personalidade e os recursos individuais que lhe são próprios bem como o contexto familiar e sociocultural no qual está inserida.

Enquanto a descrição do fenômeno puramente físico ressalta as perdas orgânicas advindas com o climatério, comprometendo a vida sexual; neste estudo será proposta uma postura empática e uma compreensão do climatério como terreno fértil para a possibilidade de superação e crescimento a partir de um momento de vulnerabilidade, salientando não os aspectos de morbidade, para usar um termo caro à medicina, mas aqueles que impulsionam a mulher para a saúde e para o avanço no longo e interminável caminho na direção do amadurecimento emocional.

Seguindo esta linha de pensamento, Thérèse Benedek (1989), fala de uma capacidade adaptativa presente em muitas mulheres nesta fase da vida: "quando a cessação do crescimento biológico libera a energia psíquica, anteriormente empregada nas tarefas reprodutivas, esta dá ao ego flexível de tais mulheres um novo ímpeto para a aprendizagem e a socialização. Os múltiplos interesses e a produtividade das mulheres, após o climatério, bem como a melhora na sua saúde geral, física e emocional, levam-nos a considerar o climatério, no sentido psicológico, como uma fase de desenvolvimento" (p. 182).

Franz Alexander (1989), fundador da medicina psicossomática de orientação psicanalítica, referiu que manifestações de natureza somática, neurótica e até mesmo psicótica podem ocorrer no período da menopausa e serem atribuídas ao stress provocado pelo climatério. Contudo, este autor, confirmando nossa experiência clínica, elucida que o estudo psicanalítico de tais casos "revela que os sintomas que aparecem agravados durante o climatério já tinham existido (ou quando latentes, tinham sido pré-formados) num equilíbrio precário da personalidade durante o período reprodutivo"

Desse modo, à compreensão fisiológica do fenômeno climatério devemos acrescentar o conceito de crise tal como é abordado pela psicologia do desenvolvimento. Maldonado (1986) refere que no ciclo vital da mulher o climatério, assim como a adolescência e a gravidez, se constitui em fase do desenvolvimento da personalidade e é um período crítico biologicamente determinado, caracterizado por mudanças metabólicas complexas e por um estado temporário de equilíbrio instável devido às grandes perspectivas de mudanças envolvidas nos aspectos relacionados ao papel social, à necessidade de realizar adaptações, reajustamentos intrapessoais e intrapsíquicos e mudança de identidade.

O termo *krisis*, proveniente do grego, significa "alteração, desequilíbrio repentino, estado de dúvida e incerteza, tensão e conflito" (Kahtuni & Sanches, 2009). Estas autoras, citando Erikson (1959) e sua teoria psicossocial do desenvolvimento, colocam que ao longo do ciclo vital existem as chamadas crises de desenvolvimento, normativas ou evolutivas – em contraposição às crises circunstanciais ou acidentais tais como uma cirurgia ou a perda de um emprego – que são previstas ao longo da vida e onde podemos situar o climatério. As autoras, contudo, advertem que as crises, sejam as de desenvolvimento ou as acidentais, não conduzem obrigatoriamente a um rompimento da homeostase psíquica ou a um estado agudo de alteração biopsicossocial, devendo ser compreendidas como situações potencialmente críticas e geradoras de sofrimento. Neste sentido, complementam que a crise pode ter uma evolução benéfica ou maléfica, mas se constituindo geralmente em oportunidade para o amadurecimento e a conquista de novos recursos pessoais que capacitam o sujeito a lidar com futuras situações críticas.

A partir destas considerações, este estudo se propõe a analisar as queixas sexuais trazidas por mulheres no climatério e encaminhadas para atendimento psicológico em hospitais da rede pública de saúde.

Perfil da população atendida e modalidades de intervenção psicológica

As pacientes climatéricas eram encaminhadas para atendimento psicológico pelo ginecologista, inseridas no atendimento hospitalar. Inicialmente em entrevistas individuais semidirigidas a fim de que a queixa fosse localizada e compreendida, bem como a história de vida pessoal e familiar da paciente, o funcionamento psíquico predominante, abordando-se os transtornos de natureza reativa. Neste sentido, era avaliada a capacidade da paciente em estabelecer uma aliança de trabalho e empatia com a terapeuta; o predomínio do contato com a realidade; a motivação para o tratamento psicológico e grau de adesão ao tratamento médico; a capacidade de formular e de fornecer minimamente um entendimento pessoal de seus problemas; o controle dos impulsos agressivos e sexuais; a preservação da capacidade cognitiva; a capacidade de suportar frustração e o funcionamento psicossocial prévio (Cordioli, 1993).

Eram encaminhadas para o serviço de saúde mental as pacientes que fossem portadoras de transtornos psiquiátricos que necessitassem de atenção especializada em equipe interdisciplinar.

O atendimento psicológico ocorria em sessões semanais individuais ou em grupos fechados com no máximo oito participantes.

Em razão da demanda de casos encaminhados e se a problemática apresentada estivesse associada a uma área circunscrita da vida da paciente e esta apresentasse força de ego satisfatória, delimitávamos a duração do tratamento, realizando até 16 sessões.

Um longo caminho até a abordagem da queixa sexual propriamente dita?

Primeiramente, cabe ressaltar que mesmo quando um psicólogo atua num hospital da rede pública, em que está em jogo a grande demanda de casos, a exigência de produtividade e a inadequação de instalações para a realização dos atendimentos, entre outras pressões institucionais; há algumas etapas que não podem ser ignoradas com o risco de se inviabilizar o tratamento, sobretudo no que diz respeito às queixas associadas à sexualidade, ainda tão cercada de preconceitos e, infelizmente, na história de muitas mulheres, relacionada a experiências traumáticas ocorridas ainda na infância. Não se pode subestimar os efeitos da falta ou até mesmo do excesso de informação sobre o tema, o que só faz confundir e trazer para o plano pessoal, comparações estéreis com padrões externos ditados pela sociedade e veiculados pelos meios de comunicação.

Aquele que deseja se aventurar nesta seara não poderá se deixar seduzir por atalhos, pois mesmo após um diagnóstico acurado e estando imbuído de um desejo bem-intencionado de curar, incorrerá inadvertidamente na tentação de abordar precocemente problemática tão delicada, pondo tudo a perder. Ou seja, neste trabalho exige-se também do terapeuta uma força de ego e capacidade de suportar frustrações no desempenho de sua atividade, lembrando que a terapia é feita em conjunto e o profissional não poderá erigir metas *a priori* que correspondam ao seu ideal de sucesso do tratamento, desconsiderando a pessoa real que busca ajuda, seus recursos e limites.

Como pacientes ideais não existem e se existissem não estariam em busca de atendimento, é premente a necessidade de que os próprios terapeutas sejam capazes de adaptar sua técnica à realidade de suas pacientes, adotando uma postura ativa, mas não invasiva e muito menos apressada; elaborando estratégias para não somente estabelecer uma atmosfera de confiança e empatia com as dificuldades ora apresentadas, como também para manter a paciente no atendimento, uma vez que forças psíquicas contrárias ao tratamento poderão sempre atuar, fenômeno a que Freud denominou de resistência, tendendo a uma acomodação e à repetição de padrões comportamentais e emocionais conhecidos sem uma elaboração mais satisfatória.

Antes de passarmos à apresentação do material clínico extraído destes atendimentos, faz-se necessária a caracterização mais aprofundada desta amostra de mulheres atendidas.

A grande maioria das pacientes desta amostra procurava o atendimento hospitalar, a princípio, não em busca de tratamento no ambulatório de sexologia, mas de um acompanhamento ginecológico em razão dos sintomas climatéricos presentes, sem que relatassem necessariamente uma queixa sexual. A partir da prática clínica diária observou-se que este percurso das pacientes dentro da instituição podia ser explicado em razão do perfil específico destas mulheres.

Sendo assim, deve-se ressaltar que a grande maioria deste grupo de pacientes apresentava baixo nível de escolaridade, ou seja, havia concluído no máximo o ensino fundamental; era casada, vivia em união estável ou tinha um namorado; possuía filhos que muito frequentemente, mesmo que casados, residiam em moradia construída no mesmo terreno da mãe que ainda trabalhava em serviços gerais, sobretudo os domésticos; ou, tornara-se dona de casa quando já havia conquistado a casa própria, seu companheiro um salário melhor e podia contar com a ajuda dos filhos no orçamento, passando a se ocupar de bom grado e integralmente da casa e da família, após um histórico árduo de trabalho desde o início da adolescência para suprir as próprias necessidades. A menopausa frequentemente ocorria quando já era observado um desgaste do vínculo conjugal; os filhos, mesmo que ainda morando com a família, se mostravam cada vez mais autônomos em relação à mãe e esta, quando trabalhava, estava em processo de aposentadoria e não raro vivendo o luto pelos próprios pais.

Desse modo, em lugar de se fixar o foco do tratamento estritamente voltado à queixa sexual, que frequentemente ainda nem estava constituída como tal, estes eventos reais citados e seus desdobramentos psicológicos precisavam ser reconhecidos ao longo do atendimento psicológico, pois concretizavam a passagem do tempo e a necessidade de se rever antigos papeis e comportamentos que já não respondiam às necessidades do ciclo atual da vida familiar e pessoal; retirando-se do climatério a responsabilidade de, sozinho, provocar sintomas de natureza depressiva, lutos não elaborados, sintomas de natureza psicossomática, somatizações, dificuldade em lidar com os impulsos agressivos (excesso ou falta de controle), entre outros.

Do acolhimento à intervenção psicológica

Quando chegavam ao atendimento psicológico, o que sobressaía no discurso destas mulheres eram os desconfortos físicos associados à menopausa e o sofrimento emocional concomitante, havendo frequentemente a expectativa de que algo concreto, que lhes proporcionasse uma melhora mágica e sem exigir esforço pessoal, um "remédio", e neste caso, uma terapia de reposição hormonal (TRH), pudesse solucionar todas estas queixas. Qual não era a surpresa quando recebiam o encaminhamento para procurar a Psicologia.

Observou-se que a postura adotada pelo profissional de saúde na consulta, cuja motivação podia ser consciente ou inconsciente a partir de sua concepção acerca do climatério, também tinha um papel facilitador ou gerador de resistências para a adesão da paciente aos encaminhamentos oferecidos. Destacou-se, conforme o caso, a) a 'patologização' do quadro, mobilizando angústias ou potencializando as pré-existentes, infantilizando a paciente, gerando insegurança e uma relação de dependência com a figura do médico, não levando em consideração a existência de recursos adaptativos da paciente a este período de transição, sobressaindo-se um enfoque restritivo da sexualidade, associando a busca de prazer à juventude; b) ou tratando a menopausa como uma ocorrência universal, como uma entre outras fases do ciclo de vida da mulher, apresentando os recursos disponíveis como TRH, mudanças de hábitos de vida, psicoterapias em benefício de seu bem estar, dando *holding* à paciente e demonstrando uma valorização real de suas preocupações, tornando-a sujeito ativo neste processo de transição.

O trabalho psicológico, por sua vez, começava ao serem recebidas pela primeira vez na sala de espera, considerando este perfil de pacientes jamais analisadas terapeuticamente e que, no máximo, haviam tido acesso a imagens caricatas e deturpadas de um atendimento psicológico através da mídia. O primeiro passo era adotar uma atitude espontânea, acolhedora, compreensiva, empática, confiável, não julgadora, propiciando à paciente o respeito incondicional a sua individualidade, fazendo-a sentir-se à vontade, como se estivesse numa conversa, e levando-a a se exprimir livremente sobre os motivos que a levaram ao atendimento psicológico bem como considerar suas próprias teorias a respeito de seus problemas.

Não raro, ouvíamos que a paciente estava lá *"porque o médico mandou"*, denotando, nestes casos, uma atitude passiva, impessoal, não se apropriando daquele espaço, até por desconhecer como poderia usar os recursos do tratamento psicológico em seu benefício pessoal. Muitas vezes, recorria-se a intervenções simples como ajudar a paciente a rememorar o que havia sido conversado na consulta médica ou pedindo que ela pudesse falar um pouco de sua vida, família, ocupação de modo amplo.

Ressaltamos, contudo, que a fala *"porque o médico mandou"*, além do temor da paciente em perder o tratamento médico caso se recusasse, revelava, por vezes, uma defesa consciente por estar nesta primeira entrevista não somente numa situação nova, mas diante de um profissional desconhecido, que a despeito de procurar criar uma atmosfera confiável, segura e não hierárquica, ainda assim poderia ser visto pela paciente como alguém ocupando uma posição de autoridade e *status* privilegiado em relação ao seu. Ademais, a fala *"porque o médico mandou"* poderia guardar íntima relação com a frequente frase, *"ele disse que eu não tenho nada"*, e mais ainda, *" eu não estou louca"*; esta última facilmente provocada ao se ouvir a palavra 'psicólogo'. Apenas por estas colocações da paciente, vai se delineando um campo muito fértil para o trabalho psicológico, em que para se chegar à queixa sexual, quando existente, torna-se imprescindível um trabalho de sensibilização e motivação para que a paciente possa aderir ao tratamento psicológico que não vai oferecer um medicamento, mas está ancorado em teorias do desenvolvimento humano, de um modelo dinâmico e de orientação psicanalítica na compreensão do psiquismo e que ressalta a importância do ambiente como facilitador ou inibidor do desenvolvimento do sujeito. Cabe ressaltar que sendo o terapeuta, psicólogo ou sexólogo, parte deste ambiente, ele deverá adotar uma postura facilitadora para os progressos da paciente.

Frequentemente, o processo de terapia se iniciava não propriamente com a busca de solução para um problema já contextualizado, por exemplo, ausência de desejo sexual. Mas, primeiramente, tinha como função ajudar a paciente a elaborar uma queixa real que ela ainda não era capaz de construir psiquicamente; algo que o médico minimamente pôde perceber, enquanto que a paciente apenas entrou em contato com a angústia mobilizada, sem compreender, por exemplo, a origem de um choro durante a consulta. Cabia ao psicólogo auxiliar a paciente a 'descolar' pouco a pouco as problemáticas relacionais que não guardavam qualquer associação direta em sua origem com o climatério, estando presentes muito antes, incluindo-se neste rol as queixas sexuais.

Outro aspecto que observamos era a forma como inconscientemente estas pacientes chegavam ao atendimento psicológico. De fato, podemos considerar que estas pacientes possuíam um funcionamento psíquico mais integrado, uma vez que sua capacidade de perceber as transformações do corpo advindas com o climatério estava intacta, daí agendarem a consulta médica. Desse modo, a chegada da menopausa como um evento concreto e impossível de ser negado, acabava por 'autorizar' estas pacientes a cuidar de sua saúde física e emocional como nunca haviam se permitido até então, propiciando-lhes uma justificativa social aceitável para elas mesmas, por exemplo, poderem se ausentar semanalmente de casa por uma tarde ou uma manhã para realizar o atendimento psicológico, uma vez que residiam numa periferia distante e eram dependentes de transporte público, deixando para trás as exigências domésticas e familiares a fim de poderem se tratar.

Superados os impasses iniciais, num segundo momento as pacientes eram capazes de formular sua própria queixa, pré-requisito para investirem pessoalmente no tratamento, identificando os progressos terapêuticos e a diminuição de sofrimento. Outros desdobramentos também ocorriam. O primeiro deles era a desconstrução do climatério como algoz, como bode-expiatório responsável por todo sofrimento e incômodo, tal como uma doença severa e capaz de desencadear desde insatisfação em todas as esferas da vida até irritabilidade e depressão entre outros sintomas. Observamos também que o climatério se presta a uma representação depreciativa por parte das mulheres, uma vez que concretiza o envelhecimento e as perdas de capacidades, inclusive aquelas associadas à sexualidade, condição temida em nossa sociedade por homens e mulheres. Afinal, foi possível avaliar ao longo desta experiência clínica que o climatério, de modo mais ou menos intenso, provoca transformações fisiológicas normais nesta fase do ciclo reprodutivo, sobre as quais a mulher não tem controle. Nesta etapa de transição, notávamos que a paciente se mostrava mais sensível e intolerante a tudo aquilo que a incomodava, como se sua insatisfação prévia fosse potencializada, tornando ineficazes antigos padrões de resolução de problemas. Através da terapia, para sua surpresa, a paciente se dava conta de que o que a afligia podia ter origem em sua história de vida, sua interação com o mundo e grau de maturidade emocional, aspectos que iriam interferir diretamente no modo como cada mulher iria lidar com esta fase.

Inexistiram casos de pacientes que vinham ao atendimento psicológico com o único intuito de sanar dúvidas restritas às questões endócrinas. O que se constatou era a ocorrência universal de fantasias emocionais, conscientes ou não, que coloriam a vivência que cada mulher tinha do climatério, da menopausa e da sexualidade, conforme será apresentado através da análise do discurso de algumas delas. Estas representações remetiam à construção da identidade pessoal, feminina e autoimagem. Conquanto a paciente pudesse ter acesso à TRH, contribuindo para a melhora dos sintomas físicos, bem como à informação objetiva sobre a fisiologia e o metabolismo do corpo, estes procedimentos não seriam capazes de 'corrigir' as distorções e representações emocionais associadas ao climatério, não obtendo efeito terapêutico neste sentido. Cabia ao psicólogo utilizar de intervenções técnicas de sua competência atuando como um facilitador para ativar dentro da paciente os recursos a seu alcance na busca de uma elaboração mais satisfatória deste momento de vida, fortalecimento egoico e melhor integração de sua personalidade, podendo viver a vida mais do seu jeito, atendendo as suas necessidades de modo mais satisfatório.

Desse modo, o declínio da produção de estrogênio provocando a falta de lubrificação vaginal, podendo acarretar dor na relação sexual é um sintoma típico do climatério. Contudo, apesar deste evento ser universal, a repercussão mental e o impacto do mesmo na vida de cada mulher, sofrerá variações, podendo ou não se constituir em uma queixa sexual para ser tratada. A intervenção terapêutica, portanto, não poderá ser planejada sem um diagnóstico biopsicossocial preciso desta mulher, seus recursos e limites. A despeito do desejo dos profissionais de saúde em tratar e curar, não se pode ignorar que o tratamento deve levar em conta a mulher real, sem se pautar em parâmetros ideais a serem alcançados na vivência da sexualidade, cuja satisfação pode seguir caminhos muito diversos. Percebemos que no atendimento a estas pacientes os seguintes aspectos emocionais, relacionais e culturais se destacavam e interferiam na forma como o mesmo sintoma era representado e como impactava a vida de cada mulher, conforme as seguintes situações:

1) A mulher previamente ao climatério apresentava vida sexual ativa ou não; e se esta condição, estando presente ou ausente, era satisfatória ou causava sofrimento.

2)A disfunção sexual era detectada pelo profissional de saúde a partir do discurso da paciente, mas se mostrava egossintônica, ou seja, o ego da paciente aceitava este sintoma como próprio e natural, como sendo uma parte de si, e não como algo estranho à sua personalidade, não aparecendo angústia, pré-requisito para a busca de tratamento. Com o tratamento psicológico, tendo mais energia psíquica a sua disposição e reconhecimento de sua implicação no processo terapêutico, a paciente poderia evoluir e constituir a queixa como própria. Uma paciente disse certa vez: *"Se existisse uma maneira de eu melhorar nessa parte de sexo, ia ser muito bom pro meu marido. Eu sei que* ***ele*** *sente falta".*

3) Representação restritiva da sexualidade apenas enquanto genital, limitando-a à sua função reprodutiva pré-menopáusica, sem se permitir explorar potenciais além deste contexto bem como desconhecimento das zonas erógenas. Neste sentido, surpresa, uma paciente não se conteve: *"como eu, uma avó, posso ainda ter interesse por essas coisas?!"*, ou então, *"sexo é bom porque faz os filhos que são a alegria da vida"*. Uma terceira verbalizou: *"acho que sexo tem que ser depois que casa e com amor (...) acho que fui a única daqui que casou virgem. Mas, eu não sinto a menor falta... posso viver sem. Já essa juventude de hoje... é uma pouca vergonha!"*.

4) Ocorrência de traumas anteriores afetando a livre expressão da sexualidade, tais como violência sexual e cirurgias ginecológicas mal elaboradas e não superadas emocionalmente, afetando a autoimagem corporal e a identidade pessoal. No caso das violências sentir-se 'suja', inferior e culpada por ter sofrido abuso sexual. No caso da cirurgia sentir-se 'oca' por dentro e 'menos mulher' após a perda da fertilidade reprodutiva.

5) A qualidade do vínculo com o parceiro, destacando-se alguns aspectos ansiógenos tais como a infidelidade conjugal do parceiro; dependência ao álcool por parte do companheiro; desqualificação recorrente da esposa e ataque ao seu narcisismo; falta de sintonia do casal quanto à frequência sexual; ausência de intimidade no relacionamento conjugal que se refletia na dificuldade de comunicação, por exemplo, a expectativa infantil de que o parceiro pudesse adivinhar como satisfazer a esposa; desgaste do vinculo conjugal e ausência de atividades compartilhadas em parceria, fossem de lazer, sociais e/ou familiares que despertassem prazer em outros âmbitos da vida em comum. Como disse uma paciente: *"quando eu namorava o meu marido, às vezes tinha sexo e era muito bom; mas, o desgaste do casamento esfria a relação; vira uma coisa mecânica, vira rotina..."*. Ou então: *"meu marido sempre aprontou demais, arranjou mulher... chega naquela hora, eu lembro tudo o que ele me fez. Eu só sirvo ele, mas eu acho que eu não consigo viver sem ele"*.

6) Rigidez na identificação dos papeis concernentes ao gênero masculino e feminino, determinados culturamente e cuja transmissão se dá através da família, célula reprodutora da cultura, dos valores e princípios dominantes e que são sugeridos nesta fala em que determinadas posturas são caracterizadas como exclusivas do universo masculino: *"(...) eu sempre gostei de sexo: um dia eu disse que já tinha feito sexo sem amor e as minhas amigas me chamaram de prostituta"*. Sendo culturalmente aceitável a passividade feminina: *"eu gosto, mas só faço sexo quando ele me procura"*.

7) Existência de conflitos ou traumas infantis não superados interferindo na vivência da sexualidade atual bem como a presença de tabus sexuais diversos, inclusive no que se refere a viver no climatério a sexualidade sem fins reprodutivos; temores de perder sua capacidade de obter prazer após a menopausa, normalmente dissipados quando a vida sexual até então era satisfatória.

Dado que estas ocorrências eram bastante frequentes entre aquelas mulheres que apresentam queixas sexuais, faz-se necessário deter-se sobre o tema. Com relação aos traumas infantis, estes tinham uma origem remota e a paciente podia ter se fixado numa fase pré-genital de gratificação, estando aparentemente livre de conflitos e sem angústia para efetuar uma mudança: *"quando eu era pequena, eu ouvia os meus pais transando, só que eu não sabia que era isso. A minha mãe gritava muito. Eu entrava em pânico e não sabia por que meu pai fazia isso com ela. Não entendia, por que depois ela aparecia alegre. Eu sempre fui fria, mas adoro o meu marido e morro de ciúmes dele... O que eu mais gosto de fazer é deitar sozinha no quarto, pôr uma fronha limpa no travesseiro e chupar o dedo".*

Ainda no que tange as vicissitudes da história de vida destas mulheres, cabe destacar que ao longo da formação da personalidade ocorre a identificação com modelos de vínculos com os pais que eram reproduzidos no relacionamento com o companheiro. Muitas mulheres traziam no relato de sua convivência com a família de origem, situações que revelavam o quanto suas necessidades emocionais não eram compreendidas nem legitimadas pelos pais, por exemplo, na proibição dos estudos, vida social e namoro bem como a repressão da curiosidade infantil sobre temas fundamentais tais como concepção, menstruação e masturbação. Ademais, era frequente o relato de que seu corpo era explorado desde a infância como instrumento de trabalho e não de prazer e brincar, fundamentais ao desenvolvimento infantil. Ademais, era relatada uma valorização da figura masculina em detrimento da figura feminina, repercutindo na relação da família com a menina e na expressão da sexualidade feminina, destacando-se um modelo de vínculos baseado na hegemonia dos polos dominação e submissão entre homem/mulher e adulto/criança, estendendo-se às mais variadas situações de vida e, inclusive à sexualidade, reconhecida em sua função voltada para atender apenas ao desejo do outro. Diante do exposto, não era de se surpreender que muitas mulheres não conseguissem responder, quando indagadas no atendimento psicológico, o que lhes proporcionava prazer na vida em geral, sem ainda mencionarmos a vida sexual especificamente. Frequentemente estas mulheres se limitavam tão somente a contar como era sua rotina, seus afazeres domésticos, seu trabalho, alienadas de si mesmas numa reprodução diária estéril, atendendo às necessidades de seu núcleo familiar e assim mantendo a organização deste grupo, mesmo sem obter qualquer reconhecimento.

Um dos pilares do atendimento psicológico era, nestes casos, propiciar à paciente refletir sobre tal estado de coisas, passando a sentir-se autorizada a entrar em contato com o que não a satisfazia para paralelamente poder experimentar e descobrir o que poderia lhe trazer prazer. Como se pode perceber, o psicólogo está, a todo momento, trabalhando a sexualidade, mas através de caminhos em que busca ajudar a paciente a se apropriar de sua vida e consequentemente de seu corpo.

Miller (1997) também fala de crianças que tiveram suas infâncias roubadas pelo tipo de vínculo em parte inconsciente que seus pais estabeleceram com elas, privando-as de uma expressão genuína e espontânea dos afetos e necessidades, reprimidas em suas tendências apenas para satisfazer as disposições narcísicas de seus pais, também estes não supridos emocionalmente quando crianças. A autora coloca que, sendo educada para cumprir o ideal dos pais e se acomodar para atender suas carências, a criança em alguns casos desenvolve uma "personalidade como se", um *falso self*, ou seja, passa a mostrar apenas o que dela é esperado, pois não é reconhecida como um sujeito separado de seus pais: o que é verdadeiro em si precisa ser negado ou nem chega a se desenvolver para poder preservar estes pais como bons, dos quais ainda nesta fase da vida depende e cuja ausência seria impensável na vida da criança em razão do desamparo inerente ao abandono. Como consequência, o verdadeiro não pode se desenvolver, gerando mais tardiamente sentimentos de vazio, empobrecimento de suas capacidades e falta de sentido. Já adulto, segundo esta autora, o sujeito pode passar pela vida de modo a adotar posturas repetitivas que violentem sua individualidade, atendendo as exigências dos outros apenas para obter reconhecimento validado por terceiros e sem desenvolver amor-próprio e seu próprio significado do que é bom e mau para si. Pode-se concluir a repercussão destas influências não somente na formação da personalidade, mas na expressão pessoal e satisfatória da sexualidade.

Outro aspecto importante que precisa ser avaliado no atendimento à mulher climatérica e que tem correlação com a situação descrita por Miller é a capacidade da paciente em viver o que Winnicott (1994) definiu como experiência cultural que se desenvolve a partir da tendência inata do ser humano ao amadurecimento e que depende da existência de um ambiente facilitador. Esta experiência, segundo o autor, se inicia nos primórdios da vida como atividades lúdicas, é o brincar da infância que evolui para a experiência de criar, é o viver criativo, uma fertilidade psicológica que pertence ao campo da saúde emocional. Abram (2000), neste sentido, pontua que Winnicott não fala exclusivamente de uma criação artística, mas da capacidade de se dar sentido à vida e de viver com qualidade, o que fortalece o sentimento de ser quem somos. Portanto, a expressão desta subjetividade, que brota espontaneamente, encontra-se comprometida se o ambiente, leia-se, quem cuida da criança, não foi facilitador neste sentido, se sobrepondo às necessidades da criança ao invés de ajudá-la a integrar-se num longo processo rumo à independência.

Muitas mulheres se queixavam de sintomas de natureza depressiva, mas se sentiam incapazes de transformar a realidade de modo a alcançar um bem-estar emocional. Este grupo de mulheres invariavelmente estendia sua insatisfação à área sexual, pois uma rica experiência sexual depende de que corpo e psiquismo formem uma unidade, em outras palavras toda a sensação não é puramente física, mas deve ter um sentido, algo que vai muito além da mera satisfação instintual, podendo estar inibida caso este sentido esteja associado a algo ruim e sujo. Era interessante notar que mulheres que denotavam a capacidade de viver criativamente, não raro conseguiam superar disfunções sexuais transitórias como também obter outros progressos ao longo do tratamento, como por exemplo, voltar a estudar, se inscrever em oficinas de artesanato, frequentar aulas de dança de salão, propor novas rotinas na vida doméstica e redistribuindo tarefas para marido e filhos, mudar de ocupação, enfim, transformando criativamente a realidade de modo a aproximá-la de suas necessidades atuais.

A representação social da menopausa no Ocidente possui ainda um caráter depreciativo, associando-a necessariamente a um período de perdas e declínio global e, portanto, compreendendo-a como um fato impeditivo e limitante da plena expressão da sexualidade. Consequentemente, o padrão de beleza dominante e o poder de sedução costumam estar sempre associados à juventude. Ademais, a expressão da sexualidade da mulher madura ainda é socialmente estigmatizada e, portanto, negada nos veículos propagadores da cultura tais como novelas e filmes, ou então, apresentada de modo caricato como no caso da octogenária Maude, personagem de "Ensina-me a viver", com seus comportamentos predominantemente adolescentes. Apenas muito recentemente tem havido um interesse genuíno em se debruçar sobre a velhice feminina trazendo novas perspectivas, menos estereotipadas tal como nos filmes, "Bem-vindos ao Hotel Marigold" (2011) que traz à tona o tema da sexualidade e da busca de realização pessoal nesta fase; e mais profundamente em "E se vivêssemos todos juntos?" (2012), onde um personagem feminino, não por acaso representado pela atriz Jane Fonda, ícone de beleza e comportamento libertário de sua geração que, septuagenária, é colocada como porta-voz das experiências e inquietações referentes a uma sexualidade bem vivida e ainda desejada.

Na cultura ocidental ainda parece haver uma associação entre capacidade reprodutiva, expressão de feminilidade e exercício da sexualidade. Dolto (1996) ressalta que as mulheres, privadas da fecundidade, "sofrem em pensar que já não são, ética e esteticamente, válidas como mulheres; esse sofrimento é uma angústia de castração real, se até esse momento a mulher sentiu sua existência vazia de fertilidade simbólica, sua única utilidade sendo representada por suas maternidades e pelas tarefas domésticas" (p.93), colocando-se em franca competição com as mulheres da geração mais jovem e enfrentando dificuldades no relacionamento com os filhos adolescentes e cada vez mais autônomos e que prescindem de seus cuidados. Na atualidade a situação se agrava com a busca insaciável de algumas mulheres por cirurgias e intervenções estéticas que se impõem cada vez mais e se popularizam, se tornando mais acessíveis até para as classes sociais menos privilegiadas. Não raro, esta autora refere e a realidade confirma que estas mulheres insatisfeitas e inadaptadas à nova condição, irão buscar em desespero, esteticistas, cirurgiões plásticos e todo o tipo de panaceia que prometa soluções mágicas e inatingíveis numa tentativa de negar a realidade, recriando, ao menos exteriormente, um passado que não mais existe, mantendo o vazio existencial.

Portanto, o enfoque da sexualidade da mulher no climatério deverá ser orientado para uma compreensão multifatorial que leve em conta a história de vida pregressa e atual da mulher, em que cada um dos aspectos envolvidos terá um peso diferente e se apresentará de modo único para cada mulher.

Ciornai (1999) além de abordar o climatério a partir de uma ampla perspectiva que leva em conta o que denomina de mitologia coletiva e o imaginário social, analisa como esta representação se une às experiências e mitologias pessoais de cada mulher. Esta autora extraiu material clínico de uma amostra muito diversa daquela apresentada neste trabalho. O universo desta autora era composto por mulheres universitárias, atuantes profissionalmente e que, no passado, participaram ativamente nos anos 1960 e 1970 dos movimentos de contracultura lutando pela emancipação feminina e redefinição de papeis seja na vida profissional, seja nas relações familiares e sociais. No entanto, Ciornai destaca que, embora as mulheres pesquisadas ainda mantivessem presentes nos vários âmbitos de vida os ideais libertários e de contestação de valores vigentes, conclui que "(...) apesar de todas terem uma atitude bastante liberal em relação às questões relativas à sexualidade, e grande parte delas em relação à própria sexualidade, estes valores não estavam presentes em algumas das áreas mais íntimas de suas vidas, isto é, em sua intimidade enquanto mulher". E continua: "a maioria sabia muito pouco sobre a fase de climatério e menopausa, e o silêncio, vergonha e preconceito social eram bastante persistentes em seus depoimentos. Com algumas exceções, a maioria relatou sentir-se perdendo seu poder de atração e estar começando a sentir-se como uma carta descartada na esfera social enquanto mulher" (p.233). Esta autora sugere que na realização de grupos de apoio terapêuticos estas mulheres podiam recuperar as crenças e valores da contracultura e aplicá-las à vivência atual, sem internalizar passivamente os valores dominantes e preconceitos da mitologia cultural como foram bem-sucedidas em realizar em outras áreas da vida.

Em contrapartida, a experiência clínica que suscitou este estudo também apontou que havia condições favoráveis à vivência da sexualidade na fase do climatério.

Neste sentido contribuíam para tal a vida sexual satisfatória antes da pré-menopausa; autopercepção e autoimagem preservada; presença de recursos emocionais adaptativos e elaboração satisfatória de crises vitais anteriores ao climatério bem como de eventos potencialmente traumáticos tais como abuso sexual, aposentadoria, fim de um casamento/relacionamento e cirurgia ginecológica prévia; capacidade de reflexão e reavaliação de valores aprendidos e internalizados que restringiam o desenvolvimento da personalidade refletindo sobre a expressão da sexualidade; capacidade de diversificar interesses e desenvolver potenciais e talentos refletindo-se na valorização da autoestima e novas possibilidades de estar no mundo, levando a uma escolha mais satisfatória de um parceiro mais atento as suas necessidades, fazendo evoluir o conhecimento sobre seu próprio corpo e explorá-lo como fonte de prazer; acesso a serviços especializados que oferecessem tratamento a partir de uma compreensão biopsicossocial, além de apoio e informação.

Apenas um pequeno grupo de mulheres chegava à primeira entrevista sendo capaz de discriminar a motivação emocional de sua queixa atual, mesmo aquelas associadas à sexualidade, referindo o climatério mais como um ingrediente mobilizador e disparador de medos, dúvidas e questionamentos inerentes ao viver, sobretudo no que se refere a um momento de mudanças no ciclo de vida. Algumas, inclusive, já haviam realizado atendimento psicológico anteriormente.

Considerações finais

O presente estudo tinha como objetivo apresentar o material clínico extraído a partir do atendimento psicológico, cuja orientação teórica era psicanalítica, sendo realizado em serviços da rede pública de saúde com mulheres climatéricas e dando-se ênfase às questões associadas à sexualidade. Através desta experiência clínica observou-se que um climatério livre de transtornos emocionais é algo excepcional, estando presente um período de transição que desestabiliza, mesmo que provisoriamente, o equilíbrio interno, potencializando as insatisfações pré-existentes e que podem estar presentes em várias esferas da vida, destacando-se a sexualidade que se encontra sob o domínio de representações negativas internalizadas no âmbito pessoal. Neste sentido, a vivência da sexualidade da mulher climatérica depende em grande parte da sexualidade experimentada no pré-climatério, que não pode ser vista isoladamente, pois mantém estreita relação com o desenvolvimento emocional nos primórdios da vida somado às experiências ulteriores que ocorrem num contexto sociocultural específico.

Outros estudos se fazem pertinentes uma vez que os achados aqui relatados se referem a um grupo específico e proveniente de um meio social característico, extraídos em dado momento histórico e, portanto, tais resultados obtidos de uma pequena amostra de sujeitos possivelmente não serão representativos do amplo universo feminino e poderão não ser observados se outras pesquisas forem desenvolvidas numa amostra com características diversas, por exemplo, num grupo formado por clientes de consultórios particulares, com alto nível de escolaridade e atuando numa profissão baseada numa escolha vocacional e com amplo acesso a recursos diferenciados.

Este trabalho sugere que a abordagem biopsicossocial deve ser o critério utilizado pelos profissionais das várias disciplinas, interessados no cuidado das mulheres nesta fase da vida. Neste sentido, percebemos a existência de vários fatores de ordem biológica, cultural, social e pessoais interdependentes, os quais interagem simultaneamente e se influenciam mutuamente de um modo único na vida de cada mulher, repercutindo na qualidade da vida sexual que deve ser apreendida em sua totalidade.

Outro enfoque fundamental para a orientação do tratamento da queixa sexual, em que pesem as inegáveis mudanças biológicas, é a compreensão positiva do climatério não como etapa de declínio e perdas, mas como fase de desenvolvimento, ou seja, constituindo-se como um período de oportunidade que estimula a mulher a desenvolver recursos psicológicos e adaptativos a um novo momento de sua vida, em que as exigências reprodutivas não estão mais presentes, abrindo caminho para novas formas de realização e novo domínio das dificuldades rumo ao amadurecimento.

Por fim, considerando que a população feminina atual tem como expectativa viver um terço de sua existência a partir do Climatério (IBGE, 2010) torna-se urgente implementar e/ou incrementar as políticas públicas de saúde voltadas para esta faixa etária que a partir do constatado por este estudo e corroborado pela bibliografia aqui citada, ainda tem muito a produzir, evoluir e criar, escrevendo uma história de conquistas e exemplos para as novas gerações.

Para refletir

As equipes de saúde trabalham para a cura e tratamento de doenças, a prevenção ainda tem pouca visibilidade, portanto trabalhar a sexualidade dos pacientes no contexto hospitalar é uma forma de prevenção.

Referências

Referências bibliográficas

ABRAM, J. *A linguagem de Winnicott: dicionário das palavras e expressões utilizadas por Donald W. Winnicott*. 1. ed. Rio de Janeiro: Livraria e Editora Revinter, 2000. 305p.

BENEDEK, T. As funções do aparelho sexual e seus distúrbios. In: FRANZ, Alexander (Org.). *Medicina psicossomática: princípios e aplicações*. 1a ed. Porto Alegre: Artes Médicas; 1989, p. 166-197.

CIORNAI, S. *Da contracultura à menopausa: vivências e mitos da passagem*. 1a ed. São Paulo: Oficina de Textos, 1999. 267p.

CORDIOLI, A. V. (Org.). Avaliação do paciente para psicoterapia. In: __________. (Org.). *Psicoterapias: abordagens atuais*. Porto Alegre: Artes Médicas, 1993, p. 43-57.

DIAS, E. O. *A teoria do amadurecimento de D. W. Winnicott*. Rio de Janeiro: Imago; 2003. 339p.

DOLTO, F. Desenvolvimento da libido desde o nascimento até a velhice. In: __________.*Sexualidade Feminina*. 3. ed. São Paulo: Martins Fontes; 1996, p. 41-95.

FERENCZI, S. *Obras Completas*. 2. ed. São Paulo: Martins Fontes, 2011;4. Capítulo III, Elasticidade da técnica Psicanalítica, p. 29-42.

GREGERSEN, E. *Práticas Sexuais – história da sexualidade humana*. São Paulo: Roca; 1983.

KAHTUNI, H.C.; SANCHES, G. P. *Dicionário do pensamento de Sándor Ferenczi: uma contribuição à clínica psicanalítica contemporânea*. 1. ed. São Paulo: Elsevier, 2009. 439p.

LARA, L.A.S.; SILVA, A. C. I. S. R.; ROMÃO, A. P. M. S.; JUNQUEIRA, F. R. R. Abordagem das disfunções sexuais femininas. *Rev Bras Ginecologia e Obstetricia*. 2008;30(6):312-21

MALDONADO, M. P. *Psicologia da gravidez*. 8. ed. Petrópolis: Vozes, 1976. 163p.

MILLER, A. *O drama da Criança Bem-dotada*. 1. ed. São Paulo: Summus Editorial; 1997. 109p.

QUILES, M. I. *Neuroses*. 1. ed. São Paulo: Ática; 1986. 96p.

WINNICOTT, D. W. *Os bebês e suas mães*. 2. ed. São Paulo: Martins Fontes, 1999, Capítulo 5, As origens do indivíduo, p. 43-49.

WINNICOTT, D. W. *Explorações psicanalíticas*. 1. ed. Porto Alegre: Artes Médicas, 1994. 460p.

Referências de documentos eletrônicos

RABELLO, E. T., PASSOS, J. S. Erikson e a teoria psicossocial do desenvolvimento. Disponível em: <http:www.josesilveira.com>. Acesso em: 18 fev. 2013.

SOBRAC [homepage na internet]. Dia mundial da menopausa. Disponível em: <http: www.menopausa.org.br/18_de_outubro_dia_mundial_da_menopausa.html>. Acesso em: 28 jan. 2013.

Instituto Brasileiro de Geografia e Estatística [homepage na internet]. Distribuição da população brasileira por sexo segundo os grupos de idade (2010). Disponível em: <http:www.censo2010.ibge.gov.br/sinopse/webservice>. Acesso em: 13 fev. 2013.

Referências filmográficas

Ensina-me a viver [DVD]. Direção: Hal Ashby. Estados Unidos: Paramount Home; c1971.

O exótico Hotel Marigold [DVD]. Direção: John Madden. Grã-Bretanha: 20th Century Fox Home Entertainment; c2011.

E se vivêssemos todos juntos? [DVD]. Direção: Stéphane Robelin. França e Alemanha: Imovision; c2011.

Parêmia do Suicídio e da Morte...

Valdemar Augusto Angerami

Fomos alquebrados... E se fomos alquebrados,
também, somos tranquilidade...
Fomos atirados numa grande turbulência...
E se fomos achocalhados pelas tormentas,
também somos serenidade; também somos a paz da oração.
Da crença, da fé que transforma
a insensatez em beatitude. A desesperança
em luz e paz. O céu nublado, numa
linda manhã colorida e azul...

E somos lançados no delírio total da incompreensão,
também temos a condição da escuta. Da transformação
da obnubilação em compreensão. Do clareamento das
emoções mais profundas em ponteamentos de amor...
De entrega, de doces deleites da alma e de prazer...
Fomos lançados na escuridão da incerteza, da dúvida...
E do titubeio das próprias convicções. Mas, também,
somos renascimento, claridade e novas descobertas...

Crises. E um sofrimento pedindo clemência, estancamento da dor,
da desilusão, da falta de sonhos. Da falta de uma nova crença...
Numa outra amanhã. Novo dia. Nova alegria.
E a crise arrebenta com a quietude. E torna o quietismo
insustentável... E como num parto, onde após uma dor dilacerante,
surge uma nova vida, após cada crise uma nova certeza...
Um novo comprometimento. Uma nova aura de ilusão.
Da crença e de todo redobrar das coisas que existem
para serem transformadas e buscadas.
E a cada crise uma nova morte. E a consciência
do aprofundamento da própria emoção.

Paixão pedindo definição. Definição de algo indefinível...
Algo que domina a essência da alma...
E nos transforma em desrazão... Em suicidas...
Em comentários disformes. Num emaranhado de fatos onde
o mais lúcido é a certeza da total desorientação...

Não há como exigir equilíbrio se uma grande paixão
é o fim de toda e qualquer lucidez...
Da razão, de um lineamento com a própria vivência
consigo mesmo. E com o outro que espreita,
busca e também se desarvora...
Com o esgarçamento, distanciamento,
com o amargor da separação. E com a certeza
de que se busca a morte procurando pela vida,
pelo ar, pela luz...
Busca-se a morte querendo morrer para a dor...
Para nascer no prazer...
Por toda a eternidade...

Serra da Cantareira, numa manhã azul de Outono.

CAPÍTULO 7

Ser: o sentido da dor na urgência e na emergência

Erika Nazaré Sasdelli
Eunice Moreira Fernandes Miranda

> *Nosso corpo é nossa morada e nele sentimos todas as adversidades que são próprias de nossa condição humana. (...) É o corpo quem nos coloca a noção de como estamos nos situando diante de todas as circunstancias que a existencia nos coloca.*
>
> (Magnabosco, 2017)

1. Introdução

Serviço de Urgência e Emergência: lugar de tantas crises, dores, doenças, perdas e ganhos, limites e possibilidades, alento e desamparo, desespero e esperanças.

Neste ambiente, ao procurar viver e compreender as experiências das pessoas hospitalizadas com dor, depara-se com a complexidade da vida humana e certamente com a complexidade da dor. E para tentar compreendê-las, busca-se a vivência existencial, centrando a reflexão na pessoa existente.

A proposta deste trabalho é compreender o ser nas suas dimensões da vida humana e nas suas diversas formas de comunicação; alcançar a compreensão dele, de algum ajuste ou desajuste dos aspectos ontológicos, que fazem o existente ser o que é, necessitando expressar-se, muitas vezes, através da dor, do corpo.

Nesta perspectiva de tentar abordar o sentido da dor serão utilizados dois métodos, o compreensivo e o explicativo, levando em conta a subjetividade humana e sem deixar de lado os dados da realidade empírica. O método compreensivo recorre à fenomenologia existencial com o propósito de buscar o sentido da vivencia daquele homem e qual o sentido da dor para ele e as ambiguidades do existir humano.[1] Através deste modelo pode-se ter

> (...) acesso ao mais próprio e íntimo da vida humana – a experiência e a vivência, as duas modalidades da alta compreensão que nos conectam diretamente com a trama do mundo interpessoal, biofísico e social (Romero, 1998).

No método explicativo a ênfase é no biológico, buscando-se os mecanismos fisiológicos e fisiopatológicos.

Na busca do caminho central, a filosofia da existência[2] funciona como um sinalizador, dando luz para o percurso da compreensão do sentido do ser, juntamente com sentido da dor: "A dor é ser". Consoante Miranda *et al.*, 1993,

> brincando um pouco com as palavras, poder-se-ia dizer que, para os que insistem em ser doentes, é possível ser sem dor, pois a decodificação da doença – a dor é ser – poderá gerar uma existência de sofrimento e eterna dor.

E foi a partir das dimensões ontológicas do homem que se tornou mais claro e compreensivo o sentido da dor, o que será o objeto de estudo deste capítulo, onde se fará uma transposição da vivência e da experiência do ser, que circunstancialmente se encontra em um Serviço de Urgência e Emergência.

Mesmo tendo o sentido da dor como tema central deste trabalho, contemplou-se vários assuntos que, na visão das autoras, caminham paralelamente e se intercruzam e que certamente poderão se constituir em outros tantos trabalhos.

2. Definição e significado da dor

Segundo a Associação Internacional para o Estudo da Dor – IASP, a dor pode ser definida como "uma experiência sensitiva e emocional desagradável

[1] Conforme Augras (1993), o método fenomenológico surge a partir de Husserl, que ao elaborá-lo tinha por objetivo alicerçar o conhecimento, através da identificação das estruturas fundamentais do fenômeno, tentando extrair da observação o sentido do fenômeno, visando operar uma redução que permita apreender o significado do fenômeno, a sua "essência".

[2] Jolivet, citado por Giordani (1976, cap. I), afirma que o existencialismo é o conjunto de doutrinas segundo as quais a Filosofia tem por objetivo a análise e a descrição da existência concreta, considerada como o ato de uma liberdade que se constitui ao se afirmar e que não tem nem outra origem, nem outro fundamento além dessa afirmação em si mesma.

associada ou relacionada a dano real ou potencial de tecidos ou descrita em termos de tal dano" (IASP, 2010, p. 3). Esta definição, de maneira implícita, afirma que dor nem sempre é uma consequência de dano tecidual, e pode ocorrer sem ele. Desta forma a ciência começou a perceber que

> (...) fatores somáticos (dano tecidual) não podem ser separados de fatores psicológicos aprendizado, lembrança, a alma e processos afetivos). Junto com o reconhecimento das influencias sociais na percepção dolorosa, esses fatores formam o núcleo do conceito biopsicológico da dor". (IASP, 2010, p. 3)

A dor é uma experiência pessoal e subjetiva e só a conhecemos a partir da comunicação daquele que a sofre. Funciona como um processo de alarme, indicando que algo não está bem no organismo. Espera-se que essa dor desapareça após ser resolvido o problema que a causou. Mas, muitas vezes, ela persiste em virtude da ineficácia da medicação utilizada, ou por ter uma causa desconhecida, ou até mesmo porque os fatores que a envolvem são tantos e tão complexos que nem sempre podem ser compreendidos a ponto de extingui-la.

Ao tentar conceituar a dor, é preciso ir além da dimensão neurofisiológica, pois sabe-se que um mesmo estímulo pode ser assimilado de várias formas, dependendo da pessoa, provocando ou não dor, em maior ou menor intensidade. Lima *et al.*, na obra *L.E.R. Dimensões Ergonômicas e, psicossociais*, 1998, no capítulo sobre "Dor e Sofrimento", p. 283, cita Marques, quando diz que

> (...) a informação desse estímulo algogênico nunca é bruta, ela é filtrada e modulada, ampliada ou reduzida pelo sujeito que a recebe, dependendo de influências excitantes ou inibidoras, como a memória, a emoção, a cognição.

E completa dizendo:

> Assim, a dor emerge como uma experiência única para cada sujeito, sendo este portador de uma história, de crenças e motivações anteriores, associadas ao estado físico e mental do momento. E não existe paralelismo anátomo-clínico estrito entre a importância da lesão e a intensidade da dor sentida. Há lesões graves sem dor e outras benignas com dores extremas. E em alguns casos, a dor pode persistir mesmo após a cura da patologia que a causava.

Isto significa que ela passa pelo registro da subjetividade.

Nos ensinamentos de Teixeira, em seu trabalho *Fisiopatologia da Dor* (1998), ele acentua que

> (...) a experiência dolorosa é, portanto, resultado da inter-relação entre a interpretação das qualidades sensoriais com os componentes afetivos, cognitivos, comportamentais, com as relações fisiológicas que se expressam frente à estimulação ou disfunção do sistema nociceptivo. A interpretação do fenômeno é individual. O indivíduo atribui significados idiossincrásicos ao fenômeno sensorial de acordo com o estado mental e o valor simbólico imaginário que representa. Os componentes são determinados pelo significado e não pela natureza ou intensidade do estímulo original. Este significado é a resultante da interação de determinantes físicos, psíquicos, ambientais e socioculturais. Para sua expressão, concorrem alterações orgânicas e respostas emocionais de negação, ansiedade, raiva, depressão, impotência, desamparo, dependência, necessidade de proteção e desesperança. A confluência destes fatores determina o colorido particular das experiências dolorosas e influencia a adoção de atitudes e os resultados dos procedimentos diagnósticos e terapêuticos e as consequências biológicas, psicológicas, sociais, comportamentais e ambientais do sofrimento.

De acordo com a distribuição temporal, a dor pode ser classificada em aguda e crônica. Ainda conforme Teixeira (1997),

> A dor aguda é interpretada como ameaça à integridade. Gera atitudes de escape, proteção, busca de apoio, medo e ansiedade. É um sintoma de alerta, que apresenta fisiologia bem estabelecida. Seu diagnóstico etiológico não é difícil e seu controle é, geralmente, possível após a eliminação do agente causal. É possível que a dor aguda persistente possa alterar a plasticidade do sistema nervoso e esta ser responsável pela cronificação da sintomatologia.

Apresentar-se-á alguns significados da dor ilustrados por observações clínicas, durante o atendimento psicológico em um Serviço de Urgência e Emergência, em que a expressão usada pelo cliente ao referir-se à dor, revela a ligação entre o psíquico e o somático, demonstrando que o limite corporal é testado através por meio dela: "as minhas costas estão queimando", "me segura senão eu vou arrebentar de tanta dor", "a dor é como uma fisgada", "dói fundo", "uma dor forte comprimindo o peito e as costas", "quando doeu pensei na minha família", "eu sei que vai doer, mas nem ligo. Já senti tanta dor que uma se sobrepõe à outra, já não sinto tanto".

Para definir dor crônica buscou-se o mesmo autor citado acima:

> Dor crônica é aquela que persiste além do prazo previsto para a cura da lesão ou que está associada com afecções crônicas. Não tem a mesma função de alerta da dor aguda. É vivida como perda e gera depressão, choro e lamento, comportamentos que visam a reintegração. Estresses físicos, comprometimento do desempenho físico e mental e outras repercussões negativas prolongadas na vida de relação, nas atividades laborativas, sociais, familiares e de vida diária e prática são marcantes nestes doentes. É menos delineada no tempo e no espaço, a etiologia é mais difícil de ser estabelecida, a condição nosológica não é, necessariamente, vinculada à sua existência e seu controle, mais do que a eliminação do elemento causal, é o objetivo primordial do tratamento. Os componentes emocionais envolvidos na experiência dolorosa podem ser mais significantes que os sensitivos. Doentes com dor crônica apresentam prevalência elevada de transtornos depressivos, ansiosos e somatoformes, transtornos da sexualidade, transtornos do sono, transtornos relacionados com o uso de substâncias, transtornos factícios, transtornos da ansiedade, transtornos conversivos, hipocondria e simulação. A associação dor-depressão pode agravar o sofrimento, comprometer a adesão ao tratamento e a resposta aos analgésicos, acarretar isolamento social, desesperança e privação de cuidados. Supõe-se que estes fenômenos (dor e depressão) sejam autoalimentadores e vicariantes. (Teixeira, 1997)

Qualquer que seja a etiologia física da dor crônica, ela articula-se como funcionamento psicológico do ser singular e, por isso, ao abordá-lo, é preciso:

a) Usar da compreensão empática, que implica na captação dos sentimentos e das significações pessoais vivenciadas pelo indivíduo, tentando compreender o que a dor representa para ele;

b) Perceber se o doente obtém algum ganho secundário[3] com ela;

c) Tentar explorar as fantasias e sentimentos a ela relacionados, descobrindo a sua origem e qual é a concepção que a pessoa tem de cura.

Nesta abordagem, à medida que ele fala sobre a dor e suas representações, passa a ter maior experiência e maior compreensão sobre a mesma. Com isso, poderá sair da posição passiva da vivência e assumir uma postura de "crer-ser" na experiência e não mais de "a-dor-é-ser".

[3] Conjunto de benefícios, conscientes ou inconscientes, que o paciente aufere em suas relações consigo mesmo e/ou com o mundo. Não obstante o sofrimento que a doença lhe impõe, ele 'julga' a relação custo/benefício do Ser/Estar doente compensada ou atenuada pelos ganhos adquiridos. (FONGARO; SEBASTIANI, Cap.1 Roteiro de Avaliação Psicológica Aplicada ao Hospital Geral desta obra).

Não se pode desconsiderar que a dor será, em muitos casos, uma eterna companheira e que a pessoa terá que submeter-se a algumas restrições, o que é natural ao ser humano, em determinado momento, onde o corpo não mais responde às necessidades físicas. Para Augras, em sua obra *O Ser da Compreensão*, pp. 42-43, ano de 1993,

> (...) O corpo estabelece o espaço interno, ao mesmo tempo que funciona como elemento de comunicação com o espaço externo. É o limite do indivíduo e fronteira do meio. (...) A sua disposição interna não é vivenciada. Passa-se por alto a anatomia. A fisiologia é apenas subtendida. Não se percebem os órgãos internos, a não ser que uma dor denuncie algum distúrbio em seu funcionamento.

E como não pensar nela, num local onde vida e morte fazem parceria – um Serviço de Urgência e Emergência. A dor, assim como o morrer, fazem parte da vida, são naturais e inerentes a existência.

3. O Paciente e seus acompanhantes: suas características e especificidades

Em um Serviço de Urgência e Emergência[4] encontra-se pacientes com dor aguda ou crônica e é visível a diferença entre ambas, como já definido anteriormente. A vivência do adoecer instaura no paciente um ciclo de dor e sofrimento. O sofrimento eleva a dor, que dificulta a adaptação do mesmo, e a desadaptação leva à exacerbação do medo, da ansiedade e da angústia.

Na Urgência e Emergência emerge uma resposta no corpo do doente, que está associado ao estímulo doloroso e à ansiedade. Nos quadros agudos tem-se como resposta emocional o quadro de ansiedade aguda, que se torna cada vez maior na medida em que aumenta a intensidade da dor. A ansiedade potencializa a dor e provoca uma diminuição na tolerância aos estímulos dolorosos e aumento da tensão muscular, que por sua vez aumentam o nível da dor.

[4] Os termos urgência e emergência foram definidos na obra *Urgências Psicológicas No Hospital* (1998), no capítulo "O Psicólogo diante da Urgência no Pronto-Socorro", dos autores COPPE & MIRANDA, p. 66, onde empregam o termo emergência para o paciente que chega em risco iminente de vida. Neste momento, a iminência da morte é o principal objeto de atenção da equipe de saúde. A urgência envolve a imprevisibilidade, as alterações que surgem rapidamente na vida do indivíduo e que requerem um pronto atendimento. Tanto a *emergentia* como a *urgentia* implicam na urgência subjetiva.

Ciclo da dor

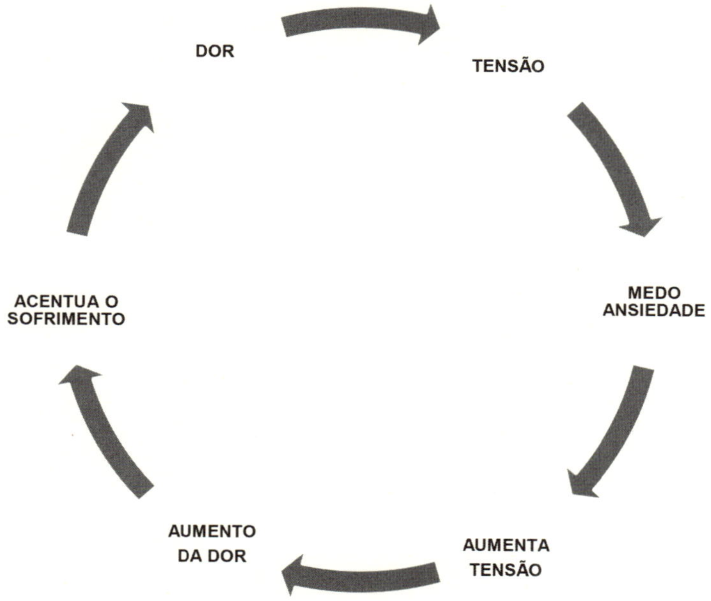

É preciso, então, que o paciente fale, informe suas dores, para que o médico tenha informações e acesso a esta dor e consiga fazer uma avaliação funcional da dor, com emprego de vários métodos para esse fim.

Nesse contexto, sabe-se que é preciso que primeiro se estabeleça uma relação: um contato de pessoa a pessoa, a partir do qual, facilita-se a comunicação médico-paciente, ou, melhor dizendo, a comunicação de pessoa-a-pessoa. Assim, possibilita-se maior compreensão das experiências dolorosas pessoais e o que isso acarreta no seu cotidiano de cada um, o que igualmente, também poderá auxiliá-lo no seu dia-a-dia e na melhor escolha terapêutica para lidar com a dor. É preciso que no "entre"[5] dessa relação de pessoa-a-pessoa fique claro que, muitas vezes, ou nem sempre, a remissão dos sintomas é possível, apesar das diversas formas de tratamento, e que numa grande maioria dos casos caberá ao paciente aprender a conviver com a dor.

Em um Serviço de Urgência e Emergência é comum a presença de pacientes que sentem dores, embora os médicos não consigam encontrar doença

[5] Na psicoterapia dialógica de Buber (que fala da possibilidade do encontro, ou melhor, da sintonia completa entre os seres humanos), o conceito de "entre" implica o reconhecimento da dimensão ontológica no encontro entre pessoas ou o inter-humano, que é um termo equivalente ao "entre" e ao dialógico.

orgânica ou disfunções que as justifiquem. Muitas vezes chegam com queixas de uma dor grave, pedindo urgência para seu atendimento, mas nem sempre se trata de um sintoma orgânico e sim o que pode ser classificado como urgência subjetiva. Geralmente é mais fácil para o paciente receber um diagnóstico médico do que aceitar que está em crise emocional desencadeadora da dor física, o que o leva a buscar pseudo-explicações.... Pode associar sua dor a uma atividade física excessiva, alimentação irregular e diversos outros fatores ligados às suas crenças pessoais. E quando é encaminhado para uma avaliação psicológica, assume uma postura geralmente defensiva. Neste caso, é difícil para o paciente aceitar o encaminhamento para a Psicologia, pois é como se sua queixa não tivesse sido aceita pelo médico. Isto pode ser exemplificado através da fala de um paciente que foi encaminhado para o atendimento psicológico após a avaliação médica: "Eu preferia o que o médico tivesse dito que eu tenho uma gastrite, do que problema emocional": o caminho então é tentar compreender o significado comunicativo desta dor.

Sabe-se da importância do trabalho interdisciplinar ou até mesmo multidisciplinar junto a pacientes que sofrem de dor crônica. Diante dessa abordagem o psicólogo, como membro da equipe de saúde, participa da avaliação e da compreensão do ser como um todo. É ele quem trabalha com o sofrimento psíquico e com a queixa psicológica do *ser-aí*. Na equipe, quando não se tem uma visão do ser e da dor de uma maneira integral, inviabiliza-se muitas vezes a abordagem psicológica em situações em que a dor apresentada é menosprezada por quem a recebe.

O existencialismo convida a uma reflexão sobre a existência humana que é determinada pelas contingencias da vida e pelas circunstâncias históricas e sociais. O ser humano também é marcado pelas adversidades (um acidente, por exemplo) e por uma certa quantidade de sofrimentos que envolve dor, medo, fracasso, catástrofes, envelhecimento, doenças e morte. O homem está sujeito às agruras existenciais e cada um age no mundo superando os obstáculos impostos pela existência. Para Heidegger o homem é um *ser-para-morte* e isto quer dizer que tudo o que se planeja e se alcança se desembocará em um irremediável fim que já está previsto desde o nascimento. Dessa forma compreende-se que o adoecer faz parte da natureza humana e isto acarreta dor e sofrimento, pois a morte é a possibilidade fundamental. Para o homem, é a única certeza que se tem. Contudo, ao deparar com a morte surgem a angústia e o desespero. (Chauí, 1996). "O mundo surge diante do homem aniquilando todas as coisas particulares que o rodeiam e, portanto, apontando para o nada", (Hiddeger *apud* Chauí, 1996, p. 9), e isto impõem ao homem a necessidade de suportar a dor insuportável e as vezes ele precisa recorrer à negação.

O significado da dor permanece associado à lesão orgânica, como também ao sentido da dor para esta pessoa, no que ameaça a sua própria existência. A dor traz o medo, o medo da própria dor, que por sua vez, traz o medo da morte. Sentimentos de desesperança, depressão e desespero passam a ser manifestados quando se faz a decodificação desta dor do ser que dói, pela impossibilidade de continuar existindo no mundo. Segundo Giordani, na obra Iniciação ao Existencialismo, 1976,

> (...) a existência implica, pois, em relação com o mundo e com os outros seres conscientes e está sempre vinculada a uma determinada situação que a limita interior ou exteriormente. Entre estas limitações, algumas são inerentes: o sofrimento, a culpa, a luta etc. e transformam nossa existência em algo desolador.

A dor de uma pessoa gera nos outros sentimentos diversos, principalmente nos familiares e acompanhantes do doente. COPPE[6] diz que: "A dor do outro não é a minha dor, mas ela me dói". E quando o psicólogo se sente assim, doído pela condição da saúde do outro, trata-se da sua dor, que o remete à sua existência e naturalmente à sua morte. Da mesma forma que não se pode sentir pelo outro a sua dor, ninguém pode representar uma outra pessoa no momento da sua morte. Cabe a cada um morrer a própria morte como sentir a própria dor. Pode-se retardar a morte, mas jamais o homem conseguirá deixar de morrê-la. É imprevisível e inevitável, o que a torna tão apavorante para muitas pessoas, principalmente aquelas que tem a ilusão de poder controlar sua própria existência, alegando não estarem sujeitas às forças da morte.

Para Heidegger, o homem só existe para a morte. Desde que nasce, já está bastante velho para morrer... O *Dasein*[7] é um *Sein-Zum-Ende:* um ser para o fim. O homem é, pois, essencial e constitutivamente um *Sein-Zum-Tode:* um ser para a morte (GIORDANI, *opus cit.*).

A vivência dos familiares diante de uma perda ou da possibilidade iminente desta perda, como, por exemplo, nos casos de paciente em fase terminal de alguma doença, fora de recursos terapêuticos previstos pela medicina, gera reações diversas, as quais indicam como as relações familiares

[6] COPPE; MIRANDA (*opus* cit.)

[7] Para os existencialistas o homem é uma realidade inacabada e aberta, estando essencial e intimamente vinculado ao mundo e, de modo especial aos demais homens. Encontramos no vocabulário de Heidegger a expressão dessa situação do homem: ele é o *Dasein.* (o ser singular concreto) que se encontra no mundo em certas situações e é portanto também "o ser-no-mundo".

foram estabelecidas anteriormente e também exigirão desta família uma necessidade de se organizar frente ao ocorrido e de adaptar-se à ausência do membro que está para partir.

Apesar de o luto ser uma experiência natural, pela qual todos nós passamos, a sua iminência não o torna menos doloroso. Esta é outra dor a ser considerada: a dor existencial, da impossibilidade do ser, enquanto ser finito.

Bowen, citado por Bromberg, no capítulo "Família Enlutadas", na obra *Introdução à Psiconcologia*, ano de 1994, apresenta o conceito "onda de choque emocional", para descrever a sucessão de acontecimentos no âmbito familiar, em consequência da perda de um de seus membros ... Ainda consoante Bromberg, p. 58, "A importância da identificação dessa onda está em uma atitude de avaliação do impacto da morte sobre a família". Esse impacto pode ser manifestado de diversas formas reacionais e comportamentais. Muitas vezes, diante de sintomas somáticos, percebemos tratarem-se de manifestações atuais de lutos passados, porém não elaborados, onde o corpo, através do sintoma físico, é o meio de expressão de angústias e temores.

Através de uma observação assistemática, isto é, ocasional, pôde-se perceber que a reação da família abrange manifestações somáticas e emocionais. O sofrimento é algo que dói, que é capaz de se transformar em sintoma físico. Exemplificativamente, menciona-se aqui o fragmento de dois atendimentos psicológicos com os quais pretende-se demonstrar o sofrimento psíquico que se instaura no corpo como forma de exprimir os conflitos emocionais ainda não integrados à consciência:

a) Uma criança de 10 anos de idade chega ao Serviço de Urgência com dor precordial e sensação de desmaio, com dois encaminhamentos do Centro de Saúde: um para avaliação médica e outro para a Psicologia. Ao submeter-se à avaliação médica, observou-se tratar-se de uma crise de ansiedade e em decorrência disto ela foi encaminhada à Psicologia. Esta criança havia perdido um irmão há uma semana, o qual representava a figura paterna. Foi uma morte abrupta, inesperada, provocada por um acidente[8]. Envolveu todos os familiares, principalmente a mãe e a criança, a qual foi atendida prontamente pela Psicologia. Ela, por ser ainda uma criança, apresentava necessidades específicas relacionadas às situações de perdas, que estavam vinculadas ao seu desenvolvimento psicológico. Encontrava-se ali, demonstrando qual foi o efeito desta perda no seu psiquismo, e como estava vivenciando o processo de luto.

[8] Chamamos de acidente um evento desastroso que acontece subitamente e inesperadamente, sem planejamento ou intenção consciente.

A mãe desta menina, que também passava por uma perda – a de um filho – e, provavelmente estava mais voltada para o seu luto pessoal, o que é importante de ser vivido, não há dúvida. Entretanto, isto pode ter refletido na capacidade desta criança de entender e lidar com sentimentos de tristeza e culpa relacionados à morte do irmão. Mas qual seria a condição desta mãe para ajudar a filha? Bromberg (*opus cit.*) afirma que

> O adulto deprimido não pode cuidar dos filhos da mesma forma como fazia antes ou mesmo pode tentar esconder da criança a sua tristeza, por achar que é uma carga muito pesada para ela. (Bromberg, 1994)

A mãe, ao tentar esconder o seu sofrimento, impedia que a filha também se expressasse. O que resultou do atendimento psicológico, após uma escuta compreensiva, foi um choro compulsivo desta criança, que aos poucos foi dando lugar à fala, à verbalização e simbolização do sofrimento desencadeado pela morte do irmão, não mais necessitando recorrer ao corpo para expressar a sua vivencia emocional diante da perda e consequentemente, deixando de apresentar os sintomas físicos.

b) Um rapaz de 26 anos deu entrada ao Serviço de urgência e emergência com dor precordial e dispneia e, após avaliação médica, foi encaminhado à Psicologia com diagnóstico de distúrbio neurovegetativo. Sua irmã, que era gemelar, havia morrido há 3 dias, em decorrência de Síndrome de Imunodeficiência Adquirida – AIDS. A doença da irmã resultou em um sofrimento arrastado, anos após anos, na medida em que a doença evoluía. Ele culpava-se por não a ter salvado, mesmo após um ano de hospitalização. Durante sua internação visitava-a diariamente e tomava todas as providências necessárias. Era inadmissível para ele continuar vivendo naquele momento, sem a irmã. Durante o atendimento ele apertava a mão sobre a blusa tentando demonstrar o tanto que o "peito apertava". Tinha a sensação de que estava morrendo. Apresentava-se inicialmente bastante racional, descrevendo passo a passo a evolução da doença, que devido à baixa imunidade permitiu o aparecimento de doenças oportunistas, atingindo assim o estágio mais avançado da AIDS. Durante esta descrição, várias vezes, queixou-se de aperto no peito. Percebia-se uma aceleração no ritmo respiratório, ficando taquipnéico. Aos poucos, e na medida em que foram sendo realizadas intervenções terapêuticas, começou a soltar o choro, até então contido; inicialmente era como se não pudesse chorar na frente do terapeuta, mas na medida em que se sentiu compreendido, foi tendo maior facilidade para expressar os seus sentimentos em relação às vivencias emocionais de culpa, medo e raiva.

Apresenta-se, com estes fragmentos, o ser que sofre e, no atendimento psicológico, é o terapeuta quem acolhe o sofrimento. A abordagem psicológica nestes casos ajudou a interação entre a vida psíquica e o funcionamento biológico do corpo, a partir do momento em que os sintomas foram vistos subjetivamente, numa visão do ser enquanto "ser-no-mundo"[9], que se relaciona consigo mesmo, interage com o outro, busca um sentido, uma motivação no seu tempo e espaço. A abordagem existencial presente nas intervenções psicológicas é uma forma de escutar esse sofrimento que aparece como dor e que, muitas vezes, insiste em se manter como sintoma orgânico.

Pode-se ter ainda situações em que o paciente chega ao Serviço de Urgência e Emergência, para atendimento médico, com uma queixa somática. Por não ser visto em sua totalidade, pode receber um diagnóstico de distúrbio neurovegetativo, apontado como um quadro conversivo de características histeriformes, quando em realidade está apresentando um mal súbito de causa orgânica. Diante deste grande mal-estar, o paciente pode apresentar uma reação de alarme, por estar sentindo-se muito mal fisicamente, identificando o processo da doença no seu organismo. Se receber somente a prescrição de tranquilizantes poderá chegar inclusive ao óbito pelo fato do sintoma orgânico não ter sido considerado. A dor muitas vezes surge como uma forma emergente dos conflitos da pessoa e não, como se costuma pensar, que ela é a causa primeira dos conflitos.

Diante da morte, ou possibilidade da morte, a dor não é somente pela perda iminente, mas pelo efeito que esta perda terá no contexto familiar. A dor da perda pode tomar a dimensão do orgânico, trazendo sintomas no corpo como taquicardia, dor precordial, cefaleia, anorexia, insônia, dentre outros tantos sintomas. No que se refere ao doente, a sua dor é aumentada, quando ele percebe o processo de sofrimento da família. Normalmente se sente culpado ao considerar que está provocando um sofrimento nas pessoas significativas, com o seu processo de doença, muitas vezes não mais desejando receber visitas para não as ver sofrendo. A dor traz o medo e a angústia.

A perda é um processo que se inicia assim que ocorre um óbito, ou mesmo a partir do momento em que a medicina curativa nada mais tem a fazer pelo paciente, ou pode ser elaborado ao longo de um processo evolutivo de uma doença. Exigirá que a família passe a lidar com esta realidade, entrando em processo de luto. Vivenciar a perda é sofrido, mas não fazê-la é ainda pior na vivência emocional.

[9] O que será desenvolvido com mais detalhes ainda neste capítulo

4. Da dor e do sofrimento

O que compete ao psicólogo fazer, em uma situação onde o paciente chega com dor e sofrendo? Obviamente sabe-se que não cabe ao psicólogo, tratar a dor, pois ele trabalha com a subjetividade do ser. Desta forma, não basta saber qual é a etiologia da dor, mas também o sofrimento pelo qual aquela pessoa está passando. E para compreender isto, é preciso diferenciar dor e sofrimento. À medida que se faz a escuta psicológica, percebe-se que a fala do paciente passa dos relatos das suas dores para conteúdos relacionados ao sofrimento psíquico, no que se refere a complexidade e a diversidade dos aspectos da sua vida.

A partir de algumas considerações de Lima (*opus cit.*), começou-se a pensar na distinção entre dor e sofrimento e de que forma isto é evidenciado numa Unidade de Urgência. É comum referenciar à dor e ao sofrimento como um só fenômeno. De fato, os limites que separam os dois são tênues. Quase toda dor tem um sofrimento que lhe é correlato, ou vice-versa. Lima, em seu trabalho cita ainda Paul Ricoeur[10] que afirma que a dor puramente física seria um caso limite, pois ela faz emergir um sofrimento psíquico qualquer. Daí compreende-se que somente naqueles casos onde a dor é fulminante, como por exemplo num infarto agudo do miocárdio, quando ocorre a morte súbita, é que inexiste o sofrimento psíquico, por não haver mais vida.

Pimentel, no seu artigo "Corpo: continente da dor psíquica", publicado na *Revista Insight Psicoterapia*, ano VIII, n° 85, p. 14/17, 1998, diz que

> (...) o sofrimento evidencia os processos intelectivos e afetivos comportados no corpo. Nessa perspectiva, a dor não se restringe à dor física, engloba a dor psíquica (...).

por evocar emoções que sinalizam o sofrimento. Pode ser evitada, reduzida, mas o sofrimento não, pois ele é inerente à condição temporal do homem. O paciente sofre por ter medo de ficar com sequelas, incapacitado, de ter perdas materiais e sociais e principalmente da morte. Estes são alguns dentre muitos fatores apresentados pelo doente. Mas, independente do seu quadro orgânico e das questões psicológicas, ele sofre existencialmente. E observa-se que, para muitos, o sofrimento causado pela dor é mais importante do que o sofrimento psíquico anterior ao surgimento dela.

[10] Segundo nota de rodapé da referência acima : "La souffrance nést pas la douleur", *Revista Autrement*, n° 142, fev/94, p.58-69

Para se pensar mais nestas questões, é preciso considerar os termos medo e angústia, por referirem-se a uma condição humana, aos estados afetivos do ser que sente dor, sente medo e se angustia.

5. Medo e Angústia

Para Heidegger uma das características fundamentais do *Dasein* é a angústia, e esta poderia ser caracterizada como o sofrimento fundamental do homem, por ser finito (Chauí, 1996). O *ser-aí* é um ser "pré-ocupado'. A preocupação é natural e normal.

Num instante, se o terapeuta parar para escutar as queixas dos pacientes que chegam ao serviço de saúde em caráter de urgência, com certeza irá ouvi-los falar sobre as suas dores, medos e angústia, dentre outros estados afetivos particulares. "Dói o braço que está quebrado, dói o peito, dói a cabeça, dói o corpo ao ser esmagado, dói o corpo desconfortável sobre uma maca fria". Só que o corpo está além das alterações que nele operam.

Forghieri, em seu livro *Psicologia Fenomenológica*, 1993, p. 29, afirma que

> Nosso corpo não é uma estrutura existindo por si mesma; e estende-se muito além de nossas sensações do momento, pois não nos encontramos, apenas, fisicamente localizados num determinado lugar, mas, expandimo-nos em nosso existir no mundo; um mundo que é constituído não apenas de sensações, mas de significações. (...) O corpo tem um poder de síntese; ele unifica as sensações e percepções de si, bem como as que se referem ao mundo; o corpo é simultaneamente unificado e unificador na sua constante e simultânea relação consigo e com o mundo.

Juntamente com as queixas corporais surgem as seguintes expressões: "estou com medo, será que esta dor vai me matar?", dando ênfase à subjetividade da dor. Apresenta uma dor que se torna exacerbada em função do medo do que aquela pode representar – "estou morrendo de dor" "esta dor é de morte", "será que terei que operar?", "corro algum risco com a anestesia?", "quanto tempo ficarei aqui?". Vários podem ser os motivos que levam as pessoas a vivenciarem seus medos e angústias. Num atendimento médico de emergência no hospital, o que está em maior evidência na cultura e no modelo desta prática é a vida da pessoa: suas necessidades biológicas e orgânicas. O psicólogo aí presente faz uma reflexão de que não só o corpo orgânico porta um sofrimento, mas que ali há um ser que está angustiado, e com isso ele também se angustia frente ao sofrimento do outro.

Araújo, em sua dissertação *Tempo vivido*, 1983, p. 4, fala que

> O temor tem por objeto ameaças determinadas; a angústia não possui alvo definido: colocamo-nos, sem razão, diante do vácuo, do nada. Tédio, melancolia, desespero são situações depressivas que culminam na forma aguda da angústia. Heidegger vai nos dizer que a angústia tem a ver com o sentimento de nossa 'condição original', com o sentimento impreciso e ameaçador de termos sido 'lançados' no mundo, no 'aí' da existência, sempre posta em jogo. Por isso, o que angustia (ou ameaça) na angústia não é algo determinado, é o mundo mesmo, um mundo também essencialmente temporal, que nos coloca ante nossas possibilidades, entre as quais está a possibilidade fatal de nossa 'impossibilidade'- a morte.

Sendo assim, a morte constitui um momento controverso que envolve a existência, "(...) mesmo quando a tomamos simbolicamente, no sentido não biológico, para o qual a reflexão do tempo nos empurra" (Araújo, 1983).

6. Ser-no-Mundo

O homem existe sempre em relação com o outro ou com alguma coisa e compreende as suas experiências, atribuindo-lhe significados, dando sentido à sua existência. Ele existe em relação à sua condição de "ser-no-mundo", e tenta a todo instante, manter suas características individuais e sua dignidade existencial. Ele nasce, cresce, se desenvolve e passa por várias crises evolutivas. Vivencia sentimentos ambíguos de amor e ódio, revolta e solidariedade etc. Esse é o mundo do qual o homem se origina e sem o qual não seria possível o seu existir. Um mundo estruturado, que de repente, fica sem sustentação ao se esbarra em uma situação inesperada como um acidente, ou uma doença que surge abruptamente na vida da pessoa. Estes são acontecimentos traumáticos que interrompem a rotina do dia a dia. Rompe-se com a previsibilidade e muitas vezes é preciso suportar o insuportável. Não há como prever um acidente e nem como irá ocorrer, e assim é a vida, uma caminhada cheia de imprevistos. Cada momento é uma experiência nova, imediata. No cotidiano do psicólogo hospitalar, ele tem um encontro marcado com ele mesmo. E é a partir dessa

> (...) vivência diária que desenvolvemos todas as nossas atividades, inclusive as científicas, e que determinamos nossos objetivos e ideais. A experiência cotidiana imediata é o cenário dentro do qual decorre a nossa vida; *ser-no-mundo* é a sua estrutura fundamental. (Forghieri, *opus cit*, p. 27)

Nos acontecimentos da vida diária podemos evidenciar o quanto estamos implicados no mundo, pela aflição que sentimos quando, pôr exemplo, simplesmente escorregamos e caímos; ficamos desapontados e confusos, pois, ao 'perder' o chão no qual nos apoiamos, sentimo-nos, por instantes, como se perdêssemos o próprio mundo e, simultaneamente, a nós mesmos" (*Idem*, p. 27).

O acidente, assim como a doença são obstáculos com os quais todos se defrontam ou se defrontarão em algum momento na vida. Faz parte da facticidade do ser humano, e constitui uns dos limites mundanos. Ao ser hospitalizado, o doente passa para um lugar totalmente estranho e muitas vezes ameaçador, longe do ambiente familiar. Acorda sem saber onde está, num lugar diferente e muitas vezes sem saber o que o levou a estar ali. De certo modo ele perde sua referência no mundo e não é preciso lembrar que a sua identidade está implicada nos acontecimentos que ele vivencia. Desta forma deve-se ter referência de onde e por que se está num determinado local. Sendo assim o adoecer, ter que parar em um hospital, representa a vivência da perda do próprio mundo e até de si próprio. Fongaro & Sebastiani, no capítulo 1 desta obra (Roteiro de Avaliação Psicológica Aplicada ao Hospital Geral) usam o termo "despessoalização" para caracterizar esse momento da hospitalização que implica na perda dos referenciais em nível existencial, pelo fato de o indivíduo "ser destituído de sua condição de pessoa, com suas particularidades e singularidades".

Para Augras (*opus cit.*, pp. 40-41)

> O espaço próprio sendo extensão do corpo, não pode ser invadido. Constitui condição imprescindível de sobrevivência tal como os limites corporais. É, textualmente, *espaço vital,* cuja extensão deve ser mantida, custe o que custar. Toda a história do mundo é escrita em termos de manutenção e expansão do território, e em nenhum outro campo a transgressão dos limites acarreta mais dores e sofrimentos. (...). As pessoas despojadas dos marcos costumeiros do seu território, perdem também o seu centro. O espaço, ordenado como extensão do corpo, é vivenciado como parte integrante da unidade corpórea. (...) poder-se-ia dizer então que o espaço é o corpo do homem, não sendo limitado às suas fronteiras somáticas, mas incluindo as extensões implícitas.

Ao adoecer fisicamente, o enfermo vivencia dores e submete-se a restrições impostas pela doença e pela hospitalização. Diante de uma internação mais prolongada, é necessário que ele dê uma significação ao processo de adoecer. Ao rejeitar essa vivência, deixa de atribuir-lhe um significado em sua existência. Passa a vivenciá-lo como um processo de sofrimento trágico, intolerável, fechando-se para outras possibilidades. Isto gera ressentimentos, revolta, aflição, insatisfação consigo mesmo e com a sua existência, tornando-se indiferente às suas experiências. Esta insatisfação ou indiferença podem surgir também em outras situações de intenso sofrimento, tais como as de morte de um ente querido, perda de algo muito importante, ou frustração por não conseguir atingir um objetivo intensamente desejado. Pode-se, então, diante destas situações de sofrimento prolongado, afirmar que a pessoa se encontra existencialmente enferma.

> O adoecimento existencial só acontece quando as limitações e conflitos não são reconhecidos e enfrentados pela pessoa, à luz de suas múltiplas possibilidades, passando, então, a se tornar exageradamente ampliados e dominantes em sua vida. (Forghieri, *opus cit,* p. 53).

A doença e a possibilidade de morte da pessoa hospitalizada trazem para os familiares uma aflição muito grande, podendo chegar ao desespero. Como diz Heidegger, referido por Forghieri, (*opus cit.*, p. 28).

> Precisamos do 'mundo' para sabermos onde estamos ... e quem somos. Nas aflições decorrentes de nossas momentâneas dúvidas a esse respeito, respiramos fundo para aliviá-las, procurando, intuitivamente, encontrar no ar que penetra em nossas narinas um alento para nos reanimar e nos esclarecer; podemos, também, acender um cigarro, colocá-lo entre os lábios e absorver a sua fumaça; ou tomar alguns goles de uma bebida qualquer. Estas ações tão simples e espontâneas são tentativas para recuperar o nosso inerente *ser-no-mundo*, pois, 'a essência do homem está em ser relativamente a algo ou alguém.

A hospitalização é uma das maneiras de o homem existir no mundo. O mundo circundante do doente envolve tudo aquilo que se encontra concretamente nas situações vividas na hospitalização, abrangendo o ambiente hospitalar, o instrumental, os profissionais de saúde, os outros doentes, o seu corpo com todas as suas necessidades biológicas, a permanência no leito, o próprio viver e o morrer. Talvez, brincando mais um pouco com as palavras, fosse possível dizer que *ser-no-mundo* neste caso é o mesmo que paciente-no-hospital.

O primeiro contato do indivíduo com o mundo circundante se dá através do corpo, que, através do processo de dor, comunica que algo não vai bem no seu interior. "O 'mundo' circundante caracteriza-se pelo determinismo, e por isso a adaptação é o modo mais apropriado de o homem relacionar-se a ele" (Forghieri, *opus cit*, p. 29).

Desta forma, o doente precisa adaptar-se à hospitalização/tratamento pois não tem recursos para modificar a sua situação. O que lhe cabe fazer é justamente descobrir o sentido existencial da sua doença, num processo de "interna-ação".

7. Temporalidade[11]

Cada momento da vida de uma pessoa compõe parte da sua história e ela tem uma posição singular, individual, em relação ao nascimento, à morte, ao passado e ao futuro. E esta posição não diz respeito a um tempo uniforme e homogêneo, como quando se fala que todo tem um dia de 24 horas e nada mais que isto. O tempo de modo algum pode ser comparado, homogêneo.

O tempo de hospitalização de uma pessoa, seja um dia ou um ano, tem um valor e um ritmo diferente de um mesmo período em que não se encontrava doente e que, por isso, podia estar em qualquer lugar, com quaisquer pessoas; portanto, segundo Araújo "(...) o tempo humano não se assimila à ordem linear do tempo físico[12]."

Nessa vivência da urgência/emergência onde, em um atendimento, o passado é registrado em segundos, intercalado com o presente e o futuro, indaga-se qual é a relação entre o tempo e o ser e como o tempo se dá fenomenicamente ao homem. Para isso reportar-se-á a Araújo, quando ele diz:

> (...) a vivência do tempo, que caracteriza o fluir, o passar de nossa vida individual ou da vida do 'mundo' é uma espécie de realidade primeira ou originária, com a qual nos deparamos. Em outras palavras, o homem é um ser essencialmente temporal. Por isso dizemos que este tempo, este *devir* no qual estamos imersos, não é uma coisa exterior a nós, algo como um 'ob-jeto' de nossa percepção ou contemplação. Ele se confunde com minha própria vida. É o meu vivido. Este tempo sou eu mesmo, em última instância. Ele faz parte de mim, como o meu sangue ou minha pele. Ou como a minha subjetividade.

Diante da perda de alguém significante o indivíduo depara com o 'não ainda' e o 'não mais' e

[11] Para discorrer sobre o tempo consideraremos apenas a perspectiva existencial-fenomenológica, valendo-nos especialmente da obra de Araújo, *Tempo Vivido*, 1983. Atribuiremos tanto à palavra quanto ao fenômeno tempo uma conotação da existência.

[12] Compreeende os fenômenos astronômicos, o tempo da microfísica, da termodinâmica, da mecânica. Cf. Citação ou conforme referência p. 14

> (...) cada instante vivido ocupa uma posição dentro de um vasto horizonte temporal, de tal modo que passado, presente e futuro não se apresentam como momentos distintos ou independentes um do outro.

Para Araújo, que teve a proposta de ir além dos conceitos de Heidegger, o contato com o tempo é a consciência que cada um tem do seu *devir*, do passar do seu 'mundo' ou de si mesmo. É a compreensão da existência como um fluir ininterrupto. Daí a noção de *Tempo Vivido:* uma experiência que remete a duas vertentes fundamentais: a consciência da finitude e a consciência das possibilidades.

- Consciência de finitude – da dimensão do "ser" para o "não-ser", trazendo a morte como a única certeza.
- Consciência de possibilidades – pensar que o homem é um 'ser de possibilidades': de idealizar assim como de desistir de seus projetos existenciais

> Somos como que a síntese ou a coexistência destes dois momentos. O morrer e o (re) nascer fazem parte de todas as nossas experiências, são dois aspectos de uma mesma realidade" (Araújo, p. 3).

Diante desta ambiguidade de desejar-se infinito, mas sendo finito, o homem tem como sentimento o desespero. O homem é um ser dialético por estar constantemente em contradição, que envolve principalmente a contradição de permanência ou transitoriedade no mundo.

Assim, pode-se dizer que o corpo expressa toda ambiguidade existencial. A pessoa hospitalizada vivencia o imediato como eterno, sendo esta uma vivência subjetiva do tempo. Tem a dimensão do futuro e da vida mas, se angustia, porque, *a priori,* o futuro não lhe é dado e a morte é uma certeza. Vive o temor frente ao passado que o alerta. Se já passou por internações anteriores, processos de dor intensa, ou situações de perdas, reviverá o passado no presente, que abarca também o futuro.

O psicólogo em um Serviço de Urgência e Emergência precisa intervir terapeuticamente sobre a temporalidade, porque sempre se deparará com questões objetivas e subjetivas.

Sebastiani, em seu capítulo "Aspectos Emocionais e Psicofisiológicos nas Situações de Emergência no Hospital Geral", publicado no livro *Urgência Psicológicas no Hospital*, no ano de 1987, salienta o que é vivenciado pelo psicoterapeuta em seu cotidiano no hospital:

> A atenção pontual ao momento de crise do indivíduo, a compreensão desta dentro da dinâmica histórica da pessoa e a disponibilidade de

espaço para que esta se coloque e elabore seus conflitos, somadas muitas vezes a orientações objetivas sobre a situação atual, andamento do tratamento e demais explicações que instrumentalizem o indivíduo de forma a resgatar o sentimento de continuidade, são condutas na maioria das vezes absolutamente necessárias na intervenção emergencial junto às Urgências Médicas e Psicológicas no Hospital.

Assim, ele ajuda a pessoa a se "re-organizar" diante da crise, através de dados do passado, da sua história e da vivência atual. Ele possibilita que o paciente passe a conviver com sua realidade e a se reorganize também para o futuro, que muitas vezes neste momento da crise é ainda mais obscuro.

8. Considerações finais

A abordagem psicológica das sensações corpóreas é relevante e necessária. Na medicina o objetivo da dor é informar ao médico acerca da localização e natureza do problema orgânico, a fim de dar-lhe condições de tomar as medidas corretivas necessárias. Na psicologia é através da palavra e da expressão que se tem acesso à dor emocional do paciente, que deve ser compreendida como sofrimento.

Para o terapeuta, atender ao cliente que se expressa emocionalmente através de um quadro de dor física é semelhante a lidar com fantasias, lapsos de fala, sonhos e fenômenos semelhantes (Szasz, 1976) e por isso é importante a abordagem psicológica neste contexto de urgência e emergência.

Às vezes a pessoa precisa recorrer ao corpo como meio de expressão, por não conseguir uma outra forma de simbolizar o que se passa do ponto de vista emocional. O terapeuta, perspicaz, necessita fazer a diferenciação entre dor e sofrimento para ter uma compreensão da totalidade do ser.

Pelo fato da dor ser um sintoma complexo, individual e subjetivo e também por envolver aspectos emocionais, uma abordagem psicológica ao paciente com queixa de dor, deve envolver a avaliação de situações anteriores vivenciadas pela pessoa, buscando observar os meios pelos quais a pessoa começa a identificar e se alertar para a dor, buscando relacionar o sintoma orgânico (dor) com a vivencia emocional (sofrimento).

Foi a partir dessas vivências, da existência e da experiência e nas de tantas outras pessoas que se buscou o "ENCONTRO"[13] durante o exercício

[13] Martin Buber – *Eu e Tu*.

profissional, bem como igualmente buscou-se entender o sentido da dor daqueles que ansiavam por uma solução ou um alívio numa Unidade de Urgência.

Referências

ARAÚJO, José Newton Garcia de. *Tempo Vivido: da filosofia do tempo à compreensão da experiência temporal.* Dissertação (Mestrado em Filosofia) - Departamento de Filosofia da Faculdade de Filosofia e Ciências Humanas, Universidade Federal de Minas Gerais, 1983.

AUGRAS, Monique. *O Ser da Compreensão: fenomenologia da situação de psicodiagnóstico.* 16 ed. Petrópolis: Vozes, 2011. 112p.

BRASIL. Ministério da Saúde. Secretaria de Atenção à Saúde. Departamento de Atenção Especializada. Manual instrutivo da Rede de Atenção às Urgências e Emergências no Sistema Único de Saúde (SUS) / Ministério da Saúde, Secretaria de Atenção à Saúde, Departamento de Atenção Especializada. – Brasília: Editora do Ministério da Saúde, 2013. Disponível em: <http://bvsms.saude.gov.br/bvs/publicacoes/manual_instrutivo_rede_atencao_urgencias.pdf>. Acesso em: 12 jan. 2012.

BROMBERG, Maria Helena P. Franco. Famílias Enlutadas. In: CARVALHO, Maria Margarida M. J. (Org.). *Introdução à Psiconcologia.* Campinas: Editorial Psy, 1994.

BUBER, Martin. *Eu e Tu.* 10 ed. São Paulo: Centauro, 2009.

CHAUÍ, Marilena. Heidegger: vida e obra. In: Prefácio. *Os Pensadores.* São Paulo: Nova Cultural, 1996.

COPPE, Antônio Ângelo Favaro; MIRANDA, Eunice Moreira Fernandes. O Psicólogo diante da Urgência no Pronto-Socorro. In: *Urgências Psicológicas no Hospital.* São Paulo: Pioneira, 1998, 212p.

FONGARO, Maria Lúcia H.; SEBASTIANI, Ricardo Werner. Roteiro de Avaliação Psicológica Aplicada ao Hospital Geral. In: ANGERAMI, V. A. (Org.). *E a Psicologia Hospitalar entrou no Hospital.* São Paulo: Pioneira, 1996.

FORGHIERI, Yolanda Cintrão. *Psicologia Fenomenológica: fundamentos, método e pesquisas.* São Paulo: Thomson Pioneira, 2015. 81p.

GIORDANI, MÁRIO CURTIS. *Iniciação ao Existencialismo.* Rio de Janeiro: Freitas Bastos, 1976.

IASP - Associação Internacional para o Estudo da Dor. *Guia para o tratamento da dor em contextos de poucos recursos.* Editado por Andreas Kopf e Nilesh B. Patel. 2010. Disponivel em: <http://www.iasp-pain.org/files/Content/ContentFolders/Publications2/FreeBooks/GuidetoPainManage>. Acesso em: 26 mar. 2017.

LIMA, Maria Elizabeth Antunes; ARAÚJO, José Newton Garcia de; LIMA, Francisco de Paula Antunes. *L.E.R.- Dimensões Ergonômicas, Psicossociais.* Belo Horizonte: Health, 1998. 361 p.

MAGNABOSCO, Maria Madalena. *Outras palavras em psicopatologia.* Belo Horizonte: Ophicina da Arte & Prosa, 2017, p.115.

MERLEAU-PONTY, Maurice. *Fenomenologia da Percepção.* São Paulo: Martins Fontes, 1996. 662p.

MIRANDA, Eunice Moreira F.; KROLLMANN, Maria Aparecida O.; SILVA, Cibely Ayres. Perfil psicológico do paciente renal crônico. *Jornal Brasileiro de Nefrologia.* São Paulo. v.15, n.3, pp.85-90, set. 1993.

PIMENTEL, Lenice. Corpo: continente da dor psíquica. *Revista Insight Psicoterapia,* São Paulo, ano VIII, n. 85, p. 14-17, jun. 1998.

ROMERO, Emílio. *As Dimensões da Vida Humana: existência e experiência.* São José dos Campos: Della Bidia Editora, 2004. 333p.

SEBASTIANI, Ricardo Werner. Aspectos Emocionais e Psicofisiológicos nas Situações de Emergência no Hospital Geral. In: *Urgências Psicológicas no Hospital.* São Paulo: Thomson Pioneira, 1998, 209p.

SZASZ, Thomas Stephen. *Dor e Prazer: um estudo das sensações corpóreas.* Rio de Janeiro: Zahar, 1976. 201 p.

TEIXEIRA, Manoel Jacobsen. Fisiopatologia da Dor. *Revista Médica de São Paulo,* v. 76, jan. /fev. 1997.

____________________________. Fisiopatologia da Dor. *Revista dos Trabalhos do Pré-Congresso do XVIII Congresso Brasileiro de Neurologia.* Academia Brasileira de Neurologia, São Paulo, 1998.

CAPÍTULO 8

Síndrome de *Burnout*: quando o cuidador adoece. Uma abordagem psiconeuroendocrinoimunológica

Fátima Ferreira Bortoletti

Esdras Guerreiro Vasconcellos

Ricardo Werner Sebastiani

1. Introdução

Este capítulo tem como propósito compreender a Síndrome de *Burnout,* à luz da Psiconeuroendocrinoimunologia, em profissionais que laboram na área da Saúde. Abordaremos o *Stress,* segundo os fundamentos da Psiconeuroendocrinoimunologia; as Dimensões da Síndrome de *Burnout*; os desencadeadores institucionais e pessoais; as repercussões físicas, psíquicas, sociais, profissionais e jurídicas; os instrumentos científicos utilizados em pesquisa e avaliação clínica; e, finalmente o tratamento.

2. Perspectiva psiconeuroendocrinológica do *stress*

O termo *stress* faz parte do vocabulário utilizado na comunicação diária dos indivíduos, muitas vezes, porém, de forma indevida. Comumente observamos as pessoas se reportarem aos agentes *stressores* como se estes fossem o *stress,* o que de fato não corresponde à realidade. Segundo Selye, *stressor* é o agente estimulante ou situação desencadeante da excitação no organismo, *stress* o processo psicofisiológico em que o organismo se encontra e reação de stress o comportamento que o organismo manifesta em decorrência do processo.

Selye define como Síndrome de Adaptação Geral (SAG), o processo que se configura no organismo quando ativado por um estímulo, iniciando por uma reação de alarme, mobilizando-se para enfrentar o estressor e reestabelecer sua homeostase.

Segundo Benevides-Pereira, o *stress* necessariamente não é prejudicial ao indivíduo, existindo dois tipos de stress: o positivo, denominado *eustress* e o negativo, *distress*. O primeiro diz respeito às situações excitantes da rotina diária do indivíduo, as quais podem possibilitar crescimento, prazer, até mesmo desenvolvimento emocional e intelectual. Já o segundo tem um caráter negativo, ultrapassa os limites suportáveis a cada indivíduo implicando em perdas e transtornos físicos ou psíquicos.

Vasconcellos, considera como característica principal do *stress* saudável e necessário, o *eustress,* o fato de após a fase de excitação o organismo conseguir voltar aos níveis basais. Quando o organismo não consegue voltar ao seu estado normal ele adapta-se aos níveis elevados, estabelece-se a SAL, desaparecem os sintomas físicos, que são substituídos pelos sintomas psicossociais: irritabilidade, reclusão social, cansaço crônico, impaciência, perda de sensibilidade, incapacidade de diálogo, falta de apetite sexual e, nos homens, impotência sexual, mas sobretudo, perda do prazer de viver, exceto o de trabalhar. Apesar da fadiga e da falta de motivação nesse estágio inicial do SAL, ainda não podemos falar de *Burnout*. A cronificação desse estado faz surgir a Síndrome *Burnout* com as características que descreveremos adiante. Nesta circunstância temos o que Selye denomina de *distress,* sendo as consequências deste na fase final, lesivas ao organismo. Surge, então, a fase de exaustão.

De uma forma sucinta, podemos afirmar que sintomas específicos caracterizam cada fase do processo de stress: *Fase de Alarme – (SAG)* taquicardia, sudorese, cefaleia, palidez, hipertensão, fadiga, insônia, dificuldade respiratória, inapetência, apertar dos maxilares, pressão no peito e estômago tenso. *Fase de Resistência – (SAL)* a mobilização específica de um órgão, desaparecimento dos sintomas físicos e estabelecimento dos sintomas de caráter psicossocial. *Fase de Exaustão* – colapso energético do órgão vulnerável, aparecimento de uma patologia orgânica ou óbito súbito.

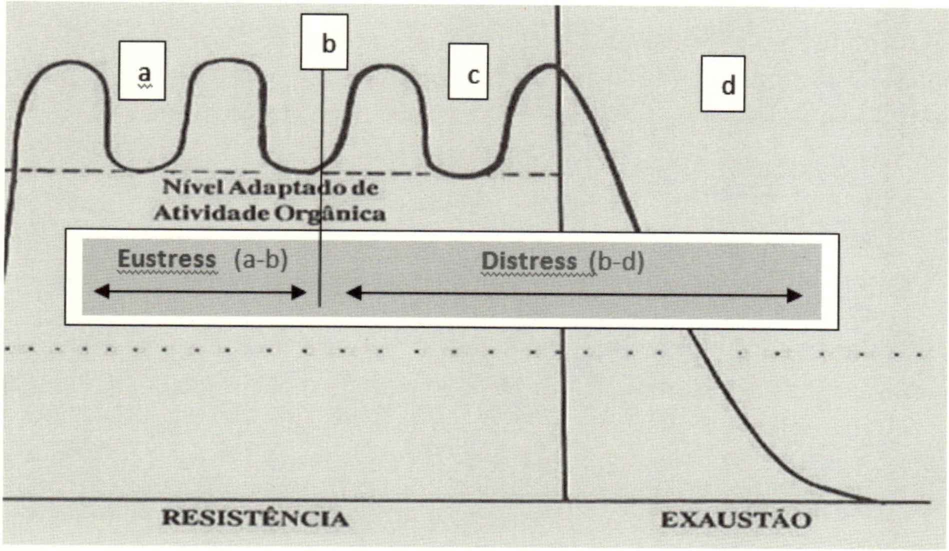

Figura 1 – Fases de stress (Vasconcellos, 1992).

Segundo Vasconcelos o que diferencia o *coping* da resiliência é que, no primeiro caso, o aparelho psíquico dispõe de recursos já aprendidos para solucionar os problemas provocados e demandados pela situação de stress. Na resiliência, o indivíduo se vê diante obstáculos considerados como intransponíveis. A mobilização de uma força extraordinária psíquica ou de natureza religiosa, ou ambas integradas, proporcionam chances antes inimagináveis de superação. De certo modo, podemos ver a doença que se estabelece como uma tentativa de *coping*.

> Não existe burnout sem stress. A condição fundamental para que a síndrome se desenvolva é a existência de um longo período de stress emocional, no qual os mecanismos de coping desenvolvidos durante a fase de resistência não foram eficazes para conter o desgaste que caracteriza a síndrome. Como sabemos, no início os estressores da vida profissional desencadeiam reações e sintomas típicos do SAG (fase de alarme). Esta reação se caracteriza pela liberação do CRH pelo hipotálamo, ativação da glândula hipófise de onde são liberados uma série de hormônios ativadores de diversos órgãos e sistemas (ACTH, FSH, STH, TSH, GH, ADH). A presença constante dos estímulos estressores provoca uma alteração dos níveis basais de secreção desses hormônios, causando um desgaste energético maior, uma alteração anátomo-fisiológica no sistema mais afetado e, por fim, o aparecimento de uma patologia. Essa pode ser de caráter fisiológico ou mental. O Burnout fisiológico é associado a doenças, enquanto que o Burnout psicológico está associado ao desgaste emocional e a despersonalização. (Vasconcellos)

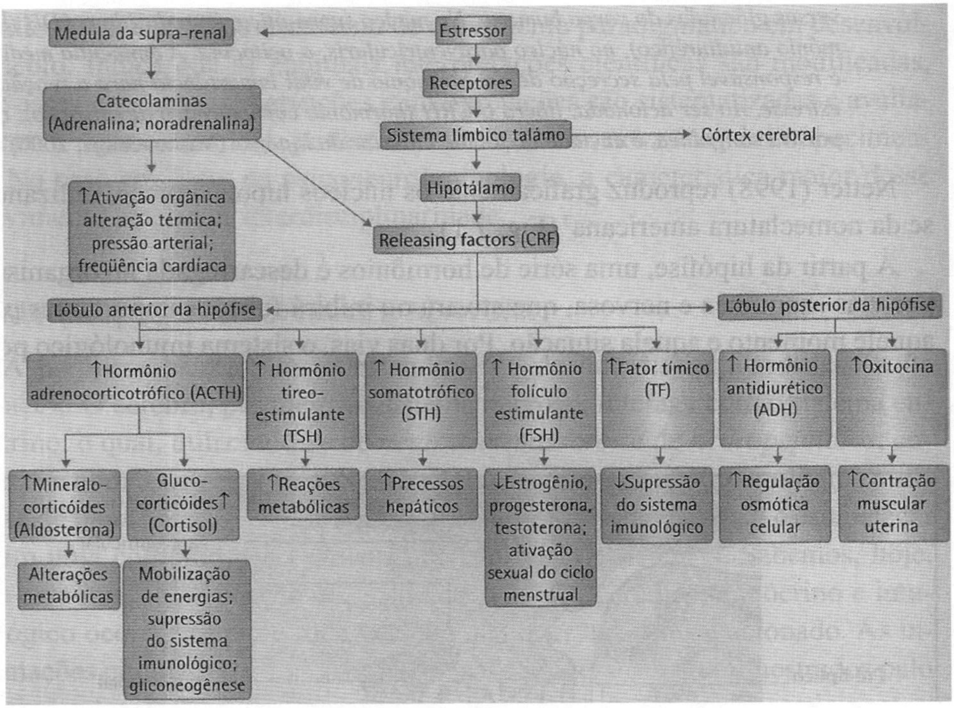

Figura 2 - Resposta neuroendocrinológica do *stress*. (Vasconcellos, 1992)

Na fase de choque, registramos fenômenos como hipertrofia suprarrenal, involução timo-linfática, hiperemia do trato digestivo, aumento da permeabilidade capilar, aumento de plaquetas e fibrinogênio, hemoconcentração, hipocloremia, hipoglicemia, descarga catecolaminérgica, aumento da tensão arterial, hiperaldosteronismo psicogênico, leucocitose, descarga de granulações, lipídios e reação catabólica geral.

Já na fase de contrachoque, observamos úlceras de estômago e duodeno, diminuição do tempo de coagulação e sangramento, taquicardia, degradação albuminoidea, aumento do conteúdo de aminoácidos no sangue, aumento de ureia e ácido úrico, hemodiluição, hipertrofia suprarrenal, hiperglicemia, excitação hipotalâmica, aumento das secreções de ACTH e corticosteroides.

Na esfera psicológica registramos aumento da ansiedade, mobilização dos mecanismos de defesa, aceleração do pensamento, inquietação, diminuição do limiar de irritabilidade, agitação psicomotora leve e tentativa de compensação, via busca de resolução do agente estressor. Nesta fase pode-se observar a incidência de distúrbios somatiformes, oriundos das reações fisiológicas supracitadas que podem se manifestar na forma de episódios de epigastralgia, cefaleia, alterações do funcionamento digestivo, alterações no comportamento alimentar, transtornos leves do sono, mialgias, etc.

Estas manifestações diferem das doenças psicossomáticas, pois uma vez superada a crise registramos a remissão total dos sintomas, sendo que os achados clínicos não têm características de cronificação da doença além da evidente higidez de personalidade.

No contrachoque, a resistência geral é restabelecida até alcançar um nível semelhante ou superior a aquele existente antes da ação do agente estressor, constituindo-se numa resistência específica contra o evento estressor, mantendo-se elevada durante a fase de resistência.

A higidez prévia e a estrutura de personalidade do indivíduo atingido, bem como a natureza, frequência e intensidade do agente estressor, são elementos determinantes para a manutenção da resistência.

Durante esta fase, o organismo se acha adaptado ao *stress*, podendo se manter neste estado por anos, a menos que ocorra outro episódio comprometendo essa estabilidade.

Na fase da resistência, observamos a normalização da glicemia, cloremia, volume sanguíneo e conteúdo fibrinogênio. A tensão arterial permanece ligeiramente elevada, o nitrogênio residual volta à normalidade, assim como o trato digestivo. São frequentes os fenômenos de dismenorreia e esterilidade. A córtex suprarrenal aumenta intensamente de peso e nela restauram-se os depósitos de substâncias segregadas durante a reação de alarme. Notadamente na fase de resistência, quando se encontram alterações de pressão arterial observa-se com frequência o aumento da pressão sistólica e a manutenção da pressão diastólica nos limites da normalidade.

Inicialmente, acreditava-se que o *stress* fosse exclusivo de executivos. Porém, percebeu-se que essa manifestação ocorria em pessoas de diversas ocupações com características singulares, entre estas se destacando profissões que demandam a relação interpessoal.

Numa crise de *stress* agudo, o indivíduo exibe manifestações físicas nas quais podemos identificar indícios de choque, como a queda da tensão arterial e da temperatura, aumento da viscosidade do sangue e da permeabilidade capilar, além de respostas orgânicas que se encontram a serviço de uma defesa ativa, como o aumento da glicemia, do fibrinogênio, a diminuição do tempo de sangramento, taquicardia e aumento da degradação de albumina, a qual será útil na renovação celular. Se o stress é de mediana gravidade a reação de alarme se divide em uma fase de choque, na qual predominam os sintomas de dano, e outra de contrachoque, na qual evidenciam-se as defesas.

Numa perspectiva Psiconeuroendocrinoimunológica de *Burnout* as manifestações do *distress* vão produzir sempre doenças físicas e mentais nunca dissociadas, tornando a doença um fenômeno psicossomático (Vasconcelos).

Campbell e Cooper definiram o *stress* como uma resposta psicofisiológica a agentes estressores, sejam estes traumáticos, ambientais ou interpessoais. Indica um risco à saúde quando ocorre com frequência, alta intensidade, por um tempo prolongado ou for se negligenciado e está diretamente relacionado com cardiopatias, acidentes vasculares cerebrais, lesões, suicídios e homicídios e, indiretamente a câncer e doenças crônicas.

Na última fase, de Esgotamento, ocorre uma acentuada perda de esforço para adaptação, sendo a capacidade de resistência superada pelo *stress*, esgotando as defesas da personalidade. As reações orgânicas são similares à Reação de Alarme, sem capacidade de êxito.

A glicemia, a cloremia e a tensão arterial voltam a decair; a destruição albuminoidea, com todos os seus parâmetros químicos sanguíneos reaparece, o sangue se espessa, há perda de peso e da temperatura corporal. Volta-se a formar úlceras gastrointestinais e continua ininterruptamente a involução do sistema linfático. A córtex suprarrenal apresenta, com frequência, hemorragias, áreas extensas de degeneração e necrose. Diminuem as resistências específicas e inespecíficas do organismo. Rompe-se o equilíbrio, já instável, do que se pode denominar de sistema psiconeuroendocrinoimunitário.

Paiva descreveu alterações fisiopatológicas próprias desta fase de esgotamento: dilatação arteriolar e vasodilatação das arteríolas e capilares, com o fluxo sanguíneo ocorrendo apenas pelas anastomoses arteriovenosas. Há sofrimento dos tecidos. O débito sanguíneo torna-se insuficiente e o espasmo venular impede a circulação de retorno. Há ingurgitamento capilar e venular com anoxia, atonia vasomotora e acúmulo de ácido láctico e histamina. Os tecidos tornam-se isquemiados e sobrevém a necrose. Há uma inegável tendência catabólica e tanatológica. Observa-se exaustão das reservas energéticas do organismo, reação catabólica generalizada, desintegração tissular, atrofia celular, podendo-se chegar ao desastre entrópico humano com a eclosão da doença e a ocorrência da morte.

Na esfera psicológica, a ansiedade é substituída pela angústia e depressão, registrando falência dos mecanismos de defesa. O quadro desenha apatia, amorfismo ou labilidade afetiva, lapsos de memória, lentificação do pensamento, dispersividade intensa, podendo ocorrer o surgimento de ideias suicidas ou destrutivas, fadiga crônica, perda da motivação e volição, prostração, insônia, isolamento, ambiguidade de sentimentos, diminuição acentuada do interesse sexual, exacerbação de atenção às funções viscerais (indivíduo poliqueixoso), resistência à ajuda e aparecimento do caráter solicitador (indivíduo querelante) ao mesmo tempo.

Observa-se o predomínio do pessimismo e aumento das queixas somáticas, com sintomas clínicos claros elegendo principalmente os órgãos de choque já eleitos anteriormente. Nesse momento a instalação da doença adaptativa se dá rapidamente e o estado depressivo apresenta uma parceria com a imunodepressão, deixando o indivíduo vulnerável e debilitado psicofisiologicamente.

Segundo Ramos, existe uma correlação do órgão de choque eleito com a simbologia do sistema orgânico e a natureza emocional do conflito.

Vale lembrar que, caso haja uma resolução do agente estressor, a tendência é o indivíduo voltar gradativamente ao normal. Porém, quanto maior, mais intenso e duradouro for o estímulo estressor, maiores as dificuldades para o indivíduo voltar ao seu ritmo normal, podendo até mesmo não haver esse retorno. Nesses casos podem ocorrer sequelas físicas advindas do esgotamento.

O fato de o sofrimento ter levado à fase de exaustão sugere uma fragilização dos recursos egoicos de adaptação e defesa, sendo necessário o apoio psicológico, tendo como foco a requalificação e ressignificação da relação do indivíduo com o mundo, objetivando desenvolver condições adequadas de enfrentamento em situações estressoras futuras. Não é o agente *stressor* que gera a SAG, mas a forma do indivíduo reagir a ele.

Os sintomas podem se manifestar isoladamente ou em conjunto, podendo até mesmo ser antagônica a forma de reação do indivíduo que determinará a dinâmica da sintomatologia.

Para Cohen, o *stress* representa um fator importante de morbidade e mortalidade para o ser humano, uma vez que, suas consequências afetam o indivíduo de maneira generalizada, tanto do ponto de vista físico quanto psíquico.

Considerando que o ser humano frequentemente está exposto a agentes *stressores* muitas vezes gerados por ele mesmo, como as tensões e violências dos grandes centros urbanos, a degradação ambiental, sistemas de estímulo à competitividade e um grande número de fatores ansiógenos, podemos afirmar que a SAG torna-se um componente da rotina diária. Dessa forma o indivíduo fragiliza-se, podendo até mesmo desenvolver atitudes inadequadas a estímulos diversos daqueles estressores. Portanto, muitas pessoas vivem em Fase de Resistência e muito mais vulneráveis a alterações agudas (crises) em sua vida.

> Na verdade, temos vários SAGs diariamente e concomitantemente quase todos temos um SAL já instalado, ou seja, adoecemos um sistema que passa a ser o órgão de choque do stress duradouro a que nos submetemos. (Vasconcellos)

O número de pessoas portadoras de diabetes *mellitus* no mundo aumentou em 50% nos últimos 10 anos, sendo que a principal causa desse significativo aumento foi imputada ao *stress* a que as pessoas são submetidas dentro dos contextos socioculturais contemporâneos.

Segundo Campbell e Cooper, as manifestações mais comuns do *stress* são a depressão e ansiedade generalizada, ataque de pânico e transtorno do *stress* pós-traumático.

Todos nós nos encontramos na fase de resistência em maior ou menor grau. Esta é uma fase de desgaste subliminar, que pode dar origem ou não, ao esgotamento que vai caracterizar o *Burnout*. Do ponto de vista psicológico, registramos nesta fase a estabilização da ansiedade, exacerbação dos mecanismos de defesa, inquietação, intolerância, baixa resistência à frustração e outros estímulos estressores, irritabilidade intensa, agitação psicomotora, impulsividade e agressividade exacerbadas, alteração do sono, insônia, sono leve, pesadelos, fadiga fácil, pensamento acelerado, lapsos de memória, dificuldade de concentração, atenção dispersiva e comprometimento de atenção voluntária. Como foi assinalada acima, a susceptibilidade do indivíduo a uma nova situação de *stress* é grande, podendo a resistência ser rompida à ação deste.

3. *Stress* laboral

Benevides-Pereira descreve o *stress* laboral como o que ocorre em decorrência do trabalho, exibindo um esgotamento profissional, além de afetar a vida social e familiar do indivíduo. É frequente se observar no discurso do sujeito a sensação de estar acabado, de não ter mais forças para trabalhar. Segundo a autora, temos três grupos de *stressores:* Físicos, Cognitivos e Emocionais. Os físicos são provenientes do ambiente externo ou que interferem no corpo do indivíduo; os cognitivos que são ameaçadores à integridade do indivíduo ou de seu patrimônio; e, os emocionais que são aqueles nos quais o componente afetivo se faz proeminente.

O mesmo agente *stressor* provoca reações diferentes em cada pessoa ou, até mesmo em momentos distintos, na mesma pessoa. Isso se dá em função das características de personalidade, experiências anteriores, predisposições genéticas e condições atuais de vida.

Segundo Grau, Moreno-Jimènez, Sebastiani, o impacto do *Stress* Laboral provoca danos à vida das pessoas e ao ambiente de trabalho desencadeando o adoecimento do indivíduo, podendo até mesmo evoluir para a incapacitação, registrando altos índices de licenças médicas; comprometendo a qualidade de vida global do trabalhador. Na esfera institucional registra alto índice de absenteísmo e *turn-over*; significativa queda da produtividade; e, aumento na incidência de acidentes de trabalho.

Segundo estes autores existe uma forte correlação entre ambiente, interrelação, condições de trabalho e a incidência dos quadros de *Stress*. Deste panorama surge a necessidade de estudos e pesquisas específicas que investiguem o *distress* do indivíduo com relação ao seu trabalho.

Grau, Moreno-Jimènez e Sebastiani destacam que foram estudadas nessas pesquisas as peculiaridades das relações de trabalho, características específicas do trabalho e seus impactos na saúde do trabalhador. Identificaram que existe uma maior dificuldade para o desenvolvimento do *Coping* e, considerando que o ambiente de trabalho ocupa uma grande parte da vida diária das pessoas, a relação do indivíduo com o trabalho desempenha um papel importante na estruturação da vida como um todo.

Várias circunstâncias funcionam como *stress* laboral, porém o assédio moral ocupa um lugar de destaque neste elenco de *stressores*, até mesmo pela frequência em que ocorre.

Hirigoyen (2001), alerta para um importante fator *stressor*, que é o assédio moral, o descrevendo como:

> toda e qualquer conduta abusiva manifestando-se, sobretudo por comportamentos, palavras, atos, gestos que possam trazer danos à personalidade, à dignidade ou à integridade física ou psíquica de uma pessoa, por em perigo seu emprego ou degradar o ambiente de trabalho.

Leymann (1996) considera o assédio moral um fator altamente destruidor do ambiente de trabalho, diminuindo a produtividade e, consequentemente, aumentando o presenteísmo, favorecendo o absenteísmo, desencadeando exaustão, humilhação e depressão.

Segundo Vasconcellos (2012), nem todo *Stress* Laboral caminhará para um *Burnout*, porém, todo B*urnout* é decorrente do *Stress* Laboral.

4. A Síndrome de Burnout

A Síndrome de Burnout foi definida pela primeira vez por Freudenberger (1974) como um estado de fadiga ou frustração produzido pela dedicação a uma causa com a qual se esperava conseguir resultados positivos que entra em conflito com uma realidade que não corresponde às expectativas do profissional.

Segundo Moreno-Jimènez *et al.* (2007) a partir desta definição o interesse centrou-se na descrição da sintomatologia consequente, definida de forma ampla em termos físicos, comportamentais, emocionais, cognitivos e de motivação. A sintomatologia é o resultado de um esforço pouco adaptativo e realista que provoca a exaustão em decorrência da negligência das próprias necessidades em prol da plena dedicação ao trabalho. Esse enfoque clínico privilegia a importância das variáveis individuais no surgimento da Síndrome. Partindo da perspectiva psicossocial, este autor conceitualiza o desgaste profissional como uma resposta ao *stress* crônico no trabalho, sendo este o resultado de um processo que sofreu interferência tanto das características individuais quanto do ambiente de trabalho.

Segundo Benevides-Pereira (2008) vários autores descrevem o *Burnout* como a cronificação do *stress* laboral, desencadeando reflexos não só na esfera profissional como também pessoal, familiar e social, sendo que nesse processo interferem tanto as características pessoais como o ambiente de trabalho.

Fernandéz-Lopez *et al.* (2003) registraram que a Síndrome de *Burnout* se manifesta com maior frequência em determinadas profissões, principalmente aquelas que demandam uma relação interpessoal, sendo que os profissionais da área da Saúde registram uma incidência de 20 a 50%, perdendo apenas para policiais e professores. Se considerarmos profissionais de Saúde, que também desenvolvem atividades didáticas, estes perdem apenas para os policiais. Embora estas incidências sejam relativas uma vez que dependem do estudo e da forma como foram analisadas, esses achados sem dúvida denunciam uma triste realidade.

Embora no Brasil a Síndrome de *Burnout* já seja reconhecida como uma doença do trabalho, a Síndrome do Esgotamento Profissional (Lei nº 3048/99)[1], ainda é desconhecida por muitos profissionais, o que dificulta seu diagnóstico, que muitas vezes é confundido com depressão. Isso gera um prejuízo ainda maior ao acometido, uma vez que seu tratamento será ineficaz, pois não estará atuando na causa desencadeadora do problema.

Segundo Moreno-Jimènez *et al.* (2007) o sofrimento psíquico por desgaste emocional é um risco psicossocial a que os profissionais de saúde estão sujeitos, uma vez que estão em contato diário com o rápido "trânsito" de um estado a outro de ânimo: da esperança e otimismo à decepção, das alegrias ao medo das incertezas, da É o profissional que tem um vínculo especial com os riscos de saúde, tendo como rotina assistencial conviver com as ambivalências

[1] Decreto nº 3.048 de 06 de maio de 1999. DOU de 07/05/1999 - Republicado em 12/05/1999. Disponível em: www.normaslegais.com.br/legislacao/trabalhista/decreto3048.htm.

inerentes de sua atividade: boas x más notícias, vida x morte, etc. Além disso, sofre muitas vezes com a pressão assistencial enfrentando uma sobrecarga de trabalho desumana. Paralelamente tem que se submeter às tarefas burocráticas e informatizadas que demandam muito tempo do seu trabalho, tempo este que poderia estar sendo utilizado para o investimento de seu aprimoramento. Para os autores o *Burnout* caracteriza-se pela perda lenta e progressiva do compromisso e envolvimento com a tarefa realizada, um desajuste das expectativas profissionais as quais se tornam frustrantes com a prática diária causando uma progressiva e consequente desmotivação.

Segundo, Gabbe *et al.* (2002) os profissionais que se dedicam à Saúde da Mulher, têm um risco maior no desencadeamento da Síndrome de Burnout, em função do estreito relacionamento com a clientela.

Nossa prática diária testemunhou inúmeras situações nas quais intercorrências obstétricas mudaram drasticamente a evolução do processo reprodutivo natural dando espaço para a instalação de contextos geradores de angústias não só aos casais envolvidos no processo como também aos obstetras, muitas vezes marcados pelo término do ciclo gravídico puerperal, acompanhado pelo amargo sabor do fracasso na tentativa de trazer mais uma vida. (Bortoletti, 2007)

Os médicos são preparados para a vida e não para a morte. Embora este último faça parte da vida, esses profissionais se sentem fracassados diante dela, o que pode muitas vezes levar a uma gradual desmotivação pela profissão. Porém o médico não vive sozinho este sentimento, frequentemente encontra eco na Equipe de Saúde que acompanha esse processo. (Bortoletti, 2011)

Moreno-Jimènez *et al.* (2007) alertam ainda que os riscos se iniciam na vida acadêmica, principalmente na Residência. Outros fatores frequentes colaboram sobremaneira, como a falta de recursos humanos e materiais, condições físicas e ambientais inadequadas, turnos alternados e a frequente ausência de apoio organizacional.

Gil-Monte e Peiró (1997) descreveram as consequências desse panorama registrando sentimentos de uma assistência insatisfatória, facilitando o aparecimento de erros, dificultando as relações interpessoais, gerando sentimentos de falta de aptidão, baixa autoconfiança e consequente baixa realização no trabalho.

A expectativa social é que a Equipe de Saúde seja vitoriosa no desafio de aliar humanismo à tecnologia, espera-se desses profissionais que sejam capazes de encontrar condutas e atitudes que permitam cuidar de pessoas com seus problemas ao invés de cuidar dos problemas que as pessoas apresentam.

A realidade técnica do trabalho e sociocultural que permeia a prática assistencial pode gerar a percepção que o profissional se tornou um mecânico do corpo humano alheio à dimensão pessoal de seu paciente.

Sem dúvida, os avanços tecnológicos trouxeram benefícios para a sociedade, porém, se o profissional está acometido da Síndrome de *Burnout*, estes avanços podem se tornar um instrumento perigoso, pois estará impedido da sua capacidade de assistir a demanda emocional de seu paciente.

O sistema hospitalar muitas vezes colabora sobremaneira para esse quadro, com arbitrariedade, excesso de burocracia, autoritarismo, despersonalização nas rotinas convergindo em atitudes desumanizadas. O resultado disso é a irritação e insatisfação dos pacientes os quais projetam no médico seus sentimentos. Segundo Maslach e Jackson (1986) o contato direto com o paciente é decisivo no desgaste profissional, sendo proporcional o tempo envolvido na relação, principalmente quando se trata de urgências.

Esse *status quo* coloca os profissionais numa condição vulnerável que pode comprometer a relação profissional-paciente além de deixá-lo susceptível a uma maior incidência de erros e consequentes processos judiciais. O comprometimento da relação profissional-paciente estimula a intolerância do assistido podendo funcionar como um gatilho para a denúncia.

Um estudo realizado por Boyacian (2005) no Conselho Regional de Medicina do Estado de São Paulo - CREMESP registrou que os tocoginecologistas assumiram o primeiro lugar entre as queixas que se transformaram em processos ético-profissionais. Nesse levantamento identificou que 83% das denúncias ocorridas entre 1994 e 2004, foram da área de Obstetrícia, predominando queixas em profissionais do sexo masculino entre 31 e 45 anos.

Boyacian (2005) acredita que medidas corretivas poderão ser adotadas minimizando o risco de denúncias: eventuais falhas na assistência, contribuindo para o aprimoramento e diminuindo as denúncias. Atender um menor número de pacientes, ter uma melhor relação médico-paciente, um maior tempo dedicado ao atendimento, um menor número de atividades de urgência. Faz ainda um alerta aos jovens médicos com um número grande de empregos e pacientes atendidos, plantões, atividades de maior risco, pois estas circunstâncias aumentam a chance de denúncias.

Boyacian (2005) destaca também a difícil situação do médico que exerce suas funções em más condições de trabalho e remuneração, acúmulo de empregos e atividades gerando tensão e *stress* profissional, que por temor de ser demitido não denuncia seu empregador. Ainda digno de destaque, a situação de submissão dos médicos às Operadoras de Saúde de baixo padrão que, além de mal remunerados, se encontram diante das restrições para a boa assistência ao paciente.

4.1 Dimensões da Síndrome de *Burnout*

Maslach e Jackson (1981) elaboram uma definição da Síndrome de *Burnout* enfocando três níveis de manifestação.

O primeiro caracteriza-se pelo ESGOTAMENTO EMOCIONAL, no qual e se observa uma redução dos recursos emocionais, autodepreciação, ansiedade, irritabilidade, astenia, dificuldades de concentração, transtornos de memória, impulsividade, baixa criatividade, rigidez crescente, acompanhado do sentimento de não ter mais nada para oferecer, além da perda de interesse progressivo pelo trabalho.

No segundo nível, a DESPERSONALIZAÇÃO, evidencia-se a instalação de sentimentos interpessoais negativos, acompanhados de uma visão desumanizada das pessoas e um endurecimento afetivo, conflitos interpessoais, crítica elevada, isolamento progressivo, frustração, desmotivação, imputando a culpa disto aos outros.

Finalmente o terceiro nível, a INSATISFAÇÃO PESSOAL, que se caracteriza pela tendência a uma autoavaliação negativa de habilidades, com evidente rebaixamento da autoestima, insegurança, resistência a mudanças, acompanhada do sentimento de fracasso, não encontrando sentido para seu trabalho. Esta última, em 1996, no MBI (Maslach Burnout Inventary) foi substituída pela EFICÁCIA PROFISSIONAL, sendo que o que caracteriza o *Burnout* é sua ineficácia.

Benevides-Pereira (2008) introduziu uma nova classificação das Dimensões do *Burnout* na qual mantém o Esgotamento Emocional (EE); desmembrando a Despersonalização em Distanciamento Emocional (DEm) e Desumanização (Des); e, Realização Profissional (RP). Esta classificação nos permite um detalhamento das manifestações emocionais que consideramos importantes para os diagnósticos e elaboração das condutas terapêuticas e preventivas do *burnout*.

Em nossa prática clínica diária adotamos a classificação de Benevides-Pereira a qual nos fornece detalhes sobre as áreas afetadas pelo *burnout*.

4.2 Desencadeadores de *Burnout*

Grau, Moreno-Jimènez e Chacón destacam os aspectos associados ao comportamento e atitudes do profissional de saúde, variáveis institucionais e ambientais que contribuem para o desencadeamento do *Burnout* :

- Ambiente insalubre: ruído, iluminação, vibrações, temperatura, higiene, toxicidade, espaço, materiais, etc;

- Atividades profissionais em distintos lugares e/ou instituições;
- Conflitos em resposta a políticas institucionais distintas e contraditórias;
- Frequência de atividades em regime de plantões e emergências;
- Conflitos de papéis: atuação interdisciplinar ineficiente, grau de participação e autonomia, supervisão, relação com autoridade;
- Isolamento social e empobrecimento do repertório vivencial;
- Responsabilidade frente a vida e a morte;
- Mecanismos de defesa exacerbados: impessoalidade, racionalismo, negação, repressão de sentimentos;
- Sobreposição dos sofrimentos orgânicos e psíquicos;
- Clima laboral permeado por ansiedade, medo, impotência e sofrimento;
- Falta de espaço para falar à respeito dos sentimentos, experiências e conflitos sobre a profissão;
- Desvalorização da formação humanizada;
- Alta demanda de serviços, poucos recursos materiais e humanos;
- Sofrimento psíquico e social devido às condições de trabalho;
- Salários insatisfatórios;
- Clientela atendida com alto grau de sofrimento psíquico e social;
- Hierarquia laboral autoritária;
- Múltiplas solicitações;
- Disputas de poder entre os membros da equipe;
- Tempo insuficiente para as consultas e procedimentos junto ao enfermo;
- Idealização de que sua prática vai ajudar a todas as pessoas;
- Formação centrada na cura e isolada de uma visão realista das demandas e limitações de seu trabalho e das condições em que este se desenvolve;
- Forte pressão derivada das adaptações que demandam frequentes necessidades de aperfeiçoamento e atualização.

Benevides-Pereira destaca aspectos de personalidade do indivíduo que funcionam como facilitadores para o desencadeamento do *Burnout,*:

- Idealistas
- Altamente motivados
- Identificados com trabalho
- Empáticos

- ... com altas expectativas
- Responsáveis
- Perfeccionistas

4.3 Repercussões do *Burnout*

Benevides-Pereira (2002) e Moreno-Jimènez *et al.* (2007) elencam as consequências do *Burnout* a nível profissional, sendo que nesta esfera os sintomas se caracterizam pela queda na produtividade, aumento do absenteísmo, aumento da rotatividade, aumento da frequência dos acidentes de trabalho, queda da qualidade, além de nutrir uma imagem negativa pelo local de trabalho.

As manifestações da Síndrome de *Burnout* não se evidenciam apenas no ambiente de trabalho. Moreno-Jimènez *et al.* (2001) alertaram para os sintomas psíquicos como queda da capacidade de concentração, ideias obsessivas, insegurança, incapacidade de tomar decisões, negação do problema, distanciamento afetivo, hostilidade, irritabilidade, rebaixamento da autoestima e queda do rendimento.

Infelizmente a esfera pessoal também sofre consequências com evidentes dificuldades na comunicação, comprometimento da vida social com progressivo isolamento, além do comprometimento na vida familiar e conjugal registrando uma alta incidência de separações (Benevides-Pereira, 2008).

Como se não fosse suficientemente lesivo todo esse panorama ainda temos as manifestações físicas descritas por Schaufeli e Enzmann (1998) registrando evidente comprometimento da saúde podendo se manifestar como disfunções sexuais, cardiopatias, inapetência, náuseas, doenças gástricas, insônia, problemas musculares, cefaleias, alterações menstruais e da pressão arterial.

Temos ainda, as consequências jurídicas, uma vez que o indivíduo acometido do *Burnout* não consegue desempenhar suas tarefas adequadamente expondo-se potencialmente à erros. Boyacian (2007). Bortoletti (2012) encontrou uma correlação entre o Esgotamento Emocional, a Desumanização e o Distanciamento Emocional comprometendo a relação profissional-paciente.

4.4 Instrumentos de avaliação do Burnout

4.4.1 MBI – *Maslach Burnout Inventary*

Elaborado por Maslach e Jackson SE (1981).

Existem duas versões do MBI que têm sido bastante utilizadas em estudos empíricos: a original, *Human Service Survey* (HSS), mais adequada para prestadores de serviços, e a mais recente, *General Survey* (GS) que pode ser aplicada para uma ampla gama de profissões (Maslach & Leiter, 1997).

Atualmente a utilização do MBI no Brasil demanda a solicitação de licença.

4.4.2 ISB - Inventário da Síndrome de *Burnout*

Elaborado por Benevides-Pereira em 2007.

Este instrumento é composto de duas partes:

Parte I – Desencadeantes (Fatores antecedentes)

São fatores organizacionais predisponentes ao desencadeamento da Síndrome, ou seja, variáveis de vulnerabilidade ao *stress* e ao *Burnout*. Esta parte está composta de duas escalas: COP – Condições Organizacionais Positivas e CON – Condições Organizacionais Negativas, cada uma delas com oito itens.

Parte II – Síndrome de *Burnout*

Avalia a Síndrome propriamente dita e está composta de quatro escalas:

EE = Exaustão Emocional, com 5 itens;

DEm = Distanciamento Emocional, com 4 itens;

Des = Desumanização, com 5 itens;

RP = Realização Profissional, com 6 itens.

A avaliação é realizada à partir de parâmetros elaborados por Benevides-Pereira e permite a identificação das dimensões afetadas ou preservadas.

4.4.3 CBB – Autoavaliação de *Burnout*

Elaborado por Grau Ja e Moreno B., traduzido por Sebastiani R. W., baseado no marco teórico referencial sobre *Burnout* desenvolvido por Crhistina Maslach & Bernardo Moreno. Tem como principal objetivo ser uma ferramenta de autoavaliação sobre a provável condição de sofrimento gerada por *burnout*. Pode ser utilizada como um *screening* inicial em indivíduos ou grupos para a identificação de risco/*Burnout* instalado, possibilitando medidas diagnósticas que possam nortear intervenções clínicas e/ou institucionais por parte dos profissionais. Embora este protocolo não tenha objetivo psicométrico diagnóstico nem terapêutico, pode auxiliar nas medidas preventivas, funcionando como um "sinalizador" de alerta a condições de potencial sofrimento psíquico, determinadas pelo *Stress* Laboral e *Burnout*.

O instrumento é composto de duas partes. A primeira faz um mapeamento traçando um perfil profissional do indivíduo. A segunda é composta de 23 itens que avaliam as Dimensões do *Burnout* e condições de trabalho.

A avaliação se baseia nos indicadores de sofrimento nas três Dimensões do Burnout preconizadas por Maslach: Cansaço Emocional; Despersonalização; Realização Pessoal. O protocolo dá também um indicativo mais refinado acerca dos aspectos mais importantes na condição do sofrimento: Características da tarefa; Tédio; Organização.

4.4.4 DSC – Discurso do Sujeito Coletivo

O Discurso do Sujeito Coletivo surge como uma alternativa qualiquantitativa que permite identificar sinais e sintomas da Síndrome de *Burnout*.

Desenvolvido por Lefèvre e Lefèvre (2005), é uma técnica de pesquisa qualitativa que permite analisar pensamentos, sentimentos, crenças, atitudes, valores, expressos por meio de discursos verbais.

A aplicação é realizada através da apresentação da narrativa de um caso clínico, onde o sujeito deverá exprimir sua opinião sobre o que lê.

A apresentação dos resultados se dá através de discursos-sínteses, os quais expressam o pensamento de uma coletividade.

Os instrumentos de avaliação do *Burnout* podem ser utilizados tanto na área clínica com objetivos assistenciais, como para pesquisas científicas.

No NÊMETON – Centro de Estudos e Pesquisas em Saúde, Sebastiani utiliza o CBB para "Pesquisa diagnóstica de grupos de risco" para nortear programas de intervenções clínicas.

No Departamento de Psicologia Social e do Trabalho do Instituto de Psicologia da USP Vasconcellos utiliza o DSC, entre outros instrumentos, para realização de pesquisas científicas.

Pesquisas Científicas

Bortoletti (2012) realizou uma pesquisa com obstetras do Departamento de Obstetrícia da Universidade Federal de São Paulo, com o objetivo de identificar os Fatores desencadeadores de *Burnout* em Obstetras. Participaram dessa pesquisa 48 obstetras, entre eles docentes, médicos, pós-graduandos e residentes. Foram aplicados dois questionários: uma ficha sociodemográfica para caracterização da amostra, solicitando informações sobre as atividades desenvolvidas pelos sujeitos, sejam elas administrativas/ didáticas/ assistenciais/ pesquisa, uma vez que essas variáveis podem pontuar dados importantes com relação à manifestação da Síndrome de *Burnout*. Esse questionário continha também duas questões abertas para livre expressão dos sentimentos com relação ao trabalho nesse Departamento; e, o Inventário da Síndrome de *Burnout* (ISB) de Benevides-Pereira (2007).

Os resultados foram analisados de acordo com o protocolo de avaliação de Benevides-Pereira.

O panorama que observamos na Tabela 1 aponta um cenário preocupante, pois as Condições Organizacionais Positivas estão abaixo dos índices preconizados por Benevides-Pereira. O alto índice das Condições Organizacionais Negativas torna esse panorama ainda mais sombrio.

Tabela 1 – Média dos escores obtidos pelo Inventário Síndrome *Burnout* ISB1 em Condições Organizacionais Positivas – COP e Condições Organizacionais Negativas - CON

	COP		CON	
	Média	**Desvio padrão**	**Média**	**Desvio padrão**
Docente	18,92	4,188	17,67	4,997
Médico Contratado	20,58	5,089	13,58	4,870
Pós-graduando	21,17	4,988	15,00	6,135
Residente	19,83	2,758	16,50	3,580
Média amostra	20,13	4,301	15,69	5,062
Média Autora *	22-26	-	08-13	-

*Médias propostas como padrão de referência por Benevides-Pereira.
(Bortoletti, 2012).

Os reflexos desse panorama, podemos observar na Tabela 2, na qual os índices elevados de Esgotamento Emocional, Desumanização e Distanciamento Emocional denunciam um grupo de altíssimo risco de adoecimento pelo *burnout*.

Tabela 2 – Média dos escores obtidos pelo Inventário Síndrome Burnout - ISB2 nas quatro dimensões Exaustão Emocional, Desumanização, Distanciamento Emocional e Realização Profissional

	EE		Des		Dem		R	
	Md	**Dp**	**Md**	**Dp**	**Md**	**Dp**	**Md**	**Dp**
Docente	7,42	6,515	7,00	3,490	10,17	3,433	12,17	1,193
Medico Contratado	10,33	3,939	5,67	3,499	8,75	5,083	10,75	3,571
Pós-graduando	10,25	5,225	6,75	4,309	8,17	5,219	11,83	1,850
Residente	10,08	2,843	8,00	3,330	7,92	4,461	11,67	2,015
Md Amostra	9,52	4,833	6,85	3,655	8,75	4,541	11,60	2,313
Md Autora*	04-09	-	04-07	-	02-06	-	10-15	

*Médias propostas como padrão de referência por Benevides-Pereira.
(Bortoletti, 2012)

As análises realizadas concluíram que essa população se encontra numa zona de risco/acometimento da Síndrome de *Burnout* uma vez que registram índices de Exaustão Emocional e Distanciamento Emocional acima da Média, Desumanização no limite superior da Média e Realização Profissional próximo ao limite inferior da Média. O estado de saúde desses profissionais encontra-se prejudicado como foi observado nos quadros acima.

Atualmente se considera que o indivíduo esteja acometido da Síndrome de *Burnout* se registrar um índice acima da média em apenas uma dimensão, seja ela Esgotamento Emocional, Distanciamento Emocional ou Desumanização, mesmo com índices acima da média em Realização Profissional.

Bortoletti (2012) encontrou esse panorama na pesquisa acima, o que a estimulou a realizar uma Análise Fatorial que elucidou com detalhes o estado físico e emocional desses participantes como podemos observar nas Tabelas 3, 4 e 5.

Tabela 3 – Desenergização: Esgotamento Emocional

Desenergização (EE)	D	MC	PG	R
Acordo cansado pela manhã	0,964	0,759	0,706	0,878
Faço esforço, para levantar	0,943	0,926	0,792	-
Trabalho consome toda energia	0,942	0,674	0,752	0,595
Não tenho ânimo para nada	0,872	0,807	0,840	0,620
Fico sem energia, no final do dia	0,627	-	-	0,875

(Bortoletti, 2012)

É nítida a realidade que estes profissionais se encontram em *burnout*, que estão acabados como preconiza a definição dos acometidos pela síndrome. Como poderão estes profissionais cuidar de pessoas?

Tabela 4 – Desenergização: Desumanização e Distanciamento Emocional

Desenergização (Des –DEm)	D	MC	PG	R
Passei a ser mais "técnico" e menos "humano"	0,658	-	-	0,844
Endureci, para me manter no trabalho	-	-	0,919	-
Me tornei mais duro, nesse trabalho	-	-	-	0,926
Me tornei insensível aos problemas das pessoas	-	-	-	0,580
Não tenho mais paciência	-	-	0,660	0,635
Me afastei emocionalmente das pessoas	-	-	0,702	-
Evito um contato mais próximo	-	-	0,663	-

(Bortoletti, 2012)

Situação ainda mais grave encontramos na tabela acima, numa época em que a humanização é o ingrediente fundamental na formação de um profissional de Saúde. O profissional que precisa manter distância do outro, não consegue assisti-lo da maneira como um paciente necessita.

Na esfera acadêmica os reflexos são lamentáveis pois o professor que está desumanizado, distanciado emocionalmente, estará transmitindo esse modelo aos jovens profissionais.

Tabela 5 – Vínculo Profissional: Realização Profissional

Vínculo Profissional *(RP)*	D	MC	PG	R
Realizo um trabalho importante	0,798	0,882	0,547	-
Meu trabalho me realiza	-	0,847	0,775	-0,832
Exerço a função que desejei	-	0,847	0,764	-0,509
Este trabalho é adequado para mim	-	0,875	0,930	-
Me identifico com meu trabalho	-	0,887	0,940	-0,595

(Bortoletti, 2012)

Notem que, apesar da Realização Profissional estar presente, o estado de saúde física e emocional desses sujeitos encontra-se visivelmente comprometido.

Hernández (2003) realizou um estudo transversal acerca de stress e *burnout*. Participaram desse estudo 287 profissionais entre médicos e enfermeiros em Havana. Foi aplicado o CBB, a Escala de Síntomas de Estrés, de Aro e o Inventario de Estrés para Profesionales de la Salud, de Wolfgang.

Encontrou sintomas da *Síndrome* em 30,3% dos participantes. O *Burnout* afetou fundamentalmente as médicas que trabalhavam na atenção primária. Registrou sintomas de stress em 50% dos participantes, sendo que este afetou principalmente as enfermeiras que trabalhavam no mesmo nível de atenção.

Como já dissemos anteriormente, a interrelação pessoal e a sobrecarga de trabalho são fatores importantes do desencadeamento do *Burnout,* daí os profissionais de saúde terem um risco aumentado. Identificamos profissionais que apesar de não serem da área da saúde, desempenham tarefas laborais muito semelhantes a estes, são os pastores. Estes são cuidadores de sua Comunidade, suas atividades demandam acompanhar e dar suporte em situações de sofrimento, luto, doenças, conflitos familiares. Sua carga horária é ininterrupta, pois deve estar disponível para a comunidade 24 horas por dia, sofrendo uma sobrecarga similar àqueles que devem estar disponíveis aos seus pacientes na área da Saúde.

Simões e Vasconcellos (2017) realizaram um estudo com o objetivo de avaliar se os efeitos do *stress/distress* como marcadores do desenvolvimento da Síndrome de *burnout* poderiam ser explicados pelo Discurso do Sujeito Coletivo. Participaram desse estudo dez religiosas da Igreja Pentecostal. Estas religiosas viviam numa favela juntamente com sua comunidade partilhando as mesmas dificuldades daqueles que estão sob seus cuidados.

Os resultados corroboraram com outros estudos feitos sobre *stress* e *burnout* (Selye 1936, 1950, 1974; Maslach e Jackson, 1984,2005). As missionárias estavam cansadas e insatisfeitas com as condições do lugar onde vivem e trabalham, mas demonstraram estar realizadas com a própria vocação. Todas as participantes exibiam um referencial teleológico com ideais de perfeição, com evidente falta de consciência sobre suas limitações e condições de saúde, com negligência das próprias necessidades. A Despersonalização se manifestou em 50% das participantes, identificando que esta provinha das dinâmicas psicossociais das relações interpessoais com colegas e autoridades. Este achado é corroborado por Bortoletti (2012) em seu estudo.

Nakano e Vasconcellos (2017) realizaram um estudo com o objetivo de identificar e sistematizar as representações sociais acerca da Síndrome de *Burnout,* mediante o uso do DSC em pastores e pastoras da Igreja Presbiteriana Independente. Participaram do estudo 20 pastores e pastoras.

A tabela 6 registra os resultados encontrados sinalizando sintomas nas Dimensões de Esgotamento Emocional, Distanciamento Emocional e baixa Realização Profissional.

Tabela 6 – Categorias elencadas a partir do Discurso do Sujeito Coletivo

IDÉIAS CENTRAIS / Categorias	**N**	%
A. Vontade de desistir	15	75%
B. Sobrecarga: variação de atividades e sentimentos	14	70%
C. Cobrança e expectativa elevada	13	65%
D. Autocobrança	13	65%
E. Envolvimento emocional com o trabalho	12	60%
F. Solidão	10	50%
G. Trabalhar em equipe é positivo	9	45%
H. Cansaço, desgaste	9	45%
I. Culpa	8	40%
J. Desejo de ficar sozinho/ Isolamento	7	35%
K. Dificuldade de estar com as pessoas	7	35%
L. Desconfiança	7	35%

(Nakano & Vasconcellos, 2017)

A partir dos dados na tabela acima, Nakano elaborou as macrocategorias, que classificam as Dimensões do *Burnout* encontradas;

MAC 1 Esgotamento Emocional

- B - Sobrecarga
- D - Autocobrança
- E - Envolvimento emocional demasiado com o trabalho
- G - Cansaço e desgaste

MAC 2 Despersonalização

- F - Solidão
- H - Culpa

- J - Apatia
- K - Desconfiança

MAC 3 Baixa Realização Profissional

- A - Pensou em desistir
- C - Cobrança e expectativa elevada de terceiros
- I - Isolamento

A analogia destes últimos estudos com profissionais da área da Saúde nos permite levantar a questão de que, na condição de *Cuidador* daquele que sofre, os riscos de adoecimento por *Burnout* estão sempre à espreita, demandando um olhar cuidadoso dos profissionais de Saúde Mental para esse contexto. Destacamos aí também os familiares que desempenham esse papel, os quais frequentemente adoecem e, em função da gravidade do enfermo que cuidam, negligenciam suas próprias necessidades de cuidado.

4.5 *Tratando o Burnout*

Apesar desse panorama sombrio podemos ver uma luz no fim do túnel. A Síndrome de Burnout pode ser tratada e até mesmo prevenida. Para Benevides-Pereira (2002) a intervenção psicológica oferece programas centrados na resposta da pessoa, programas centrados no contexto laboral e programas centrados na interação do contexto laboral e do indivíduo.

Grau e Moreno-Jimènez propõem estratégias no manejo do *Burnout* integrando a abordagem individual, interpessoal e organizacional.

No *âmbito individual* as estratégias focam no enfrentamento do *Stress:* desenvolvimento de capacidades de identificação de sinais de *stress*; exercícios físicos; esportes; *hobbyes;* atividades astísticas; lazer; investir na competência e desenvolvimento profissional; evitação de rotina e monotonia; relaxamento; intervalos durante o trabalho plano de metas factíveis; quando necessário, mudanças de posto dentro ou fora da Instituição; psicoterapia de apoio e psicoterapia focal.

No *âmbito interpessoal,* Grau e Moreno-Jimènezsinalizam a necessidade de apoio social por parte das chefias e colegas; apoio da família e à família (quando o *burnout* já está instalado); atividades grupais com os colegas de trabalho; treinamento em habilidades sociais e comunicativas; psicoterapia de grupo focada no trabalho e relações interpessoais.

No âmbito organizacional as estratégias devem contemplar Programas de Socialização Antecipatória; Avaliação e Retro-Informação; Desenvolvimento Organizacional; Grupos de sensibilização para conhecimento da população e recursos da instituição; redesenho da realização de tarefas; atividades em segurança do trabalho; facilitar aos profissionais mudanças de atividades; reuniões interdisciplinares; grupos de treinamento (comunicação, liderança, relações de confiança, limites e possibilidades, autonomia, capacidade de decisão, criatividade).

A qualidade de vida do profissional interfere diretamente na sua produtividade. Para uma efetiva ajuda Ogata (2008) ressalta que não basta cuidar da saúde física e sim devemos estar atentos aos fatores diretamente ligados às diferentes dimensões da qualidade de vida, os quais envolvem aspectos físicos, emocionais, sociais e espirituais do ser humano. Segundo este autor, todas estas dimensões devem ser cultivadas e desenvolvidas durante toda a vida, estando diretamente inter-relacionadas.

Consideramos a psicoterapia o eixo central da assistência ao indivíduo acometido de *Burnout,* tendo como foco o desenvolvimento de recursos de *coping* efetivos para o enfrentamento das situações *stressoras*. Porém, a dinâmica e estilo de vida devem ser revistos. Sabemos que alterar a dinâmica institucional é uma tarefa que enfrenta muitas resistências, porém não devemos desistir dessa intervenção.

Bortoletti *et al.* (2015) utiliza o protocolo de assistência centrado no indivíduo considerando que este esteja inserido numa instituição que não tenhamos acesso à intervenções organizacionais. (Quadro 1)

Quadro 1 – Protocolo de intervenção clínica

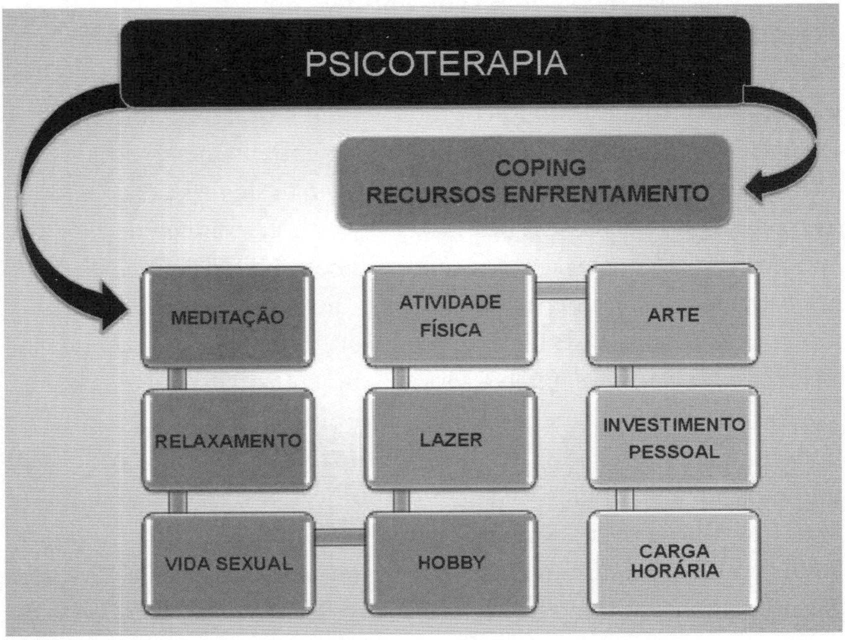

(Bortoletti, 2015)

Acreditamos que desenvolver o compromisso com a prevenção desse quadro é, antes de qualquer coisa, uma preparação interna que demonstra coerência com uma postura assistencial adequada. (Bortoletti, 2017)

Como podemos ajudar o outro se não aprendemos a cuidar de nós mesmos?

Ao leitor interessado em desenvolver ou aprofundar seus estudos em *Stress,* Psiconeuroendocrinoimunologia e *Burnout* sugerimos alguns centros de estudos:

1) IPSPP – Instituto Paulista de Stress, Psicossomática e Psiconeuroendocrinoimunologia, coordenado pelo Prof. Dr. Esdras Guerreiro Vasconcellos;
2) Nêmeton – Centro de Estudos e Pesquisa em Saúde, coordenado pelo Prof. Ricardo Werner Sebastiani;
3) GEPEB - Grupo de Estudos e Pesquisas em Estress e Burnout coordenado pela Prof. Dra. Ana Maria Tereza Benevides Pereira.

Referências

BENEVIDES-PEREIRA, A. M. T. *Burnout: o processo de adoecer pelo trabalho. In: Burnout: quando o trabalho ameaça o bem-estar do trabalhador.* São Paulo: Casa do Psicólogo, 2008, p. 21-31.

BENEVIDES-PEREIRA, A. M. T. *Inventário da Síndrome de Burnout.* Grupo de Estudos e Pesquisas sobre Estresse e Burnout. Paraná, 2007, p. 84-85.

BENEVIDES-PEREIRA, A. M. T. *Quando o trabalho ameaça o bem-estar do trabalhador: O processo de adoecer pelo trabalho.* São Paulo: Casa do Psicólogo, 2002, p. 69.

BENEVIDES-PEREIRA, A. M. T. Transtornos emocionais e a formação em Medicina: um estudo longitudinal. *Revista Brasileira de Educação Médica.* 2009:33(1):10-23.

BORTOLETTI, F. F.; ARAÚJO, E.; VASCONCELLOS, E. G. A interface entre a Psicologia Obstétrica e a Psiconeuroencodrinoimunologia. In: *Atualização Terapêutica*, 2017. (No prelo).

BORTOLETTI, F. F.; BENEVIDES-PEREIRA, A. M.; VASCONCELLOS, E. G.; SIQUEIRA, J.O.; ARAUJO JÚNIOR, E.; NARDOZZA, L. M. M.; SEBASTIANI, R. W.; MORON, A. F. Triggering risk factors of the Burnout Syndrome in Ob/Gyn physicians from a reference public University of Brazil. International Scholarly Research Network. ISRN *Obstetrics and Gynecology.* Volume 2012, Article ID 593876 doi: 10.5402/2012/593876.

BORTOLETTI, F. F.; SILVA, M. S. C.; TIRADO, M. C. B. A. Aspectos emocionais à luz da psicodinâmica do ciclo gravídico puerperal. In: MORON, A. F. ; CAMANO, L.; KULAY, L. *Obstetrícia.* São Paulo: Manole, 2011, p. 192.

BORTOLETTI, F. F. SILVA MSC. Formação em Psicologia na Prática Obstétrica. In: BORTOLETTI, F. F. e Cols. *Psicologia na Prática Obstétrica – Abordagem Interdisciplinar.* São Paulo: Manole, 2007, p. 139.

BORTOLETTI, F. F..; SIVA, M. S. C.; TIRADO, M. C. B. A.; SILVA, R. C. O.; VASCONCELLOS, E. G. Psicologia Obstétrica na prática da Medicina Fetal. Abordagem Psiconeuroendocrinoimnulógica. In: SAITO, M.; CHA, S. C.; CARDOSO, R.; AMARAL, W. N. *Medicina Fetal – Atualidades e Perspectivas.* Goiânia: Editora Versalhes Comunicação, 2015, p. 611-619.

BORTOLETTI, F. F. *Análise dos Fatores e Risco de Desencadeamento da Síndrome de Burnout em Obstetras.* Dissertação de Mestrado. Universidade Federal de São Paulo, 2012. Cap. 130.

BOYACIAN, K. *O perfil e as infrações ético-profissionais dos médicos denunciados que exercem ginecologia e obstetrícia no Estado de São Paulo.* [Tese]. São Paulo: Departamento de Obstetrícia – Universidade Federal de São Paulo; 2005.

CAMPBELL, Q. J.; COOPER, C. L. *Fast facts: stress and strain.* Oxford: Ed. Health Press; 1999:14,265-92.

COHEN, F. Stress and Vodlily Ilness. In: *Psich. North América*, 1981; 4:269.

FERNANDÉZ-LOPEZ, J. A.; SIEGRIST, J.; RÕDEL, A.; HÉRNANDEZ--MEJÍA, R. El estrés laboral: un nuevo factor de riesgo. ¿Qué sabemos y qué podemos hacer? *Aten Primaria.* 2003;31:1-10.

FREUDENBERGER, H. J.; RICHELSON, G. E*stafa: O alto custo dos empreendimentos.* 1991, Rio de Janeiro: Francisco Alves.

FREUDENBERGER, H. J. Staff burn-out. *Journal of Social Issues.* 1974,30:159-66.

GABBE, S. G.; MELVILLE, J.; MANDEL, L.; WALKER, E. Burnout em professores acadêmicos de ginecologia e obstetrícia: diagnóstico, tratamento e prevenção. *Am J Obstet Gynecol.* 2002;186:601-12.

GIL-MONTE, P. R.; PEIRÓ, J. M. Desgate psíquico en el trabajo: el síndrome de quemarse. *Revista de Psicología del Trabajo de las Organizaciones.* Madri, Editora Síntesis, 1997;21(1-2):107-23.

GRAU, J.; LENCE, J.; JIMÉNEZ, P. J. *et al.* Calidad de vida y calidad de muerte: la atención psicológica al paciente oncológico en el marco de los cuidados paliativos. Premisas de un proyecto cubano. *Revista Psicologia y Salud.* 1995; 5: 11-26.

GRAU, J. El entrenamiento en habilidades sociales y comunicativas en el equipo de cuidados paliativos. *Cuadernos de Psicología de la Salud Higia.* 1996; 1: 1-26.

GRAU, J. A.; CHACÓN, M. R. Burnout: Una Amenaza a los Equipos de Salud. In; *Memórias de II Jornada de Actualizacion en Psicología de la Salud*, Asocopsis – Colombia, 1998.

GRAU, J. A.; Roger, M. C. Burnout: una amenaza a los equipos de salud. *Publicación electrónica del capítulo colombiano de ALAPSA*. Bogotá, octubre 1999.

HERNÁNDEZ, J. R. Estrés Y Burnout en profesionales de la salud de los niveles primario y secundario de atención. *Revista Cubana Salud Pública*. 2003; 29(2):103-10.

HIRIGOYEN, M. F. *Assédio moral: a violência perversa do cotidiano*. Trad. Maria Helena Kuhner. Rio de Janeiro: Bertrand Brasil, 2001, p. 65.

HIRIGOYEN, M. F. *Mal-estar no trabalho. Redefinindo o assédio moral*. Rio de Janeiro, Bertrand Brasil, 2002.

LEFEVRE, F; LEFEVRE, A. M. C. *O Discurso do Sujeito Coletivo. Uma nova abordagem metodológica em pesquisa qualitativa*. Caxias do Sul: Educs, 2000.

LEYMANN, H. The content and development of mobbing at work. Europan *Journal of Work and Organizational Psychology*. 1996;(5):165-84.

MASLACH, C.; SCHAUFELI, W. B. Historical and conceptual development of burnout. In: SCHAUFELI, W. B.; MASLACH, C.; MAREK, T. (Eds.), *Professional burnout: Recent developments in theory and research*. Londres: Taylor & Francis, 1993, p. 1-16.

MASLACH, C.; JACKSON S. *Maslach Burnout Inventory - Human manual*. Palo Alto: Consulting Psichologists Press, 1986. p.113.

MASLACH, C.; JACKSON S. The measurement of expierenced burnout. *J. Occup Behav*. 1981;(2): 99:113.

MASLACH, C.; JACKSON S. E. Burnout in Health Professions: a social psychological analysis. In: SANDERS, G. S.; SULZ, J. (Eds.). *Social Psychology of Health and Illness*. Hillsdale: Laurence Erlbaum, 1982.

MASLACH, C.; JACKSON, S. E. *Maslach Burnout Inventory*. 2. ed. Palo Alto: Consulting Psychologits Press, 1986.

MASLACH, C.; JACKSON, S. E. *Maslach Burnout Inventory*. Palo Alto: Consulting Psychologists Press, 1981.

MASLACH, C.; LEITER, M. F. *Trabalho: fonte de prazer ou desgaste?* Campinas: Papirus, 1999, p. 114.

MASLACH, C., SCHAUFELLI, W. B.; LEITER, M. F. Maslach Burnout Inventory-Human Services Survey - MBI-HSS. *Annual Review of Psychology,* 2001. 52,397-422.

MASLACH, C. A multidimensional Theory of Burnout. In: Cooper, C. L. (Org.). *Theories of organizational stress*. Manchester: Oxford University, 1998, p. 68-85.

MASLACH, C. *Burnout: the cost of caring*. Nova York: Prentice Hall Press, 1982.

MASLACH, C. STRESS, BURNOUT AND WORKAHOLISM. In: R. Kilburg PE, Nathan.; R.W. Thoreson (Eds.). *Professionals in distress: issues, syndromes and solutions in psychology*. Washington: American Psychological Association, 1994. p. 53-75.

MASLACH C. The client sole in staff burn-out. *Journal of Social Issues*, 1982. 34, 111-24.

MORENO, B.; OLIVER, C.; ARAGONES, A. El burnout: una forma específica de estrés laboral. In: BUELA CASAL, G.; CABALLO, V (Eds.). *Manual de Psicología Clínica Aplicada*. Madrid: Siglo XXI, 1991, p. 271-279.

MORENO, B.; OLIVER, C. El MBI como escala de estrés en profesionales asistenciales: adaptación y nuevas versiones. *Ponencia al Congreso Iberoamericano de Psicología*, Madrid, julio de 1992.

MORENO-JIMÉNEZ, B. Intervenciones preventivas para el Burnout Médico. *IV Congreso Español de Medicina del Trabajo y Enfermería*. 2003. Barcelona. España.

MORENO-JIMÉNEZ, B.; PEÑACOBA, C. Estrés asistencial en los servicios de salud. In: SIMON, M. A. (Ed.). *Psicología de la Salud*. Madrid: Siglo XXI, 1999b.

MORENO-JIMÉNEZ, B.; GÁLVEZ, M.; GARROSA, E. *Cuestionario de Desgaste Profesional en Médicos*. 2003a. Documento no publicado.

MORENO-JIMÉNEZ, B.; GARROSA, E.; BENEVIDES-PEREIRA, A. M. T.; GÁLVEZ, M. Estudios transculturales del burnout. Los estudios transculturales Brasil - España. *Revista Colombiana de Psicología,* 2003, 12, 9-18.

MORENO-JIMÉNEZ, B, GONZÁLEZ JL, Y GARROSA E. (2001). Desgaste profesional (burnout), personalidad y salud percibida. En J. Buendía y F. Ramos (Ed.), *Empleo, estrés y salud*. Madrid: Psicología Pirámide, 2001. p. 168.

MORENO-JIMÉNEZ, B.; GONZÁLEZ-GUTIÉRREZ, J. L.; GARROSA, E.; PEÑACOBA, C. Variables sociodemográficas en el proceso de desgaste profesional de enfermería. *Rol de Enfermería,* 25, 2002, 19-26.

MORENO-JIMÉNEZ, B.; HERRER, M. G.; HERNÁNDEZ, E. G. Burnout: Sofrimento psíquico dos profissionais que atuam em Obstetrícia. In: BORTOLETTI, F. F.; MORON, A. F.; BORTOLETTI FILHO, J.; NAKAMURA, U. M.; MATTAR, R.; SANTANA, R. M. *Psicologia na prática obstétrica – Uma abordagem Interdisciplinar.* São Paulo: Manole, 2007, p.123-30.

MORENO-JIMÉNEZ, B.; RODRIGUEZ, R.; ESCOBAR, E. La evaluación del burnout profesional. Factorialización del MBI-GS. Un análisis preliminar. *Ansiedad y Estrés,* 2001, 7, 69-77.

NAKANO, E. F. M. *Burnout, Discurso do Sujeito Coletivo e Aspectos Psicossociais em Pastoras e Pastores*. Dissertação de Mestrado. Instituto de Psicologia da Universidade de São Paulo, 2017.

OGATA, A.; MARCHI, R. *Wellness. Seu guia de bem-estar e qualidade de vida*. São Paulo, 2008. p. 6.

PAIVA, L. M. *Medicina Psicossomática*. São Paulo: Artes Médicas, 1992, p. 872.

RAMOS, D. G. *A Psique do Corpo: a dimensão simbólica da doença*. São Paulo: Summus, 1993, p. 164.

SCHAUFELI, W. B.; ENZMANN, D. The burnout company to study and practice. A Critical Analysis (*Issues in occupation health*). London: Taylor & Francis 1998; 48(4):237-50.

SEBASTIANI, R. W. A Equipe de Saúde Frente às Situações de Crise e Emergência no Hospital Geral: Aspectos Psicológicos. In: ANGERAMI, V. A. (Org.). *Urgências Psicológicas no Hospital Geral*. São Paulo: Pioneira, 1998, p. 31-40.

SEBASTIANI. R. W. Aspectos emocionais e psicofisiológicos nas situações de emergência no hospital geral. In: Angerami. V. A. (Org.). *Urgências psicológicas no hospital*. São Paulo: Thomson Learning, 2002, p. 9-30.

SEBASTIANI, R. W. Burnout: quando o médico vira paciente. <www.pqv.unifesp.br/burnout.htm>. 2008.

SELYE, H. *Stress, a tensão da vida*. 2. ed. São Paulo: Ibrasa, 1965, p. 362.

SELYE, H. Stress. In: *Health disease*. Boston: Butterworth – Publication Incorporation, 1976.

SELYE, H. *Stress*. New York: Lippimcott Company, 1974.

SELYE, H. *The story of the adaptaction syndrome*. New York: Grune e Stratton, 1952, p. 117-196.

SIMÕES, T. E. *O significado da Síndrome de Burnout no Discurso do Sujeito Coletivo de Religiosos de uma Instituição Eclesial de vida ativa*. Dissertação de Mestrado. Instituto de Psicologia da Universidade de São Paulo, 2017.

VASCONCELLOS, E. G. O Modelo Psiconeuroendocrinológico de Stress. In: SEGER, L. *Psicologia e Odontologia*. 4. ed. São Paulo: Editora Livraria Santos, 2002, p. 137-159.

VASCONCELLOS, E. G. Stress, Resiliência e Burnout. In: Aula Curso de Pós--Graduação *LatoSensu* Psicologia Obstétrica – Universidade Federal de São Paulo - Departamento de Obstetrícia – São Paulo, 2011.

VENEGAS, J. J. P. Estrés en la Salud y en la Enfermedad. Los perfiles de reactividad, contribuciones recientes en la investigación acerca de su naturaleza y para su tratamiento. In: ORTEGA, R. L. (Org.). *La Psicologia de la Salud en América Latina*. México: Grupo Editorial Miguel A. Porrua, 1998, p.149-188.

CAPÍTULO 9

O médico oncologista diante da dor e sofrimento de seus pacientes: o impacto do câncer e da proximidade da morte em sua subjetividade e relacionamentos pessoais

Erica Lourenço Moraes
Juliana Raquel Betoschi
Ligia Adriana Rodrigues

Minha dor é velha como um frasco de essência cheio de pó
Minha dor é inútil como uma gaiola numa terra onde não há aves
E minha dor é silenciosa e triste como a parte da praia onde o mar não chega.
Chego às janelas dos palácios arruinados
E cismo de dentro para fora, para me consolar do presente.
Dá-me rosas, rosas, e lírios também...
(FERNANDO PESSOA)

Existem muitos trabalhos sobre o câncer e sua relação com o sofrimento do paciente e sua família ou sobre a percepção de proximidade da morte no momento de constatação da doença, entretanto, pouco se é encontrado a respeito dos profissionais de saúde que vivenciam o tratamento junto aos doentes e familiares. Buscando ampliar essa reflexão, este estudo objetivou investigar como a dor e o sofrimento do paciente oncológico podem afetar a vida do profissional médico, não só no âmbito da profissão, como em suas relações sociais e afetivas. O tema e seus desdobramentos, nas reflexões que o trabalho suscita e nas conclusões possíveis, podem auxiliar no desenvolvimento de recursos para a atenção em saúde mental dos profissionais em questão e na atenção à dinâmica da relação médico-paciente nas práticas de cuidado nos processos de enfrentamento de dor e sofrimento em tratamentos oncológicos.

Em situações de adoecimento é comum o paciente apresentar dor e sofrimento. Para a Associação Internacional para o Estudo da Dor (IASP), dor é uma experiência desagradável, sensitiva e emocional, ligada a uma lesão real ou potencial dos tecidos (Merksey, 1982) e pela ótica da psicossomática a dor envolve significados próprios no espaço mental do indivíduo, bem como suas relações com o ambiente externo, tendo representações particulares (Angerami, 2012). O sofrimento, por outro lado, é mais abrangente e complexo; é possível defini-lo como um sentimento de angústia, vulnerabilidade, perda de controle e ameaça à integridade do eu, quando associado a doenças. Existem situações de dor sem sofrimento e de sofrimento sem dor, sendo que o sofrimento pode ser comparado à dor por raízes culturais, históricas e religiosas ou mesmo os dois aparecerem acompanhados em diversos contextos. O que se assemelha é a emoção advinda, negativa ou ameaçadora à própria vida. Cabe então afirmar que sofrimento não é dor, mas pode ser evocado pela mesma (Drummond, 2011).

No âmbito clínico, um dos principais perigos em negligenciar a distinção entre dor e sofrimento, seria permitir que as inclinações dos tratamentos se concentrem somente nos sintomas físicos, como se fossem a única fonte de angústias para o paciente. Com frequência, isso resulta em quadros nos quais os pacientes tornam-se fisicamente mais confortáveis por causa da terapia da dor, porém, o sofrimento continua presente. Desde a medicina hipocrática, a cura da doença e o alívio do sofrimento são aceitos como sendo os objetivos da Medicina, visto que a doença destrói a integridade do corpo e a dor e o sofrimento apresentam-se como fatores de desintegração da unidade da pessoa, mas observa-se que, atualmente, a medicina mostra-se bem aparelhada no combate à dor, entretanto, no que se refere ao lidar com o sofrimento das pessoas, encontra-se ainda num estágio muito rudimentar (Pessini, 2002).

A Oncologia Clínica trata-se da especialidade da Medicina envolvida no processo de diagnóstico e tratamento do câncer, prevenção da doença e reabilitação do paciente recuperado (Castro Júnior, 2012). A dor em oncologia tem características próprias; tende a ser contínua e a se agravar na medida em que o câncer evolui, levando o paciente, geralmente, à exaustão física e mental. A algesia está presente em sessenta a oitenta por cento dos pacientes com tumores avançados, com o desenvolvimento de métodos de controle primário da dor, como, por exemplo, cirurgias, radioterapia e quimioterapia, nas quais a atuação é diretamente no tumor. Outros métodos se referem ao controle sistemático, como analgésicos sistêmicos que bloqueiam e interferem nos mecanismos sensitivos e nervosos de condução da dor, psicotrópicos para o controle da ansiedade e da depressão e o uso de antibióticos e anti-inflamatórios que atuam em situações relacionadas ao quadro irreversível do câncer. Considerando a singularidade de cada indivíduo – dotado de bom senso, autonomia, sensibilidade, liberdade e família –, o tratamento da dor em oncologia deve ser elaborado por uma equipe multiprofissional e é importante que todos da equipe de saúde, bem como religiosos e outros profissionais envolvidos e, especialmente, o próprio paciente e sua família participem ativamente do processo (Delgado, 1988, *apud* Torritesi e Vendrusculo, 1998). O manejo individualizado da dor deve cogitar seu início, localização, tipo, intensidade, duração, comorbidades e a percepção subjetiva de sua intensidade descrita pelo paciente e constata-se que grande parte dos pacientes oncológicos com dor crônica são submetidos a analgesia inadequada e muitos deles evoluem para óbito antes de conseguirem controlar a dor (Oliveira e Trindade, 2013).

Geovanini e Braz (2013) apontam que, na gravidade do câncer, validam-se conteúdos simbólicos e imaginários que lhe são referidos, por ser uma doença geralmente relacionada à perda da integridade do indivíduo, a mutilações físicas e à finitude da vida. Esses conteúdos simbólicos são, frequentemente, permeados de ideias que evocam significantes negativos e, inclusive, um tratamento associado à "linguagem militar", como um "período em estado de guerra", na referência às terapêuticas e tentativas de remissão da doença. Assinalam ainda que, em oncologia, más notícias são transmitidas constantemente, tanto no início quanto no estágio terminal da doença, demandando do médico especialista em oncologia o aperfeiçoamento de habilidades para a comunicação de diagnósticos e de prognósticos difíceis. A ocorrência de problemas no campo da comunicação afetam a qualidade da relação médico-paciente e podem gerar expectativas ilusórias nos pacientes e familiares, como também provocar sofrimento ao médico. Também os impedimentos pessoais que o médico encontra na abordagem e no enfrentamento da morte podem levar a ações de obstinação terapêutica, ou seja, quando o profissional médico persiste em tratamentos curativos mesmo em fase terminal, momento em que seria adequada a indicação dos cuidados paliativos.

Sentimentos como empatia, afeição, antipatia, aversão, medo, compaixão, erotismo e outros, em suas diversas expressões, sempre estarão presentes na relação médico-paciente, por mais que existam tentativas de distanciamento. Alguns profissionais negam essa realidade, porém outros se inclinam a reduzir a relação médico-paciente particularmente em sua relevância emocional, representando essa relação a partir de esferas como a amizade, por exemplo. Contudo, considerar que o médico seja amigo de seu paciente é uma alusão que impossibilita a prática clínica direta e reduzir a relação médico-paciente a conteúdos afetivos sinaliza um esvaziamento de qualquer capacidade operacional, designando-a ao campo do inesperado. Aceitar a peculiaridade imprevisível dos sentimentos presentes na consulta seria o mais adequado, visto que esse momento compreende um espaço que não diz respeito à racionalidade humana (ARAÚJO *et al.*, 2011).

Sob a ótica da fenomenologia, o ser humano é compreendido enquanto "ser no mundo", na condição de estar lançado sendo presença, e a busca do desvelamento de sua subjetividade deve considerá-lo em sua vivência cotidiana, em sua existência. Na condição de ser no mundo, o homem se relaciona, dia a dia, envolvido por inúmeras possibilidades que se disponibilizam no mundo circundante, no mundo humano e no mundo próprio. O mundo circundante caracteriza-se pela possibilidade de adaptação que o indivíduo tem para se relacionar como ser-no-mundo, com todos os entes (seres vivos de outras espécies, objetos, etc.); o mundo humano caracteriza-se pela convivência com os outros homens e o mundo próprio se organiza pelo que o ser estabelece em autoconhecimento, ao se definir como pessoa, constantemente, nas significações que as experiências representam para si (OLIVEIRA E SILVA, LOPES E DINIZ, 2008). Partindo dessa visão, os acontecimentos presentes na vida e nas relações formadas na existência singular de cada sujeito se definem pelo significado dado a essas experiências. A relação entre médico e paciente, com as singularidades presentes nela, pode ser compreendida por esse olhar, em sua complexidade e significação particular.

Uma das dificuldades enfrentadas pelos profissionais oncologistas, em suas experiências, se relaciona à particularidade de cada contexto de adoecimento e às consequências imprevisíveis de suas decisões frente a situações únicas, especialmente nas circunstâncias de revelar informações acerca do câncer e sua evolução, que são permeadas por detalhes exclusivos de cada caso, de cada história, e das diferentes capacidades de resposta de todos os envolvidos, ou seja, médico, família e paciente (GEOVANINI E BRAZ, 2013).

Silva *et al.* (2011) ressaltam que a prática da medicina, especificamente na oncologia, é permeada por dilemas e angústias, todavia essa problemática não é satisfatoriamente abordada dentro dos currículos médicos e, caso o fosse, reduziria sensivelmente os danos à saúde mental do profissional médico e os problemas presentes na relação médico-paciente. A subjetividade do profissional médico merece ser considerada nos currículos de sua formação com a mesma relevância que a objetividade técnica aparece nas universidades de medicina.

Considerando as referências apresentadas e em busca de um aprofundamento maior, foi realizada uma pesquisa qualitativa, aberta e exploratória sobre o tema. As pesquisas exploratórias têm por objetivo proporcionar um entendimento mais amplo de um problema em questão, com maior familiaridade junto ao assunto investigado e em busca de maior conhecimento sobre o tema em estudo (Gil, 2010). O método qualitativo pode demonstrar a existência de sentidos que não se deixam captar por equações numéricas e nem se reduzem a elas, tomando como mais importante descrever e mostrar a implicação entre os fatos relatados (Furlam, 2008).

No desenvolvimento do trabalho, concomitante ao amplo levantamento bibliográfico sobre o tema, foram analisadas entrevistas realizadas com profissionais em medicina que tiveram experiências práticas significativas no tratamento do câncer. O grupo selecionado consistiu em três médicos da área de oncologia clínica de uma cidade do interior de São Paulo (totalidade desses especialistas na cidade) e cinco residentes pertencentes ao hospital-escola da Faculdade de Medicina situada na mesma localidade. A coleta dos dados foi realizada em condições de privacidade e garantias éticas, iniciando após aprovação do Conselho de Ética em Pesquisa e da concordância de cada sujeito, contatados por meio de Termo de Compromisso Livre e Esclarecido, de acordo com a Resolução CNS 196/96. Por questões metodológicas, as entrevistas foram organizadas com perguntas abertas e disparadoras, gravadas e transcritas posteriormente de forma integral e fiel para captar as falas dos sujeitos em sua totalidade. O material transcrito serviu como base para a análise dos discursos, a partir do desvelamento de temas emergentes nas falas, por método fenomenológico, e estes tópicos foram relacionados com bibliografia selecionada das áreas da Psicologia e da Medicina. Os resultados, a serem apresentados na sequência, encontraram ressonância na literatura e abriram espaço para novas reflexões.

A apresentação está organizada a partir dos temas eleitos e, por sigilo e ética, os entrevistados serão identificados com letras e números: profissionais definidos como P1; P2 e P3 e residentes como R1; R2; R3; R4 e R5.

Convivendo com a dor no cotidiano: a pessoa do médico na relação com o sofrimento dos pacientes

Tenho uma dor de concha extraviada.
Uma dor de pedaços que não voltam.
Eu sou muitas pessoas destroçadas.
(Manoel de Barros)

Analisando os relatos, foi possível identificar que os médicos e residentes se sentem diretamente afetados com a rotina hospitalar, especialmente na área de oncologia, pelo contato com pacientes considerados em estado grave e que exigem maior dedicação e cuidado. No caso dos residentes, ainda em processo de formação, destaca-se o quanto tais dificuldades direcionam suas escolhas.

> Eu acho que isso me afeta enquanto pessoa [...] acho que uma das opções minhas de não lidar com oncologia – porque lidar com oncologia geralmente é isso –, acho que a dificuldade de discernir né, meu horário de trabalho, meu horário de descanso, lazer. Por isso que, apesar de eu gostar desta área, é paciente grave, paciente que exige muito de conhecimento, de dedicação médica, eu acho que se eu optasse por ter isso todo dia, eu estaria também me prejudicando, pelo meu perfil de pessoa. Eu acho que é umas das coisas que eu me afastei. Eu pretendo mexer com oncologia, mas parcialmente, não exclusivamente na oncologia. [...] É complicado trabalhar com isso aí, porque ela acaba prejudicando futuramente, se apegando mais nos pacientes, se dedicando demais (R2).

Para Kilimnik *et al.* (2012), a própria forma como o trabalho se organiza na vida cotidiana e o espaço que ocupa, retira, na maioria das vezes, a possibilidade dos colaboradores viverem as múltiplas dimensões da vida, dimensões que não se limitam apenas ao trabalho. No que se refere às especificidades do trabalho médico e o estresse, os autores afirmam que a sobrecarga de trabalho interfere tanto nas relações familiares como na vida particular dos médicos.

> É um ambiente bem estressante e você acaba muitas vezes levando isso para o seu dia a dia, mesmo fora do hospital, mesmo em casa, mesmo em outros lugares, uma coisa meio cumulativa. [...]. As principais dificuldades é isso mesmo, assim, eu sou uma pessoa um pouco mais estressada, mais nervosa e o ambiente que eu trabalho me torna mais ainda estressado e nervoso, e minha dificuldade principal é de, quando eu vou pra casa eu deixar as coisas do trabalho aqui [...]. Isso que é a principal dificuldade que eu vejo, você não consegue ir pra casa e parar de pensar no trabalho, afeta, afeta bastante o meu humor, que já não é dos melhores, e dificulta um pouco o meu relacionamento em casa, com a minha família, tudo piora (R4).

Silveira, Ciampone e Gutierrez (2014, p. 12) relatam que "é muito difícil separar a satisfação pessoal da satisfação profissional, pois elas em geral são interdependentes." Em hospitais, os profissionais que ali atuam sabem que existem pacientes específicos, com os quais se cria uma relação distinta. O óbito desses pacientes acarreta luto, com todas as reações características, exatamente como ocorre por alguém na qual as relações mantidas fossem de ordem pessoal e não profissional. Essa dificuldade, em separar a vida profissional da pessoal, já ilustrada na fala anterior, reaparece nas seguintes:

> Essa área da oncologia, eu acho muito difícil, por causa que é uma área que... tem muito paciente terminal... pacientes que não tem muita salvação... tratamento é bem paliativo, então eu acho que é uma área que afeta, eu nunca faria porque afeta demais assim, então eu não gosto. Tento, o máximo, distanciar mas não consigo distanciar... Então, toda vez que eu já tive problemas, foi difícil pra mim voltar, no outro dia, recuperar e continuar como se nada tivesse acontecido. Não consigo fazer isso, essa relação, chegar em casa e ah, e ver televisão numa boa, isso me afeta bastante, enquanto pessoa (R3).

> Eu acho que pra mim na área infantil, não na questão de lidar com complicação, mas, acho que, num momento que você trata a criança, né, isso... acho que sofre muito né, por ser aquela esperança de vida... tá tudo ali envolvido, a estrutura da pessoa, as consequências podem ser durante a vida toda daquela criança. Acho que o atendimento é bem complicado... ao meu ver, essa eu acho que é a pior (R2).

Características relativas ao exercício da medicina determinam um ambiente profissional delimitado pelos acentuados estímulos emocionais do adoecer, pelo contato habitual com a dor e o sofrimento, o auxílio aos pacientes terminais, por ter que lidar com a intimidade do corpo e com emoções, lidar com pacientes complicados, rebeldes, que não aceitam o tratamento, muitas vezes hostis, autodestrutivos, deprimidos, e lidar com limitações e incertezas do saber médico (Nogueira-Martins, 2003). Situações que podem marcar o profissional em suas memórias, como a história de um menino atendido por um médico entrevistado, ainda no início de sua careira.

> Agora, tem coisas que são mais dolorosas. Num dado momento, eu tava escalado pra operar um menininho de onze anos. No hospital onde eu trabalhava, lá na USP, tinha o nome do paciente, a escala cirúrgica e o apelido que a família costumava chamar o pacientinho. E este pacientinho chamava Cuca, onze anos. Eu fui atendê-lo, era um negrinho muito simpático, e tava com um tumor no cotovelo direito, um tumor bem grande que era um osteossarcoma, que é um tumor muito grave. [...] Eu perguntei: por que você chama Cuca? Ele perguntou "você que vai arrancar meu braço?" Eu falei ah, não sei, deixa eu te examinar..., "Vai sim, já me falaram que eu vou arrancar o braço". Então, mas deixa eu examinar direito... Aí examinei e tal. Você não vai me falar porque que você chama Cuca? "É porque eu cozinho". Mas como você cozinha, e sua mãe? "Eu não tenho mãe, ela morreu com meu pai num acidente de carro". Você cozinha pra quem? "Eu cozinho pro meu irmão de 19 anos e pro outro de 17 que tocam a oficina do meu pai..." E eu vou tirar o seu braço... (P1).

Em oncologia, a relação médico-paciente carrega aspectos próprios. O câncer é percebido como uma doença traumatizante e isso torna seu tratamento complexo. Sofrimentos, medos e angústias, que se apresentam nos pacientes e suas famílias, demandam estabelecimento de um vínculo com o profissional médico e este também acaba atingido pelos sentimentos que a doença provoca no paciente. Sendo assim, percebe-se que as variantes existentes na relação entre médico e paciente oncológico se diferenciam das outras especialidades. A alteração emocional dos pacientes, a forma como o diagnóstico é transmitido, más notícias e tratamento, por vezes, são elementos que limitam os objetivos da relação, como a criação do vínculo, a satisfação do paciente, aceitação do tratamento e qualidade de vida (Silva *et al.*, 2011).

> Isso afeta muito, por que a maioria dos pacientes vêm em uma fase avançada da doença, mais de sessenta por cento dos pacientes com câncer estão... eles vêm numa condição que pouco a gente pode fazer por eles em termos de cura, nós vamos só aumentar a sobrevida dele. No termo de cura, como qualquer doença avançada é difícil curar, o câncer é pior ainda (P3).

Para Geovanini e Braz (2013), algumas dificuldades podem interferir na qualidade da relação médico-paciente, podendo provocar expectativas utópicas nos pacientes e familiares, gerando também sofrimento ao profissional médico. Também, limitações pessoais do médico no enfrentamento da morte abrem caminho para práticas de obstinação terapêutica, em que o mesmo insiste em tratamentos de cura, embora a doença já esteja na fase terminal, que necessitaria de indicação de condutas paliativas.

> Tem a parte também de, dependendo da situação, ser uma derrota da gente não poder ter ajudado aquela pessoa. Tem a parte sentimental também, mas isso é mais familiar, mas tem a parte nossa profissional que acomete mais a parte ah eu não consegui ajudar aquela pessoa, então, você se sente um pouco incapaz, é isso aí, eu acho que uma coisa que atualmente me afeta mais assim, é eu não poder tá ajudando aquela pessoa. [...] E tem situações que não tem muito o que ser feito, até mesmo, principalmente nessa área oncológica, é mais paliativo, e pode às vezes tá prorrogando o sofrimento da família (R5).

Ao lidar com pacientes com dor, principalmente se esta é de difícil manejo, médico e equipe se transformam pois, a cada plano terapêutico que falha, aumenta o sentimento de impotência dos profissionais e as possibilidades de tratamento vão sendo experienciadas sem o entusiasmo inicial. Sentimentos de culpa e mais impotência se misturam, paralisando o trabalho dos médicos. É necessário aprender a lidar com estes sentimentos e procurar superá-los, tanto médico como equipe (MACIEL, 2004, *apud* NEGROMONTE, 2010). No momento em que se instala a sobrecarga de trabalho pode-se falar em "sofrimento patogênico", este como o sofrimento que emerge quando todas as possibilidades de adaptação ou ajustamento à organização do trabalho pelo sujeito foram utilizadas, e isso bloqueia a relação subjetiva com a organização do trabalho (SILVEIRA, CIAMPONE E GUTIERREZ, 2014).

> Então, é difícil, isso me incomoda, porque quando alguém está doente, eu falo óh, pra enfrentar essa doença a gente tem esse caminho, o enfrentar juntos. [...] Mas na hora que a gente tá no papel de que eu poderia emitir uma opinião, mas eu não posso, aí isso me incomoda, entendeu. Mas, respeito, ouço... não vou deixar... porque elas precisam desabafar, elas precisam por pra fora aquela angústia, aquela coisa do 'nossa, isso tá me sufocando', né. Isso é muito comum, muito comum. Infelizmente quando você mutila uma mulher o companheiro a vê diferente né, infelizmente, a vê diferente. Às vezes os filhos veem diferente. Não consegue achar uma roupa pra ir numa festa, ela não tem motivação pra ir numa praia, então ela acaba também criando um mundinho dela. Então, é triste, é uma doença que judia demais (P2).

Para Machado e Merlo (2008, *apud* NEGROMONTE, 2010), a condição de cuidar de pacientes em situações críticas abrange o sentimento de impotência associado à complexidade e ao imprevisível, potencializado pela relação do profissional com vivências de dor, sofrimento, angústia, impotência, desesperança, medo e vários tipos de perdas. Silveira, Ciampone e Gutierrez (2014) corroboram que o desgaste no trabalho é determinado pelo sentimento de impotência, em razão de momentos nos quais os profissionais não conseguem assegurar ao paciente tudo que ele precisa.

> Lidar com o paciente, com a ansiedade do paciente, com a expectativa pelo paciente e com a família também, que eu acho que é bem difícil de se lidar porque a família tem muita expectativa em você (R3).
>
> É muito frustrante assim pro profissional médico, quando você não consegue resolver o problema do paciente. [...] Uma coisa muito frustrante também é quando você não tem opção pra dar pro paciente... É, você sabe que o cirúrgico não vai resolver e não tem nada que possa ser feito, isso também é uma coisa muito frustrante né..., principalmente a parte oncológica né, quando você tem que conversar com a família e falar que é realmente é isso e, tem que esperar só, é uma coisa... é bem difícil aceita isso né, é difícil pra família e é difícil pro médico também, que não tem nada pra fazer [...] Que nem, teve um caso uma vez de um

> paciente que teve uma isquemia... todo o intestino dele tava necrosado, não tinha o que fazer, tinha que esperar ele falecer, e a família realmente não entendia isso, e... perguntava se, que horas que ia ser a visita no outro dia [...] É difícil quando você tem que ser direto assim, nesse ponto, você acaba ficando um pouquinho abalado né... também, que a família não entende, acha que é você não tá fazendo tudo que dá pra ser feito (R4).

As dificuldades de comunicação nas quais estão envolvidas questões de doença e de morte, em específico na oncologia, são acentuadas não apenas pela representação da palavra câncer, mas pelas restrições pessoais e, muitas vezes, pela falta de preparo do profissional para o cumprimento de suas tarefas, o que exige do médico oncologista o desenvolvimento de competências para a emissão de diagnósticos e prognósticos ruins (Geovanini e Braz, 2013).

> Então eu acho que o pior de tudo é quando você tem um paciente crente de que ele não tem nada e ele tem. Esse desmonta. Algumas pacientes, ao longo desse processo de espera e com as informações que eu vou dando, já vão alimentando também a possibilidade de às vezes não ser aquilo que elas gostariam que fosse. Então, essa paciente aceita melhor uma notícia... ruim. Agora, quando ela vem convicta que não vai ser nada, e acontece um desfecho ruim, as coisas são ruins, né... você vê choro. Você dar o diagnóstico de câncer pra uma pessoa sozinha é muito ruim, porque você não pode consolá-la, não tem uma pessoa amiga que possa fazer esse papel. Então, eu sinto essas dificuldades, frustrar alguém que criou uma expectativa que infelizmente não vai se concretizar, e dar a notícia pra uma pessoa sozinha (P2).

Ao detectar as emoções dos profissionais que atuam com pacientes oncológicos, estudos indicam que no cotidiano destes profissionais igualmente se apresentam sentimentos de satisfação, como ver o paciente curado e orientar o paciente a conhecer a doença, entretanto, os fatores difíceis são os mais enfatizados, como conviver com o sofrimento do doente, suas internações, a impotência perante a doença e a revolta pela morte do paciente (Ferreira, 1996 *apud* Silva, 2009). Caparelli (2002, *apud* Silva, 2009) atenta que os sentimentos causados nos profissionais médicos se assemelham aos dos pacientes e suas famílias. O médico convive com o ódio, a negação, a culpa e também manifestações depressivas, experimentando a impotência frente aos parcos recursos e às complicações para reconhecer e lidar com seus sentimentos específicos.

> A maior dificuldade que a gente tem eu acho que é lidar com as pessoas, a gente lida com gente, não é uma ciência exata, então a gente pode saber tudo sobre tal doença, tal patologia, mas o indivíduo, ele é único.

> Então, a gente nunca está cem por cento preparado para aquilo, a gente sempre é surpreendido no dia a dia, mesmo que seja uma coisa muito banal, corriqueira, que a gente veja sempre, em termos de afixação da patologia mesmo, mas em relação ao indivíduo a gente nunca tá preparado, acho que essa é a maior dificuldade que a gente tem, saber muito sobre teoria, sobre o que tá acontecendo com a pessoa, mas sobre a pessoa mesmo a gente não conhece. Cada um tem uma história de vida, cada um reage de uma forma, então essa é a maior dificuldade que eu vejo (R1).

A relação médico-paciente é permeada por conflitos e tensões que envolvem relações de poder e processos de subjetivação e o tipo de vínculo entre os dois se estabelece independentemente da racionalidade médica em questão, ou seja, tanto o médico que segue procedimentos mais tradicionais quanto o que apresenta um discurso renovador e alternativo estão sujeitos a desenvolverem uma escuta clínica humanizada ou a se mostrarem utilitaristas e egoístas. O tipo de relação se constrói nos atendimentos, fundamentado em um tripé formado por encontros, afetos e conversas, sendo possível identificar médicos que não se fascinam pela austeridade do saber médico e que produzem uma escuta clínica humanizada (Santanna; Hennington e Junges, 2008).

> Com relação a dar o diagnóstico, eu tento dar de uma forma suave, é, mas sem omitir, né [...] Não preciso falar que alguém tem câncer de mama. Posso contar que ela tem câncer de mama de uma maneira mais suave, pra que judiar tanto da pessoa, 'você tem câncer de mama, é um câncer agressivo, eu vou ter que tirar sua mama'. Tem como eu mudar, dar a mesma informação de uma forma mais suave [...] A palavra câncer, ela é carregada de um peso muito negativo né, isso assusta as mulheres, a ideia de tirar a mama de alguém é terrível, às vezes mais terrível que a doença. Então... não é fácil, eu sou homem, tem a questão do sexo ser diferente né, mas eu tento sempre suavizar, não esconder a verdade, mas contar de uma forma que ela consiga digerir e lidar melhor... tem dado certo (P2).

Nota-se que os profissionais que, frequentemente, estão diante da vulnerabilidade e fragilidade do paciente oncológico, ficam submetidos à própria fragilidade, enquanto seres existentes. É na convivência com o outro que o eu se constitui, se modifica e se reconhece; e compreender a dor do outro e sua finitude é parte importante no entendimento sobre a própria dor e própria finitude. Na relação com o paciente, o médico se reconhece como um ser que se abre ao sofrimento do outro, pois se identifica igualmente, de modo vulnerável e frágil, sujeito a todas as possibilidades que se manifestam na existência, onde a morte é uma delas (Ferreira, 1996 *apud* Silva, 2009).

> Quando tem pessoa, no caso o terminal assim, você percebe, você já sabe, e ainda você não passou pra pessoa isso, é bem desgastante, você fica pensando, se for um jovem, uma criança, fica pensando que a gente ainda é muito novo, então, você pensa, poxa, podia ser eu, podia ser alguém da sua família, como que essa pessoa vai lidar, com a mãe, o pai dessa criança, então é bem desgastante, você fica bem estressado, é uma profissão bem estressante mesmo (R3).

Para Castro-Arantes e Lo Bianco (2013), o paciente oncológico traz consigo sentimentos e percepções ligados à existência, como angústia, finitude, transitoriedade da vida e anseios. O médico, que recebe e escuta todas essas questões, sem que perceba, carrega os mesmos sentimentos, pelo fato de carregar a mesma humanidade. As autoras destacam que os profissionais podem se posicionar com pena por aquele que vem com seu sofrimento ou se decidir a escutar a dor do outro com aceitação e compreensão, ou seja, ter a compaixão com a qual se acolhe o sofrer.

> Não sou indiferente, eu tenho pena das pessoas, eu vejo sofrimento, eu vejo pessoas que morrem, claro que eu me sensibilizo, mas eu não exteriorizo isso com choro, às vezes eu fico quieto, saio de perto né, mas me incomoda, me incomoda ver sofrimento, acho que incomoda todo mundo, né. Agora tento ser forte, porque alguém tá sofrendo agora, mais alguém vai sofrer amanhã, alguém vai sofrer depois de amanhã, e se eu me entregar, eu não vou ter forças pra ajudar as outras pessoas. Mas eu me sensibilizo, tenho pena das pessoas. Principalmente aquelas que eu sei que não são curáveis, que vão ter muita dificuldade e vão acabar morrendo no final (P2).

Muitas vezes, chegar a um paciente que não tem mais possibilidade de cura, considerar o que ainda pode ser feito, abordando a adaptação à nova situação, acontece a partir de um posicionamento de pena. No sentimento de pena, geralmente, encontra-se a indiferença do sujeito que, protegido (médico), acredita estar inteiro diante do outro, mutilado (paciente). Conceber a angústia que atravessa o paciente como pena é uma experiência para dissimular para si próprio o sofrimento impactante da inevitável morte e cabe então uma reflexão indispensável para a realização do trabalho na área oncológica, conforme os profissionais são afetados nessa grandeza. O médico tem a escolha de se entregar à escuta na compaixão ou de se submeter à pena e calar (Castro-Arantes; Lo Bianco, 2013).

O contato com o próprio sentimento e as formas de defesa do médico oncologista

E no meio de um inverno eu finalmente aprendi
que havia dentro de mim um verão invencível.
(Albert Camus)

Nunes (2004, *apud* Gambatto *et al.*, 2006) afirma que os profissionais de saúde ao se depararem com situações mais desgastantes emocionalmente, como quando o paciente fala sobre o seu estado de saúde, prognóstico ou diagnóstico da doença, têm a propensão a adotar, muitas vezes, mesmo que inconscientemente, mecanismos de defesa, entre eles: distanciamento, relações superficiais com os pacientes, negação da situação, mudanças de rotinas e protocolos, geralmente argumentando falta de tempo e de disponibilidade para estar junto e ouvir os pacientes.

> O que eu observo assim que, a gente vai ficando meio acostumado, né, tipo, no geral, bem no início, o choque é bem maior do que com o decorrer do tempo, a partir do momento de formação a gente vai, a gente vai meio que sendo uma coisa comum né, no nosso dia a dia, então o choque é menor do que na fase inicial da profissão. Até mesmo por contato em relação a óbito... entrar em contato com a família no começo é uma situação bem difícil. Mas, com o decorrer do tempo a gente vai se adaptando, né a gente vai meio que aceitando mais isso daí (R5).

Mecanismo de defesa é um conceito concebido por Freud (psicanálise) e tais mecanismos podem ser considerados como estratégias que as pessoas usam para lidar com situações difíceis emocionalmente, como a ansiedade, em momentos psiquicamente críticos. Agem até o sujeito passar a ter condições de lidar de maneira mais direta com tais situações estressantes e ressalta-se que todos os mecanismos podem ser encontrados em indivíduos saudáveis (Gambatto *et al.*, 2006). Os entrevistados citam diferentes experiências no contato com o trabalho médico que exigem o uso de defesas, articulando suas falas com o conceito citado.

> O câncer é pior ainda, então, pra você ver, numa fase em que a doença não é operável, não é tratável, não tem condição de fazer muita coisa, quase nada, a não ser prolongar a vida do paciente. Isso afeta, porque às vezes, começa dar uma pressão, você fala "puta merda", como é que pode né (...) você vê alguns casos, você não acredita que a pessoa deixou

> chegar naquele ponto, então isso acaba afetando porque cria um mecanismo de defesa, mas tem hora que não afeta (P3).
>
> No começo eu confesso que eu ficava mais frustrado, assim, nunca fiquei deprimido. Assim, ao longo da faculdade você vai criando uns mecanismos de defesa né, eu não choro na frente dos pacientes, fico com pena, tento ajudar de outras formas, fazer até coisas que eu não deveria fazer, tentar arrumar amostra grátis de remédios, coisas desse tipo (P2).

Nogueira-Martins (2003) também assinala que os profissionais de saúde, diante de condições emocionais que lhe enfatizam o sentimento de angústia, buscam tranquilizar-se e utilizam então os mecanismos de defesa. Estes vão desde o ativismo exagerado de suas funções técnicas até a negação de fatos e sentimentos, passando por comportamentos evasivos, onipotentes ou irados. Entretanto, tudo o que pode ser feito para trazer tranquilidade, não aplaca o sofrimento. Talvez seja por isso que os estudos sobre o sofrimento do profissional na atenção em oncologia sejam tão escassos (*Op. Cit.*, 2003).

> Então..., é que já são tantos anos, que eu não sei se eu percebo mais, entendeu? Inúmeras vezes, eu perdia noites de sono, eu chorava interiormente, eu me magoava, eu ficava triste. Agora, isso acontece ainda, mas, com uma chance muito menor de vezes. Quando as emoções, por conta da especialidade, interferem de forma tão intensa, que passam a prejudicar, você tem que conseguir descartá-las. Não é que você se torna uma pessoa fria, mas você tem que... como conversamos no começo da nossa fala, trabalhar mecanismos de defesa, não só pra te proteger, como também pra você poder trabalhar com isenção de artefatos nocivos, né... Trabalhar com o seu eu, é, em ordem, pra pode render mais, profissionalmente (P1).

A organização do trabalho enquanto instância é potencialmente patogênica, mas existem trabalhadores que conseguem reduzir ou evitar o sofrimento laboral, visto que o prazer e o sofrimento podem resultar de fatores independentes. É neste momento que surge um trabalho mais equilibrado no sentido da saúde do profissional (Silveira; Ciampone; Gutierrez, 2014).

> Mas hoje em dia, assim, eu acabo... eu chego em casa, tenho a minha agenda normal de coisas, pego a minha filha, vou lá pra fora, sabe aquele cheirinho de nenê, aquela coisa da ingenuidade, "óh, papai, fiz um rabisco, olha que lindo", isso me alimenta muito. Assim, eu não tenho pesadelo, eu não tenho insônia, eu nunca experimentei essas coisas, mas eu acho que é porque eu vou pra minha casa e eu tenho um ambiente muito acolhedor, que acaba me ajudando a, no outro dia, tomar bordoada da vida e seguir (P2).

Para Tucunduva *et. al.* (2006), a estafa profissional pode ser observada em todas as profissões, principalmente naquelas que envolvem maiores níveis de estresse, tais como controladores de tráfego aéreo, bombeiros e especialmente os profissionais da área de saúde, como os médicos. Deve-se isso às características inerentes da profissão, por exemplo, intensidade das interações emocionais, a falta de tempo livre para lazer e férias, convívio intenso com pacientes e as mudanças pelas quais a prática médica vem passando nos últimos vinte anos, que incluem diminuição e alteração do status social da profissão e aumento das pressões sofridas por este setor e um contínuo declínio da autonomia profissional. Mundialmente, a estafa profissional afeta um em cada dois médicos, sendo um terço destes afetado de forma direta e um décimo de forma severa resultando em características irreversíveis. Cerca de 40% a 50% dos médicos que trabalham com medicina de emergência e infectologia e 56% dos cancerologistas são acometidos, destacando que a cancerologia é uma especialidade estressante por diversos motivos, dentre eles a maior exposição à morte, o conflito entre o objetivo de cura – para o qual todos os médicos são treinados –, e a necessidade da prestação dos cuidados paliativos. As principais causas observadas da estafa profissional entre os cancerologistas são: sentimento de impotência diante de várias questões e expectativas irreais, raiva, frustração, dificuldade em lidar com perdas, tempo insuficiente de férias e assuntos relacionados às fontes pagadoras e prestadoras.

Os profissionais entrevistados relatam várias situações em que pressões vivenciadas os afetam diretamente, como dificuldades com remuneração e estresse decorrente de questões relativas ao trato com a doença e o paciente, ou mesmo a burocracia do sistema de saúde:

> A parte técnica é isso, oh eu preciso disso, ponto. Vem vindo um doente aí de Ilha Solteira, o médico já me adiantou, "olha é um tumor de rim, grande, tal, você consegue tirar, tenho certeza", também acho (...) só que ele tem uma meta pulmonar e eu vou precisar prescrever um remedinho chamado Votrient. Oitocentos miligramas dia, por quatorze dias, seguidamente. Faz quatorze, pula quatorze, faz quatorze, pula quatorze. Perfeito. Custa dezoito mil reais!! Alguém vai ter que pagar! E aí são mil processos que você tem que preencher, que você tem que justificar, a ponto do advogado, por exemplo, da união, da prefeitura, ou do estado, interrogar oficialmente só com o objetivo de atrasar o processo pra ver se o doente morre e consequentemente, a prefeitura não vai ter que pagar, de fazer interpelação judicial pra saber se você não tem ações do laboratório que fabrica o Votrient... isso é absurdo, é uma coisa assim que você fala, pô é nítido que o cara tá querendo atrasar o processo pra

> não liberar o remédio, porque a constituição apregoa que ele tem que liberar... então é ruim isso... e essas são as coisas que incomodam (P1).
>
> A remuneração é baixíssima, então a gente acaba fazendo porque gosta, pra não deixar o paciente na mão, também ninguém tem coração de pedra, mas você não tem uma remuneração menos que mínima, vai mais porque gosta, e você tem dificuldade de empregar o que tem de mais moderno no paciente da previdência, às vezes até paciente de plano, você tem dificuldade de empregar, o que existe de novo, e de melhor, pelo custo que fica, então isso é uma coisa assim é uma dificuldade muito grande que a gente às vezes desanima. (...) Mas o que mais chateia é isso... o que afeta a vida da gente é isso, a gente ficar com as.... se sentir com as mãos amarradas por culpa de um... às vezes demora muito pro tratamento, o SUS não paga, tem que acionar briga com o plano de saúde, tem que ter uma briga, então é horrível, uma coisa que não é muito agradável... (P3).

O prazer do trabalhador se dá através da descarga de energia psíquica, conhecida como "trabalho equilibrante" – a carga positiva que a tarefa autoriza, que resulta em uma diminuição da carga psíquica do trabalho. Decorre da utilização da inteligência de alguns profissionais na tentativa de diminuir o sofrimento no trabalho, por meio de estratégias de defesa ou macetes, que possam ocasionar satisfação profissional. Contudo, na medida em que o trabalho é contrário à atividade livre, ele pode ser perigoso em relação ao aparelho psíquico, pois o acúmulo de energia psíquica, carga psíquica negativa, torna o trabalho uma fonte de tensão e desprazer. Isso pode acarretar a fadiga, a astenia, e a partir daí a patologia, nomeada de "trabalho fatigante", acarretando o sofrimento laboral (Silveira; Ciampone; Gutierrez, 2014).

> Imagina que você trabalha o dia inteiro, conversa o dia inteiro, o dia inteiro, alguém querendo algo de você. Ninguém chega aqui perguntando: Doutor, o senhor tá bem? O senhor precisa de alguma coisa? Todo mundo chega aqui, querendo de você, e não trazendo algo pra você. Ou melhor, trazendo problemas assim aos montes né. Aí você chega em casa, quando se está sozinho, tudo bem, você quer isso mesmo, aí vai... Mas às vezes, você tem companhia e você não quer conversar nada, né... você quer ficar quieto, porque você tá cansado, você não quer dar mais nada. Você tá querendo um pouco de colo né... e isso... Se tem alguém te esperando, esse alguém tá querendo um pouco de colo também porque você esteve ausente o tempo inteiro... então é isso... cansa, não o físico, o físico você se adapta, mas é você chegar, querer sentar, e ficar simplesmente fazendo nada, pensando, ruminando aquilo que você viveu o dia todo. Descansar... Isso vai te cansando, cansa mesmo, e afeta, óbvio que afeta (P1).

Para Nogueira-Martins (2003) os sintomas somáticos podem ser de exaustão, cefaleias, fadiga, insônia e dispneia. Já ansiedade, negativismo, rigidez e desinteresse são os sintomas psicológicos.

> Ah, atrapalha, tipo, afeta, assim, tanto na relação com as pessoas que consomem muito; você não consegue sair, o ambiente praticamente que a gente vive é o tempo todo só com o pessoal do hospital, da faculdade, da residência, e acaba sendo bem desgastante assim, você não tem fim de semana, você não sai, tem dia que você tem um óbito do paciente, tem alguma coisa assim, e você não quer mais sair também, por mais que seja o seu dia de descanso, então acaba relacionando esses problemas assim (R3).

Os profissionais da saúde se encontram muitas vezes cansados, sobrecarregados e em muitos casos frustrados, enfrentando ainda as dificuldades de participar de uma equipe de formação heterogênea e na qual cada um desenvolve estratégias diferentes para lidar com o estresse diário; são fortes as pressões exercidas por pacientes, familiares e acompanhantes, por outros profissionais e pela própria doença (Paris & Omar, 2008; Zakabi, 2004 *apud* Negromonte, 2010).

> Então, você precisa de muita atenção, muito cuidado (...) então, você passa de manhã, passa à tarde, né, e isso te consome um pouco, e quando você está fora daqui, você não consegue abrir mão do trabalho, né, por causa de sempre ter um paciente internado, ou tá grave, ou que tá tendo alguma complicação. Eu vejo algumas dificuldades, principalmente em local de trabalhos multidisciplinares, então, às vezes você prescreve um doente, e este paciente não é medicado no horário, e isso te consome mais tempo ainda, de estar ficando em cima de ver os resultados, ou no tratamento que você tá indicando pra aquele doente, acho que esta é a principal dificuldade que a gente encontra (R2).

Segundo Silva *et al.* (2011), o exercício da medicina é permeado de angústias e dilemas, tendo um aspecto particular o exercício na área da oncologia. Entretanto, se essa problemática fosse diretamente abordada dentro dos currículos médicos, os danos, tanto na relação médico-paciente, quanto na saúde mental do profissional poderiam ser sensivelmente reduzidos. A subjetividade que a prática médica implica merece ser curricularmente contemplada com a mesma ênfase que a objetividade tem se destacado nas escolas médicas.

> É o trabalho assim é difícil, não é fácil, tá... no começo eu passei... do começo até hoje, de quando eu me formei até hoje, a evolução foi muito grande e as dificuldades aumentaram também, é, de quando eu estava

> na faculdade até hoje. É mais... é um trabalho diário uma coisa, por exemplo, hoje, eu vô e chego em casa tarde né, tem dias que é difícil você lidar, você lidar com a pessoa, com o paciente, com a família da pessoa, com uma situação às vezes difícil, então é uma coisa que deixa a gente bem desgastado (P3).

Há algum tempo, a literatura especializada indica a necessidade de se voltar atenção especial do cuidado ao cuidador, visto que o trabalho em saúde, principalmente em contextos que tratam pacientes de alta complexidade, é permeado por um alto grau de tensão, sons agudos, intermitentes e variados, ansiedade, tristeza, queixas constantes, dor, morte e longas jornadas de trabalho – dificuldades que fazem parte do dia a dia destes trabalhadores (Negromonte, 2010). Dejours (1994, *apud* Silveira; Ciampone; Gutierrez, 2014) afirma que podem existir prazer e sofrimento no trabalho perante o reconhecimento desse sofrimento e que é essencial que o profissional reconheça seus limites e procure ajuda, tanto para suprir o desgaste físico quanto o mental.

> Ah assim, eu quero até elogiar vocês, acho que é uma coisa muito bacana de, de tentar cuidar de quem cuida, né, é o que a gente precisa. Há um ano eu faço terapia, é porque o que eu vivencio... é, eu gosto de falar com as pessoas, sabe, eu gosto de tentar entender a vida das pessoas nesse pouco intervalo de tempo que a gente fica juntos. (...) Desse um ano, um ano e meio, mais ou menos eu tenho começado a fazer terapia, porque algumas pessoas são, algumas dessas pacientes são realmente muito problemáticas (P2).

A formação em Medicina e a ausência de cuidado com a subjetividade do futuro médico

Cada vez que você faz uma opção está transformando sua essência em alguma coisa um pouco diferente do que era antes.
(C.S. Lewis)

Segundo Millan (1999) os fatores que levam o aluno a estudar medicina são de natureza múltipla e se dão por motivações tanto de natureza consciente como inconsciente; passando desde o prestígio social até o desejo de saber, pela atração por responsabilidade e por dinheiro, a necessidade de "ser" e aliviar a dor dos que sofrem. Quanto ao currículo médico, este se inicia bem antes do estudante entrar para a faculdade, devido à visão de médico que cada pessoa traz consigo, decorrente da vivência pessoal, de fatores culturais e a imagem do médico construída pelos meios de comunicação de massa.

> Escolhi medicina, desde o começo, quando eu tava no segundo colegial, nunca pensei em oncologia...(...) eu escolhi medicina porque eu gosto de ter contato com as pessoas e, é bem diferente todo dia, nunca é igual, cada paciente é um paciente, não tem rotina nenhuma (R3).

Vários fatores influenciam na escolha profissional, desde características individuais a princípios religiosos e políticos, valores, situação político-econômica do país, a família e os pares. A família é indicada pela literatura como um dos fatores principais que ajudam ou dificultam no processo de escolha e na decisão do jovem, este pertencente a uma família com história e características próprias. Sendo assim, é essencial para a escolha não somente a sua própria vivência, mas também o sentimento de pertencimento ao grupo familiar e o processo de identificação, o valor dado às profissões e a maneira como são elaborados e utilizados os dados familiares. Entre os diversos facilitadores ou dificultadores no processo da escolha profissional, a família é um fator considerável na realidade do indivíduo, em relação a seu projeto de vida, sendo o lugar onde o adolescente geralmente encontra suporte financeiro e emocional para a promoção do seu projeto (Santos, 2005).

> Então, eu escolhi medicina, meu pai era médico, e eu sempre convivi com isso [...] acompanhava ele desde novo, e sempre gostei muito, nunca pensei em fazer outra coisa, nunca vi outra possibilidade na minha vida. E ele também era cirurgião, sempre acompanhei, tudo, então, sempre tive uma tendência maior a gostar disso (R1).

O ponto de partida para a formação dos valores que os jovens têm de si mesmos e também para o entendimento de suas aptidões é a história familiar, suas vivências e escolhas estão embasadas nos modelos dessa convivência, que também influenciam no juízo de valores do indivíduo sobre a escolha profissional (Lucchiari, 1997, *apud* Santos 2005).

> O fato de ter escolhido essa especialidade, eu fiz ginecologia antes, e minha mãe teve câncer de mama. A mãe da minha mãe teve um tumor hepático. Então assim, eu estava no meu processo de formação, e vivenciei esses problemas. Dentro da ginecologia existe um leque enorme de subespecialidades, aí eu acabei escolhendo a mama, por grande influência da minha mãe, e o que ela vivenciou (P2).

A decisão pela Medicina pode acontecer bem antes da entrada do estudante na faculdade, pelo fato de todos carregarem um "perfil médico" que se firma no saber empírico da sociedade, por meio de vivências interpessoais e culturais. Entretanto, é no decorrer do curso de Medicina que os estudantes ficam de frente com a realidade e terão o direcionamento referente à especialidade que vão seguir (Sousa; Silva; Caldas, 2014). No que se refere à escolha da especialidade, também situações conflituosas que surgem entre as expectativas dos estudantes e a realidade vivenciada durante o curso podem moldar cada indivíduo na direção da área médica particular a seguir. Aliam-se a essas situações outros elementos como, por exemplo, a representação do poder e prestígio da Medicina, que colocam a profissão como um símbolo de ascensão social. Esse talvez seja um dos motivos principais relacionados à escolha profissional, muitas vezes despercebido pelos próprios alunos (Millan, 1999).

> Fui fazer residência de cirurgia cardíaca. Sabe quanto durou? Sessenta dias. Eu entendi que não era bem aquilo, aquilo era um sonho, era um pouco romântico demais, perspectivas econômicas com cirurgia cardíaca não eram das melhores, ou necessidade de trabalhar sempre em grupo, num lugar grande. Eu queria merecer, fazer merecer o meu valor... Aí, como eu tava esperando o resultado do hospital AC Camargo, que é o hospital do câncer também da USP, aí saiu o resultado, eu entrei e fui pra lá, pro AC Camargo. Aí eu acredito que tenha tido dedinho de Deus porque... eu, eu não seria, não conseguiria ter previsto isso enquanto acadêmico, jamais [...] Na realidade, foi uma opção que aconteceu no curso, assim, no, no trajeto da minha vida como cirurgião é que aconteceu a escolha pela cirurgia oncológica né, não foi uma coisa pensada, nunca pensei em fazer isso como acadêmico, depois eu entendi que seria o melhor caminho, e como que um golpe do destino, acabou dando muito certo, porque eu sou apaixonado pelo que eu faço (P1).

A formação do médico tem sido guiada pelo modelo biologicista que se baseia no padrão positivista científico, apoiado na fragmentação das partes para entender o humano como unidade. Essa ótica delimita os processos de saúde e doença sob a perspectiva biológica, empregando o foco do médico apenas na doença, desconsiderando o indivíduo que adoece. No entanto, como já exposto, vivenciar problemas de saúde incita sentimentos de medo e ansiedade em relação ao futuro e restrições físicas e funcionais e essa circunstância se torna estressante para os profissionais que, fundamentados em sua experiência acadêmica, se veem desprevenidos para lidar com todos esses sentimentos (Negromonte, 2010). Com uma formação focada na cura e que negligencia as dimensões do cuidar e confortar, o médico, geralmente, desenvolve sentimentos de onipotência, ao abarcar a ideia equivocada de que detém o controle sobre a cura e a morte, e frente à terminalidade dos pacientes esses sentimentos se transformam em frustração e impotência (Silva *et al.*, 2011).

Vivenciando estes acontecimentos, que perpassam o cotidiano da clínica médica, com graves problemas de comunicação e na própria relação médico-paciente, os estudantes de Medicina acabam aprendendo muito sobre "como eles não querem ser" como médicos. As escolas médicas têm grande necessidade em treinar sistematicamente qualidades humanísticas em seus alunos (Hornblow *et al.*, 1988, *Idem*, 2010: 262).

As instituições de ensino que já optaram por reformas nas grades curriculares, muitas de caráter profundo e renovador, foram motivadas pela aspiração em formar médicos que, entre várias características, possuam um contato mais direto tanto com seus professores quanto seus pacientes, para que assim sejam capazes de criar vínculos com os pacientes e de exercer uma medicina integral (*Op. Cit.*, 2010). Tais alternativas podem auxiliar o médico que, desde a formação acadêmica, sente o peso do desgaste da profissão.

> A faculdade é uma faculdade bem desgastante, uma faculdade que exige muito da gente, e a gente tem que estudar muito, tem que saber muito, e, tipo assim, você tem que abrir mão de muita coisa, principalmente quando você chega no final do curso que você tem plantão, e, já no quinto, sexto ano você tem que abrir mão de natal, ou de ano novo e de outros feriados, porque você tá de plantão e você não pode deixar de ir pra assim, ah não vou, não, você tem que ir e acabou, mesmo na parte acadêmica ainda, né, nem como um profissional e a parte da cirúrgica também eu acho bem desgastante, é um ambiente bem estressante principalmente porque você tem que tomar esses tipos de decisões muito rápido (R4).

Para Mello Filho (2010), a psicologia médica abrange o ensino ou a prática de todo tipo de fenômenos da saúde e das interações entre pessoas, como as relações profissionais e com pacientes, as relações humanas dentro de uma família ou instituições de saúde, a questão das doenças agudas ou crônicas, o papel das reações adaptativas ao adoecer, a invalidez, a morte e os recursos terapêuticos extraordinários. Diante de sua especificidade, a referida disciplina pode auxiliar significativamente os profissionais em saúde e favorecer o encontro de formas positivas para lidar com os encargos da vida profissional que afetam a vida pessoal.

Costa e Azevedo (2010) relatam que a relação médico-paciente sofreu mudanças importantes ao longo dos séculos e a empatia não poderia passar despercebida. Também a relação médico-paciente é um dos determinantes na resolução das questões e problemas de saúde e grande parte da eficácia médica resulta da satisfação dos pacientes durante todo o processo de tratamento. Esta satisfação não se limita apenas ao aspecto técnico-científico da medicina, como inclui a comunicação interpessoal, a qualidade do vínculo e o modo como se estabelecem essas relações (Santana, Hennington, Junges; 2008).

> São raras às vezes que isso me afeta no lado pessoal, eu acho que eu aprendi muito bem a separar. Aqui dentro do hospital, eu tenho uma atitude, eu tenho meus pacientes, a gente vê e tudo, mas, quando eu saio daqui eu tento fugir um pouco disso. Eu acho que é uma carga muito pesada pra gente levar pra casa também. Então, eu consigo dissociar isso bem. Lógico que são casos e casos, tem algumas vezes que toca mais, a gente acaba ficando um pouco pra baixo mesmo, por causa de alguns casos, principalmente quando são casos incuráveis, a gente fica um pouco pra baixo, mas eu tenho que dissociar bastante isso (R1).

O desenvolvimento da identidade médica recebe pouca atenção ao longo do curso de medicina, espaço onde reina a desassistência do estudante, salvo alguns grupos de apoio ou até professores mais disponíveis ao diálogo com eles (Costa e Azevedo, 2010). Logo, o auxílio psicológico ao estudante de medicina e ao profissional médico aparecem, de acordo com a literatura exposta, como fator relevante, inclusive para qualificar subjetivamente sua atuação profissional. Silveira; Ciampone e Guitierrez (2014) corroboram ao afirmar ser de extrema importância que o profissional se identifique com seu trabalho e perceba que este lhe traz a satisfação pessoal.

> É... o volume é alto, trabalha-se muito, mas, te confesso que quando tem feriado prolongado, chega no sábado à tarde, domingo, eu já vou ficando impaciente demais, porque eu quero voltar pra minha rotina, apesar de ser muito cansativa. Quando chega na sexta a tarde, eu fico clamando por uma semana de folga. Mas essa semana vem e eu não aguento, eu... eu logo quero voltar. É eu acredito que é uma, uma condição que já se consolidou né, nós estabelecemos que assim deveria ser. Então é por isso que eu não consigo parar de pensar em trabalhar, entendeu? Eu tenho cinquenta e um anos, e eu me formei com vinte e dois (P1).

Ao emprestar sua escuta, o profissional coloca para si uma exigência que certamente não será sem ônus para si próprio; uma escuta que angustia e desempara (Castro-Arantes; Lo Bianco, 2013). Que pode encontrar eco nas palavras de Lispector (2005): "é conformar-se sem se resignar. (...) E então vem o desamparo de se estar vivo. Estou falando da angústia mesmo, do mal. Porque alguma angústia faz parte: o que é vivo, por ser vivo, se contrai".

Considerações finais

A maioria dos entrevistados relatou que o trabalho com pacientes oncológicos afeta suas vidas de diferentes formas, e que uma das maiores dificuldades encontrada é separar a vida profissional da pessoal. O sofrimento do paciente e o envolvimento emocional do médico, ao conviver com a dor em seu cotidiano, trazem dificuldades aos profissionais para se manterem imunes a esse sofrimento em seu aspecto pessoal. A rotina de trabalho interfere em suas vidas em vários âmbitos, como nos relacionamentos familiares, e o desgaste e a sobrecarga de tarefas são intensos, unidos às sensações de impotência e frustração diante da terminalidade do paciente, que evoca a finitude do ser humano. Observa-se que vários fatores que envolvem a relação médico-paciente atingem aos médicos e que essa problemática não foi abordada suficientemente em suas formações acadêmicas, que contemplavam pouco investimento para o cuidado com a subjetividade e as emoções dos futuros profissionais. As consequências se manifestam em prejuízos para a saúde mental dos mesmos e dificuldades em lidar com o sofrimento e com a sensação presente de impotência. Mesmo detendo o saber da Medicina, vivenciam limitações diante da proximidade com a finitude mediante uma doença muitas vezes incurável como o câncer. Dessa forma, residentes em Medicina, de acordo com sua formação e vivências, podem direcionar suas escolhas profissionais para outras especialidades, alegando o peso que a área oncológica acarreta, como relatado pelos entrevistados.

Este tema ainda se mostra pouco abordado em estudos científicos, considerando a quantidade pouco expressiva de trabalhos encontrados durante a realização da pesquisa que apresentassem foco no médico e suas emoções; na relação do próprio médico com as doenças dos pacientes e suas particularidades; ou mesmo os abordando enquanto seres humanos que sentem e sofrem junto aos sujeitos e famílias que atendem. Reafirma-se, dessa forma, a importância de novos estudos sobre o tema, visto que o médico, em sua prática e formação, necessita de um suporte emocional para enfrentar as vivências diárias no exercício da profissão, como também a inclusão mais significativa dessa reflexão nos Cursos de Medicina, nos quais a saúde mental deveria ser contemplada com maior relevância em currículos de graduação e no período de residência. O cuidado direcionado ao profissional beneficiará não somente a classe médica, como também contribuirá para a melhoria do atendimento e da relação entre médico-paciente-família.

Referências

ANGERAMI, V. A. (Org.). *Psicossomática e a psicologia da dor.* 2. ed. São Paulo: Cengage Learning, 2012.

ARAÚJO, L. C. *et al.* A arte de ouvir o paciente. *Rev. Med. Res.* v. 13. n. 3. p. 200-205, 2011.

CASTRO-ARANTES, J. M.; LO BIANCO, A. C. Corpo e finitude – a escuta do sofrimento como instrumento de trabalho em instituição oncológica. *Cienc. Saúde Coletiva.* Rio de Janeiro, v.18, n.9, Sep. 2013.

CASTRO JUNIOR, G. de. *et al.* Oncologia Clínica: atuação na fronteira entre a melhor evidência e os ensaios clínicos. *Revista de Medicina.* São Paulo, v. 91, ed. especial, 2012, p. 56-9.

COSTA, F. D. da; AZEVEDO, R. C. S. de. Empatia, relação médico-paciente e formação em medicina: um olhar qualitativo. *Rev. bras. educ. med. [online],* Rio de Janeiro, v. 34, n. 2, Jun. 2010.

DRUMMOND, J. P. Bioética, dor e sofrimento. *Cienc. Cult.* v. 63, n. 2, Abr. São Paulo, 2011.

FURLAN, R. A questão do método na Psicologia. *Psicologia em Estudo,* Maringá, v. 13, n. 1, p. 25-33, jan./mar. 2008.

GAMBATTO, R. *et al.* Mecanismos de defesa utilizados por profissionais de saúde no tratamento de câncer de mama. *Psicol. Am. Lat.*, México, n. 6, Maio 2006.

GEOVANINI, F.; BRAZ, M. Conflitos éticos na comunicação de más notícias em oncologia. *Revista bioética.* São Paulo, v.21. n. 3. 2013.

GIL, A. C. *Como elaborar projetos de pesquisa.* 5. ed. São Paulo: Atlas, 2010.

KILIMNIK, Z. M. *et al.* Análise do estresse, fatores de pressão do trabalho e comprometimento com a carreira: um estudo com médicos de uma unidade de pronto atendimento de Belo Horizonte, Minas Gerais. *Revista Gestão e Planejamento.* Salvador. v. 12. n. 3 p. 688-689. set/dez. 2012.

LISPECTOR, C. *Outros escritos.* Rio de Janeiro: Rocco, 2005.

MELLO FILHO, J; BURD, M. e cols. *Psicossomática hoje.* 2. ed. Rio de Janeiro: Artmed, 2010.

MERSKEY H. Body-mind dillema in chronic pain. In: ROYAND, R.; TUNKS, E. *Chronic pain.* Baltimore: Willians & Wilkins, 1982.

MILLAN, L. R. *et al. O Universo Psicológico do Futuro Médico: Vocação, Vicissitudes e Perspectivas.* São Paulo: Casa do Psicólogo, 1999.

NEGROMONTE, M. R. de O. O Profissional de Saúde frente à dor do paciente: Estresse, Enfrentamento e Trabalho em Equipe. *Dissertação.* (Mestrado em Processos de Desenvolvimento Humano e Saúde. Concentração: Psicologia da Saúde). Universidade de Brasília, Instituto de Psicologia, Brasília, 2010.

NOGUEIRA-MARTINS, L. A. Saúde Mental dos Profissionais de Saúde. *Rev. Bras. Med. Trab.* Belo Horizonte, vol. 1, p. 56-68, jul-set 2013.

OLIVEIRA E SILVA, J. M.; LOPES, R. L. M.; DINIZ, N. M. F. Fenomenologia. *Rev. Bras. Enferm.* Brasília, v. 61, n.2, p.254-7, 2008.

OLIVEIRA, P. M.; TRINDADE, L. C. T. Manejo da dor no paciente com doença oncológica: orientações ao médico residente. *Rev. Med. Res.* Curitiba, v. 15, n. 4, p. 298-304, out-dez. 2013.

PESSINI, L. Humanização da dor e sofrimento humanos no contexto hospitalar. *Revista bioética.* São Paulo, vol. 10, n. 2, 2002.

SANTANNA, C.; HENNINGTON, E. A.; JUNGES, J. R. Prática médica homeopática e a integralidade. *Interface - Comunic., Saúde, Educ.* v. 12, n. 25, p. 233-46, abr./jun. 2008.

SANTOS, L. M. M. dos. O papel da família e dos pares na escolha profissional. *Psicol. estud.* Maringá, v. 10, n. 1, abr. 2005.

SILVA, C. M. G. C. H. *et al.* Relação médico-paciente em oncologia: medos, angústias e habilidades comunicacionais de médicos na cidade de Fortaleza (CE). *Ciência & Saúde Coletiva.* vol. 16 (supl1), p. 1457-1465, 2011.

SILVA, L. C. da. O sofrimento psicológico dos profissionais de saúde na atenção ao paciente de câncer. *Psicol. Am. Lat. [online],* México, n. 16, jun. 2009.

SILVEIRA, M. H.; CIAMPONE, M. H. T.; GUTIERREZ, B. A. O. Percepção da equipe multiprofissional sobre cuidados paliativos. *Rev. bras. geriatr. gerontol.* vol. 17, n. 1, Mar. 2014. Rio de Janeiro.

SOUSA, I. Q. de; SILVA, C. P. da; CALDAS, C. A. M. Especialidade médica: escolhas e influências. *Rev. bras. educ. med.* Rio de Janeiro, vol. 38, n. 1, Mar. 2014.

TORRITESI, P.; VENDRUSCULO, D. M. S. A dor na criança com câncer: modelos de avaliação. *Rev. Latino-Am. Enfermagem [online].* vol. 6, n. 4, p. 49-55. 1998.

TUCUNDUVA, L. T. C. de M. *et al.* A síndrome da estafa profissional em médicos cancerologistas brasileiros. *Rev. Assoc. Med. Bras.* São Paulo, vol. 52, n. 2, Abr. 2006.

Parêmia Da Morte e Da Dor

Valdemar Augusto Angerami

Eu ontem morri...
Morri para os sonhos,
para a ilusão de uma vida
que contemplasse a dignidade na doença e na dor...
Morri para embandeirar a
luta por uma sociedade onde os
doentes não fosse simplesmente
atirados junto aos restos de detritos sociais...
Morri para o entorpecimento
do álcool para alívio da minha angústia...
E nasci para a descrença num novo mundo.

Eu ontem morri
nas veredas da paixão
acreditando que a vida concebesse
momentos de prazer sem cobrar
determinantes de sofrimento...
Morri ao nascer para a vida sentindo
o desprazer da solidão...
Morri quando fui arrancado de minha inocência...

Nasci para morrer num pranto sem lugar para
alegrias furtivas e isoladas...
Morri quando conheci a realidade hospitalar.
Quando percebi a minha inquietação
diante do quietismo de todos, pacientes e
profissionais da saúde envolvidos na saúde.

Eu morri num hospital...
E nasci para o isolamento de
uma luta incessante e sem tréguas...
Morri para a mesmice da vida.
E nasci para um novo homem
que tem a petulância de ainda ter fé
em transformações sociais. Na dignidade,
na doença e na dor.

Serra da Cantareira, numa manhã azul de Inverno.

CAPÍTULO 10

Atenção psicológica interdisciplinar ao portador de doença crônica e sua família: impactos das transições epidemiológica e demográfica

Ricardo Werner Sebastiani
Antonio Pedro de Oliveira

Introdução

As demandas sócio-sanitárias em saúde trouxeram, nas últimas décadas, novos e preocupantes desafios que são, de maneira global, capitaneados por duas grandes transições: a Demográfica e a Epidemiológica, tendo estas, vários pontos de interface.

Essas mudanças globalmente introduzidas a partir do início do século XX, em distintas intensidades, direcionadas às condições básicas de vida; o crescente avanço do modelo de urbanização e de estrutura social; a implementação de políticas de saneamento básico e o progressivo processo de disponibilização de acervo de imunização; o impactante desenvolvimento da indústria farmacêutica e seu arsenal medicamentoso (Figura 1), fundearam as bases que eclodiram duas determinantes a partir da 2ª metade daquele, século: drástica redução da mortalidade precoce por moléstias de curso agudo (doenças infectocontagiosas) (Figuras 2 e 3) e desigual, porém, significativa redução da taxa de natalidade.

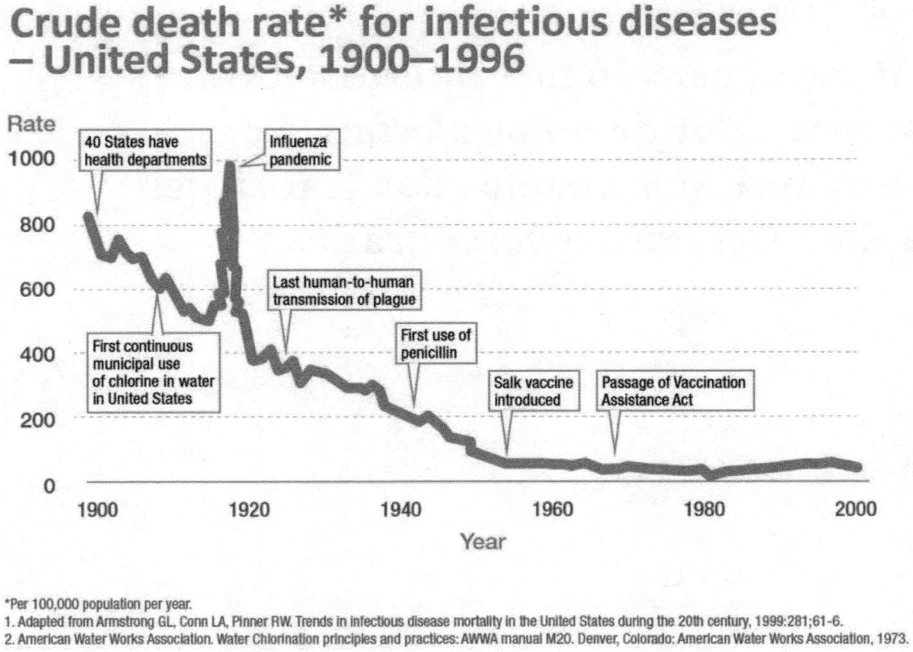
Crude death rate* for infectious diseases – United States, 1900–1996
Rate
1000
800
600
400
200
0
40 States have health departments
Influenza pandemic
Last human-to-human transmission of plague
First use of penicillin
First continuous municipal use of chlorine in water in United States
Salk vaccine introduced
Passage of Vaccination Assistance Act
1900
1920
1940
1960
1980
2000
Year
*Per 100,000 population per year.
1. Adapted from Armstrong GL, Conn LA, Pinner RW. Trends in infectious disease mortality in the United States during the 20th century, 1999:281;61-6.
2. American Water Works Association. Water Chlorination principles and practices: AWWA manual M20. Denver, Colorado: American Water Works Association, 1973.

Figura 1

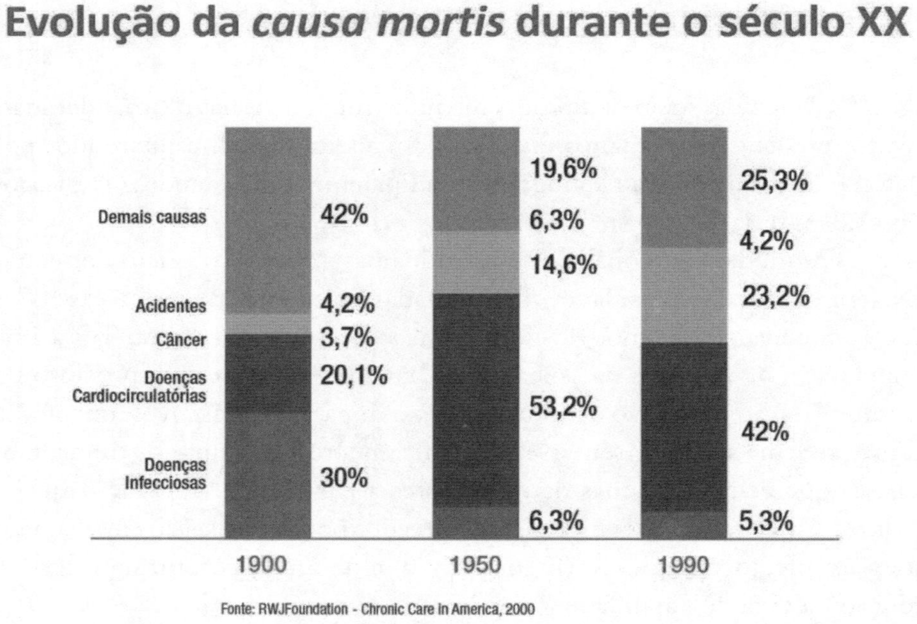
Evolução da *causa mortis* durante o século XX
Demais causas
Acidentes
Câncer
Doenças Cardiocirculatórias
Doenças Infecciosas
42%
4,2%
3,7%
20,1%
30%
19,6%
6,3%
14,6%
53,2%
6,3%
25,3%
4,2%
23,2%
42%
5,3%
1900
1950
1990
Fonte: RWJFoundation - Chronic Care in America, 2000

Figura 2

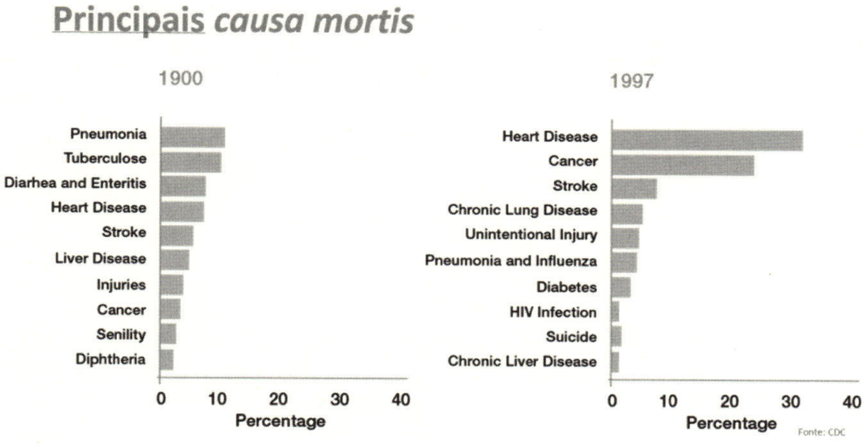

Figura 3

Os países desenvolvidos experimentaram esta transformação no perfil de causas de mortalidade: de doenças agudas, para moléstias crônicas.

Consequência, crescente aumento da expectativa de vida (Figura 4).

Figura 4

Consistentes dados, registrados nos EUA, se reproduziram, ainda que em menor escala e intensidade, nas demais regiões do mundo acompanhando índices de desenvolvimento econômico de cada país ou região. A estruturação geopolítica – essencialmente a partir da metade do século passado; o reposicionamento social das mulheres – sua definitiva e maciça entrada no mercado de trabalho – e a chegada de métodos mais acessíveis de controle da natalidade, fundamentalmente do contraceptivo oral, impulsionaram drasticamente a redução da taxa de natalidade (Figura 5).

Taxas bruta e padronizada de natalidade
Brasil e grandes regiões, 1991, 1995, 2000 e 2004

Regiões	1991	1995	2000		2004	
	Bruta	Bruta	Bruta	Padronizada	Bruta	Padronizada
Brasil	23,39	21,97	21,06	20,94	18,17	18,11
Norte	31,93	30,14	28,63	28,15	23,62	22,75
Nordeste	26,81	25,13	24,29	24,23	21,66	21,26
Sudeste	20,23	19,20	18,71	18,52	15,87	15,84
Sul	21,49	19,77	17,96	18,41	14,83	15,61
Centro-Oeste	24,38	22,34	20,70	19,22	19,16	17,95

Fonte: Estimativas: IBGE/Projeções demográficas preliminares. Dados Diretos: MS/SVS/Sistema de Informações sobre nascidos vivos.
In: REDE Interagencial de Informação para a Saúde Indicadores básicos para a saúde no Brasil: conceitos e aplicações / Rede Interagencial de Informação para a Saúde - Ripsa. – 2. ed. – Brasília: Organização Pan-Americana da Saúde, 2008. 349 p.: il.

Figura 5

Estes principais fatores associados – redução da taxa de natalidade e aumento da expectativa de vida – definem o perfil que a população mundial terá a partir de meados do século XXI. Definem, por outro lado, demandas de ajustes nos modelos de atenção à saúde, seja pela introdução de novas práticas, seja pela reformatação de práticas já descritas e reconhecidas (Figuras 6 e 7).

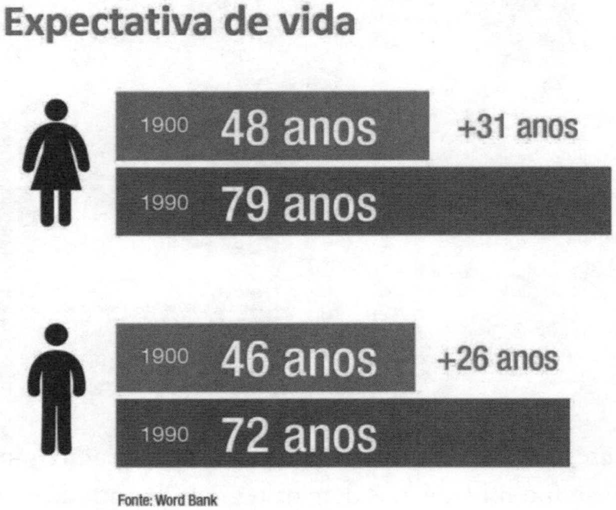

Figura 6

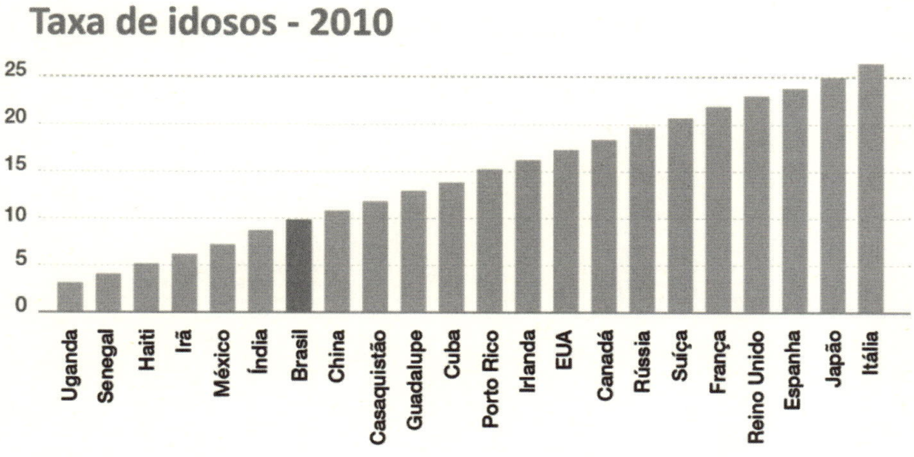

Figura 7

Vivemos o período que antecipa a drástica mudança na incidência de *causa mortis* com prevalência de condições crônico degenerativas e a tendência de inversão da pirâmide demográfica, fato já consolidado no "Velho Mundo" há 4 décadas.

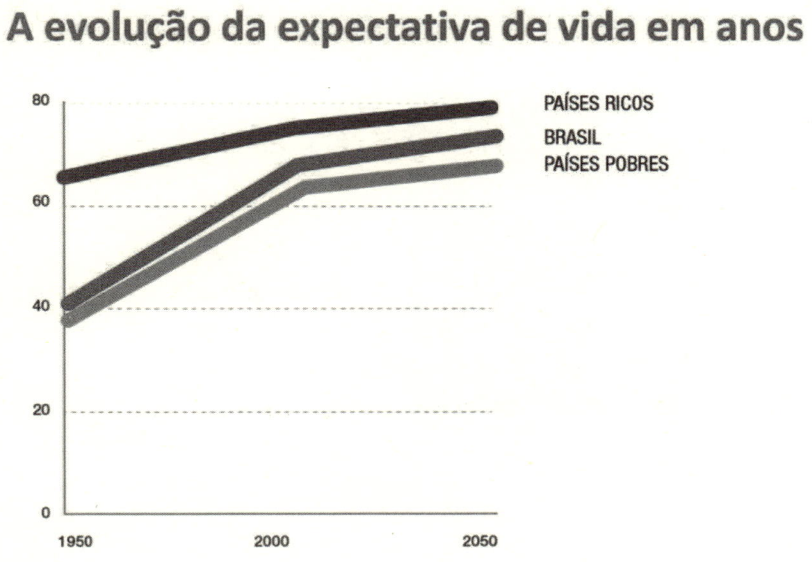

Figura 8

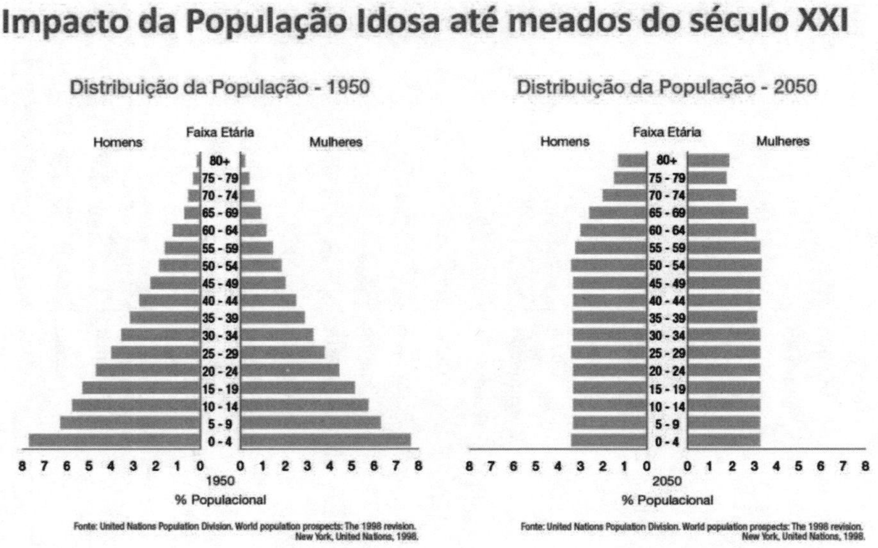

Figura 9

Surge a 3ª idade; um crescente contingente populacional com características específicas, carentes de metodologia e instrumentos de atenção à saúde capazes de prover acolhimento compatível com suas necessidades.

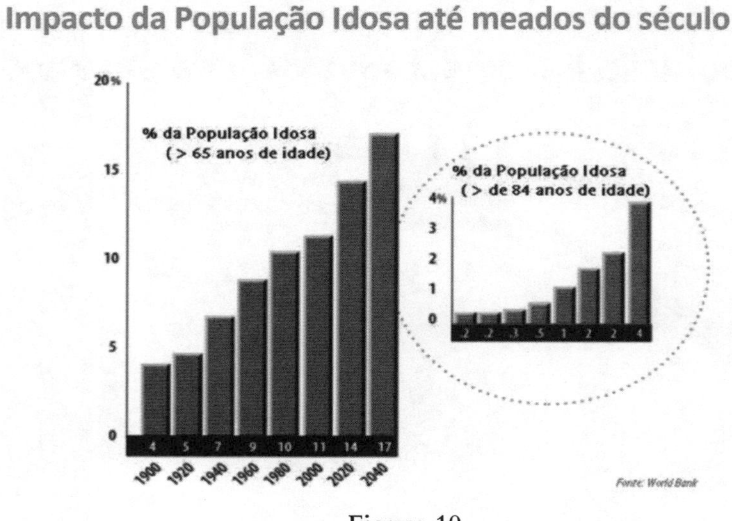

Figura 10

O predominante modelo brasileiro de atenção à saúde, consolidado ao longo do último século, eminentemente reativo, hospitalocêntrico, biomédico como foco assistencial oferece muito pouca ação preventiva 2ária, base da atenção de grupos populacionais da 3ª idade assim como a uma gama crescente da população com forte viés de condições crônico degenerativas, comorbidades e seus impactos adjuvantes.

O envelhecimento e o progressivo rebaixamento somato-cognitivo vulnerabilizam este compartimento demográfico e há um notório despreparo da sociedade para acolher este novo contingente populacional e suas "novas necessidades".

A estrutura social consequente ao modelo de massificada urbanização, agravado pelo significativo aumento da expectativa de vida, provocaram uma situação inusitada para indivíduos, famílias, gestores sociais e da saúde e para a sociedade como um todo. O idoso necessita de um ambiente que acomode suas peculiares necessidades seja qual for sua capacidade de independência e autocuidado. Este ambiente está para ser provido, seja estrutural, organizacional ou funcionalmente falando.

Quanto menos dominante de suas atividades básicas diárias é o idoso, mais requer em atenção compreensiva e cuidados seletizados.

O idoso portador de condição(ões) e morbidade(s) crônica(s) demanda um conjunto adicional de ações e ferramentas que suportem seu cada vez mais tênue equilíbrio da vida.

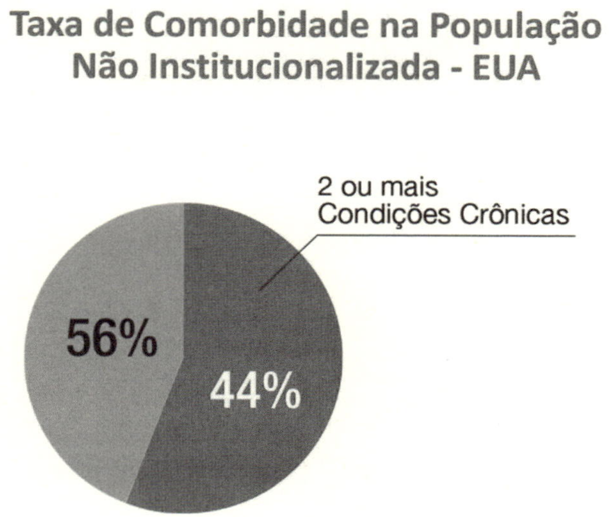

Figura 11

Da mesma forma, a crescente manifestação, na população entre os 18 e 60 anos, de desenvolvimento de enfermidades crônicas chama a atenção e dispara o alerta para o enfrentamento de suas condicionantes e sobrepesa o corrente arquétipo de atenção à saúde, que ainda enfrenta dificuldades em implementar novos modelos assistenciais uma vez que a estrutura instalada, os programas de formação e capacitação e as Políticas Públicas de Saúde se atrasam em responder a estas novas demandas e ainda se veem em situação extremamente delicada apontada pelo que a Organização Mundial de Saúde denominou de "Transição Epidemiológica Mista Prolongada", representada, não só, pelo avanço do cenário que descrevemos acima, mas ainda pressionada pela incidência de Doenças Infectocontagiosas emergentes e reemergentes atingindo consideráveis segmentos da população, tais como: Tuberculose (Brasil 5° país no mundo em incidência), Hanseníase (Brasil 2° no mundo em incidência), Dengue, Febre Amarela todas estas reemergentes e novas enfermidades como a Zikavirose e a Chicungunia, para citar apenas algumas...

No que tange às enfermidades crônicas, o custeio desta porção populacional, dentro do corrente modelo de atenção, impacta sobremaneira o financiamento da Saúde, seja público, seja privado – senão vejamos:

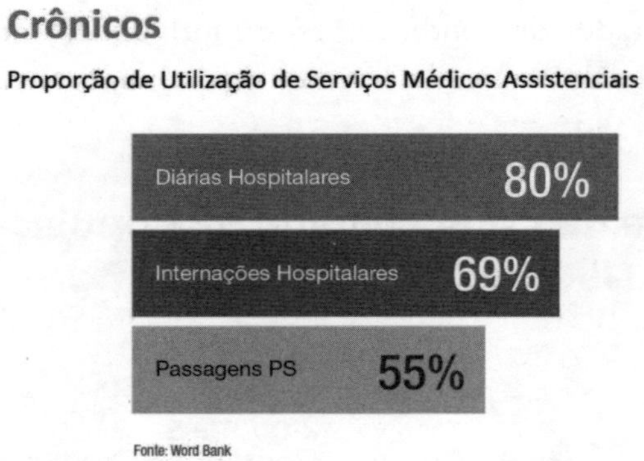

Figura 12

Figura 13

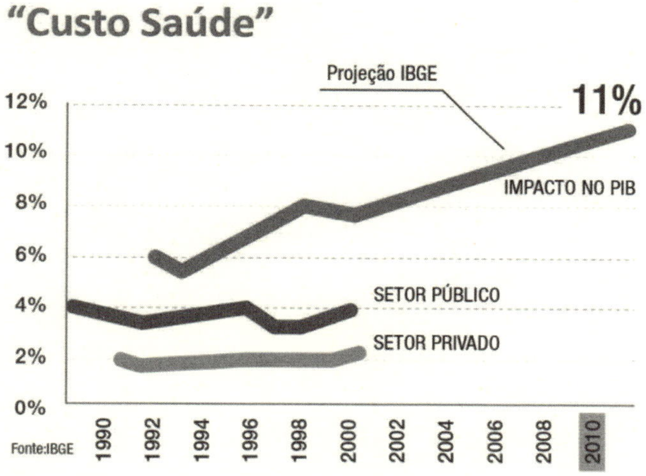

Figura 14

Assim, fornecer ao idoso portador de condições crônicas e aos demais enfermos crônicos o mesmo modelo reativo de atenção à saúde, tem sido pernicioso para todos, fundamentalmente para o próprio paciente.

Doenças crônicas têm, no mais das vezes, evolução com as seguintes características: início insidioso, silencioso, porém, previsível e evolui tanto do ponto de vista do agravo da morbidade, quanto do atinente ao custeio, modulando uma Curva de Tendências com perfil de crescimento exponencial:

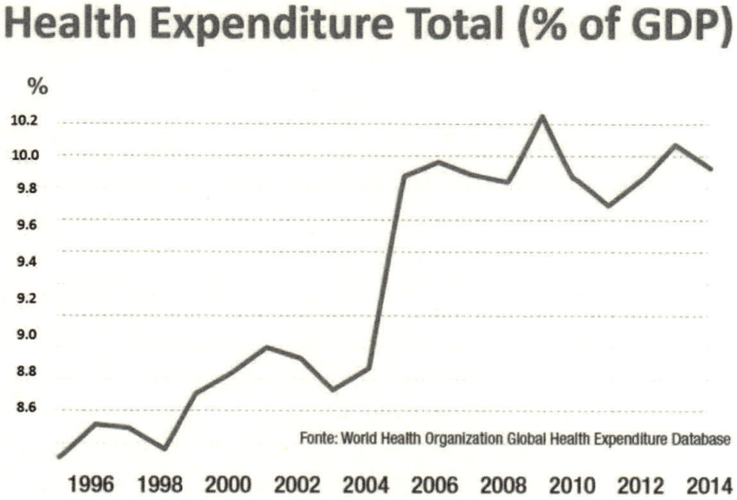

Figura 15

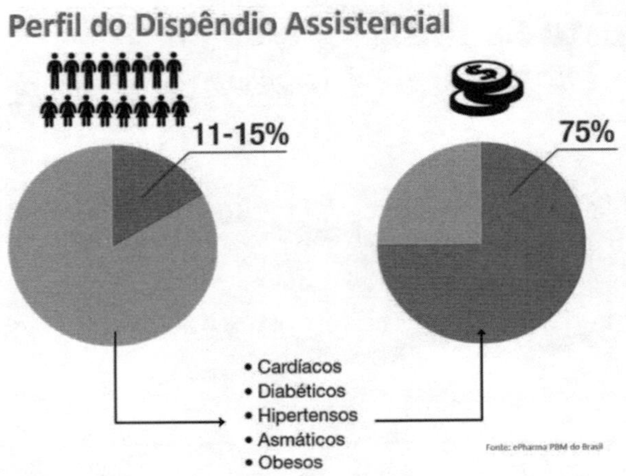

Figura 16

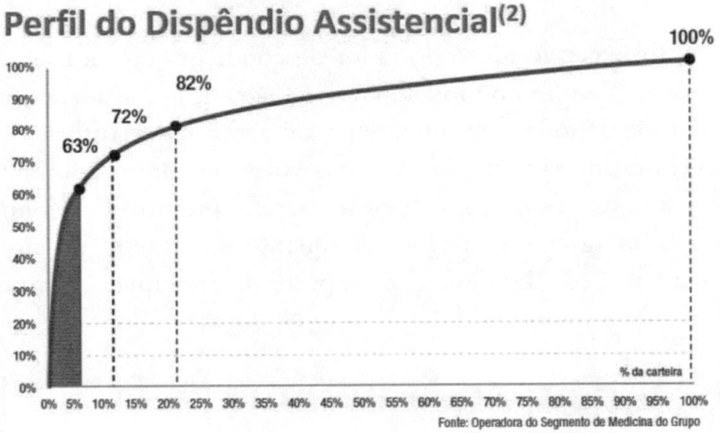

Figura 17

Esperar que o paciente crônico procure recursos assistenciais representa irrecorrível perda (1) de qualidade de vida e (2) de vasto montante de recursos de custeio para a sociedade. Uma fórmula onde todos perdem.

Para qualquer dada população que suporte análise estatística, cerca de 15% dela impacta em 70 a 80% do montante de recursos financeiros destinados ao custeio de saúde.

Identificar este estrato populacional deve ser o primeiro desafio do gestor da Saúde pelo fato de que este grupo populacional está majoritariamente composto por portadores de doenças crônicas e, em mais de 50% deles, agravadas por comorbidade.

Neste sentido, impõe-se um novo paradigma – que conceitualmente não é novo. A Epidemiologia já o consagrou, há mais de 1 século. Porém, este modelo tem estado inativo na maioria das nações (em especial no Brasil), pois, o perfil "jovem" de suas populações fez prevalecer o modelo reativo, biomédico, eminentemente assistencial e pouco preventivo.

Assim, este "novo" contingente populacional requer escrutínio de seu perfil de condição de saúde de forma a prover atenção segundo as peculiaridades de cada subgrupo, p. ex., Diabéticos podem ser reclassificados em; DMI (ou, juvenil) e DMII (ou, secundária) e ainda subclassificados, segundo o grau de acometimento e sequelas da Diabetes, em: Leve, Moderado e Grave.

Cada subgrupo destes requer atenção e ações customizadas, na maior parte delas, buscando se antecipar a agravos, num processo de Prevenção secundária e, por vezes, terciária, na acepção dos conceitos epidemiológicos clássicos.

A exemplar ilustração que destaca as Determinantes da Saúde de cada indivíduo (CDC) suporta este modelo de intervenção. Cerca de 50% da condição de saúde de cada indivíduo depende de seu hábito de vida, suas escolhas. Somente 10% de sua condição de saúde é resultado da atenção assistencial biomédica, reativa, recuperadora.

Idosos portadores de condição(ões) crônica(s) demandam atenção preventiva no sentido de flexionar a Curva de Tendências da consequente degeneração de sua condição de saúde.

Neste sentido requerem estar submetidos a um protocolo específico que promova: (1) ações preventivas contidas no modelo holístico bio-psico-social (2) autoconhecimento, por educação continuada, para lidar com sua condição de saúde.

Este processo de empoderamento do indivíduo cria ambiente para a adoção de hábitos compatíveis com suas específicas necessidades.

Ser agente ativo de sua saúde é o foco deste modelo.

Neste sentido, um dos principais atores a intervir dentro deste modelo é o Psicólogo. Mudança de Hábitos de Vida é uma tarefa árdua, contínua e permeada de armadilhas e ciladas. Haja vista situações frequentes do atual cotidiano das pessoas: o tabagismo e a obesidade e, mais grave, a adição de substâncias químicas não autorizadas.

Mudar hábitos, para a Psicologia, representa uma tarefa fundamental e sob este aspecto, a presença do psicólogo compondo a Equipe de Saúde tem sido cada vez mais relevante, e exige destes profissionais, desde a sua formação, uma necessária readequação de modelos de intervenção, assim como, de conteúdos em sua grade curricular que o capacitem de maneira mais adequada a assistir essas pessoas.

A mudança no Paradigma de Saúde que migra gradativamente de um Modelo Biomédico (curativista, biologicista, reativo e centrado na doença e na cura) para o Modelo Biopsicossocial (visão do indivíduo como um todo, centrado no cuidar, preventivo), vem a reforçar a necessidade de atuações interdisciplinares. Dados recentes indicam que, sobretudo para as enfermidades crônicas, a aplicação do modelo biopsicossocial é imperativa:

Determinantes da Saúde

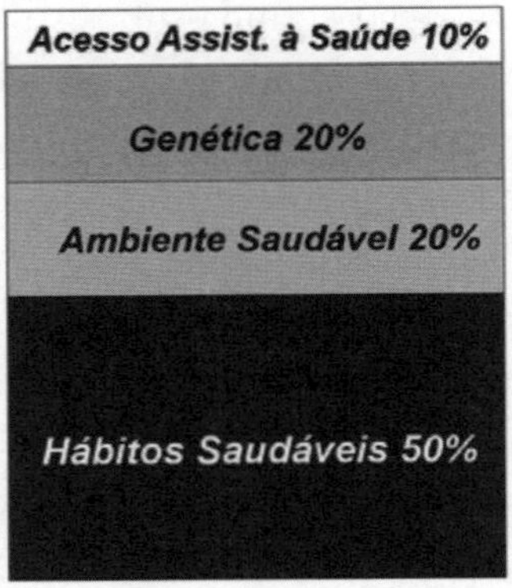

Fonte: IFTF; Centers for Disease Control and Prevention

Note o leitor que a tabela acima identifica que 70% das determinantes em saúde derivam dos fatores "Ambiente Saudável" e "Hábitos Saudáveis", sendo que parte das potencias ações nos "Ambientes" e grande parte das ações que envolvem "Mudanças de Hábitos" podem e devem ter a ajuda da Psicologia como Ciência e Profissão.

No entanto, no Brasil, nossa realidade ainda se arrasta numa prática quase medieval de atenção ao paciente crônico. Estima-se que possuímos atualmente algo em torno de 46.000.000 de pessoas portadoras de algum tipo de patologia crônica (dados 2016), dentro do conceito que assinalamos nesse capítulo, entre hipertensos, diabéticos, epilépticos, alcoólatras, aidéticos, portadores de insuficiência renal crônica etc. Esse contingente que representa muito mais que a população total de muitos países está praticamente relegado à sua própria sorte nas filas do SUS, aguardando uma vaga num hospital para um eventual tratamento paliativo ou intervenção emergencial, esperando (e as vezes morrendo nessa espera), um atendimento para uma crise aguda na evolução de seu processo crônico. Marginalizados da sociedade, uma vez que, na maior parte das vezes improdutivos, dependem da família, da boa vontade de instituições públicas e filantrópicas e, é óbvio de se concluir, tendo sua qualidade de vida precarizada.

Conceitos da Psicologia dos tempos atuais foram os principais responsáveis pela maior mudança de comportamento impulsionada pelo modelo econômico ocidental; a formação, consolidação da sociedade de consumo, geração de demanda. O Marketing e a Propaganda lançaram mão de massivo repositório do conhecimento em Psicologia para criar hábitos de vida que estimulassem o consumo de bens e aí estamos...

É este mesmo modelo que deve servir de referência para alcançar o empoderamento do idoso crônico, assim como dos demais enfermos crônicos. Tarefa difícil, suportada adicionalmente por equipe de distintas áreas da saúde: nutricionistas, fisioterapeutas, farmacêuticos, enfermagem, etc...

Mudar hábitos e empoderar a pessoa portadora de enfermidade crônica gera o mais forte vetor de cumprimento de diretrizes do protocolo de monitoramento, contribuindo para a flexão positiva da Curva de Tendências da evolução da condição de saúde e do agravo de custeio.

O *coaching* psicológico tem se demonstrado como o mais importante instrumento de adesividade e de *compliance* de médio e longo termo, atestado por resultados de programas de monitoramento de doenças (DM – *disease mangement*).

A atenção psicológica dentro de uma ação interdisciplinar continuada de cuidados deve considerar diversos aspectos e dimensões: a relação da pessoa enferma com sua doença, o papel da família e/ou de seu grupo de referência sócio afetivo e o vínculo e relação destes com a equipe de saúde.

I. O impacto do diagnóstico

Um dos principais pontos de partida a serem considerados pela Equipe que emite o diagnóstico de uma enfermidade crônica a uma pessoa é o de ter em mente que o *Impacto Diagnóstico* vai para muito além das potenciais limitações e dos tratamentos aos quais esta pessoa terá que se submeter. Falamos aqui de uma importante, impactante e permanente mudança na própria identidade da pessoa, qual seja ela passou à condição de **Ser Doente**, essa nova realidade terá que necessariamente ser incorporada e aceita pelo indivíduo como primeiro passo para a *Aderência ao Tratamento.*

Contudo, Schneider, P. B., observa que a doença crônica gera uma série de limitações, restrições, incapacidades ao paciente, exigindo muitas vezes cuidados sistemáticos, porém, toda a equipe de saúde e até mesmo os familiares deste doente, gostariam que o paciente mesmo em regressão, dependente e passivo pudesse de certo modo viver uma vida normal, considerando as restrições sociais ou psíquicas que houvessem.

Neste sentido, Chiattone, H. B. C., refere que "o Ser Doente convive constantemente com a ambiguidade imposta pela própria doença, expressa em seu corpo. Mesmo buscando repudiar o seu Ser Doente, as implicações terapêuticas controlam sistematicamente sua vida. Como resultado, sempre que o paciente tenta superar a dependência e passividade, assumindo expressão ativa, expõe-se à possibilidade de fracasso, sendo, muitas vezes, dominado por essa ameaça.

Cria-se, um círculo vicioso, pois, estimula-se o paciente a agir ativamente diante de sua doença, assumindo seu controle, mas, paralelamente, impõe-se o peso constante das responsabilidades que envolvem o rígido tratamento".

Chiattone, H. B. C., segue comentando o quanto é "importante considerar que nem sempre o Ser Doente deseja liberar e gratificar essas novas forças envoltas à sua doença. Ao contrário, deseja manter-se regredido, dependente e passivo obtendo os lucros dessa relação expressando o alívio secreto quando a equipe de saúde ou os familiares adicionam o peso de sua autoridade aos seus controles incertos".

Ao diagnosticar uma doença crônica, o médico certamente, salvo melhor conduta, apresentará ao paciente fatos que irão abalar sua vida, e os conceitos que tem de si mesmo. Ser um doente crônico é lutar contra suas incapacidades que tendem a cada vez mais aumentar; é muito mais difícil do que adaptar-se a uma doença aguda que só exige uma temporária aceitação da passividade como também da ajuda externa. Sabe-se que o doente crônico "tem de aceitar" o fato de que nunca se curará e que sua condição de Ser Doente tende a piorar a medida que a sua moléstia progrida.

O diagnóstico precoce e as inúmeras novas técnicas terapêuticas têm dado a milhões de pessoas portadoras de enfermidades crônicas novas possibilidades de se readaptar ao curso da vida (apesar da doença) e experimentar relativa qualidade de vida embora diferente daquela que vivia anteriormente. Falamos, portanto, aqui de movimentos importantíssimos que envolvem: Enfrentamento, Adaptação e Resiliência.

Para que estes movimentos possam ser potencializados na pessoa é importante que psicólogo e equipe entendam diversas facetas do processo de elaboração do Ser Doente:

A angústia em relação ao diagnóstico desencadeia reações psíquicas específicas: Num primeiro momento o paciente tem um choque inicial que gera medo, depressão, choro e desespero. Sendo um período curto, marcado pela família, médico e paciente.

O Impacto Diagnóstico que as enfermidades crônicas produzem podem gerar uma série de conflitos emocionais, ansiedade, angústia, que vão desencadear no paciente uma série de mecanismos defensivos múltiplos; entre os mais frequentes e interessantes de comentar se encontram:

Regressão: O paciente adota frente a sua enfermidade uma conduta infantilizada e põem em jogo mecanismos regressivos. Esta reação se observa com frequência em sujeitos muito dependentes e que normalmente exigem muita atenção; manifestam uma necessidade de ser atendidos, de ser apreciados e, por sua enfermidade, se convertem em centro de atenções, produzindo uma série de desajustes no meio familiar. Muitas vezes a família reforça esse comportamento, criando barreiras importantes para os esforços adaptativos à nova realidade e a busca de uma relação o mais autônoma possível, com a vida (com ou apesar da doença crônica).

Negação: Neste tipo de reação, o paciente não quer reconhecer sua enfermidade e trata então de enganar a si mesmo e a seus familiares, adotam uma atitude negativa, colaboram pouco, se negam a receber ajuda médica e esperam até o último momento para ir a uma consulta. Esse mecanismo tende a agravar o quadro inicial e a diminuir substancialmente as condições de trabalhos dentro do modelo de Prevenção Secundária. O contato com o paciente acaba acontecendo somente em momentos de crise da evolução de seu quadro, quando esse busca ajuda emergencial, normalmente em unidades de Pronto Socorro, que por sua vez atendem a demanda emergencial e "devolvem" o paciente a sua condição crônica não cuidada...

Intelectualização: Nesse outro mecanismo o paciente investiga todos os aspectos de sua enfermidade e pretende que, ao conhecê-la melhor, esta deixe de existir. Esta reação, sem embargo, pode dar-lhe um sentido positivo se a equipe assistente souber orientar bem o paciente, pois, a partir do mecanismo de intelectualização pode-se criar pontes para a elaboração da condição de Ser Doente e, com uma consistente consolidação de vínculos entre paciente e equipe conseguir-se uma efetiva aderência ao tratamento.

Segundo Kubler-Ross, o paciente e a família ao tomarem conhecimento da gravidade da doença podem passar por cinco estágios emocionais, geralmente ocorrendo nesta ordem: 01-negação, 02-revolta (raiva), 03-barganha, 04-depressão e 05-aceitação.

O estágio de **negação** inicia-se quando o paciente, ao receber a notícia do diagnóstico, fica convicto de que os exames que foram feitos poderiam, por ex., ter sido trocados como também o médico poderia ter se enganado. O paciente, não raro, procurará outros médicos e fará novos exames com a esperança de que o primeiro diagnóstico venha a estar errado, ou então, abandonará o tratamento, agindo como se a doença simplesmente não existisse.

A negação funciona como uma defesa temporária, sendo logo substituída pelo estágio emocional conseguinte ou outro deles qualquer, já que, necessariamente, tais estágios não ocorrem sempre na ordem que se observa na maioria das vezes, no entanto os apresentamos assim para melhor compreensão.

É comum a necessidade de negação no início (ou a partir do diagnóstico) de uma doença grave ou crônica. Percebe-se que essa necessidade vai e volta, com a evolução da construção da relação com a doença e elaboração desta. Mais tarde, após idas e vindas por tais estágios poderá vir a encarar a morte sem perder as esperanças e, aos poucos, se desprenderá de sua negação e se utilizará de mecanismos de defesa menos radicais, desde que passe a falar e "melhor ouvir" sua doença e mortalidade. Julgamos importante ressaltar também que em diversos casos podemos identificar uma atitude, por parte do paciente de Negação Parcial, ou seja, embora saiba e até comente sobre a doença, o paciente não se relaciona com ela, adotando atitudes que muitas vezes nos levam a achar que este está falando de outra pessoa enferma e não de si mesmo.

Entre os familiares do paciente é mais fácil discutir sobre a doença, enquanto esse (paciente) está em tempos de relativa saúde e bem-estar (momento do diagnóstico ou na estabilização do tratamento). Os familiares estarão preocupados em se reorganizar a fim de estabelecerem um novo vínculo com o membro doente. Procuram não falar sobre a doença com o paciente, colocando-se numa postura defensiva, porém, isso tende a não beneficiar o paciente, é o que chamamos de "Pacto do Silêncio", onde embora todos saibam do problema e saibam que os demais também sabem; ninguém "toca" nele ou manifesta seus sentimentos.

A maioria dos pacientes percebe que ocorre uma mudança de atenções por parte da família, pois esta não consegue disfarçar seus reais sentimentos frente à situação de doença.

Quando não é mais possível manter o primeiro estágio de negação, ele é substituído, por sentimentos de raiva, de **revolta**, de ressentimento e inveja. Surge, então, a pergunta: *Por que Eu?*

É muito difícil, do ponto de vista da família e da Equipe de Saúde, lidar com o estágio da revolta. Principalmente pelo fato da projeção que o paciente realiza. Ou seja, projeta geralmente, toda está raiva ao ambiente externo, à equipe de saúde e aos familiares. Na maioria das vezes, a equipe de enfermagem é alvo constante da raiva dos pacientes. As visitas dos familiares (quando do paciente internado) são recebidas com pouco entusiasmo e sem expectativas, transformando-se em penoso encontro.

A reação dos parentes é de choro e pesar, culpa ou humilhação, ou, então, evitam visitas futuras ou um contato mais prolongado com o paciente, aumentando neste a mágoa e a raiva. Poucos (familiares) se colocam no lugar do paciente para saber de onde vem esta raiva, pois, esta advém de que as atividades do paciente foram prematuramente interrompidas como se todas as coisas que começaram tivessem que ficar inacabadas, esperando que outros as terminassem (constatação de perdas irreversíveis e indesejadas). Este é um momento em que o paciente necessita ser compreendido, respeitado, aceito, e cuidado, para saber que é um ser humano igual a outro que não necessariamente precisa de explosões temporárias para ser ouvido.

Nos pacientes crônicos com evolução prolongada da doença esse estado de revolta pode aparecer também em função de alterações evolutivas do quadro, onde novas limitações da enfermidade se impõem, ou quando há troca de protocolos e este deposita grande esperança na mudança do tratamento, não raro voltando a construir fantasias de "cura". Esse fenômeno é muito recorrente em pacientes portadores de Insuficiência Renal Crônica onde uma diálise peritoneal em condições de internação é substituída pela hemodiálise ambulatorial ou pelo CAPD e ainda reforçado pela esperança do transplante.

Acaba-se instalando um mecanismo que pode acompanhar o paciente por muito tempo caracterizado pelo diagrama abaixo:

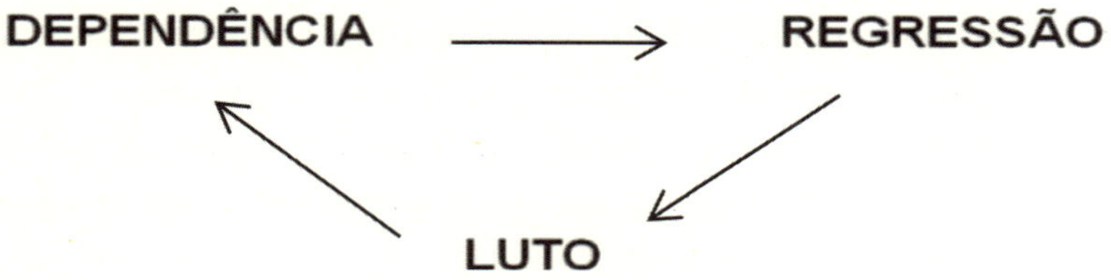

O terceiro estágio, o da **barganha**, é o menos conhecido, mais igualmente útil ao paciente, embora ocorra por um período de tempo muito curto.

Na realidade, a barganha é uma tentativa de adiamento, tem que incluir um "prêmio" oferecido, digamos, por bom comportamento. Estabelece também uma meta auto-imposta que insere uma promessa. Geralmente, são feitas com os seus, e mantidas em segredo. Pode-se associar estas promessas a uma culpa para se sentirem aliviados de seus temores. Nota-se, ainda, que muitos pacientes buscam outras maneiras de barganhar; tratamentos alternativos, alimentação natural, cirurgias espirituais, etc.

É bem frequente nesta fase a participação direta da família com o paciente, em busca de cura.

Esta fase traz um importante desafio para a equipe que assiste o paciente, pois, se de um lado o movimento de barganha cria esperanças e fornece novas energias para se enfrentar a doença e o tratamento, dependendo da forma como é encarado por pacientes e familiares pode incorrer em abandono do tratamento convencional, não raro, gerando agravamento do quadro. Respeitar os movimentos de barganha, mas ter uma postura firme e serena junto ao paciente e família é de fundamental importância por parte da equipe de saúde.

A **depressão**, 4º estágio, é bastante conhecida entre os profissionais que tratam de pacientes crônicos. Há dois tipos de depressão: a que chamamos de: DEPRESSÃO REATIVA e a outra de DEPRESSÃO PREPARATÓRIA.

A primeira é a aflição inicial que o paciente em fase terminal, ou saturado pelas sucessivas perdas que vão se acumulando, impostas pelo avanço da doença, é obrigado a se submeter para se preparar, para quando tiver que deixar este mundo, ou no caso de doenças crônicas ter de enfrentar a morte do seu "ser anterior", ambas estão associadas à elaboração de um luto determinado por perdas irreversíveis. O segundo tipo de depressão, ao invés de se lidar como uma perda passada, se levará em conta perdas iminentes.

A Depressão Preparatória tem um importante papel no movimento de aceitação da condição de Ser Doente e o suporte psicológico nessa etapa se mostra de extrema importância, à medida que auxilia e potencializa a aceitação da doença e favorece o desenvolvimento de comportamentos e posturas mais positivas que são indispensáveis para os trabalhos de Prevenção Secundária e para a obtenção de uma boa relação com o processo evolutivo da doença, considerando mais a saúde que se tem e as capacidades que não foram perdidas do que o inverso.

Quando a depressão é circunscrita a perda iminente de todos os objetos amados, para o paciente, o estado de aceitação, o encorajamento e a confiança não têm razão de ser para ele.

É importante ressaltar-se que no paciente crônico, a fase de depressão preparatória aparece não apenas ligada a situação de morte real, mas, com maior frequência, à morte simbólica, às perdas impostas em caráter permanente pela doença.

Consequentemente a isto, o paciente entrará no 5º estágio, o de **aceitação**, lamentando a perda iminente de pessoas e lugares queridos e contemplará seu fim próximo com uma tranquila expectativa. Estará cansado e bastante fraco, sentirá necessidade de dormir com frequência em intervalos curtos. É quase uma fuga de sentimentos, é como se a dor e a luta tivessem cessado e fosse chegando o momento do repouso antes da longa viagem, encontra certa paz na aceitação desejando ficar só. É só uma questão de tempo até fechar os olhos para sempre.

Essa fase é o período em que a família carece de ajuda, compreensão e apoio mais do que o próprio paciente.

No caso da instalação da doença crônica, que evolui lentamente, a aceitação está ligada a própria permanência da doença. Existe nesse caso um estado precário de aceitação que, pode abalar-se a cada nova perda ou alteração do estado clínico e/ou emocional do paciente e família, fazendo com que ele retorne a estágios anteriores.

É nessa oscilação da aceitação que as atividades sistematizadas de *compliance* desenvolvidas pela Equipe de Saúde têm importância fundamental. Mesmo quando se consegue, a princípio, uma boa aderência ao tratamento o fato da doença ter um curso longo, permeado por crises, sobrepondo novas limitações (físicas, psicológicas e/ou sociais) tende a minar a determinação do paciente em seus comportamentos de autocuidado, muitas vezes levando-o a abandonar ou negligenciar o tratamento.

O processo de crescente e perene empoderamento do paciente – lastreado por educação continuada para o autoconhecimento e autocuidado, pelo suporte para cumprimento das linhas de cuidados definidas para sustentação da condição de saúde e, pelo domínio dos referenciais que servem de Indicadores de Desempenho para cumprimento de metas de saúde – representa o núcleo das ações dos profissionais de saúde envolvidos nestas plataformas de monitoramento continuado.

NOTA: Em relação a esses itens sugerimos ao leitor se reportar ao capitulo "Roteiro Avaliação Psicológica Aplicado ao Hospital Geral", onde os conceitos supracitados são acrescidos.

II. Enfrentamento e adaptação ao convívio com a doença crônica

O diagnóstico de uma doença crônica faz emergir a questão da morte, não só do paciente, mas também, dos próprios profissionais de saúde, devido ao fato de saberem estar lutando contra uma doença que não terá, como fim, a cura. Muitas vezes a prevalência do modelo biomédico de atenção à saúde passa a interferir (mesmo que deforma inconsciente) na relação equipe-paciente, uma vez que esse modelo estabelece como "ideal" dos investimentos de atenção ao paciente a "cura", sendo assim, a impossibilidade desta representa muitas vezes uma "ameaça" ao profissional podendo gerar sentimentos de impotência e fracasso. Portanto, observa-se que muitas vezes a relação equipe – paciente é substituída por exames de laboratório, radiografias, medicamentos, adiamentos das consultas de rotina, brevidade nas consultas, etc., esquecendo-se, assim, que por detrás de um diagnóstico e de uma doença há uma pessoa com um nome, uma história e que tem a necessidade entender esse momento e de manifestar suas angústias e impotências.

É igualmente importante relembrar a Equipe de Saúde que acompanha o paciente e a família que, o vínculo prolongado a relação de cuidado que esta tem para com ambos fará com que, gradativamente, os profissionais sejam incluídos no que poderíamos chamar de "Universo Sócio-afetivo" do paciente e da família. A Equipe passa a ter um papel e uma importância maior do que a meramente técnica ela é literalmente "incorporada à família" e, se os profissionais tiverem consciência desse movimento afetivo por parte do enfermo e de seus familiares pode e deve usar de forma positiva essa vinculação como uma das ferramentas de *compliance*.

A relação contínua da equipe com paciente e família pode representar para estes tanto aspectos positivos como negativos:

POSITIVOS	NEGATIVOS
SEGURANÇA	SENTIMENTOS DE HOSTILIDADE
AMPARO	DENÚNCIA DAS IMPOTÊNCIAS
ESPAÇO PARA MANIFESTAR-SE	DESPESSOALIZAÇÃO
ALÍVIO DO SOFRIMENTO	SENSAÇÃO DE INSEGURANÇA E ABANDONO

Com todo o stress e as limitações impostas pela doença, o doente crônico, geralmente, é encorajado pela equipe de saúde e pela família a levar uma vida normal na medida do possível. No entanto, o paciente crônico percebe que o tratamento não pode curar sua doença de base. Com o tempo, pretende-se fazer com que o paciente procure compreender suas limitações de atividades para continuar sua vida. Porém, é uma pessoa doente obrigada a manter-se ligada com o hospital ou ambulatório devido a tratamento rigorosos para sobreviver. Contudo, em outras horas do dia, quando age de maneira independente, procura atuar como se fosse um indivíduo totalmente saudável.

Com a aquisição da doença crônica, muitos pacientes enfrentam a perda de um corpo saudável e ativo e, para muitos, o funcionamento corporal não adequado leva a uma perda da autonomia e da capacidade de agir com independência.

No início da doença crônica é comum os pacientes serem bem assistidos pelos amigos, porém, com o tempo, tendem a tornarem-se isolados socialmente. Muitas vezes, essa insociabilidade é imposta pelo próprio tratamento, como também pelas limitações do paciente.

As perdas de emprego e da estabilidade econômica ocorrem num grande número de pacientes crônicos, em consequência de suas limitações, que determinarão a alteração na dinâmica social e familiar, pois a doença impõe limites nas relações vinculares do indivíduo fazendo o mesmo perder o seu lugar simbólico, sofrendo marginalização porque seu lugar não existe mais como era antes de adoecer. Logo, o indivíduo procura elaborar esse luto estruturando a perda destes vínculos afetivos, criando novos vínculos, espaços e horizontes. Defronta-se com uma total insegurança e ansiedade, uma vez que se sente impotente frente à patologia. Devido a este fato, muitas vezes, ocorrem atitudes regredidas por parte do paciente por sentir-se extremamente dependente de seus familiares e equipe de saúde, tornando-se passivo, transferindo a responsabilidade para o outro.

Sabe-se que a doença para o indivíduo pode tornar-se o lugar central em sua existência provocando desinteresse e retraimento sobre si mesmo, desinteressando-se pelas relações com os outros que anteriormente eram importantes em sua vida, por outro lado, os esforços necessários para adaptar-se ao novo fluxo de vida adquirindo novos hábitos, mudando comportamentos reorganizando-se com as limitações impostas pela doença podem e devem ser estimulados no paciente por todos que o cercam, principalmente a Família e a Equipe de Saúde, mas, paradoxalmente, é exatamente quando o paciente está em contato direto com a Equipe de Saúde, seja num momento de internação hospitalar ou nas rotinas de acompanhamento ambulatorial e exames que a condição de Ser Doente volta a ser colocada em evidência. Esta situação tem de ser compreendida pela equipe, pois, é bastante comum observarmos o aparecimento de duas reações o paciente:

a) **Hostilidade** e **refratariedade** às orientações dadas pela equipe e, não raro, atitudes agressivas dirigidas aos membros da equipe. Mais uma vez, a importância da construção de uma boa relação Equipe – Paciente e Equipe – Família, preferencialmente desde o momento do diagnóstico, que terá grande importância para que esse tipo de reação não se desenvolva, ou, no caso de aparecer, ser prontamente identificada e trabalhada, evitando-se assim conflitos no relacionamento e, pior, abandono do tratamento. Importante salientar também, que a evolução da enfermidade e tratamento pode levar o paciente a uma condição de esgotamento ou saturação, principalmente quando o sofrimento e as perdas (físicas, sociais e psicológicas) vão se avolumando e este não consegue, de forma positiva, se reorganizar frente a elas. Esta dificuldade adaptativa também pode ser fator gerador de hostilidade e refratariedade ou, no polo oposto, propiciar a entrada do paciente em quadro depressivo reativo levando-o também a desistir ou sabotar o tratamento.

b) Desenvolvimento de mecanismo de **Ganho Secundário da Doença** definido como:

"Benefício inconsciente onde, não obstante o sofrimento e limitações impostas pela doença, a pessoa passa a comunicar-se com o mundo a partir dela e a buscar ganhos (manipulando chantageando, punindo, reparando, esquivando-se de responsabilidades, justificando-se, etc...). Nesse sentido, a doença se incorpora a vida do indivíduo de forma duplamente mórbida: uma pela supervalorização da doença como mecanismo de comunicação/relação, e outra por ser negligenciada nos cuidados e administração de suas demandas".

Por se tratar de mecanismo inconsciente, as atitudes e discurso do paciente (que não se dá conta dos danos que este causa) passam a ser centrados na doença, a equipe mais desatenta pode, inclusive, ser ludibriada sendo levada a interpretar que há por parte do paciente uma grande preocupação com a enfermidade e interpretar isso como uma atitude de aderência, mas, ao contrário, o maior prejuízo gerado é exatamente a diminuição ou mesmo anulação dos investimentos em cuidados e atividades saudáveis e positivas para a vida por parte do paciente gerando um grave estreitamento de suas perspectivas existenciais, exacerbando a dependência e criando um baixo investimento na busca de qualidade de vida, mesmo consideradas as imposições e restrições que eventualmente a doença esteja impondo.

Cerca de 40% de qualquer dado grupo populacional permite alguma forma de monitoramento continuado remoto. São portadores, em fase inicial de moléstias crônicas, sem comprometimento avançado de funções orgânicas. São portadores de condições transitórias, ainda que de longo termo, como é o caso de Obesos, Obesos Mórbidos, Tabagistas, portadores de Síndrome Pluri Metabólica que, se adequadamente suportados, superam estas condições, podendo retornar a sua adequada condição de saúde sem grandes riscos. Este grupo exige e responde a modelos de monitoramento e *coaching* menos ostensivos, de viés ambulatorial, e por vezes, responsivo a metodologia que se utiliza cada vez mais de recursos da tecnologia da informação e da disponibilidade de rede mundial de intercomunicação e suas ferramentas mais recentes de mídias sociais.

Todos os aspectos apresentados acima vão encontrar outras demandas se sobrepondo a eles quando tratamos especificamente de um idoso portador de enfermidade crônica.

Como foi descrito no início do presente capítulo, as mudanças demográficas e epidemiológicas que afetam nossa população trouxeram um novo e importantíssimo desafio, qual seja, o da Sociedade se estruturar para lidar com uma população de idosos que aumenta de forma exponencial.

Vejamos alguns dados complementares aos já expostos para termos um panorama específico deste novo desafio:

Nos últimos 10 anos o Brasil experimentou um aumento de 25% no número de habitantes com mais de 60 anos de idade. Essa faixa populacional representa hoje mais de 12% de toda a população do país, chegando a 23.000.000 de habitantes (IBGE – 2015).

Dentre estes, cerca de 1.000.000 já ultrapassaram os 80 anos de idade, e até 2050 deverão chegar a 10.000.000.

Ao longo do Sec. XX a expectativa de vida do Brasileiro deu um salto de 120%, passando de 33 anos para 75 anos. Dentro dos programas de assistência à saúde desta faixa populacional apenas 11% têm planos de saúde privados, sendo que 89% dependem diretamente da assistência oferecida pelo SUS em seus diversos programas (promoção, prevenção, tratamento, reabilitação e cuidados paliativos)

Atualmente 83% dos habitantes deste grupo etário vivem em centros urbanos contra 43% na década de 70 do sec. passado.

Houve significativa melhora na Qualidade de Vida desta fatia populacional:

Renda Mensal (média)	**Participação na renda total do país**
1992 – R$ 550,00	1992 – 13%
2008 – R$ 960,00	2008 – 18%

No entanto, apesar desta melhora de renda, os custos de vida para a pessoa idosa estão entre os mais altos, por faixa etária, no país.

Estimativas demonstram que temos vários fatores a considerar nos programas que planejam Políticas Públicas, e em especial de saúde para esse grupo populacional:

Aos 60 anos	Aos 75 anos
40% têm pelo menos 3 doenças crônicas	50% sofrem de cinco doenças crônicas
60% das causas de morte são provocadas por doenças crônicas	80% das causas de morte são provocadas por doenças crônicas
São utilizados pelo menos três tipos diferentes de medicações diariamente	São utilizados pelo menos seis tipos diferentes de medicações diariamente
Cinco dias é o tempo médio de internação hospitalar/ano	Oito dias é o tempo médio de internação hospitalar/ano

As cinco enfermidades crônicas que mais afetam os idosos são: diabetes, hipertensão, osteoporose, câncer e depressão. A perspectiva de vida saudável para um brasileiro que chegar aos 60 anos sem enfermidades graves é de mais 15 anos de vida saudável, se vencer a marca dos 70 anos a projeção é de mais 10 anos de vida saudável. (**Narsi, J. – Hosp. A Einstein – 2008)**

Perfis do idoso, e novas propostas de classificação e atenção Psicossocial:

Idade funcional:

Grau de conservação do nível de capacidade adaptativa em comparação com a idade cronológica.

Avaliado pelo Índice de Katz:

Senescência:
- Independente

Senilidade:
- Semidependente e
- Dependente

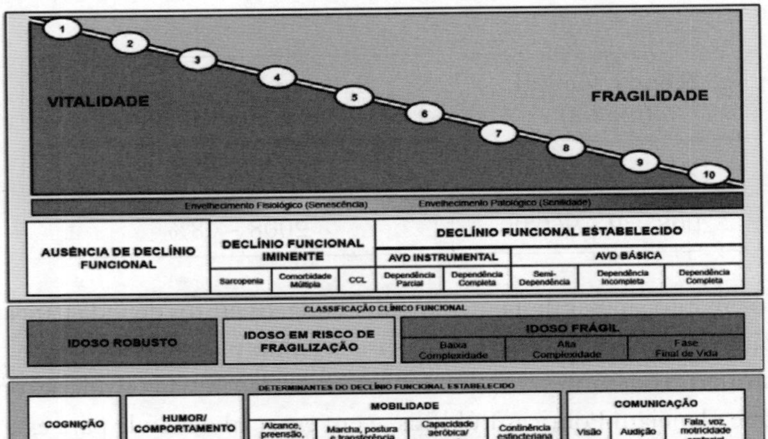

Ao final da década de 1990, a Organização Mundial da Saúde (OMS) passou a utilizar o conceito de "envelhecimento ativo" buscando incluir, para além dos cuidados com a saúde, outros fatores que afetam o envelhecimento. Pode ser compreendido como o processo de otimização das oportunidades de saúde, participação e segurança com o objetivo de melhorar a qualidade de vida conforme vão envelhecendo.

As grandes e rápidas transformações que se apresentam, referentes a esta faixa populacional, representam desafios enormes e urgentíssimos para todos os segmentos de gestão pública.

Nas próximas décadas, será necessário estabelecer programas efetivos e eficientes para a prevenção e retardo das enfermidades que acometem a esse grupo, na invalidez, para manter a saúde, independência e mobilidade dessas pessoas.

Todos os envolvidos com questões ligadas à Saúde e o Desenvolvimento Humano estão convocados a dedicar seus conhecimentos e trabalho para essa nova realidade:

Mais crescimento, melhores serviços de saúde?

De acordo com os especialistas, a recorrência destes casos em toda a região se deve a que as políticas públicas não avançaram ao mesmo ritmo que as demandas sociais e necessidades de saúde dos latinoamericanos. Na última década mais de 70 milhões de pessoas deixaram de ser pobres e a maioria passou a formar parte da crescente classe media regional.

Entretanto, muitos países (incluindo o Brasil) mantiveram os benefícios sociais que não foram desenhados de maneira participativa nem com previsão das exigências dos novos tempos.

"Isso nos faz repensar a provisão de serviços de saúde tal e como o conhecemos hoje. Os sistemas de entrega de serviços devem estar centrados no cidadão e no paciente," "Também devem enfatizar a atenção primaria e um enfoque mais holístico do paciente por parte do pessoal de saúde e dos programas sanitários".

Escobar, M.L. especialista en salud del Instituto del Banco Mundial (2014)

Os especialistas concordam que o "direito a saúde" não se cristalizará só com maiores recursos para pagar mais serviços, ou com ajustes constitucionais ou legais. Precisam de um persistente esforço coletivo para buscar resultados trascendentes e evitar a *vía crucis* pessoal e legal de cidadãos.

Novos programas em linha com as novas realidades, atualização de dados, esforços interdisciplinares de capacitação, gestão e ações representam a *"Prioridade 1"* para os próximos anos.

(http://datos.bancomundial.org/indicador/03/2016)

Desafio:

Deve-se atuar de maneira imediata para melhoria do acesso à SAÚDE PREVENTIVA para as pessoas idosas e adequar os serviços de saúde as demandas crescentes de saúde desse grupo populacional. Aqueles países que rapidamente terão índices de envelhecimento superiores a 100 (mais de um idoso por cada habitante com menos de 15 anos) deverão por em prática um plano de adequação de seus serviços de saúde, incluindo a atenção primária de saúde com enfoques para o cuidado das pessoas idosas. A Organização Panamericana de Saúde está liderando a implementação de um Plano Regional de Envelhecimento em Saúde e já começou a trabalhar com os países da região para responder a esse desafio.

Organização Pan-Americana da Saúde
Escritório Regional para as Américas da Organização Mundial da Saúde

III. Psicodinâmica familiar e doenças crônicas

A família representa para a maioria das pessoas um esteio de suma importância, tanto no que tange a estruturação de seus vínculos afetivos quanto nos referenciais de apoio e segurança.

O portador de enfermidades crônicas vive uma série de experiências emocionais importantes como por ex. a ansiedade, o medo, as fantasias mórbidas, e experimenta sentimentos difíceis como a sensação de desamparo e fragilidade, podendo muitas vezes desenvolver comportamentos regressivos.

Essa gama de manifestações psicológicas que assola o paciente o reporta a condições emocionais primitivas e a necessidade de sentir-se amparado e protegido, sobretudo por aquelas figuras que historicamente já ocuparam esse papel, e que passam a ser solicitadas por este de diversas formas.

A família passa então a ter um papel muitas vezes decisivo no auxílio à adaptação do paciente frente a esse novo desafio de vida, contribuindo inclusive com o próprio trabalho de equipe de saúde ou, em alguns, casos comprometendo-o.

No entanto, esperar que essa família tenha uma estrutura perfeita e capaz de absorver os revezes que a situação de doença e tratamento impuseram ao seu componente é desconsiderar a existência de um processo paralelo de crise que se instalou também no núcleo familiar. Para que esse sistema seja compreendido julgamos ser importante tecermos algumas considerações sobre os processos de psicodinâmica familiar:

A família é um sistema de relações fechado e interdependente, nesse sentido podemos comparar de forma alegórica a uma balança com diversos pratos, cada um com um tamanho e com um peso específico, mas que a posição que cada um desses pratos ocupa ao longo dos braços da balança possibilita a esta um estado de equilibração. Tirar um prato de seu lugar, acrescentar ou subtrair um deles implicará num desequilíbrio em relação ao seu estado anterior. Assim, da mesma forma, quando uma família se vê privada de um de seus componentes, privação essa imposta pelos limites que a doença provocou, esta se desequilibra, pois perde (temporária ou definitivamente) um dos seus pontos de referência e sustentação. Essa crise que se instala passa a provocar grande mobilização no sistema familiar, e este, assim como o paciente tentará buscar formas adaptativas para se reorganizar frente à crise e criar uma situação temporária de reequilíbrio com o objetivo de superar a crise e resgatar o seu *status-quo* anterior (Vide fig. 2). Portanto, a identidade e integridade do sistema tal qual este foi instituído encontra-se ameaçada, e essa sensação que pode ser tanto objetiva quanto subjetiva mobiliza os integrantes desta família de forma a gerar comportamentos os mais diversos em relação à pessoa que adoeceu, a equipe de saúde ao tratamento e a eles próprios.

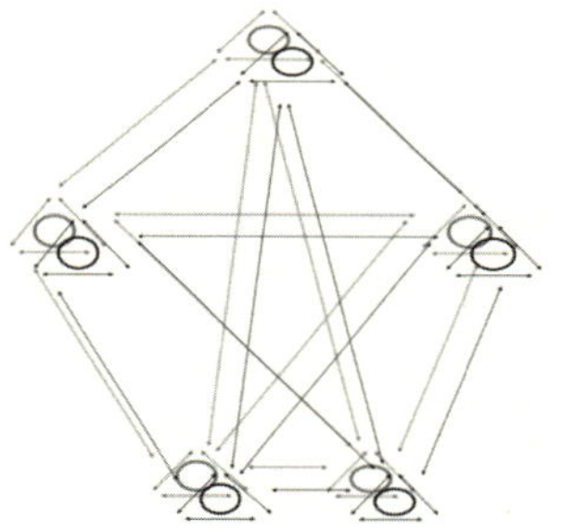

Figura 18 – Cada triângulo representa um membro da família que interage com todos os demais. Cada um tem seu papel definido dentro do sistema e esse se mantém estável, à medida que os papeis são desempenhados por cada componente.

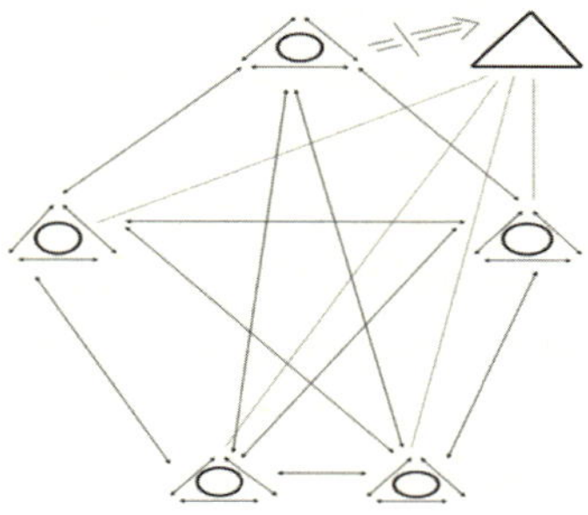

Figura 19 – A partir da instalação de uma enfermidade crônica todo o sistema muda, e as relações dos componentes da família com o enfermo terão que encontrar um formato diferente (e não passível de retorno) àquele que possuíam anteriormente.

Podemos então, descrever 3 níveis de reação mais comumente observados frente a situação de instalação de doença crônica num componente da família:

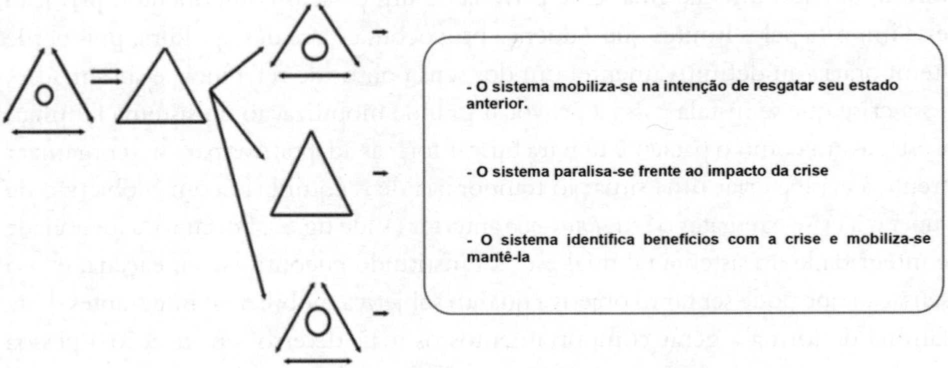

- O sistema mobiliza-se na intenção de resgatar seu estado anterior.
- O sistema paralisa-se frente ao impacto da crise
- O sistema identifica benefícios com a crise e mobiliza-se mantê-la

Figura 20

No primeiro caso, (o mais frequente) o impacto inicial frente ao diagnóstico e é gradativamente substituído por uma ação franca no sentido de buscar a recuperação do paciente e reintegrá-lo a seu lugar e papeis no sistema.

A família, tal qual o paciente, pode passar por diversos estados emocionais como medo, ansiedade, angústia, mobilização de mecanismos de defesa (negação, racionalização e fantasia são os mais frequentes), mas nesse caso toda a mobilização é no intuito de superação da crise.

Se as condições de evolução da enfermidade permitem (no caos de doenças agudas) esse intento é muitas vezes alcançado e família e paciente voltam a viver no mesmo sistema que existia anteriormente à instalação da crise. A função do psicólogo aqui é a de auxiliar na atenuação da crise, e na busca das respostas adaptativas para o enfrentamento desta.

É ainda possível que o impacto emocional e as angústias que foram suscitadas pela experiência possam gerar questionamentos no sistema e esse vir a buscar uma nova forma de identidade. Nesse caso a presença do psicólogo é importante na medida em que possibilita a adequada elaboração das vivências e facilita a eleição de uma nova identidade sadia (principalmente naqueles casos em que a ameaça de perda levou o sistema a reconsiderar seus vínculos e questionar a estrutura afetiva a que estava submetido).

No entanto, quando a pesquisa diagnóstica inicial evolui para a constatação de uma doença crônica, ou quando a enfermidade impõe ao paciente sequelas permanentes, o desejo de resgate do *status quo* anterior se perde (o que equivale dizer que a identidade original do sistema se perdeu de forma definitiva), paciente e família tendem então a passar por um novo processo de desorganização e a realidade imposta agora é a de que irão precisar buscar uma nova ordem de estrutura de identidade do sistema, onde este terá de adaptar-se a existência permanente das limitações impostas pela doença. Nestes casos, tanto família, quanto paciente tendem a passar por um difícil processo adaptativo, nem sempre concomitante, cujo principal desafio é o de encontrar uma nova equação de equilíbrio para sistema, que admita e absorva a inexorabilidade da enfermidade, mas que possa ser qualitativamente adequado à continuidade da vida. Nesses casos mais uma vez o papel do psicólogo no auxílio a essa difícil reestruturação é de fundamental importância, pois trabalha-se aqui com diversos níveis de identidade, iniciando-se pela pessoal (ser-em-si) e passando por uma série de papeis relacionais que definiam para o indivíduo e sua família o seu sentido de ser-no-mundo, e que estão comprometidos, na forma que eram, de maneira irreversível (discutiremos outros detalhes de nosso trabalho mais a frente no item "Papel do Psicólogo ").*

* **Nota:** Reportamos o leitor ao capítulo "Avaliação Psicológica Aplicada ao Hospital Geral no tópico "Exame Psíquico" onde discutimos a correlação da Estruturação da Consciência do Eu e da Afetividade e as implicações por sobre estas instâncias que uma patologia, sobretudo crônica, pode acarretar a pessoa)

No segundo caso a família entra num processo de imobilidade, semelhante à reação emocional ao estado de choque, é importante frisar que esse estágio ocorre em todos os casos, sendo que nos outros é superado após um espaço de tempo relativamente curto, e no caso do atual (diagnóstico de enfermidade crônico degenerativa) não.

Essa imobilidade é diretamente proporcional ao grau de importância que o paciente possuía na determinação do equilíbrio da estrutura do sistema e ao grau de maturidade que essa família (enquanto grupo) possui.

Os sentimentos de desamparo, desesperança, medo, ansiedade, ameaça são frequentemente constatados. A família torna-se um fardo para o paciente, que, tentando poupá-la, pode omitir dados sobre seu estado real a estes e até mesmo a equipe de saúde, com o intuito de obter a "alta" para voltar a "cuidar" dos seus. Atitudes de rebeldia e refratariedade ao tratamento por parte do paciente podem ser encontradas também nesses casos, não raro acompanhadas de abandono do tratamento. A família por sua vez não poupa o paciente dos problemas que ficaram do lado de fora do (hospital do ambulatório ou consultório médico), é insistente com a equipe de saúde em relação a melhora e alta do paciente, muitas vezes negando-se a ouvir as ponderações desta. Se a equipe se mostra autoritária com esta, a instalação dos comportamentos de esquiva e evitação são frequentes. A atitude de barganha pode ocorrer, neste caso como uma tentativa de ter o paciente de volta ao "antigo sistema" cumprindo seus papeis. Curas milagrosas, promessas, tratamentos alternativos são os mais frequentes instrumentos de **barganha**, mas aqui a intenção é diferente daquela descrita por Kubler-Ross mencionada anteriormente, o objetivo é o de ter de volta o familiar quase que a qualquer custo, mesmo que esse custo possa até ser a vida do paciente.

Este padrão de comportamento tende a mobilizar sobremaneira a equipe de saúde, não raro gerando sentimentos de hostilidade em relação à família e atitudes superprotetoras ou igualmente de raiva em relação ao paciente. Obviamente esses comportamentos não auxiliarão em nada a resolução do problema, ao contrário, podem servir como subterfúgio, a paciente e família para o abandono do tratamento. A atenção do psicólogo a essa intrincada trama relacional é de fundamental importância, pois nestes casos a adequada relação com a doença, sua aceitação, a adaptação às novas demandas que ela impõe são condições básicas para que a equipe possa desenvolver seu trabalho. Essencialmente estamos frente a uma condição coletiva de **Luto**, e a elaboração das perdas advindas da enfermidade e das compulsórias mudanças na estrutura de vida dessa família se não puderem ser encaradas de forma objetiva e madura, para a busca de novas opções de funcionamento do sistema, tenderão a agravar a condição da própria enfermidade, aumentarão as tensões e conflitos dentro do sistema e sobrecarregarão a equipe e toda a rede de atenção ao paciente. Não é demasiado lembrar à Equipe que cada componente da família poderá reagir de forma diferente frente ao conflito, ampliando ainda mais as dificuldades de manejo do tratamento.

Caberá ao psicólogo identificar estas dinâmicas de interação e estabelecer as melhores estratégias de intervenção que podem ser de atenção individualizada ao(s) membros(s) da família que apresentam maior dificuldade de lidar com o problema, sessões coletivas com toda a família, sessões com alguns familiares em separado, sessões conjuntas da família com o paciente.

No terceiro caso mencionado comentamos que a família pode identificar benefícios na mudança que foi gerada no sistema a partir da doença.

Existe um velho adágio popular que diz que *"Toda família tem uma ovelha negra"*, e é justamente o papel de "Ovelha Negra" ou "Bode Expiatório" que passa a ser utilizado tendo o paciente como protagonista deste. Nas diversas colocações de Watzlawick *et al.* sobre os sistemas de comunicação humana é salientado o papel de *Emergente Patológico* que muitas pessoas são levadas a ocupar, e que essa função tem por objetivo manter o "equilíbrio" do sistema, de tal forma que este (sistema) desloca e/ou projeta para o eleito todas as patologias das relações outorgando assim ao Emergente Patológico a função de "Lata de Lixo" das mazelas e distúrbios (sobretudo afetivos) deste.

A doença crônica pode ser um fenômeno gerador dessa condição. Por um lado, dando a família um "real" Emergente Patológico ou em outros casos possibilitando, àquele que era o Emergente de até então, passar sua função para o paciente, livrando-se assim da penosa carga que levava. Nestas situações encontramos um grave problema que é o risco de se instalar comportamentos de cronificação da doença, neste caso independentemente do caráter realmente crônico que esta possa ter, pois a família estrutura um padrão de relacionamento com a pessoa doente de tal forma que essa só obtém sua atenção se age e responde enquanto doente (no sentido mais negativo do termo). Mesmo com a equalização do tratamento e a superação de eventuais limitações que a doença imponha, o padrão instalado se mantém, e o "enfermo" não encontra seu lugar na constelação familiar, esse só vai poder retornar à família (enquanto aceitação desta a presença e relação deste com o sistema) se aceitar o novo papel. A sutileza da utilização desse mecanismo (Double Bind, Gbney) somada ao grau de comprometimento estrutural prévio que o sistema possuía, tende a impor essa nova ordem sem que haja alternativas para a pessoa.

No caso de uma enfermidade crônica de fato, as dificuldades que o paciente irá encontrar para adaptar-se a nova realidade com seus limites e perdas inerentes, vai ser acrescida de toda a "conspiração" do sistema, o que pode agravar o estado clínico deste e/ou levá-lo a atitudes autodestrutivas inconscientes. Trata-se de um movimento parecido com o que se descreveu acima sobre "Ganho Secundário da Doença", no entanto quem se "beneficia" deste é o sistema familiar.

Estes casos são os de mais difícil lide por parte do psicólogo e equipe de saúde posto que o mecanismo de Ganho Secundário está presente no inconsciente do sistema familiar, ou seja é de todos os membros da família e de nenhum ao mesmo tempo, processo bem característico das chamadas Relações Paradoxais. O caminho clínico mais adequado para abordagem do problema é através do paciente, onde o apoio psicológico, e muitas vezes a indicação de acompanhamento psicoterápico com foco em empoderamento mostram-se como uma das poucas alternativas de manutenção ou resgate da integridade psicológica deste, pois a família tenderá a não aderir ao acompanhamento podendo inclusive "sabotar" o mesmo.

Como pudemos observar a família tem um importante papel em todo o processo de relação do paciente enfermo com sua doença e tratamento. Considerá-la como um aliado poderoso na difícil tarefa de acompanhar um paciente crônico é de suma importância para a equipe de saúde. Não podemos nos esquecer que é essa família que irá conviver com o paciente e sua doença, irá compartilhar com ele as perdas e limitações que ela impõe, lhe dará apoio e conforto nas horas difíceis de enfrentamento da dor e da angústia. Acompanhará até a morte esse ente querido sofrendo e se angustiando também.

Deve-se, portanto, considerar que qualquer protocolo de acompanhamento de longo prazo de pessoas portadoras de enfermidades crônicas deve incluir o trabalho com os familiares (ou o grupo de pessoas sócio afetivamente significativas no cotidiano do paciente) de forma a incluir esse grupo, também, como agentes do tratamento e se trabalhar preventivamente o desenvolvimento de problemas de ordem afetivo-relacional que terão forte impacto na evolução da doença e em seu prognóstico.

IV. Equipe interdisciplinar

A equipe interdisciplinar engloba: médicos, enfermeiros, assistentes sociais, fisioterapeutas, nutricionistas, terapeutas ocupacionais, farmacêuticos, fonoaudiólogos, psicólogos e outros profissionais que devem atuar junto aos pacientes e familiares.

Com o avanço dos conhecimentos na área das Ciências da Saúde, particularmente nesse último século, o aparecimento de diversas especialidades profissionais na área, e de inúmeras subespecialidades tornou-se imperativo. Hoje em dia é impossível para um único profissional englobar todos os conhecimentos produzidos em sua área de atuação, o que impôs aos especialistas dedicarem-se cada vez mais no aprofundamento de seus conhecimentos específicos.

Se esse fenômeno por um lado trouxe inegáveis avanços para as Ciências da Saúde, por outro trouxe um problema importante que tem sido atualmente objeto de inúmeras discussões por parte dos profissionais preocupados com o bem-estar de seus pacientes, que é o fato dessa prática gerar uma leitura dicotomizada da pessoa enferma.

Nesse sentido, a relação entre os profissionais de saúde e seus pacientes sofreu graves consequências devido a instalação do que poderíamos chamar de "Negação da Pessoa Enferma" ou seja, cada vez mais se criou um relacionamento com doenças e não com pessoas. Esse tipo de problema é denunciado na própria rotina hospitalar, onde não se fala do João ou da Maria que estão internados neste ou naquele quarto, mas se fala do "202 A", ou do "Renal do 35" ou, ainda, da "Histerectomia do quarto andar".

Esse sub produto da (hiper)especialização começa a gerar preocupações nos profissionais que identificam o problema da despessoalização (vide cap. Avaliação Psicológica) como um agravante para o próprio estado clínico do paciente.

Como forma de buscar uma atenuação deste problema sem, no entanto, negar a necessidade da (hiper)especialização, é que tem tomado forma a proposta de atuação interdisciplinar.

A ideia que essa proposta carrega é a de soma dos diversos conhecimentos que a equipe, em seus diversos saberes, possui para que se possa ter uma visão integral da pessoa enferma. É bem verdade que essa proposta aqui no Brasil ainda carece de amadurecimento, mas o investimento na estruturação de serviços com enfoque interdisciplinar e de introdução do tema nos currículos de formação nas diversas áreas das Ciências da Saúde, já está em andamento, é o que chamamos de "Consolidação do Modelo Biopsicossocial" em saúde.

É inegável que a boa relação equipe-paciente-família traz benefícios para todas as partes. Temos por um lado o fluxo melhor do trabalho da equipe com a ajuda, aderência e participação positiva do paciente e sua família. Por outro a sensação de acolhimento, confiança, segurança manifestam-se na família e no paciente melhorando desta forma a sua relação com o processo de doença e tratamento, ou seja, ganham todos os lados.

Parece estranho falar-se de um tema que aparentemente parece tão obvio, mas na prática ainda temos um longo processo de amadurecimento dos profissionais para que essa "obviedade" possa efetivamente ser posta em prática. Ainda identificam-se melindres, dificuldades de interação, disputas de poder (objetivas ou subliminares), falta de conhecimento por parte dos profissionais sobre a ajuda, que as demais especialidades possam dar a equipe, uma formação que gera sentimentos onipotentes e por consequência centralizadores ou individualistas. Esses entraves que dizem respeito à relação Equipe-Equipe acabam por influenciar as relações Equipe-Paciente e Equipe-Família.

Temos, portanto, nesse aspecto um grande desafio pela frente...

Reportando-nos ao tema alvo desse capítulo vamos ver que a questão da abordagem integral do paciente portador de doença crônica por parte da equipe é especialmente importante, na medida em que a relação que vai se estruturar entre a pessoa e sua enfermidade tem caráter permanente, e que, a aceitação da doença com suas características e limitações, por mais difíceis que sejam, é de fundamental importância para que se possa dar a pessoa condições de qualidade de vida e até mesmo de sobrevida. Essa afirmação vale tanto para o paciente e família quanto para a equipe, pois esta última em particular também necessitará trabalhar suas características de identidade profissional para lidar com o doente crônico, à medida em que, na própria formação somos estimulados a idealizar a cura e, com isso, interpretar qualquer coisa que não seja esta como fracasso profissional.

Por outro lado, uma doença crônica implica em um contato contínuo com a equipe de saúde, o que passa a criar condições de vinculação entre as partes bastante especiais e diferentes daquelas observadas nas enfermarias ou unidades de pronto atendimento, onde o paciente passa um breve período de tempo internado ou sob cuidados, para, depois da alta, voltar a sua vida normal, e talvez nunca mais encontrar os profissionais que cuidaram dele novamente. Da mesma forma temos um sistema de atenção ambulatorial à saúde (público e privado) fragmentado, ou seja, o paciente é atendido pontualmente por um determinado especialista que o "devolve" para o sistema de saúde sem que hajam trabalhos integrados, mais que isso, sem que ocorra a necessária preocupação com a sinergia e troca de informações e discussão de estratégias conjuntas para a atenção à saúde do paciente. Criou-se o que costumamos chamar de "*Paciente Orfão*", uma pessoa que, ao mesmo tempo que é tratada por vários profissionais de saúde, não raro, em vários espaços diferentes, não tem de fato sua condição de relação doença(s) – tratamento(s) compreendida e, via de regra, não se apropria das informações, orientações e condutas que deve tomar para se tornar também um Agente da Própria Saúde.

Essa condição especial de vínculo, salientada acima, significa que viremos a conviver com esse paciente num grau de profundidade intenso, e que passaremos a fazer parte de sua vida, conhecendo mais a pessoa, sua família, sua história, seu cotidiano, vivenciando junto com ela as perdas e conquistas no seu enfrentamento da enfermidade. O distanciamento do profissional de saúde do paciente, como mecanismo de defesa ou subproduto de um sistema de saúde fragmentado, comprometerá em muito a relação de cuidado com o paciente, gerando intercorrências evitáveis tais como; não aderência ao tratamento, abandono do tratamento no médio prazo, conflitos em relação a comportamentos, condutas e mudanças de hábitos por parte do paciente e família, criando assim uma sobreposição de problemas que se iniciam por uma má prática de atenção à saúde da pessoa e que evoluem para uma desnecessária sobrecarga dos serviços de saúde e consequentemente a geração de custos desnecessários seja para o Serviço Público, para a Operadora de Saúde e, infelizmente, para o próprio paciente e suas família. Temos aqui mais uma vertente iatrogênica muito pouco discutida e identificada (!)

Esse vínculo, quando bem trabalhado, é de grande valia para todas as partes, pois tanto paciente, família quanto equipe possuem um objetivo em comum que é o de dar a pessoa enferma as melhores condições possíveis de vida. Não podemos, portanto, nos furtar a essa relação, devemos sim utilizá-la da melhor forma possível considerando que ela é um dos instrumentos mais poderosos que temos para tratar o paciente.

A melhor maneira de estimularmos um paciente a cooperar com a equipe de saúde começa pelo grau de respeito e confiabilidade que a mesma demonstra em relação ao paciente. Se o médico, por exemplo, mostrar que valoriza o que o paciente tem a dizer, este também sentirá que a sua informação é importante e se tornará motivado, para falar sobre sua situação e os seus antecedentes. Desta maneira, estabelecerá com o médico, como também com a equipe de saúde em geral, um vínculo de confiança com o qual pode sentir-se respeitado como pessoa.

No decorrer do tratamento o paciente vê no médico um representante de uma figura de autoridade, mantendo com isso certa dependência, esperando que os médicos ou equipe de saúde resolvam os seus problemas, como também procura corresponder às expectativas dos mesmos observando as condutas e fazendo-lhes perguntas sobre diversos assuntos a fim de saber como deveria se comportar ou o que dever dizer a respeito de si mesmo. Inúmeras vezes dada a fragilidade egoica que o paciente apresenta, a equipe literalmente "empresta" ao paciente autoestima e confiança para que este se sinta capaz de enfrentar o caminho difícil do tratamento. No entanto, deve a equipe acautelar-se para não se tornar paternalista e com isso, ao invés de auxiliar o paciente potencializar os sentimentos de dependência e impotência deste.

Existe o paciente que nada questiona e de nada se queixa à equipe, por receio de incomodar, com medo de decepcioná-los, de não corresponder às suas expectativas, de fracassar e assim frustrar aqueles que estão tentando fazer com que melhore. O paciente que se comporta assim mitificou a imagem do profissional de saúde, e nesse processo distanciou-se deste. Essa atitude é perniciosa tanto para o paciente quanto para a equipe, à medida que pode inviabilizar o tratamento, ou mesmo complicar a conduta da equipe, pois, esta não conta com informações fidedignas por parte do paciente. É importante ressaltar também que em muitos casos a equipe pode reforçar essa mitificação através de sua postura, criando assim um distanciamento maior ainda do paciente. Estimular, como salientamos acima, o paciente a dialogar, colocar-se e participar de seu tratamento nunca será uma atitude vã, mesmo que por um período o paciente se mostre apático ou mesmo preso a necessidade de "agradar" a equipe.

Vários modelos de serviço de atenção à pessoa portadora de enfermidades crônicas já incorporaram esse conceito a suas condutas, realizando, para além dos momentos formais de consultas e exames, trabalho ativo de contato com o paciente, se valendo de protocolos que utilizam diversos meios de comunicação (telefone e internet principalmente) onde o canal de comunicação bidirecional esta sempre aberto, ou seja, tanto a equipe busca entrar em contato com o paciente quanto esse tem a disponibilidade de contatar esta equipe independentemente dos momentos formais de atendimento presencial, como descrito anteriormente.

Os resultados preliminares da adoção destas metodologias ainda estão para ser confirmados, porém, a percepção dos gestores que acompanham tais programas já sinaliza a tendência de maior aderência de monitorados expostos a estas ferramentas que quando submetidos exclusivamente ao acompanhamento presencial e remoto por telefonia, não obstante ainda se aguarde a publicação de análise comparativa.

Também é possível que um paciente, devido à regressão causada pela doença, sinta-se desamparado e dependente da equipe, pois este "enxerga" o profissional de saúde como uma pessoa que se preocupa com sua recuperação e bem-estar de forma distorcida, o que significa dizer que esse paciente terá uma postura passiva e resignada em relação as colocações do médico e equipe, mas que será muito pouco participativo em seu processo de tratamento. Esse tipo de postura carrega uma armadilha importante de ser detectada pela equipe, pois a aparente aceitação "incondicional" por parte do paciente em relação às colocações da equipe pode dar a falsa impressão de uma boa aderência ao tratamento, mas, na verdade, a dependência e o sentimento de desamparo imobilizam o paciente impossibilitando-o de por em prática as orientações da equipe quando está longe dela.

Podemos afirmar, sem qualquer dúvida que 40% da eficácia de qualquer acompanhamento a pessoas portadoras de doenças crônicas repousa na boa relação Equipe-Paciente-Família, e que essa relação depende integralmente da adequada organização da identidade da equipe e perfeita sintonia e respeito entre seus componentes.

Detectar as dificuldades que a família e o paciente estão enfrentando para conviver com a doença, ter cuidado na leitura dos comportamentos emitidos por estes (às vezes projetivamente hostis em relação a equipe), acautelar-se para não agir contratransferencialmente, checar se as informações e orientações dadas foram efetivamente compreendidas, preocupar-se em falar numa "língua que o paciente entenda (adaptar-se a realidade do paciente e não esperar que ele se adeque a da equipe), são algumas normas importantes de serem relembradas constantemente. Sabemos que a rotina e a prolongada duração de um acompanhamento podem trazer desgastes e vícios comportamentais ao vínculo, e estes representam um sério risco para a boa evolução de nosso trabalho.

O Psicólogo tem, sob este aspecto, a responsabilidade de também zelar pela manutenção da higidez da identidade da equipe, detectar os focos de conflitos, facilitar a comunicação e interação e criar um espaço de reflexão sobre as diversas relações que gravitam em torno do sistema relacional "equipe de saúde", pois é a partir deste que todas as demais relações podem se viabilizar ou comprometerem-se. Muitas vezes a disponibilização de conhecimentos e ferramentas da psicologia, podem e devem, ser compartilhadas com a equipe de forma a que ela tenha novos referenciais para o manejo do paciente e sua família, afinal na construção do Modelo Biopsicossocial em Saúde carregamos também os desafios da *Interdisciplinaridade* e das relações intra equipe funcionando num modelo de *Hierarquia Horizontal* (saberes e poderes compartilhados de forma madura em prol de um trabalho conjunto eficiente e com foco no cuidado à pessoa enferma).

O desafio de se trabalhar em equipe implica:

- na superação de nosso narcisismo e da necessidade do jogo de "pequenos poderes";
- na compreensão de que nosso conhecimento se soma ao dos demais colegas e vice-versa;
- na humildade de reconhecer nossos limites e aprender com os demais;
- na humildade de reconhecer nosso saber e dividí-lo com os demais;
- na capacidade de atuar dentro de um conceito de hierarquia horizontal;
- na crença de que o ser humano como ente dinâmico e integral não pode ser dicotomizado;
- na busca permanenete de articulação com outros saberes;
- na construção de uma identidade de equipe que tenha como fator comum o respeito à vida e a dignidade tanto do paciente quanto de sua família.

V. Psicólogo da saúde/hospitalar

O psicólogo que trabalha com o paciente portador de doença crônica atuará junto ao ser doente no sentido de resgatar sua essência de vida que foi interrompida pela ocorrência do fenômeno doença.

Além disso, o psicólogo está baseado numa visão humanística com especial atenção aos pacientes e familiares. A psicologia da saúde considera o ser humano em sua globalidade e integridade, única em suas condições pessoais, com seus direitos humanamente definidos e respeitados, afinal, o Paradigma Biopsicossocial em Saúde é o pilar central desta especialidade.

No cuidado e manejo do paciente crônico, um importante ponto a se considerar junto com ele, no início dos trabalhos, após esse ter elaborado o Impacto Diagnóstico refere-se a um balanço da sua condição de Saúde e Vitalidade. É fundamental que se valorize e dê atenção a tudo que segue "em posse do paciente"; interesses, habilidades, projetos, competências, vínculos, pois esse é o lado saudável da pessoa que, apesar da enfermidade, segue com ela e será um importantíssimo aliado em sua reestruturação frente a vida. Falamos aqui em apostas na Saúde!

O Paradigma Biomédico sempre se pautou em enfatizar a doença e o adoecer como pontos a serem enfrentados, combatidos e resolvidos (portanto valorizados). Como mencionamos no transcurso do presente capítulo, ele não cabe mais nas propostas de Atenção Global atuais e, mais ainda, quando tratamos de alguém que terá necessariamente que se reidentificar, se reaprender e se organizar convivendo com a enfermidade. Empoderar o paciente é mister, vê-lo e ajudá-lo a ver-se como agente de sua própria saúde é basilar para qualquer ação preventiva seja ela primária ou secundária.

Para tanto sugerimos que o psicólogo assistente considere alguns passos:

1) Avaliação da reação do paciente (e família) ao Impacto Diagnóstico de Doença Crônica.
2) Identificação das reações psíquicas e comportamentais destes frente à enfermidade.
3) Nível de compreensão da doença, tratamento e limitações de curto, médio e longo prazos.
4) Processo de elaboração do Ser Doente (aceitação real da enfermidade) e mobilização para o desenvolvimento de mecanismos adaptativos. (luto – angústia – aceitação).
5) Desenvolvimento de um "Inventário de Capacidades e Saúde" mantidos. (com ou apesar da doença).
6) Identificação da estruturação do vínculo Paciente – Família – Equipe
7) Adequação das estratégias de abordagem e orientações ao paciente respeitando seu momento, repertório e limitações.
8) Informações claras sobre o(s) protocolo(s) de cuidado(s) aos quais será submetido. (sempre incluído, se possível, familiares nessas informações).
9) Alinhamento com os demais membros da equipe. (troca de informações, "customização" do(s) protocolos à realidade do paciente, estabelecimento de rotinas de intercâmbio de pareceres evolutivos, etc).

10) Nos Grupos:

- Auxiliar o processo de identificação e troca de experiências e vivências.
- Desenvolvimento de programas focados em habilidades para viver (competências psicossociais oms) nos programas que possibilitem mudanças de estratégia de tratamento:
- Monitoramento da evolução adaptativa e a oscilação entre expectativas e frustrações (ex: transplantes, diálises, bombas de infusão, etc).

11) Junto á família:

- Auxiliando na reorganização do vínculo com o paciente crônico e na restruturação de sua identidade como sistema.
- Possibilitar igualmente a manifestação de medos, angústias, ansiedades.
- Evitar atitudes destrutivas e desorganizantes: (exacerbação ou negação dos limites, atitudes de abandono e hostilidade, etc).
- Elaboração de perdas e luto.
- Desenvolvimento de programas de apoio e orientação com a participação de várias famílias.

12) Junto à Equipe:

- Somando seus conhecimentos para que se possa ver o indivíduo com um todo integrado.
- Lidar com os sentimentos de perda e impotência.
- Auxiliar na compreensão do vínculo e do papel que essa tem junto ao paciente e família.
- Decodificar sentimentos e atitudes na dinâmica de relação inter e intra equipe de forma a ajudar manutenção de uma identidade estruturada e positiva nessa, fundamental para a boa qualidade das relações e do próprio trabalho.
- Identificar as demandas determinantes de stress (ênfase em burnout). As equipes de saúde que cada vez mais estarão sobrecarregadas, não estão suficientemente capacitadas e apoiadas.
- Treinamento e apoio psicológico. Capacitação/reciclagem de profissionais dentro do modelo biopsicossocial do cuidar.

- Participação direta na elaboração e aplicação de programas de orientação.
- Auxiliar na instrumentalização do manejo emocional do paceinte e família

13) Gestão e desenvolvimento de programas estratégicos:

- Capacitação dos profissionais (se possível ainda na formação), oferecendo conhecimentos e ferramentas da psicologia para o manejo dos enfermos crônicos.
- Participação no desenvolvimento de programas de gestão de risco em saúde (GRS).
- Participação nos fóruns que discutem e desenvolvem políticas de saúde de médio e longo prazos;
- Gestão, monitoramento e reorganização de programas de longo prazos.
- Análise permanente de custos e de dotação de orçamento para a manutenção e continuidade dos programas.

Gostaríamos de terminar esse capítulo frisando que todo o trabalho que o psicólogo pode desenvolver num hospital, ambulatório, consultório ou programa de saúde, junto ao paciente, equipe e família depende também da boa estruturação pessoal deste profissional. O psicólogo, talvez mais que os outros membros da equipe de saúde, é o depositário de uma enorme gama de sentimentos pesados como o desespero, a angústia, o medo, as ansiedades, as frustrações, a impotência... Tendo que administrar e conviver com eles em seu cotidiano de trabalho, o que nos leva a chamar a atenção para a importante preocupação de não nos descuidarmos daquele que cuida, pois somente com uma estrutura pessoal bem resolvida, com um espaço pessoal para também refletirmos sobre nossas dificuldades e angústias é que poderemos realizar um trabalho digno e adequado.

> A pessoa portadora de doença crônica, longe de ser um incapaz (como muitas vezes a sociedade decreta), é um ser humano com uma série de possibilidades para sua relação qualitativa com a vida, que continua (a despeito da doença) tendo seus direitos sobretudo ao respeito e a dignidade. cabe aos profissionais de saúde que a acompanham, a responsabilidade de auxiliá-la na consolidação dagarantia desses direitos, apostando na saúde e não na enfermidade.

Referências

ASSIS, M. *et al.* Programas de promoção da saúde do idoso: uma revisão da literatura científica no período de 1990 a 2002. Disponível em: <http://www.scielo.br/pdf/csc/v9n3/a05v09n3>. Acesso em: abr. 2017.

Banco Mundial. Disponível em: <www.databank.bancomundial.org/data/databases.aspx>. Acesso em: abr. 2017.

CAMARANO, A. A.; MEDEIROS, M. *Muito além do 60: os novos idosos brasileiros.* Rio de Janeiro: IPEA, dez. 1999.

CASELLI, G.; LOPEZ, A. D. *Demography: Health and Mortality among the Elderly.* New York: Oxford University Press Inc. 1996.

CCA, Outcomes Guidelines Report, v. 5, Care Continuum Alliance. Disponível em: <www.carecontinuum.org>.

Centres for Disease Control and Prevention. Disponível em: <https://www.cdc.gov/nchs/events/2015nchs/> Acesso em: out. 2017.

CHIATONNE, H. B. C. Aspectos Psicodinâmicos em Diabetes. *Conferência apresentada no I Simpósio de Psiquiatria e Psicologia do Hospital das Clínicas da Faculdade de Medicina de São Paulo.* (Anais); 1993.

COALE, A. Increases in Expectation of Life and Population Growth. *Population and Development Review.* v. 29, n. 1. 2003.

DE OLIVEIRA, A. P. Análise do Impacto pela Adoção de um Programa Domiciliar de Gerenciamento de Casos Crônicos. *Cadernos,* Centro Universitário São Camilo, v. 8, n. 1, pags 97-109. 2002.

ESCOBAR, M. L. Health Benefit Plans in Latin America: a regional comparation. Disponível em: <https://publications.iadb.org/handle/11319/6484?scope=123456789/3&thumbnail=true&rpp=5&page=3&group_by=none&etal=0>. Acesso em: abr. 2017.

GIBNEY, P. The Double Bind Theory: Still Crazy-Making After All These Years. Disponível em: <http://www.psychotherapy.com.au/fileadmin/site_files/pdfs/TheDoubleBindTheory.pdf>. Acesso em: abr. 2016.

GUZMÁN, J.M. Redes de apoyoisocial, comunitário y familiar em personas adultas mayores. Programa de Envelhecimento e Desenvolvimento. CECADE, Divisão Populacional CEPAL, ONU. Santiago, Chile, 2002.

IBGE. Censo Demográfico 1950-2010. Disponível em: <www.ibge.gov.br>.

IBGE. Pesquisa Nacional de Saúde 2013: Percepção do estado de saúde, estilos de vida e doenças crônicas Brasil, Grandes Regiões e Unidades da Federação. Disponível em: <http://www.ibge.gov.br/home/estatistica/populacao/pns/2013/>. Acesso em: mar. 2017.

KNODEL, J.; OFSTEDAL, M. B. *Population and Development Review*, New York, 2003.

KUBLER-ROSS, E. *Perguntas e Repostas Sobre a Morte e o Morrer*. São Paulo: Martins Fontes, 1989.

Min. Ciência e Tecnologia, Brasil. População idosa no Brasil cresce e diminui número de jovens, revela Censo. Disponível em: <http://www.brasil.gov.br/ciencia-e-tecnologia/2011/04/populacao-idosa-no-brasil- cresce-e-diminui-numero-de-jovens-revela-censo>. Acesso em: dez. 2016.

NARSI, J. O envelhecimento populacional no Brasil. Disponível em: <http://apps.einstein.br/revista/arquivos/PDF/833Einstein%20Suplemento%20v6n1%20pS4-6.pdf>. Acesso em: abr. 2017.

OMRAN, A. The Epiemiologic Transition: a Theory of the Epidemiology of Population Change. *Milbank Memorial Fund Quarterly*. v. 49, n. 4. 1971.

ONU. Plan de Acción Internacional sobre el Envejecimiento. Madrid, España. 2002.

Organização Panamericana da Saúde. Relatório sobre os preparativos para a mesa redonda sobre Envelhecimento Saudável. Disponível em: <www2.paho.org/hq/index.php?option=com_docman&task=doc>. Acesso em: ago. 2016.

RIPSA - Rede Interagencial de Informação para a Saúde: Indicadores básicos para a saúde no Brasil: conceitos e aplicações - Ripsa. – 2. ed. – Brasília: Organização Pan-Americana da Saúde, 2008.

SANTOS, Eduardo dos. Estudo sobre os fatores que explicam e influenciam a taxa de natalidade no Brasil: impactos que os índices econômicos causam na natalidade. 2010. 46 páginas. Trabalho de Conclusão de Curso de Ciências Econômicas – Universidade Estadual Paulista - UNESP, Araraquara, 2010.

SCHMIDT, M. I.; DUNCAN, B. B.; AZEVEDO E SILVA, G. *et al.* Chronic non-Communicable Diseases in Brazil. *The Lancet*, Vol. 377, No. 9781, p1949–1961. Published: May 9, 2011.

SEBASTIANI, R. W.; SANTOS, C. T. Acompanhamento Psicológico à pessoa portadora de doença crônica. In: ANGERAMI, V. A. (Org.). *E a Psicologia Entrou no Hospital*. São Paulo: Pioneira, 1996.

TROISI, J. Ageing in a changing world. In: *Meeting the challenges of ageing populations in developing world*. ONU, International Institute on Ageing – MALTA. 1995.

WATZLAWICK, P. *et al.* Pragmática da Comunicação Humana. 10. ed. São Paulo: Cultrix, 1995.

WHO. Multisectoral Action for a Life Course Approach to Healthy Age-ing: Draft Global Strategy and Plan of Action on Ageing and Health. 69th World Health Assembly, A69/17, Provisional Agenda, item 13.4. Apr, 2016.

WORLD BANK. Averting the old age crisis: policies to protect the old and promote the growth. Washington, D.C., 1994.

CAPÍTULO 11

Depressão e ansiedade no paciente renal crônico em tratamento conservador

Fernanda Tabita Zeidan de Souza

Introdução

As doenças crônicas são consideradas doenças de evolução lenta, de longa duração e normalmente recorrentes normalmente exigem tratamento permanente, por isso é necessário que o indivíduo cultive hábitos e atitudes que promovam a consciência para o autocuidado (SILVEIRA & RIBEIRO, 2006). Portanto, aderir ao tratamento, é imprescindível para o controle de uma doença crônica e o sucesso da terapia proposta (LEITE & VASCONCELOS, 2003). O desenvolvimento no indivíduo de uma doença crônica que gera incapacidades na vida adulta é comumente associado à deterioração, à redução de competências, à dor física e emocional resultante de uma perda da independência e ao aumento da necessidade de ajuda e assistência (CASTRO, FONSECA & CASTRO, 2004). Além disso, os indivíduos que sofrem de alguma doença crônica apresenta incapacidade residual, alterações patológicas irreversíveis necessitam de reabilitação ou longos períodos de observação e cuidado no decorrer da vida (SANTOS & SEBASTIANI, 1996). Diante dessa realidade, chama-se a atenção para um tipo de doença crônica que será abordada nesta pesquisa: a Doença Renal Crônica (DRC). A DRC é conceituada como uma síndrome irreversível e progressiva das funções glomerular, tubular e endócrina dos rins, caracterizada pela diminuição de uma taxa no organismo denominada de taxa de filtração glomerular menor que 60 ml/min/1,73m^2 durante um período de três meses ou mais (K/DOQI, 2002). Os rins tornam-se, portanto, incapazes de manter o equilíbrio metabólico e hidroeletrolítico, o que resulta em um quadro denominado de uremia (SMELTZER; BARE; HINKLE;

Cheever; Brunner & Suddarth, 2008). Os principais sinais e sintomas descritos são: fraqueza, fadiga, confusão mental, cefaleia, prurido, edema, hálito de amônia ("hálito urêmico"), náuseas, vômito, anorexia, constipação, diarreia, anemia, infertilidade, cãibras musculares, osteodistrofia renal, entre outros. A intensidade destes na DRC depende do grau de comprometimento renal e de outras condições subjacentes.

As fases de comprometimento e redução das funções renais são: estágio Zero, com risco aumentado, Taxa de Filtração Glomerular (TFG) maior ou igual a 90 ml/min/1,73m^2 e presença de fatores de risco para doença renal crônica; estágio 1, com lesão renal e TFG normal ou aumentada; estágio 2, com lesão renal (discreta) e ligeira diminuição da TFG; estágio 3, com diminuição moderada da TFG; estágio 4, com diminuição grave da TFG; estágio 5 é caracterizado pela Doença Renal Crônica terminal (K/DOQI, 2002).

Diante disso, atualmente, os tratamentos existentes para a doença renal são caracterizados por três tipos: Diálise, Transplante Renal e Tratamento Conservador. A diálise é um método de remoção de toxinas endógenas e exógenas que ajusta o desequilíbrio eletrolítico e regula o volume hídrico dos portadores de DRC. O transplante renal é outro tipo de tratamento que busca 'curar' o portador de DRC, realizado por meio do enxerto de um rim saudável de outra pessoa (doador) no portador da doença. O tratamento conservador é utilizado quando há uma queda significativa na função renal, existindo ainda, a possibilidade de cura ou melhora. Na busca de evitar ou retardar a dependência da diálise, são realizados a estimulação e o acompanhamento da função renal por meio de tratamento medicamentoso e exames de rotina (Forte, 2004; Pereira *et al.*, 2003). A detecção precoce da doença renal e condutas terapêuticas adequadas para o retardamento de sua progressão, como a realização do tratamento conservador, torna possível evitar o uso de procedimentos substitutivos da função renal (diálise e transplante), reduzindo o sofrimento dos pacientes, além dos custos financeiros associados à doença. Porém, a progressão das lesões renais normalmente ocorre de forma insidiosa e assintomática no início, dificultando o diagnóstico precoce (Romão Jr., 2004). Os sintomas iniciais podem ser mais bem controlados por medicação, minimizando os prejuízos na rotina de vida, visto que, mesmo que venha futuramente a depender de diálise, ele terá um tempo para se organizar, para se estruturar diante da doença e seu tratamento.

Portanto, a DRC, além de trazer consequências físicas ao indivíduo que a vivencia, também traz prejuízos psicológicos, alterando seu cotidiano, sendo também caracterizada como um problema social, que interfere no papel que o próprio enfermo desempenha na sociedade (Kimmel, 2000; Zimmermann, Carvalho & Mari, 2004). Assim sendo, é estabelecido um longo processo de adaptação a essa nova condição, onde o indivíduo precisa identificar meios para lidar com o problema renal e com todas as mudanças e limitações que o acompanham (Rudnicki, 2007). De acordo com Angerami (2003), os pacientes perdem suas atividades escolares, domésticas ou profissionais, modificando dessa maneira todo o contexto ao qual está inserido, levando o mesmo a uma frágil condição emocional. Ao fazer referência a essa condição torna-se imprescindível a identificação de determinados aspectos desses pacientes tais como sua história pessoal, suas aspirações, perspectivas de vida, seus medos, ansiedade, depressão, angústias, fantasias, além de outros sentimentos, como tristeza e raiva, que por vezes são expressos na unidade de tratamento e com a equipe de saúde, bem como as estratégias de defesa utilizadas pelos mesmos diante do enfrentamento da atual condição. As investigações que trabalham com os aspectos psicológicos e a doença renal estão relacionadas a comportamentos de mudanças no paladar, a problemas financeiros, instabilidade na condição clínica, problemas sexuais (Saes, 1999), limitações, dor, desgaste, ansiedade e depressão, além de outras dificuldades psicológicas (Sweet, Rozensky & Tovian, 1991), cotidiano restrito e monótono (Law, 2002), conflitos emocionais, perda ou diminuição das atividades cotidianas (Forte, 2004; Rosa & Nogueira, 1990; Valladares, 1984; Zozaya, 1985). É importante salientar que a maioria das pesquisas concentram seus resultados em pacientes que utilizam a hemodiálise como tratamento. Cerca de quase metade dos pacientes em hemodiálise referem sintomas depressivos e uma característica-chave da depressão é a percepção que o indivíduo tem em relação aos acontecimentos na sua vida (Santos & Sebastiani, 1996). Ela altera no indivíduo a avaliação sobre sua própria doença e seu tratamento, influenciando assim na própria qualidade de vida desse sujeito, podendo levá-lo a desacreditar em uma perspectiva positiva de futuro mobilizando-o assim a não aderência ao tratamento (Almeida & Meleiro, 2000). Quanto à ansiedade, pode-se apontá-la como sintoma frequente no paciente, pois a doença é percebida como ameaça à vida e à integridade corporal e como interrupção do meio de sobrevivência, prejudicando a sua identidade de autoridade, muitas vezes necessária ao bem-estar, e trazendo incerteza quanto ao futuro (Barbosa, Aguillar & Boemer, 1999). Diante disso, ser portador da DRC é uma situação onde os sintomas de ansiedade e os sintomas depressivos podem fazer-se presentes durante o processo e mesmo durante todo o tratamento (Lacerda *et. al.*, 2007). No entanto, existem poucos estudos que avaliaram as relações entre doenças renais, depressão e ansiedade. O grupo de pacientes mais estudados são os que participam de programas de diálise em doença renal, que envolvia pacientes em algum tipo de terapia renal substitutiva como a hemodiálise, diálise peritoneal ou ambos, complicando a interpretação dos resultados (Teng, Humes & Demetrio, 2005). Para tanto, torna-se de fundamental importância a investigação desses aspectos de forma mais detalhada, com o objetivo de pesquisar essa associação no que diz respeito ao tratamento conservador, no qual há uma escassez de estudos referentes a esse escopo.

Depressão no paciente renal crônico

A depressão apresenta alguns especificadores que podem ser usados para descrever a condição clínica e as características atuais do episódio: leve, moderado, grave sem características psicóticas, grave com características psicóticas, crônico, com características ansiosa, mista, catatônica, melancólica, atípica, sazonal e pós-parto (DSM-V, 2013).

É um transtorno com evolução individual e muito variável, mas depende também do diagnóstico precoce, correto e de que o tratamento adequado seja instituído. Assim, os critérios mais utilizados para o diagnóstico e classificação dos estados depressivos se encontram no Manual Diagnóstico e Estatístico dos Transtornos Mentais, em sua quinta edição (DSM - V, 2013), e a Classificação Internacional de Doenças, décima edição (CID-10).A etiologia da depressão está usualmente associada com alguma perda (Zimmermann *et al.*, 2004; Thomas & Alchieri, 2005; Rudnicki, 2006), e estas são normalmente numerosas e duradouras para o paciente com doença renal em tratamento hemodialítico. A perda da função renal, da sensação de bem-estar, do papel na família e no trabalho, perda de fontes de recursos financeiros, da função sexual, entre outras. Kimmel *et al.*, (2000) apontam que os efeitos da depressão são da mesma magnitude que fatores de risco médico entre pacientes renais crônicos em hemodiálise. Em decorrência desses comportamentos, ocorre baixa imunidade, além da dificuldade nos cuidados pessoais, menor aderência ao tratamento e dieta (Leveson & Glocheki, 2011). A forma como o paciente adere ao tratamento pode ter um equivalente negativo quando seu comportamento é pessimista em relação à doença e também à percepção sobre o tratamento. Estes fatores podem refletir na aderência terapêutica e, consequentemente, na qualidade de vida (Rudnicki, 2006; Lacerda *et al.*, 2007).

Ansiedade no paciente renal crônico

A ansiedade é um estado emocional que inclui componentes psicológicos e fisiológicos que fazem parte do estado normal das experiências humanas, não envolvendo um construto unitário. A classificação dos Transtornos de Ansiedade foi reformulada na nova edição do DSM-V os quais incluem distúrbios que compartilham características de medo excessivo e distúrbios comportamentais relacionados. O medo é a resposta emocional a iminente ameaça real ou percebida e a ansiedade é a antecipação de uma futura ameaça. Os transtornos de ansiedade são diferentes um do outro nos tipos de objetos ou situações que induzem medo, ansiedade ou comportamento de evitação, e a ideação associada. Diante disso o nível de ansiedade e o que ela causa pode ser diferenciada pelo exame atento aos tipos de situações que o indivíduo julga e evita além do conteúdo dos pensamentos ou crenças associadas a essas situações (DSM - V, 2013). De acordo com Dyniewicz, Zanella e Kobus (2004), a ansiedade representa limitações e traz consequências ao tratamento para o paciente renal crônico. Pacientes em hemodiálise, ao se adaptarem física e mentalmente a essa modalidade de tratamento que trazem prescrições, restrições e dietas, acabam ficando em estado de alerta e tensão, o que desencadeia reações de ansiedade devido à constante exposição às situações estressoras, como a diálise e a permanência frequente em ambiente hospitalar (Higa, 2008). Por isso, além do acompanhamento médico ao doente renal, é de fundamental importância o acompanhamento psicológico. Neste trabalho o enfoque foi investigar os sintomas de depressão e ansiedade nos pacientes em tratamento conservador, entendendo que eles podem estar presentes, influenciando no contexto de saúde e no aspecto psicológico desses indivíduos.

Metodologia

A pesquisa foi realizada no ambulatório de prevenção de doenças renais pertencente ao Serviço de Nefrologia de um Hospital Universitário da região Nordeste.

Participantes: Participaram do estudo 61 pacientes maiores de 18 anos, na faixa etária de 29 a 80 anos, diagnosticados com doença renal crônica e, que estão em tratamento conservador no ambulatório de prevenção, sendo a participação voluntária e anônima mediante a assinatura do Termo de Consentimento Livre e Esclarecido (TCLE). Entre os pacientes renais crônicos que realizavam tratamento conservador no ambulatório, foram incluídos somente aqueles em tratamento por pelo menos três meses, que é o período que caracteriza a cronicidade da doença, avaliados pelo médico responsável com condições físicas e clínicas e, que aceitassem participar do estudo. A amostra estimada inicialmente para o estudo foi de aproximadamente 75 pacientes. Considerou- se para esse cálculo a prevalência de sintomas de depressão e ansiedade de 70% na população clínica, erro máximo desejado de 5%, nível de significância de 95% e o tamanho da população de 100 pacientes maiores de 18 anos, cadastrados no ambulatório do Hospital Universitário.

Instrumentos: Questionário Sociodemográfico: contendo questões como dados pessoais (gênero, faixa etária, escolaridade, estado civil, renda familiar, ocupação, filhos, número de moradores no domicílio), questões sobre condições de saúde (estágio da DRC, tempo de tratamento, qualidade das informações e orientação recebidas sobre DRC pela equipe multiprofissional, qualidade das informações recebida sobre seu tratamento, percepção sobre o próprio estado de saúde, quantidade de medicamentos em uso atualmente, uso de cigarro), questões sobre nutrição, atividade física e lazer (acompanhamento nutricional, consumo do sal na dieta, consumo de líquidos na dieta, consumo de bebida alcoólica, atividade física e lazer) e questões sobre acompanhamento psicológico (acompanhamento e orientação psicológica, esferas da vida que ocorreram mudanças após diagnóstico da DRC, rede de apoio social, sentimento mediante o enfretamento da DRC). O Inventário de Depressão de Beck (BDI): considerado um instrumento conhecido mundialmente para mensurar a intensidade dos sintomas de depressão, foi desenvolvido por Beck e Steer (Cunha, 2001). O Inventário de Ansiedade de Beck (BAI): é destinado a medir a intensidade dos sintomas de ansiedade (Cunha, 2001).

Procedimento de Coleta Dados: O projeto de pesquisa foi submetido à COMIC - Comissão de Avaliação de Projetos de Pesquisa do hospital no qual foi realizada a pesquisa aprovação. Os dados foram coletados no ambulatório de Doenças Renais do Serviço de Nefrologia de um Hospital Universitário da região Nordeste. Primeiramente, foi realizado um contato com a equipe de profissionais do ambulatório do hospital no qual se realizou a pesquisa, onde foram esclarecidos os objetivos da pesquisa e demais informações pertinentes ao processo de coleta de dados e ao estudo como um todo. Os dados foram coletados no ambulatório, nos dias de agendamento de consulta dos pacientes com a equipe de profissionais. Foram selecionados apenas os pacientes que tinham consulta com o médico que acompanha especificamente aqueles que estavam em tratamento conservador. A pesquisadora abordou os pacientes na sala de espera antes da realização da consulta de rotina, convidando-os para participar da pesquisa. A coleta de dados foi realizada em uma única etapa, de forma individual, na sala destinada ao atendimento de Psicologia do ambulatório. Cada paciente recebeu a explicitação sobre a natureza da pesquisa, de seus objetivos e procedimentos e dos aspectos éticos, onde o mesmo era convidado a participar do estudo por meio da assinatura do TCLE. Posteriormente, foi realizada pela pesquisadora a aplicação dos instrumentos de pesquisa que foram constituídos por um Questionário Sociodemográfico, pelo Inventário de Depressão de Beck (BDI) e o Inventário de Ansiedade (BAI).

Procedimento de Análise de Dados: O estudo segue delineamento transversal com análise descritiva e correlacional, buscando classificar através da distribuição da frequência relativa e absoluta na amostra os níveis dos sintomas de depressão e ansiedade, bem como a correlação entre os estágios da DRC. O estudo das relações entre variáveis é descritivo porque não há a manipulação de variáveis, sendo a predição o tipo de relação mais frequentemente estabelecida, ou seja, descrevem as relações que ocorrem naturalmente entre as mesmas (Sellitz, Wrightsman & Cook, 2006). Os dados foram tabulados em planilha eletrônica Excel e posteriormente analisados pelo programa estatístico SPSS (versão 17.0). A variável dependente foi o estágio da DRC, e as variáveis independentes corresponderam os níveis de ansiedade e depressão. O perfil sociodemográfico dos pacientes foi obtido pela distribuição percentual das variáveis de condição de saúde e clínicas, variáveis nutricionais e atividade física e, de acompanhamento psicológico. Inicialmente foi realizada a estatística descritiva através das frequências absolutas e relativas, e posteriormente foi utilizado o Teste qui-quadrado para comparar as frequências dos níveis de ansiedade e depressão entre os estágios da DRC. O nível de significância adotado foi de 5% ($p<0.05$).

Resultados

Aspectos Sociodemográficos

Dos 61 pacientes entrevistados 67,2% eram homens e em sua maioria com idade entre 41 a 60 anos. A avaliação do grau de escolaridade constatou que mais da metade dos pacientes (59%) possui o ensino médio. A maioria dos entrevistados eram casados (73%), com renda familiar entre 1 a 2 salários mínimos (52,5%), aposentado ou sem atividade (49,2%), com filho (s) (93,4%) e coabitam com três ou mais pessoas (63,9%) (Tabela 1).

Tabela I - Distribuição das variáveis sociodemográficas

Variáveis	n	(%)
Gênero		
Feminino	20	(32,8)
Masculino	41	(67,2)
Faixa etária		
Até 40 anos	5	(8,2)
41 a 50 anos	22	(36,1)
51 a 60 anos	22	(36,1)
Mais de 60 anos	12	(19,7)
Escolaridade		
Analfabeto	6	(9,8)
Ensino Fundamental	14	(23,0)
Ensino Médio	36	(59,0)
Ensino Superior	5	(8,2)
Estado Civil		
Solteiro	11	(18,0)
Casado	45	(73,8)
Separado	3	(4,9)
Viúvo	2	(3,3)
Renda familiar em SM		
Menor que 1 SM	4	(6,6)
1 a 2 SM	32	(52,5)

Variáveis	n	(%)
Renda familiar em SM		
3 a 4 SM	20	(32,8)
5 SM ou mais	5	(8,2)
Ocupação		
Aposentado ou sem atividade	30	(49,2)
Profissional liberal	21	(34,4)
Autônomo	16	(26,2)
Estudante	4	(6,6)
Possuem filhos		
Sim	57	(93,4)
Não	4	(6,6)
Número de moradores no domicílio		
1 pessoa	6	(9,8)
2 pessoas	4	(6,6)
3 a 4 pessoas	39	(63,9)
5 pessoas ou mais	12	(19,7)

Aspectos referentes à Condição de Saúde

A maioria dos pacientes encontra-se no estágio três (44,3%) da DRC. Cerca de 34,4% dos pacientes tinham de quatro a seis anos de tratamento conservador e o mesmo percentual (34,4%) tinham de sete a nove anos de tratamento conservador. A qualidade das informações e orientação recebidas sobre DRC, bem como a qualidade das informações recebida sobre o tratamento e a percepção sobre o próprio estado de saúde foram identificadas como regulares na opinião da metade dos participantes. A maioria dos participantes relataram utilizar de três a quatro medicamentos em uso atualmente (59%). De todo o grupo avaliado, 95% dos pacientes afirmou não fumar.

Aspectos Referentes à Nutrição, Atividade Física e Lazer

A maioria dos pacientes possui acompanhamento nutricional (96,7%), praticamente não consome o sal na dieta (55,7%), líquidos (47,5%) e bebida alcoólica (86,9%). Não realizam atividades físicas (68,9%) e o lazer está concentrado em passeios (63,9%) e visitas à igreja (86,9%).

Aspectos Referentes ao Acompanhamento Psicológico

De todo o grupo avaliado estimou-se que 93,4% não realiza acompanhamento e orientação psicológica. As esferas da vida mais afetadas segundo os pacientes foram: emocional (96,7%) seguida da esfera econômica (90,2%). A rede de apoio social é predominantemente a religião (88,5%) e a família (80,3%). Já o sentimento predominante mediante o enfretamento da enfermidade é a esperança de cura (93,4%).

Aspectos Referentes aos Sintomas de Depressão e Ansiedade

Cerca de 42,6% dos pacientes apresentaram o nível mínimo de sintomas depressivos, seguido de 39,3% com sintomas leve. Em compensação, houve um percentual relevante de pacientes no nível moderado e grave de sintomas, totalizando 18% da amostra. Com relação aos sintomas de ansiedade na população estudada cerca de 45,9% dos pacientes apresentaram o nível mínimo de sintomas ansiosos. Em contrapartida, o percentual de pacientes no nível moderado (11,5%) e grave de sintomas (9,8%) também foi um pouco maior em comparação aos de depressão, totalizando 21,3% da amostra estudada. A correlação entre as variáveis depressão, ansiedade e estágio da doença renal crônica evidenciou menores níveis de sintomas para aqueles pacientes que estão nos estágios três e quatro, comparados aos que estão nos níveis dois e cinco. As diferenças obtidas através da utilização do teste qui-quadrado foram estatisticamente significantes em relação especificamente aos níveis moderado e grave de sintomas para com os estágios três e quatro, e dois e cinco.

Tabela II - Associação entre os estágios da DRC
e os níveis de ansiedade e depressão

Escalas	Estágio da DRC								Valor de P
	2 (n = 14)		3 (n = 27)		4 (n = 12)		5 (n = 8)		
	n	(%)	n	(%)	n	(%)	n	(%)	
Níveis de ansiedade									0,037*
Mínimo	5	(35,7)	14	(51,9)	6	(50,0)	3	(37,5)	
Leve	4	(28,6)	10	(37,0)	5	(41,7)	1	(12,5)	
Moderado	2	(14,3)	3	(11,1)	1	(8,3)	1	(12,5)	
Grave	3	(21,4)	0	(0)	0	(0)	3	(37,5)	
Níveis de depressão									0,001*
Mínimo	4	(28,6)	12	(44,4)	8	(66,7)	2	(25)	
Leve	6	(42,8)	15	(55,6)	3	(25,0)	0	(0)	
Moderado	2	(14,3)	0	(0)	0	(0)	3	(37,5)	
Grave	2	(14,3)	0	(0)	1	(8,3)	3	(37,5)	

* Diferenças estatisticamente significantes pelo teste qui-quadrado (P < 0,05).

Discussão

O perfil sociodemográfico dos pacientes entrevistados aponta que mais da metade deles tem apenas o ensino médio, estão aposentados ou não realizam qualquer atividade laboral, a maioria tem filhos e, a renda é inferior a três salários mínimos. Corrobora, portanto, com dados da literatura internacional, que parecem indicar que, indivíduos mais propensos à doença renal crônica são aqueles que apresentam condições mais desfavoráveis de vida, tais como: baixa renda pessoal e familiar, baixo grau de escolaridade, condições essas que mal satisfazem as necessidades de sobrevivência quando se leva em conta o tamanho da família e os gastos que porventura são necessários dispensar com a doença continuamente. (White *et al.*, 2008; Fisher *et al.*, 2010; Barros *et al.*, 2011; Huda, Alam & Rashid, 2012). O que pode influenciar também o próprio cuidado com a saúde. Questões sobre a doença, tratamento, medicamentos e dietas indicaram que muitas destas informações são oferecidas. Mas talvez, pela complexidade ou por incompreensão dessas informações, fazem com que o portador de agravo crônico não consiga absorvê-las e transformá-las em ação para benefício da sua saúde (Santos *et al.*, 2012). Considera-se que a falta de compreensão pode afetar vários aspectos da vida dos indivíduos e acelerar sua entrada no tratamento hemodialítico (Rembold *et al.*, 2009; Morton *et al.*, 2012). Isso pode ser demonstrado através dos dados sobre informação sobre a doença, o tratamento e a percepção geral da saúde que em sua maioria apontaram como regulares. Além disso, pesquisas já demonstraram que a melhora de parâmetros clínicos e laboratoriais com consequente melhoria da percepção de saúde, está associada à maior adesão às recomendações por parte dos pacientes que são assistidos por equipe multiprofissional (Santos *et al.*, 2008; Hansen *et al.*, 2010). Por esses motivos, o acompanhamento multidisciplinar tem sido apontado como essencial para auxiliar esses indivíduos. A falta de adesão do paciente ao tratamento prejudica a sua qualidade de vida em vários segmentos, pois diminui a chance de prorrogação do início da terapia dialítica (Morton *et al.*, 2012). Em relação às dimensões de nutrição, atividade física e lazer, a mais prejudicada nos pacientes avaliados neste estudo foi a realização de atividade física. Neste contexto, percebe-se que o maior impacto sentido pelos pacientes foi não exercer qualquer atividade e/ou esporte por acreditar que a doença renal é a responsável por impossibilitá-los de tal tarefa. A influência negativa do adoecimento indica que os pacientes sofrem com as limitações impostas pela doença renal, relacionadas aos aspectos físicos, no tipo e na quantidade do trabalho e nas atividades habituais e corriqueiras que desempenham.

A falta de acompanhamento psicológico contínuo, fora os cuidados dispensados pela equipe multiprofissional da instituição, surge como um dado preocupante quando se refere aos aspectos de saúde mental desses pacientes, visto que dentre as esferas da vida mais afetadas segundo relato dos próprios pacientes foi, em maior número, a esfera emocional, tendo como sentimento primordial mediante o enfretamento da enfermidade: a esperança de cura. Fato este que parece responder aquilo que foi presente nos relatos dos pacientes – o aspecto psicológico sendo influenciado pelo adoecer. O fato de a grande maioria não residir na mesma cidade onde ficam as instalações do ambulatório parece ser um fator importante para que estes pacientes possam estar em um acompanhamento mais próximo e contínuo, visto que os retornos para consultas de rotinas são realizados em sua grande maioria em uma frequência trimestral e/ou semestral. De acordo com Bock, Furtado e Teixeira (2002, p. 194), "as emoções são expressões afetivas acompanhadas de reações intensas e breves do organismo, em resposta a um acontecimento inesperado ou, às vezes, a um acontecimento muito aguardado". Vasconcellos (2008) relata, em seu estudo, que há uma diversidade de perspectivas teóricas acerca das emoções. Desta forma, compreender uma definição de emoção depende da perspectiva teórica em que se encontra implícita essa definição. Para Vasconcellos (2008, p. 19), as emoções são "como sistemas complexos que implicam recursos psicológicos, interpessoais, sociais, culturais, além de envolverem processos neurofisiológicos, neuroanatômicos". É possível observar nas emoções uma relação entre os afetos e a organização corporal, ou seja, as modificações e as reações que ocorrem no organismo, e neste caso, no organismo que adoeceu cronicamente. A capacidade que se tem para reagir emocionalmente é a de distinguir entre as situações presentes ou futuras, que podem ser ameaçadoras ou benéficas, e responder adequadamente a elas. Os pacientes renais crônicos, de modo geral, têm certa dificuldade em expressar seus sentimentos acerca do adoecimento, diferentemente de pacientes com outros tipos de doença orgânica (Rudnicki, 2006). O que nessa situação implica na diminuição da capacidade de enfrentamento e da utilização de recursos mais adaptativos frente à situação de adoecimento. O que parece acontecer é que à medida que a gravidade do adoecimento evolui, os recursos internos de enfrentamento que a pessoa dispunha antes da doença, tornam-se menos eficazes e geradores de sofrimento psíquico. Os dados referentes aos sintomas de depressão e ansiedade encontrados no estudo foram de extrema relevância, pois demonstraram que esses pacientes apresentam alguma sintomatologia relacionada a esses quadros mesmo que em níveis mínimos e leves. Segundo Thomas (2005), Meneze (2007) e Rudnicki (2006), diante da doença renal o paciente enfrenta várias mudanças em seu estado emocional, como: diminuição da imunidade, ansiedade, insegurança, perdas, angústia, medo do desconhecido, entre outros. Podendo ocasionar depressão ou estado depressivo, acarretando juntamente a essas mudanças emocionais, menor aderência à dieta e ao tratamento, fraqueza e inutilidade, bem como outros aspectos prejudiciais para a saúde. Estudos indicam a depressão como uma síndrome psiquiátrica altamente prevalente na população em geral; estima-se que acometa 3% a 5% desta. A incidência aumenta quando estudada em populações clínicas, girando em torno de 5% a 10% nos pacientes ambulatoriais e 9% a 16% em internados (Katon *et al.*, 2001). O grau de depressão varia desde um leve transtorno de ajustamento a um transtorno depressivo maior severo (Soares *et al.*, 2006). A síndrome depressiva acompanha frequentemente as patologias clínicas crônicas e, quando presente, acaba levando a piores evoluções, pior aderência aos tratamentos propostos, pior qualidade de vida e maior morbimortalidade como um todo. Os transtornos depressivos, apesar de sua alta prevalência, continuam sendo subdiagnosticados e/ou subtratados, com doses insuficientes de medicamentos e manutenção de sintomas residuais, que comprometem a evolução clínica dos pacientes (Tung *et al.*, 2005). Isso vem a corroborar com as pesquisas que têm focado na associação de fatores socioambientais, estresse, ansiedade e depressão com as doenças renais crônicas (Kaptein *et al.*, 2010; Leyro *et al.*, 2010; Coutinho & Tavares, 2011; Diniz *et al.*, 2012; Pupiales Guamán, 2012), enquanto outros buscam medir adaptações fisiológicas e/ou psicológicas na doença crônica (Nifa e Rudnicki, 2010; Coutinho *et al.*, 2010; Leiva-Santos *et al.*, 2012). Numerosas variáveis psicológicas mostram sua influência no ajustamento à doença crônica, dentre elas a ansiedade e a depressão (Paes de Barros *et al.*, 2011).

As análises de correlação entre os sintomas depressivos e ansiosos e os estágios da DRC apresentaram significância estatística (p= 0,037 para sintomas depressivos e p= 0,001 para sintomas ansiosos), as médias dos escores mínimo, leve, foram menores no estágio V em relação ao IV e o estágio IV em relação ao II. Já nos níveis moderado e grave de sintomatologia foi observado que nos estágios II e V em relação ao III e IV, tiveram médias maiores nesses domínios o que pode indicar que nos estágios II e V da DRC há predominância de sintomas depressivos e ansiosos com maior probabilidade de desenvolvimento de transtornos de humor. O que parece sinalizar para uma piora no quadro psicológico desse paciente nos níveis iniciais e finais da DRC, especificamente no momento em que o indivíduo é diagnosticado e necessita iniciar o tratamento conservador e posteriormente quando o quadro evolui e possivelmente vislumbra-se o início de alguma modalidade de TRS. Em ambas as situações se configuram um momento de sofrimento emocional, em parte porque o indivíduo descobre ser portador de uma doença crônica e na outra vertente, percebe que os recursos de tratamento a que dispõe agora são as terapias renais substitutivas, o que ocasiona uma perda da qualidade de vida e saúde, pelo próprio efeito que o tratamento ocasiona e pelo fato de ser invasivo. Diante desses dados, é possível observar a diferença no manejo da saúde do paciente e no seu modo de reagir ao adoecimento, tratamento e adesão a terapêutica.

O trabalho de Zimmermann *et al.*, (2004) envolvendo doentes renais crônicos e realizado em Porto Alegre encontrou prevalência de depressão em 24,39% da amostra. Outro estudo realizado em 2005 na Bahia, 8,6% de episódios depressivos maiores nos pacientes avaliados (Júnior *et al.*, 2006). Por sua vez, um trabalho realizado em Brasília encontrou a prevalência de depressão de 68,1% (Garcia *et al.*, 2010).

Por outro lado, a predominância de índices menores de sintomatologia depressiva e ansiosa, nos níveis mínimo e leve neste estudo parecem estar presentes naqueles pacientes que permanecem em tratamento conservador e com um percentual de controle maior na evolução da doença.

Existem poucos estudos no Brasil que mensurem a real prevalência dos transtornos depressivos e ansiosos em pacientes renais crônicos em tratamento conservador, dificultando o planejamento, a organização e a avaliação da assistência à saúde mental no país. Pacientes com sintomas depressivos e ansiosos associados à DRC apresentam índices de qualidade de vida diminuídos, além de maiores taxas de morbimortalidade, o que reflete a necessidade de correta identificação e tratamento destas patologias bem como a necessidade de acompanhamento psicológico contínuo.

Considerações finais

Esta pesquisa demonstrou que os sintomas de depressão e ansiedade são influenciados pelos estágios da DRC. Posto que, parece haver um aumento no quadro desses sintomas à medida que o quadro de doença evolui. E o mesmo ocorre com a dimensão psicológica desses pacientes, no qual o aspecto emocional fica especialmente afetado, desencadeando um sofrimento psíquico considerável, que pode acarretar dificuldades no manejo e enfrentamento do quadro de adoecimento. Sendo assim, torna-se mister destacar que a assistência psicológica deve ser contínua, para um melhor manejo do tratamento e do aspecto emocional, além da manutenção concomitante do tratamento multidisciplinar. A partir disso, pode se configurar uma melhora na avaliação e na elaboração de estratégias terapêuticas mais aplicáveis e efetivas no manejo desses pacientes, que resultem numa melhora da qualidade de vida e saúde. Por fim, esta pesquisa também sinaliza para a necessidade de se realizarem outros estudos para melhor compreender o impacto dessa sintomatologia no prognóstico a longo prazo desse grupo, inclusive com um aumento da amostra e/ou a utilização de outros instrumentos que validem este estudo. Além do que, é relevante que se investiguem de forma mais detalhada quais recursos de enfrentamento psicológico que o indivíduo utiliza diante de uma situação de adoecimento crônico.

Referências

ALMEIDA, A. M.; Meleiro, A. M. A. S. Revisão: Depressão e insuficiência renal crônica: uma revisão. *Jornal Brasileiro de Nefrologia*, 2000, 22 (1), 192-200.

American Psychiatric Association. *Diagnostic and statistical manual of mental disorders*, (5ª ed.). Washinton: American Psychiatric Association, 2013.

ANGERAMI, V. A. *A psicologia no hospital*. 2. ed. São Paulo: Thomson, 2003.

BARBOSA, J. C.; AGUILLAR, O. M.; BOEMER, M. R. O significado da insuficiência renal crônica. *Revista Brasileira de Enfermagem*, 1999, 52 (2), 293-302.

BARROS, M. B. A.; FRANCISCO, P. M. S. B.; ZANCHETTA, L. M.; CÉSAR, C. L. G. Tendências das desigualdades sociais e demográficas na prevalência de doenças crônicas no Brasil, PNAD: 2003-2008. *Ciência & Saúde Coletiva*, 2011, 16 (9), 3755-3768.

BOCK, M. B.; FURTADO, O.; TEIXEIRA, M. L. T. *Psicologias: uma introdução ao estudo da psicologia*. 13. ed. São Paulo: Saraiva, 2002.

CASTRO, E. E. C. C.; FONSECA, M. A. A.; CASTRO, J. O. C. Dimensões Psicológicas e Psiquiátricas In: PEREIRA, W. A. *Manual de transplantes de órgãos e tecidos*. Rio de Janeiro: Guanabara Koogan, 2004.

COUTINHO, N. P. S.; VASCONCELOS, G. M.; LOPES, M. L. H.; WADIE, W. C. A.; TAVARES, M. C. H. Qualidade de vida de pacientes renais crônicos em hemodiálise. *Revista Pesquisa em Saúde*, 2010, 11 (1), 13-17.

COUTINHO, N. P. S.; TAVARES, M. C. H. Atenção ao paciente renal crônico, em hemodiálise, sob a ótica do usuário. *Caderno Saúde Coletiva*, 2011, 19 (2), 232-239.

CUNHA, J. A. *Manual da versão em português das Escalas Beck*. São Paulo: Casa do Psicólogo, 2001.

DINIZ, D. P.; MARQUES, D. A.; BLAYA, S. L.; SCHOR, N. Eventos estressores e lesão renal aguda. *Jornal Brasileiro de Nefrologia*, 2012, 34, (1), 50-57.

DYNIEWICZ, A. M.; ZANELLA, E.; KOBUS, L. S. G. Narrativa de uma cliente com insuficiência renal crônica: a história oral como estratégia de pesquisa. *Revista Eletrônica de Enfermagem*, 2004, 6, (2), 199-212.

FISCHER, M. J.; KIMMEL, P. L.; GREENE, T.; GASSMAN, J. J.; WANG, X.; BROOKS, D. H. Sociodemographic factors contribute to the depressive affect among African Americans with chronic kidney disease. *KidneyInt*, 2010, 77, (11), 1010-1019.

FORTE, L. T. Nefrologia. Texto não publicado. Curso de Especialização em Psicologia da Saúde e Hospitalar da Associação de Combate ao Câncer em Goiás – Instituto de Ensino e Pesquisa, Goiânia, Goiás, 2004.

GARCIA, T.; VEIGA, J. P. R.; MOTTA, L. O. C. Comportamento depressivo e má qualidade de vida em homens com insuficiência renal crônica submetidos à hemodiálise. *Revista Brasileira de Psiquiatria*, 2010, 32, (4), 149-159.

HANSEN, R. A.; CHIN, H.; BLALOCK, S.; JOY, M. S. Pre-dialysis chronic kidney disease: evaluation of quality of life in clinic patients receiving comprehensive anemia care. *Res Social Adm Pharm*, 2009, 5, (2), 143-153.

HIGA, K. Qualidade de vida de pacientes portadores de insuficiência renal crônica em tratamento de hemodiálise. *Acta Paulista Enfermagem*, 2008, 21 (n.esp.), 203-206.

HUDA, M. N.; ALAM, K. S.; RASHID, H. U. Prevalence of chronic kidney disease and its association with risk factors in isadvantageous population. *Int J Nephrol*, 2012, 12, (1), 1-7.

K/doqi. Clinical practice guidelines for chronic kidney disease: evaluation, classification and stratification. *Am J Kidney Disease*, 2002, 39, (2), S1-S246.

KAPTEIN, A. A.; VAN DIJK, S.; BROADBENT, E.; FALZON, L.; THONG, M.; DEKKER, F. W. Behavioral research in patients with end-stagerenal disease: A review and research agenda. *Patient Education and Counseling*, 2010, 81, (1), 23-29.

KATON, W.; SULLIVAN, M.; WALKER, E. Medical Symptoms without Identified Pathology: Relationship to Psychiatric Disorders, Childhood and Adult Trauma and Personality Traits. *Ann Intern Méd*, 2001, 134, 917-925.

KIMMEL, P. L. Psychosocial factors in adult end-stage renal disease patients treated with hemodialysis: correlates and outcomes. *American Journal of Kidney Disease*, 2000, 35, (4), S132-1440.

LACERDA, D. O.; OLIVEIRA, P. M.; MILITAO, D. B.; CARNEIRO, H. Q.; TOLEDO, G. O. P. P.; PAULA, M. M. M.; PRADO, M. R. M. C. Problemas psicossociais e a depressão em pacientes submetidos à hemodiálise. *Revista Científica da FAMINAS*, 2007, 3, (1), 258.

LAW, M. Participation in the occupations everyday life. *Am J Occupat Therapy*, 2002, 56, (6), 640-649.

LEITE, S. N.; VASCONCELLOS, M. P. C. Adesão à terapêutica medicamentosa: elementos para a discussão de conceitos e pressupostos adotados na literatura. *Ciência & Saúde Coletiva*, 2003, 8, (3), 775-82.

LEIVA-SANTOS, J. P.; SÁNCHEZ-HERNÁNDEZ, R.; GARCÍA-LLANA, H.; FERNÁNDEZ-REYES, M. J.; HERAS-BENITO, M.; MOLINA-ORDAS, A./ RODRÍGUEZ, A.; ÁLVAREZ-UDE, F. Cuidados de soporte renal y cuidados paliativos renales: Revisión y propuestaen terapia renal sustitutiva. *Nefrología*, 2012, 32, (1), p. 20-27.

LEVENSON, J. L.; GLOLOCHESKY, S. Psychological factors affecting end-stage renal disease, a review. *Psychosomatics*, 1991, 32, (4), 382-389.

LEYRO, T. M.; ZVOLENSKY, M. J.; BERNSTEIN, A. Distress tolerance and psychopathological symptoms and disorders: A review of the empirical literature among adults. *Psychological Bulletin*, 2010, 136, 576-600.

MENEZE, C. L.; MAIA, E. R.; LIMA JÚNIOR, J. F. O Impacto da Hemodiálise na vida dos portadores de Insuficiência Renal Crônica: uma análise a partir das necessidades humanas básicas. *Nursing*, 2007, 10, (115), 570-576.

MORTON, R. L.; SNELLING, P.; WEBSTER, A. C.; ROSE, J.; MASTERSON, R.; JOHNSON, D. W. Factors influencing patient choice of dialysis versus conservative care to treat end-stage kidney disease. *Canadian Medical Association Journal*, 2012, 184, (5), 277-283.

NIFA, S.; RUDNICKI, T. Depressão em pacientes renais crônicos em tratamento de hemodiálise. *Revista da SBPH*, 2010, 13, (1), 64-75.

Organização Mundial da Saúde. (2005). *Prevenção de doenças crônicas: um investimento vital*. Brasília (DF).

PAES DE BARROS, B.; NISHIURA, J. L.; HEILBERG, I. P.; KIRSZTAJN, G. M. Ansiedade, depressão e qualidade de vida em pacientes com nefropatia familiar. *Jornal Brasileiro de Nefrologia*, 2011, 33, (2), 120-128.

PEREIRA, L. C.; CHANG, J.; FADIL-ROMAO, M. A.; ABENSUR, H.; ARAÚJO, M. R. T.; NORONHA, I. L.; CAMPAGNARI, J. C.; JR, J. E. R. Qualidade de Vida relacionada à saúde em paciente transplantado renal. *Jornal Brasileiro de Nefrologia*, 2003, 25, (1), 10-16.

PUPIALES GUAMÁN, A. M. Relación de los factores psicosociales com lacalidad de vida de los pacientes com insuficiencia renal crónica, sometidos a hemodiálisis regular, atendidos em el área de medicina interna del hospital provincial docente Ambato, em el período compreendido entre enero y marzodel. Disponível em: <http://repo.uta.edu.ec/handle/123456789/3015?show=full>, 2012.

ROMÃO Jr, A. Doença Renal Crônica: do Diagnóstico ao tratamento. *Prática Hospitalar*. 2007, Ano IX. (52).

ROSA, D. P.; NOGUEIRA, W. P. Reações emocionais de pacientes submetidos à hemodiálise. *Revista Brasileira de Medicina*, 1990, 47, (8), 365-370.

RUDNICKI, T. Sol de invierno: aspectos emocionales del paciente renal crônico. *Revista Diversitas: Perspectivas em psicologia*, 2006, 2, (2), 279-288.

RUDNICKI, T. Preditores de qualidade de vida em pacientes renais crônicos. *Estudos de Psicologia*, 2007, 24, (3), 343-351.

REMBOLD, S. M.; SANTOS, D. L. S.; VIEIRA, G. B.; BARROS, M. S.; LUGON, J. R. Perfil do doente renal crônico no ambulatório multidisciplinar de um hospital universitário. *Acta Paul Enferm*, 2009, 22, 501-504.

SANTOS, C. T.; SEBASTIANI, R. W. Acompanhamento psicológico à pessoa portadora de doença crônica. In: ANGERAMI-CAMON, Valdemar (Org.). *E a psicologia entrou no hospital*. São Paulo: Pioneira, 1996.

SANTOS, F. R.; FILGUEIRAS, M. S. T.; CHAOUBAH, A.; BASTOS, M. G.; PAULA, R. B. Efeitos da abordagem interdisciplinar na qualidade de vida e em parâmetros laboratoriais de pacientes com doença renal crônica. *Revista de Psiquiatria Clínica*, 2008, 35, (3), 87-95.

SAES, S. C. Alterações comportamentais em renais crônicos. *Nursing*, 1999, 17-19.

SILVEIRA, L. M. C.; RIBEIRO, V. M. B. Grupo de adesão ao tratamento: espaço de "ensinagem" para profissionais de saúde e pacientes. *Interface: Comunicação, Saúde, Educação*, 2005, 9, (16), 91-104.

SMELTZER, C. S.; BARE, B. G.; HINKLE, J. L.; CHEEVER, K. H.; BRUNNER & SUDDARTH. *Tratado de enfermagem medico-cirúrgica*. 11. ed. Rio de Janeiro: Guanabara Koogan, 2008.

SOARES, H. L.; COSTA, R. A.; MESQUITA, E. T. Depressão e as doenças cardiovasculares. *Revista do Departamento de Psicologia da UFF*, 2006, 18, (2), 201-202.

SWEET, J. J.; ROZENSKY, R. H.; TOVIAN, S. M. Integration of Clinical Psychology into hemodialysis programs. J. J. Sweet, R. H. Rozensky & S. M. Tovian (Eds.). *Handbook of Clinical Psychology in Medical Settings*. New York. Plenum Press, 1991.

TARASKA, N.; VIJAYAN, A. Management of Chronic Kidney Disease. Cheng, S.; Vijayan, A. *Nephrology Subspecialty Consult*. 3. ed. Philadelphia: Lippincott Williams & Wilkins, 2012, p. 292-309.

TENG, C. T.; HUMES, E. C.; DEMETRIO, F. N. Depressão e comorbidades clínicas. *Revista de Psiquiatria Clinica*, 2005, 32, (3), 149-159.

THOMAS, C. V.; ALCHIERI, J. C. Qualidade de vida, depressão e características de personalidade em pacientes submetidos à Hemodiálise. *Avaliação Psicológica*, 2005, 4, (1), 57- 64.

VALLADARES, H. M. A. Unidade de diálise – a idealização de uma tarefa conjunta. *Boletim de Psiquiatria*, 1984, 17, 123-129.

VASCONCELLOS, C. M. *Emoções e aprendizagem em um curso para o desenvolvimento de competências empreendedoras*. Dissertação de Mestrado não publicada/Universidade Federal da Bahia, 2008.

WHITE, S. L.; McGEECHAN, K.; JONES, M.; CASS, A., CHADBAN, S. J.; POLKINGHORNE, K. R. Socioeconomic disadvantage and kidney disease in the United States, Australia, and Thailand. *Am J Public Health*, 2008, 98, (7), 1306-1313.

ZIMMERMANN, P. R.; CARVALHO, J. O.; MARI, J. J. Impacto da depressão e outros fatores psicossociais no prognóstico de pacientes renais crônicos. *Revista de Psiquiatria do Rio Grande do Sul*, 2004, 26, (3), 34-39.

ZOZAYA, J. L. G. El Medico y El Paciente En El Contexto De La Enfermedade Cronica. *Revista Centro Policlan Valência*, 1985, 3, (1), 117-119.

Ali, na pediatria!

Jefferson Feitosa Freitas[1]

Ali, entrei, ali olhei
Ali senti que me apaixonei
Ali, naqueles quartos
Com príncipes e princesas carecas
Ali naqueles leitos
Com meninas sendo mãe de bonecas.

Ali no corredor com perdas...
Com choros e alegrias
Nasce toda manhã um novo dia
Ali também nasce esperança
Nasce força, fé e amor
Nasce mães fingindo que não sentem dor.

Ali, brotam risos e gargalhadas
Que aliviam a alma
Ali brotam choros e gritos
Que me deixam esquisito
Ali, eles brincam, comem e dormem
Ali, elas são mães e eles filhotes

Ali, as mães viram amigas
Parceiras e companheiras
Ali, elas riem em uma hora
E sofrem com a perda
Ali, elas riem em uma hora
E sofrem quando uma criança vai embora.

Ali, na pediatria...
Tem um mundo encantado
Com meninos e meninas
Sendo o tempo todo observados
Ali, naquele quarto que se tornou um país
Eles ficam bravos e irritados quando fazem MTX.

[1] Jefferson Feitosa Freitas é acadêmico de psicologia do Instituto Esperança de Ensino Superior (IESPES), Santarém, Pará

Ali, na pediatria
Tem um reino mágico
De crianças com Leucemia
Tem batman, homem de ferro, homem aranha
E princesa Sofia, tem até Dinossauro
Fazendo Quimioterapia

Os autores

VALDEMAR AUGUSTO ANGERAMI (ORGANIZADOR)

Professor de pós-graduação em Psicologia da Saúde na PUC-SP; Professor de pós-graduação em Psicologia da Saúde na Universidade Federal do Rio Grande do Norte (UFRN); Professor convidado do Programa de Aprimoramento Profissional em Psicologia Oncologia da Faculdade de Ciências Médicas da Universidade Estadual de Campinas (UNICAMP). Coordenador do Centro de Psicoterapia Existencial. Membro da Comissão Justiça e Paz de São Paulo. Autor com o maior número de livros publicados em psicologia no Brasil, e adotados em universidades de Portugal, México e Canadá.

AMANA ASSUMPÇÃO

Naturóloga, graduada pela Universidade do Sul de Santa Catarina (UNISUL), especialista em arteterapia pela Faculdade de Ciências Médicas (FCM) da Universidade Estadual de Campinas (UNICAMP) e psicologia pela Universidade Paulista (UNIP). Professora convidada do curso de Psicologia Hospitalar aplicada a Oncologia pela Escola de Extensão da UNICAMP. Professora convidada da Faculdade da Terceira Idade da UNASP. Coautora do livro O Câncer Diante da Psicologia: Uma Visão Interdisciplinar da editora Pearson Clinical Brasil ,2016.

ANTONIO PEDRO DE OLIVEIRA

Médico Cirurgião Geral. Pós Doutorado em Urologia. Pós Graduado em Administração Hospitalar. MBA em Gestão de Saúde. Diretor de Saúde na ePharma PBM do Brasil.

ÉRICA LOURENÇO MORAES

Psicóloga pelo Instituto Municipal de Ensino Superior (IMES Catanduva). Atua como psicóloga clínica na empresa Multiclínica, com supervisão clínica e atualização de estudos no Centro de Psicoterapia Existencial; Pós-graduação na Uniara – Araraquara em Psicologia Clínica: Humanista Fenomenológica e Existencial.

ÉRIKA NAZARÉ SASDELLI

Psicóloga Clínica. Especialista em Psicologia Hospitalar (IEC-PUCMINAS).

ESDRAS GUERREIRO VASCONCELLOS

Graduação, Doutoramento na Universidade de Munique, Alemanha; 2 Pós-Doutorados na aérea da Psicossomática. Pesquisador-Assistente do Instituto Alemão para o Avanço da Ciência, "Max Planck"; Professor de Pós-Graduação em Psicologia Social e do Trabalho do Instituto de Psicologia/USP; Diretor Científico do Instituto Paulista de Stress, Psicossomática e Psiconeuroendocrinoimunologia; Membro da Academia Paulista de Psicologia.

EUNICE MOREIRA FERNANDES MIRANDA

Psicóloga, Psicoterapeuta, Supervisora na área Clínica e Hospitalar Especialista em Educação – (CEPEMG) e em Psicologia Hospitalar (CFP). Professora do Curso de Pós-graduação em Psicoterapia Humanista/Existencial/Fenomenológica (FUMEC), e do Curso de Especialização em Psicologia da Saúde e Hospitalar do Instituto de Ensino e Pesquisa da Associação de Combate ao Câncer, em Goiânia, professora do Curso de Psicologia da Faculdade Pitágoras - BH. Membro da Sociedade Brasileira de Psicologia Hospitalar.

FÁTIMA FERREIRA BORTOLETTI

Mestre em Ciências da Saúde pela Universidade Federal de São Paulo Psicóloga na Universidade Federal de São Paulo. Psicoterapeuta especializada em Psiconeuroendocrinoimunologia. Especialização em Psicologia Hospitalar, atuando em Psicologia Obstétrica, Saúde da Mulher e Stress – Burnout.

FERNANDA TABITA ZEIDAN DE SOUZA

Mestra em Psicologia pelo Programa de Pós-graduação em Psicologia da Universidade Federal do Maranhão (2013 - 2015). Especialista na modalidade de Residência Multiprofissional em Saúde com ênfase na Atenção à Saúde Renal como Psicóloga (2011- 2013). Possui graduação em Psicologia pela Universidade Federal do Maranhão (2011). Tem experiência na área de Psicologia, com ênfase em Tratamento e Prevenção Psicológica. Atuou como Psicóloga do Centro de Referência da Assistência Social (CRAS) e Centro de Referência Especializado da Assistência Social (CREAS). Experiência em situação de violência, vulnerabilidade social e programas sociais, bem como assistência à famílias baixa renda. Atualmente é Docente na Instituição Esperança de Ensino Superior (IESPES/Santarém), no curso de Psicologia.

JULIANA RAQUEL BETOSCHI

Psicóloga pelo Instituto Municipal de Ensino Superior (IMES Catanduva). Atua como psicóloga clínica na empresa Fundação Padre Albino. Especialização em Psicologia Clínica Humanista, Fenomenológica e Existencial pela UNIARA. Professora de psicologia no Instituto Municipal de Ensino Superior (IMES Catanduva).

KÉRCIA PAULINO DE OLIVEIRA

Psicóloga com formação em Logoterapia e Análise existencial pela Universidade Estadual da Paraíba (UEPB). Psicóloga clínica-hospitalar com atuação em consultório particular e no Hospital de Emergência e Trauma Dom Luiz Antônio Gonzaga Fernandes, Campina Grande - Paraíba. Especialista em Saúde Mental pelas Faculdades Integradas de Patos (FIP). Especialista em Psicologia da Saúde, desenvolvimento e hospitalização pela Universidade Federal do Rio Grande do Norte (UFRN).

LIGIA ADRIANA RODRIGUES

Psicóloga (UNESP-Assis) e psicoterapeuta na abordagem fenomenológico existencial. Mestre em Educação (UFSCar) e professora nas disciplinas Psicologia Médica e Saúde Mental do Curso de Medicina (FAMECA) das Faculdades Integradas Padre Albino, em Catanduva-SP. Foi responsável pelo Projeto Pedagógico e implantação do Curso de Psicologia do IMES-Catanduva atuando como coordenadora do mesmo de 2007.

MARIA LÚCIA HARES FONGARO

Psicóloga, Psicoterapeuta, Especialista em Psicologia Hospitalar, Professora e Supervisora do NÊMETON - Centro de Estudos e Pesquisas em Psicologia e Saúde, Especializada em Psicoterapia Reichiana pelo Instituto

Sedes Sapientiae, Psicóloga Hospitalar do Instituto Emílio Ribas – Sec. Saúde do Estado de S. Paulo, Supervisora de Campo do Programa de Aprimoramento em Psicologia Hospitalar em Infectologia do IIER / SES_SP, Membro do NUMIER – Núcleo de Medicina Integrativa do Instituto de Infectologia Emilio Ribas – SES-SP.

PAULA MACHADO FERREIRA LIMA

Psicóloga Clínica, Especialista em Psicologia Hospitalar; Psicoterapia Psicodinâmica de Adultos e Psicanálise Ferencziana. Psicóloga do Centro de Referência de Saúde da Mulher- Hospital Pérola Byington. Psicóloga do Setor Técnico da Vara de Infância e Juventude do Tribunal de Justiça de São Paulo.

QUETIE MARIANO MONTEIRO

Psicóloga Clínica e Terapeuta Sexual. Especialista em Psicologia da Saúde e Hospitalar, Sexualidade, Medicina Psicossomática e Psicooncologia. Psicóloga do Setor de Sexologia do Centro de Referência da Saúde da Mulher - Hospital Pérola Byington e Professora da Pós Graduação em Terapia e Educação Sexual do Centro de Estudos do Hospital Pérola Byington. *Psicóloga* Hospitalar *no Conjunto Hospitalar do Mandaqui.*

RAILDA SABINO FERNANDES ALVES

Psicóloga, Professora do Departamento de Psicologia e do Programa de Pós-graduação em Psicologia da Saúde – Universidade Estadual da Paraíba - UEPB. Mestre em Saúde coletiva - UEPB. Doutora em Antropologia da Saúde – Universidad de Granada - Espanha. Líder do grupo psicologia da Saúde – UEPB/CNPq.

RICARDO WERNER SEBASTIANI

Psicólogo. Especialista em Psicologia Clínica e Hospitalar. Mestre em Saúde Pública. Professor Universitário. Diretor do Nêmeton Centro de Estudos e Pesquisas em Psicologia e Saúde.

SILVANA CARNEIRO MACIEL

Psicóloga. Professora do Departamento de Psicologia e do Programa de Pós-graduação em Psicologia Social da Universidade Federal da Paraíba(U-FPB). Supervisora em Psicologia Hospitalar. Doutora em Psicologia Social. Líder do Grupo em Saúde Mental e Dependência Química-UFPB/CNPq.

Construindo ideias
e conectando mentes

Este livro foi composto com tipografia Bembo e impresso em
papel Polén Soft 80gr. na Gráfica Promove em dezembro de 2021.